前厅客房服务与管理

主　编　王秀红
副主编　张香荣　魏燕茹　闫静静
参　编　吴夏雯

北京理工大学出版社
BEIJING INSTITUTE OF TECHNOLOGY PRESS

内容简介

《前厅客房服务与管理》是国家骨干高职院校建设项目成果,适用于现代服务业技能型应用人才的培养。

本教材针对酒店前厅、客房服务与管理人员的实际工作需要,从提高酒店前厅、客房服务与管理人员的实践技能出发,结合酒店职业岗位实际工作任务,以职业能力培养为核心,以酒店前厅客房部业务运作过程为主线,从教材结构、内容编排、教学方式选择等方面做了大胆改革。

本教材未采用传统教材章、节的形式,而是以酒店前厅、客房部门的具体服务项目(技能)为单元编排为相对独立的六大模块,每一个模块根据工作内容设置了若干项目,每一项目的内容根据教学模式进行编排,内容包括"任务引入、学习目标、相关内容、项目小结、项目考核等",增加了学生实践能力的训练,提高了学生的实操能力,有利于学生理论和实践的有机统一。全书的结构设置及内容编排不仅体现了酒店岗位工作的特点,而且便于教学的组织与实施,充分体现了项目课程教材实用性的特点。

本教材内容共分为六个模块,模块一至模块三为前厅篇,讲授前厅部基本情况以及预订服务、接待服务、前厅日常服务、前厅部管理等内容;模块四至模块六为客房篇,讲授了酒店客房部管理的基本程序和方法以及客房接待服务、客房清扫服务、客房人力资源管理、客房安全管理等各项客房部服务技能。每个项目从酒店岗位实际需要出发,按照服务的顺序又分解为各项学习任务,各任务间以学生必须掌握的服务与管理知识做链接,使学生的理论知识和实践做到有效的结合。

本教材可供高等职业院校酒店管理、旅游管理、餐饮管理、航空服务专业学生学习使用,也可作为酒店服务人员的培训教材。

版权专有 侵权必究

图书在版编目(CIP)数据

前厅客房服务与管理 / 王秀红主编. —北京:北京理工大学出版社,2018.1(2021.12重印)

ISBN 978-7-5682-4607-1

Ⅰ.①前… Ⅱ.①王… Ⅲ.①饭店-商业服务-高等学校-教材②饭店-商业管理-高等学校-教材 Ⅳ.①F719.2

中国版本图书馆 CIP 数据核字(2017)第 196351 号

出版发行 /	北京理工大学出版社有限责任公司
社　　址 /	北京市海淀区中关村南大街5号
邮　　编 /	100081
电　　话 /	(010)68914775(总编室)
	(010)82562903(教材售后服务热线)
	(010)68944723(其他图书服务热线)
网　　址 /	http://www.bitpress.com.cn
经　　销 /	全国各地新华书店
印　　刷 /	三河市天利华印刷装订有限公司
开　　本 /	787毫米×1092毫米 1/16
印　　张 /	18.5
字　　数 /	433千字
版　　次 /	2018年1月第1版 2021年12月第3次印刷
定　　价 /	45.00元

责任编辑 / 王晓莉
文案编辑 / 韩　泽
责任校对 / 周瑞红
责任印制 / 李志强

图书出现印装质量问题,请拨打售后服务热线,本社负责调换

本书编写人员

主　　编　王秀红
副主编　　张香荣
　　　　　魏燕茹
　　　　　闫静静
参　　编　吴夏雯

前 言

21世纪，随着旅游业的发展，饭店从业人员的需求量日益增多，对高素质人才的需求也越来越紧迫。高职高专酒店专业的毕业生成为服务大军的主力。因此，深化职业教育教学改革，创新应用型人才培养模式是高职院校教学改革的重点。根据《教育部关于全面提高高等职业教育教学质量的若干意见》（教高〔2006〕16号），为培养学生应用型能力，以真实工作任务及其工作过程为依据，整合教学内容，科学设计学习型工作任务，教、学、做结合，理论与实践一体化的指示精神，按照学生毕业求职岗位所需技能为依据，对该教材进行了特别的设计与编排，特点如下：

1. 体现专业技能训练与管理能力培养相统一的教学理念。本书形式新颖，内容精练，针对性强，以岗位任务驱动法对高职高专院校饭店管理与服务专业的学生进行前厅、客房管理与服务技能的强化训练，具有一定的实用价值。

2. 强调动手能力与技能训练。每个模块均根据教学需要，设计出实训方案，强调实践能力的培养。既可帮助教师安排实训项目，又可使学生对操作程序与标准有清晰的掌握。教材的理论知识以够用为度，进一步加强了实践教学的内容，符合高职学生的特点。

3. 以"适用教学需要"为原则，对该教材结构体系进行了重新编排。每个模块都提供了引例和综合案例，帮助学生理解和掌握所学知识；而学习目标和小结可以帮助学生了解重点，融会贯通。

为此，我们组织了具有丰富教学实践与教学经验，并有在饭店从事过管理工作、具备实际经验的教师编写了本教材。本书由王秀红担任主编，负责全书的写作思路、写作体例和提纲的设计工作，张香荣、魏燕茹、闫静静任副主编。全书共分六个模块，各章的编写任务如下：模块一和模块二由王秀红（河南农业职业学院）编写，模块三由吴夏雯（河南农业职业学院）编写，模块四由闫静静编写（河南农业职业学院），模块五由魏燕茹（河南农业职业学院）编写，模块六由张香荣（河南农业职业学院）编写。

由于编者的水平和时间有限，书中难免存在不足之处，敬请广大专家和读者批评指正。

目 录

模块一　前厅部概述 ………………………………………………………………… (1)
　学习任务1　认识酒店 ……………………………………………………………… (1)
　学习任务2　认识前厅部 …………………………………………………………… (9)
　学习任务3　前厅部组织机构设置 ………………………………………………… (13)
　学习任务4　前厅环境设计 ………………………………………………………… (19)

模块二　前厅部综合服务 …………………………………………………………… (25)
　项目一　前厅部预订服务 …………………………………………………………… (25)
　学习任务1　客房预订概述 ………………………………………………………… (25)
　学习任务2　客房预订程序 ………………………………………………………… (32)
　学习任务3　超额预订 ……………………………………………………………… (38)
　项目二　前厅部接待服务 …………………………………………………………… (42)
　学习任务1　前厅接待服务 ………………………………………………………… (43)
　学习任务2　前厅收银服务 ………………………………………………………… (53)
　项目三　前厅部其他服务 …………………………………………………………… (59)
　学习任务1　礼宾服务 ……………………………………………………………… (60)
　学习任务2　总机服务 ……………………………………………………………… (65)
　学习任务3　问讯与留言服务 ……………………………………………………… (68)
　学习任务4　商务中心服务 ………………………………………………………… (73)
　学习任务5　大堂副经理 …………………………………………………………… (77)

模块三　前厅部管理 ………………………………………………………………… (86)
　项目一　前厅销售管理 ……………………………………………………………… (86)
　学习任务1　前厅销售产品分析 …………………………………………………… (86)
　学习任务2　前厅销售价格的制定 ………………………………………………… (89)
　学习任务3　前厅销售艺术与技巧 ………………………………………………… (97)
　项目二　前厅部日常管理 …………………………………………………………… (101)
　学习任务1　前厅部沟通与协调 …………………………………………………… (102)

学习任务 2　客人投诉及其处理 …………………………………………… (107)
　　学习任务 3　客史档案管理 ………………………………………………… (113)
　　学习任务 4　客户关系管理 ………………………………………………… (117)

模块四　客房部概述 …………………………………………………………… (123)
　　学习任务 1　认识客房部 …………………………………………………… (123)
　　学习任务 2　客房部的组织机构及岗位设置 ……………………………… (129)
　　学习任务 3　客房产品设计 ………………………………………………… (141)
　　学习任务 4　客房部定员管理 ……………………………………………… (146)

模块五　客房部服务 …………………………………………………………… (153)
　　项目一　客房接待服务 ……………………………………………………… (153)
　　学习任务 1　对客服务内容 ………………………………………………… (153)
　　学习任务 2　客房优质服务 ………………………………………………… (161)
　　学习任务 3　客房服务质量控制 …………………………………………… (169)
　　项目二　客房清扫服务 ……………………………………………………… (176)
　　学习任务 1　客房常规清洁卫生 …………………………………………… (177)
　　学习任务 2　公共区域清洁保养与质量控制 ……………………………… (193)
　　学习任务 3　创建"绿色客房"活动 ……………………………………… (197)

模块六　客房部管理 …………………………………………………………… (203)
　　项目一　客房部人力资源管理 ……………………………………………… (203)
　　学习任务 1　客房员工的素质要求 ………………………………………… (203)
　　学习任务 2　客房员工的培训 ……………………………………………… (208)
　　学习任务 3　客房员工的考核与评估工作 ………………………………… (215)
　　学习任务 4　客房部员工激励 ……………………………………………… (220)
　　项目二　客房设备、用品使用与保养 ……………………………………… (227)
　　学习任务 1　客房设备管理 ………………………………………………… (227)
　　学习任务 2　客房布件管理 ………………………………………………… (233)
　　学习任务 3　客房用品管理 ………………………………………………… (239)
　　项目三　客房部安全管理 …………………………………………………… (241)
　　学习任务 1　客房安全基础知识 …………………………………………… (242)
　　学习任务 2　客房部主要安全问题及其防范 ……………………………… (247)
　　学习任务 3　客房部其他安全事故的处理 ………………………………… (256)

附录 1　前厅服务员国家职业标准 …………………………………………… (262)

附录 2　客房服务员国家职业标准 …………………………………………… (277)

参考文献 ………………………………………………………………………… (288)

模块一

前厅部概述

学习目标

一、知识目标

（1）了解我国酒店业的发展及酒店的类型和等级。
（2）了解前厅部的地位及任务。
（3）熟悉前厅部的组织结构和岗位职责。
（4）熟悉前厅部人员的素质要求。
（5）了解前厅的环境布局及美化要求。

二、能力目标

（1）能够根据《中华人民共和国星级酒店评定标准》分析一家星级酒店是否符合标准。
（2）能够对一家酒店的大堂环境布局情况做出分析和评估。

三、实训目标

（1）学会观察、了解酒店前厅部的基本布局。
（2）掌握分析酒店前厅部的优势与不足。

学习任务 1　认识酒店

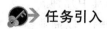 任务引入

希尔顿酒店的微笑服务

　　一个人可以没有资产，没有后台，但只要有信心、有微笑，就有成功的希望。希尔顿于1887年生于美国新墨西哥州，其父去世时，只给年轻的希尔顿留下了2 000美元遗产。希尔顿拿上这2 000美元和自己存的3 000美元，只身去了得克萨斯州，他买下了自己的第一家旅馆。凭借着精确的眼光与良好的管理，很快地，希尔顿的资产就由5 000美元奇迹般地扩

增到5 100万美元，他欣喜而又自豪地把这个好消息告诉了自己的母亲，可是，他的母亲却意味深长地对希尔顿说："照我看，你跟从前根本就没有什么两样，唯一的不同是你把领带弄脏了一些。事实上，你必须把握比5 100万美元更值钱的东西，除了对顾客诚实之外，还要想办法使每一个住进希尔顿旅馆的人住过了还想再来住。你要想这样一种简单、容易、不花本钱而行之久远的办法去吸引顾客。这样的旅馆才有前途！"母亲的话让希尔顿猛然醒悟，自己的旅店确实面临着这样的问题，那么如何才能想出既简单、容易，又不花钱且能行之久远的办法来吸引顾客呢？到底什么东西才比5 100万美元更值钱呢？希尔顿想了又想，始终没有想到一个好的答案。于是，他每天都到商店和旅店参观，以顾客的身份去感受一切。他终于得到一个答案：微笑服务，只有微笑具有简单、容易、不花本钱而行之久远这四个特征，也只有微笑才能发挥如此大的影响力。于是希尔顿定出他经营旅馆的四大信条：微笑、信心、辛勤、眼光，他要求员工照此信条实践，即使非常辛苦也必须对旅客保持微笑。从1919年到1976年，希尔顿旅馆从1家扩展到70家，遍布世界五大洲的各大城市，成为全球最大规模的旅馆之一。在美国经济危机爆发的几年中，有数不清的大旅馆倒闭，最后仅剩下20%的旅馆，即使在这样残酷的环境中，希尔顿旅馆的服务人员也依然保持着微笑。因此，经济危机引起的大萧条一过去，希尔顿旅馆就率先进入了黄金时代。希尔顿在这50年里，不断地到分设的各国的希尔顿旅馆视察业务。他每天至少与一家希尔顿旅馆的服务人员接触，向各级人员（从总经理到服务员）问得最多的一句话必定是："你今天对客人微笑了没有？"

希尔顿旅馆生意如此之好，财富增加如此之快，其成功的秘诀之一就是服务人员"微笑的影响力"。微笑，是一个人内心真诚的外露，它具有难以估量的社会价值，它可以创造难以估量的财富。正如卡耐基说："微笑，它不花费什么，却创造了许多成果。它丰富那些接受的人，而又不使给予的人变得贫瘠。它在一刹那间产生，却给人留下永恒的记忆。"

任务分析

在服务行业中，微笑服务是对从业者最基本的要求，微笑，已成为一种各国宾客都理解的世界性欢迎语言。世界各个著名的酒店管理集团，如万豪、希尔顿、假日等有一条共有的经验，即作为一切服务程序灵魂与指导的十把金钥匙中最重要的一把就是微笑。微笑服务是酒店接待服务中永恒的主题，是酒店服务一刻不可放松的必修课，它包含着丰富的精神内涵和微妙的情感艺术：热忱、友谊、情义、信任、期望、诚挚、体谅、慰藉、祝福……

相关知识

酒店（Hotel）一词起源于法语，原意是指法国贵族在乡下招待贵宾的别墅。后来英、美等国沿用了这一名称，来泛指所有商业性的住宿设施。在中文里表示住宿设施的名称有很多，如宾馆、酒店、饭店、旅馆等。关于酒店国内外有许多定义，以下列出其中几种。

《大不列颠百科全书》将酒店定义为向公众提供住宿，往往也提供膳食的，以商业营利为目的的建筑物。

《牛津插图英语辞典》将酒店定义为提供住宿、膳食等，并收取费用的住所。

世界各国对酒店的定义基本相同。《中华人民共和国星级酒店评定标准》中对酒店的定义是：以夜为时间单位向客人提供配有餐饮及相关服务的住宿设施。按照不同的习惯，酒店也被称为宾馆、旅馆、旅社、宾舍、度假村、俱乐部、大厦等。

由此可以看出，酒店是一个以提供服务为主的综合性服务企业，是将有形的空间、设备产品和无形的服务效用投入旅游消费服务领域，具有一定独立性的经济实体。其特征有：提供食宿等服务，具有独立的法人地位。

一、世界酒店业的发展

人类的旅行活动古已有之，为旅行者提供住宿、餐饮的设施应运而生。相传欧洲最初的食宿设施始于古罗马时期，其发展进程大体经历了客栈时期、大酒店时期、商业酒店时期和现代新型酒店时期四个阶段。酒店发展的每一时期，都有与之形态相适应的市场、交通方式和相适应的酒店位置、经营特点等。其总体反映了人类社会进步与发展的一个侧面。

（一）古代客栈时期

客栈时期是指11世纪到18世纪，其中以15世纪至18世纪较为典型，并以英国和法国的客栈最为发达，许多客栈所在地成为当地的社会、政治与商业活动中心，有些则演变为后来的大城市。

客栈一般是指位于乡间或路边的、主要供过往客人寄宿的小客店，是现代旅游酒店的雏形。早期的客栈，从设施上看，规模小，设备简陋；从服务上看，仅为过往旅客提供吃饭和睡觉等服务；从经营上看，客栈是单家独户经营，无须专门的管理和服务人员。

15世纪以后，随着商业和贸易活动的兴旺与发展，人们对客栈的需求增加，对客栈的服务要求也提高了。于是，客栈的规模开始扩大，设施也有所改善，备有专门的厨房、餐厅和酒窖，建有带壁炉的宴会厅和舞厅。客栈的环境也大为改善，有供客人休憩的花园、草坪等。而且客栈开始雇用专门的服务和管理人员，现代酒店也初具雏形。

到了客栈盛行的18世纪，英国等地的客栈除了为旅客提供食宿之外，还成为人们聚会、社交的场所。客栈往往坐落在乡镇人群活动的中心区域或公共马车站旁，成为当地社会政治与商业活动中心。英法古代乡村客栈如图1-1所示。

图1-1　英法古代乡村客栈

（二）大酒店时期

18世纪末至19世纪末是酒店业发展的时期，也称大酒店时期。这一时期，美国和欧洲很多国家的酒店业发展迅速。

18世纪末，美国酒店业有了较快发展。1794年在纽约建成的都市酒店标志着酒店业进入了大酒店时期。都市酒店拥有73个房间，在当时不亚于一个大宫殿，很快成为纽约市的社交中心。1829年，在波士顿建成的特利里蒙特酒店（Tremont Hotel）开创了现代酒店业的先河，推动了美国乃至欧洲酒店业的蓬勃发展。该酒店设有前厅，负责接待宾客；酒店内不仅有单间客房，而且客房里备有脸盆、水罐和肥皂。19世纪末20世纪初，美国出现了一些豪华酒店，如纽约的广场酒店（Plaza），至今仍称得上是一流的酒店。这些酒店崇尚豪华、大气，供应精美的食物，布置有高档的家具。波士顿特里蒙特酒店和美国纽约广场酒店如图1-2、图1-3所示。

图1-2 波士顿特里蒙特酒店

图1-3 美国纽约广场酒店

在美国酒店业迅速发展的同时，欧洲国家的酒店业也不甘示弱，19世纪末欧洲一些国家相继建成了一些豪华大酒店，如1874年建成的柏林凯撒大酒店、1876年开业的法兰克福大酒店、1880年建成的巴黎大酒店、1885年建成的罗浮宫大酒店以及1889年开业的伦敦萨伏依酒店等，这些都是规模宏大、设施豪华、装饰讲究、服务一流的酒店。

（三）商业酒店时期

商业酒店时期是指从20世纪初到20世纪40年代末的一段时期，这是酒店业发展的重要阶段，在各方面奠定了现代酒店业的基础。

美国的饭店大王埃尔斯沃恩·斯塔特勒（Ellsworth Milton Statler）被公认为商业饭店的创始人。他凭多年从事饭店经营的经验及对市场需求的了解，建筑了一种为一般公众能负担的价格之内提供必要的舒适与方便、优质的服务与清洁卫生的饭店——斯塔特勒饭店，使饭店走向平民化、大众化，如图1-4所示。

图1-4 斯塔特勒饭店

商业酒店的服务对象主要是公众和商务旅行者，因而其设施与服务一改追求豪华与奢侈的做法，讲求舒适、方便、清洁、安全和适用，并考虑宾客的需求和承受能力，在收费方面也比较合理。这一阶段商业酒店的发展具有以下突出特点。

（1）确定了酒店为公众和旅游者服务的基调，使酒店业的发展与经济发展和人们的生活水平相适应。

（2）促进了酒店管理和服务的标准化与规范化，形成了行业规范和相应的管理机构，如酒店协会等。

（3）逐步实现了酒店的现代化经营和管理，形成了所有者与经营者分离的体制，促进了酒店经营管理阶层的产生和发展。

（4）出现了专门培养酒店经营管理人才的学校，如美国康奈尔大学等。

（四）现代新型酒店时期

从20世纪50年代开始，酒店业进入了现代新型酒店时期。第二次世界大战以后，首先出现在北美洲的酒店集团得到了极大的发展，并逐步扩大到了世界其他地方，国际性酒店集团开始崛起，如美国洲际酒店（Inter-Continental Hotels Corporation）、希尔顿国际酒店公司（Hilton International）、喜来登酒店公司（Sheraton Corp.）、凯悦国际酒店公司（Hyatt International）、假日酒店公司（Holiday Inns Corp.）等。图1-5、图1-6所示为希尔顿酒店和喜来登酒店。

图1-5　希尔顿酒店

图1-6　喜来登酒店

现代新型酒店的功能日益多样化，除满足客人的吃、住、行、游、购、娱等一般要求外，酒店还是社交、会议、展览、表演等活动的场所。纵观这一时期酒店业的发展，具有以下几个方面的特点。

（1）酒店规模扩大，集团化管理占有日益重要的地位。一些大的酒店公司通过委托管理、特许经营等方式逐渐形成了统一管理、统一服务标准的酒店联号经营方式，促进了酒店的集团化发展。

（2）酒店服务的多样化和综合性促进了各种类型酒店的产生，满足了不同类型宾客的需求。

（3）酒店业与相关行业的合作日益密切，如酒店业与交通业、旅游业、金融业、商业的合作广泛开展，联合促销，共同争取客源。

二、中国酒店业的发展

(一) 中国古代酒店

中国古代酒店设施主要以官办驿站、迎客酒店和民间客栈为主。

1. 官办驿站

官办驿站是指专门用来接待往来信使和公差人员,并为其提供车、马交通工具的住宿设施。驿传制度始于商代中期,止于清光绪年间,世代沿袭三千余年,如图1-7所示。

2. 迎客酒店

迎客酒店是另一类官办的住宿设施,是官方用来接待外国使者和交往人员的,不仅满足了中国古代对外交往的客观需要,而且对促进中国古代政治、经济发展起到了重要作用。

3. 民间客栈

中国民间旅店业早在春秋战国时期就已产生,据文字记载,在商周时期就有专门为人们提供休息和食宿的"逆旅"场所。秦汉时期,由于商业和贸易活动的频繁,民间旅店业有了较快的发展。汉代以后,随着城市的发展,民间客栈广泛分布于城内繁华地带。除了一般提供食宿的客栈外,为适应中国封建科举制度的要求,在各省城和京城又出现了专门接待各地赴试学子的会馆,成为当时旅店业的重要组成部分,如图1-8所示。

图1-7 官办驿站

图1-8 民间客栈

(二) 中国近代酒店业的发展

中国近代酒店业是在19世纪初随着外国资本的入侵而逐渐发展起来的。这一时期,中国的酒店设施大致可分为西式酒店、中西结合式酒店和民间旅店三种类型。

1. 西式酒店

1840年鸦片战争以后,西方列强纷纷入侵中国,并在租界和势力范围内建立起大量的西式酒店。这些西式酒店把西方国家的酒店模式带入中国,尤其是受19世纪初西方国家商业酒店发展的影响。这些西式酒店一般都规模宏大、装饰华丽,拥有客房、餐厅、舞厅、酒吧、会客室等,备有电话、暖气及卫生间,采用标准化服务和规范化管理,以适应来华的外国人员及当时上流社会人物的需要。这对中国的当代酒店起到了一定的促进作用,尤其是把西方商业酒店的建设、经营、服务及管理方法带到中国,使中国的商业酒店也有了迅速的发展。

2. 中西结合式酒店

中西结合式酒店是指受西式酒店影响，由中国民族资本开办经营的酒店。这类酒店放弃了中国传统酒店的庭院或园林式建筑风格，在建筑设施上趋于西化，且多为高大的楼房建筑；店内设备和装潢则中西结合，在经营项目和经营方式上受西方酒店影响，不仅与交通、银行等行业联营，而且在服务和管理方面也接受国外商业酒店的方式，从而使中国近代酒店业的发展接近西方国家酒店业的发展水平。比较著名的有北京的六国饭店、上海的和平饭店、天津利顺德饭店等。图1-9、图1-10所示为北京的六国饭店和上海的和平饭店。

图1-9 北京的六国饭店

图1-10 上海的和平饭店

3. 民间旅店

这一时期中国民间旅店业也进一步发展与壮大，民间旅店不仅规模上有所扩大，在设施和装潢方面也较以往的旅店有了较大的改善。

(三) 中国现代酒店业的发展

中国酒店业在中华人民共和国成立之后，特别是改革开放以后得到了快速发展。这一时期中国的酒店业的发展大致分为如下三个阶段。

1. 事业型的招待所

实行改革开放之前，各地方、各部门建立了一批招待所。这些招待所是从事接待工作的事业单位，不要求自负盈亏、独立核算。这一时期的招待所的数量较少、设施相对陈旧、服务功能单一、入住条件简陋。

2. 管理型的酒店

改革开放初期，事业型的招待所向企业型转化。在这个阶段，酒店开始具有企业的性质，最重要的表现在于它不再是接待本部门、本系统的人员，而开始对外开放，接待旅客。但是，这一时期的酒店基本上还未将所有权与经营权分离，其经营管理仍处于各部门、各单位的行政管辖之下。

3. 相对独立经营的酒店

随着改革步伐的加快，我国的酒店业逐步实行所有权和经营权分离的制度。这一时期涌现出一大批独立经营或合资的酒店，酒店的所有制成分更加多样化。这类酒店在新的形势下，纷纷提高经营管理水平，向国外高水平看齐。

（四）酒店的等级

1. 国际酒店业等级制度

目前国际上有数十种酒店等级制度，有的是各国政府部门制定的，有的是各地酒店协会或相关协会制定的。有些国家强制性规定酒店必须参加评定等级，有的国家则是由酒店企业自愿申请参加评定。但无论是强制还是自愿，酒店等级制度除详细的等级标准外，还包括完备的申请、调查、批准、复查、暗查、抽查、降级、除名等程序。由于各国、各地区之间酒店业的发展程度不均衡及出发点的不同，各种等级制度所采用的标准也不尽相同。但是，各地酒店等级制定的依据和内容却十分相似，通常都从酒店的地理位置、环境条件、建筑设计布局、内部装潢、设备设施配置、维修保养状况、服务项目、清洁卫生、管理水平、服务水平等方面进行评价确定。

2. 中国酒店业等级制度

中国酒店业的等级制度采用国际上通行的星级制度，即按照一星级、二星级、三星级、四星级、五星级来对酒店进行分级评定，星级越高，表示酒店档次越高。星级用五角星表示，一颗五角星表示一星级酒店，其余依次类推，既巧妙地避开了各国语言文字的障碍，又可以使客人一目了然地对酒店的各方面有一个全面的了解。

（1）酒店星级评定的范围。

《中华人民共和国评定旅游（涉外）饭店星级的规定》明确了星级评定的范围："凡在中国境内，正式开业一年以上的旅游（涉外）饭店，均可申请参加星级评定。"

（2）酒店星级评定的组织和权限。

国家旅游局是星级酒店评定的最高权力机关，负责全国旅游酒店星级评定的领导工作，并具体负责五星级酒店的评定；各省、自治区、直辖市旅游局设立酒店星级评定机构，负责本地区旅游酒店星级评定工作（四星以下），并向国家旅游局酒店星级评定机构推荐本地区的五星级酒店，最后由国家旅游局星级评定机构评定；副省级城市和优秀旅游城市旅游局设立的酒店星级评定机构可直接评定三星级以下的酒店；非副省级城市和非优秀旅游城市旅游局设立的酒店星级评定机构可直接评定二星级以下的酒店，并向上级主管部门推荐三星级酒店。

（3）酒店星级评定的依据和方法。

旅游酒店星级评定是以酒店的建筑、装饰、设施设备及管理、服务水平等为依据，具体的评定办法按照国家旅游局颁布的设施设备评定标准、设施设备的维修保养评定标准、清洁卫生评定标准、服务质量评定标准、宾客意见评定标准五项标准执行。

酒店星级评定的具体工作由检查者承担，检查者在各级星级评定机构的领导下对酒店进行检查。

（4）星级酒店的检查和监督。

如果酒店的经营管理和服务水平达不到既定星级标准，星级评定机构应根据具体情况对酒店做出相应的处分：口头提醒；书面警告；罚款；通报批评；暂时降低星级，限期整顿；降低星级；吊销星级，吊销旅游（涉外）营业许可证。

学习任务2　认识前厅部

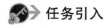任务引入

电话叫醒引发的投诉

909房间客人昨晚11：00左右致电前台要设置叫醒服务，据当班接待员反映，客人当时需要一个明天12：50的叫醒，接待员还重复了一句："是明天吗？"客人答复："是。"但今日一早客人到前台称他要的是凌晨12：50的叫醒服务，且他称在讲完后补充了是凌晨叫醒服务。客人买了长沙到西安的火车票，票价是490元，但由于没有叫醒，所以他们睡过了头，耽误了赶火车。

任务分析

很多时候，客人在要求叫醒服务时都会选择前台。不管是选择前台还是总机，我们在接受客人叫醒服务的要求时，要注意以下几点：

（1）可能客人会记错当天的日期，在服务人员与其确认时可能会出现时间上的误差，因此服务人员在向客人确认时间时要加上"今天是×月×日，您是需要在明天也就是×月×日吗"之类时间确认的话，以提醒客人。

（2）在晚上或凌晨客人提出叫醒服务要求时，服务人员需注意理解上的差别。如客人在晚上10：00通知第二天2：00叫醒，我们在确认时间时要注意是凌晨2点还是下午2点等。

（3）要记录好客人打电话和要求叫醒的具体时间，便于进行核对。

相关知识

酒店前厅部又称为总服务台，或称为总台、前台等，是饭店联系宾客的"桥梁和纽带"，是饭店经营管理的"窗口"。前厅部通常是设在酒店的大堂，负责推销酒店产品与服务、组织接待工作、业务调度的一个综合性服务部门。前厅在酒店管理中具有全面性、综合性和协调性的特征，是酒店的神经中枢。酒店前厅具体负责的工作主要有客人订房，客人登记，客房状况控制，客人账务的结算与审核以及前厅综合性业务管理。前厅部的运转状况，将直接反映酒店的服务质量和管理水平，影响饭店的经济效益和市场形象。

一、前厅部的地位和作用

酒店前厅部是酒店宾客踏入酒店首先接触的部门，也是宾客离店时迈出的最后场所，更是形成宾客对酒店"第一印象"和"最后印象"的地方，因此前厅部的工作人员贯穿于宾客与酒店接触及交易往来的全过程。现代酒店对前厅部管理经营与服务的要求越来越高，前厅部的地位和作用更不容忽视。

（一）前厅部是酒店业务活动的中心

前厅部是一个综合性服务部门，自始至终是为客人服务的中心，从客人抵店前的预订、入住，直至客人离店结账，建立客史档案，始终贯穿于客人与酒店交易往来的全过程。而客房是酒店最主要的组成部分。前厅部通过客房的销售来带动酒店其他各部门的经营活动。为

此，前厅部应积极开展客房预订业务，为抵店的客人办理登记入住手续及安排住房，积极宣传和推销酒店的各种产品。同时，前厅部还要及时将客源、客情、客人需求及投诉等各种信息通报有关部门，共同协调全店的对客的服务工作，以确保服务工作的效率和质量。任何一家酒店前厅部都是向客人提供服务的中心。酒店前厅如图1-11所示。

图1-11 酒店前厅

（二）前厅部是酒店管理机构的形象窗口

前厅部通过客房预订、入住登记、问询、委托代办、电话、结账等岗位为客人提供服务，与客人保持密切的联系。当客人遇到困难寻求帮助时需要找前厅，客人感到不满意要投诉时也找前厅，前厅工作人员的言语举止将会给客人留下深刻的第一印象，最初的印象极为重要。所以，在客人心目中，前厅部是酒店服务与管理的代表机构。在客人眼中，前厅部员工就是酒店的代表，是酒店的门面，是酒店整体形象的重要体现。前厅部的工作直接反映了酒店的工作效率、服务质量和管理水平，直接影响酒店的总体形象。

（三）前厅部是酒店决策机构的参谋，市场营销的助手

作为酒店业务活动的中心，前厅部及时收集客人对酒店管理和服务的意见及反映，并反馈到酒店质检部门，进行针对性分析，这有助于制定改进管理和提高服务的措施。前厅部的实时经营管理数据和报表，可定期或不定期地按日、月、年提供给酒店决策和营销机构，以此作为制订和调整酒店计划及经营策略的重要依据。前厅部还会同销售部、财务部制订年度客房营销预算计划，发挥着重要的参谋和助手作用。

（四）前厅收入是酒店收入的重要来源

客房在绝大部分酒店都是收入的主体，客房营业收入在全酒店营业收入中所占比例往往最高，创利润最高，对全酒店的营业带动性最强，而正是前厅部按规定的服务程序与宾客直接或间接接触，形成了酒店最主要的经营活动部门，可以说没有任何一家酒店不重视前厅部销售客房的经营活动。在一般酒店，客房的经济收入要占酒店总收入的50%以上，最高的可达到80%以上。宾客入住以后，还要进行饮食、购物、娱乐、洗衣等方面的消费，所以重视前厅部的管理，提高前厅部的服务水平，不仅会增加客房的经济收入，还可以增加其他服务设施的收入，进而提高整个酒店的经济效益。

（五）前厅部是建立良好宾客关系的重要环节

酒店服务质量的高低最终是由宾客做出评价的，评价的标准是宾客的满意度。建立良好

的宾客关系有利于提高宾客的满意度，赢得更多的回头客，从而提高酒店的经济效益。而前厅部是宾客接触最多的部门，其员工与宾客接触频繁，最易获知宾客的需求。因此，应尽可能提高宾客对酒店的满意度，以建立良好的宾客关系。随着酒店的市场逐渐从卖方市场转入买方市场，酒店业的竞争日趋激烈，酒店越来越重视宾客的需求以及酒店与宾客之间的关系。在这种情况下，前厅部工作显得尤其重要。

二、前厅部的任务

（一）销售客房

销售客房是前厅部的首要任务。客房是酒店出售的最主要的商品，客房收入是酒店收入的主要来源。客房商品又具有价值不可储存性的特征。因此，能否有效地争取客源是酒店生存的关键。前厅部推销客房数量的多少、达成价格的高低，不仅直接影响饭店的收入，而且也间接影响饭店餐厅、酒吧、舞厅等其他业务收入。所以，前厅部要积极参与饭店的市场预测和调研活动，制定合理科学的价格策略和促销策略，配合营销部进行促销活动。

前厅客房销售的任务由以下四个方面工作完成：订房推销；接待无预订客人；办理入住登记；排房、确认房价。总之，客房销售是前厅部的首要功能。前厅部全体管理者及员工应全力以赴按确定的价格政策推销出去尽量多的客房，积极发挥销售客房这一职能。

（二）前厅服务

作为直接向客人提供各类相关服务的前台部门，前厅服务范围涉及机场和车站接送服务、儿童行李服务、钥匙问讯服务、票务代办服务、邮件报刊服务、电话通信服务、商务文秘服务等，有着"大前厅服务"理念。这种服务理念的核心思想是：在完成前厅各项服务的过程中，要促使前厅服务与酒店其他服务，诸如客房服务、餐饮服务、安全服务等共同构成酒店的整体服务，这表现为服务链条的紧密衔接，避免推诿、扯皮或踢皮球等现象，强调"服务到位"，使客人对酒店留下满意、深刻的印象。

（三）提供信息

前厅部是与客人接触最多的部门，又是与客人的第一接触点。前厅部每天需要提供大量的信息来回答客人关心的问题。因此，前厅部必须掌握大量的酒店情况，备有各种有关资料，以便提供给客人。同时，前厅部要收集市场信息和客人需求信息，并对其进行加工、整理，传递到客房、餐饮等酒店经营部门和管理部门，为其做出决策提供依据。前厅部员工应充分掌握和及时更新各种信息，以亲切耐心的态度，熟练地提供准确无误的信息。

（四）协调沟通

前厅部根据客人需求和酒店营销部门的销售计划衔接前、后台业务以及与客人之间的联络、沟通工作，达到使客人满意以及内部业务运作顺畅的目的。例如，客人向前厅服务人员反映房间温度问题，前厅服务人员就应立即通过管理渠道向设备维护部门反映客人意见，并给予客人满意的答复。

（五）控制房况

前厅部一方面要协调客房销售与客房管理工作，另一方面要能够在任何时候正确地反映客房状况。在协调客房销售与客房管理方面，前厅部应向销售部提供准确的客房信息，防止超额预订，避免工作被动。另外，前厅部应及时向客房部通报实时及未来的预订情况，便于其安排卫生计划或调整劳动组织工作。正确反映并掌握客房状况是做好客房销售工作的先决条件，也是前厅部管理的重要目标之一。

（六）建立客账

建立客账是为了记录和监视客人与酒店间的财务关系，以保证酒店及时准确地得到营业收入。客人的账单可以在预订客房时建立（记入定金或预付款）或是在办理入住登记手续时建立。收银处不断累积客人的消费额，保持准确的客账账目，并为离店客人办理结账、收款或转账等事宜。建立客账一是为方便客人，促进消费；二是记录和监督客人与酒店间的财务关系，以保持酒店的良好信誉及保证应有的经营效益的回收。

（七）建立客史档案

大部分酒店为住店一次以上的零星散客建立客史档案。按客人姓名字母顺序排列客史档案，记录相关内容。这些资料是酒店给客人提供周到的、具有针对性服务的依据。另外，这还是酒店寻找客源、研究市场的信息来源。

三、前厅部的业务特点

（一）接触面广

前厅部作为酒店营业的"窗口"、客人的必经之地，每天要接触大量的客人，提供各种服务来满足客人的需求，因而接触面广泛。由于前厅部担负着出租客房的任务，因而与酒店的客源市场有着密不可分的关系。此外，在酒店内部，由于业务工作的需要，前厅部与客房部、餐饮部、财务部、工程部等部门又有密切的业务联系。可见，前厅部业务工作的接触面十分广泛，这就要求前厅部具有完善的管理体系和制度以及训练有素的员工队伍。

（二）业务复杂

前厅部的业务包括预订、接待、问讯、行李、迎宾、接机、总机话务、票务、传真、复印、打字、收银结账、客史管理、贵重物品保管和委托代办等，业务专业性强，涉及范围广，与客人接触多，需求随机性强，信息量大而且变化快。因而要求前厅部的管理人员必须有较全面的业务知识以及较强的沟通协调能力、应变能力和服务的技能技巧。同时，由于前厅部的管理效果直接关系到酒店的声誉和经营成败，所以又要求前厅部在管理上要重视员工的服务态度、文化素养和业务技能的培训，以便与客人建立起良好的关系，从而给客人留下良好的印象。

（三）工作高效

前厅部是酒店信息集散的枢纽及对客服务的协调中心，因此其收集、整理、传递信息的效率决定了对客服务的效果。由于前厅部属于一线服务部门，与客人的接触较多，因而其收集的信息量也相对较大。再加上客人的要求每时每刻都会发生变化，这就要求前厅部在信息处理方面有很高效率。另外，前厅部所掌握的一些重要信息，如当日抵或离的VIP客人、营业日报、客情预测等，都必须及时传递给总经理室及其他相关部门。前厅部的这一特点决定了前厅部的员工必须具备信息观念、时间观念和价值观念，同时也要重视信息的收集、整理和传递工作，以提高工作效率和服务质量。

（四）服务灵活

酒店服务的对象来自不同的国家和地区，具有不同的职业、年龄、教育程度、身份地位、宗教信仰、需求心理以及价值观念等，这些差别必然会造成客人对服务效果的评价产生较大差异。这就要求前厅部服务人员能够因人、因地、因时，以恰当的方式，灵活地为客人提供有针对性的个性化服务，最大限度地满足客人的需要。

规范化是优质服务的基础，但现在客源市场表现出向定制化方向发展的趋势，因此要特别注意随时处理好客人的特殊需求与酒店固定产品服务的关系、工作制度原则性与服务灵活性的关系、客人的心理变化与相应的服务调整的关系等。

（五）政策性强

前厅是酒店的"门面"和"橱窗"，又是具有特殊意义的舞台。前厅部作为饭店管理机构的代表，它的业务工作政策性很强。无论是关于客房的销售、房价的折扣、VIP客人特殊接待的全面调动，还是处理客人的询问、转接电话、客人投诉等，都是涉及整个饭店经营的政策性很强的工作业务，稍有疏忽就会给饭店带来直接损失，或遭到客人投诉。这要求前厅部员工具有较高的政策水平和较强的遵纪守法意识。

学习任务3　前厅部组织机构设置

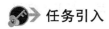 任务引入

在飞机场没有接到客人

一日，酒店机场代表与车队司机按预订单到机场迎接客人，当预订单上标示的航班客人都走完了也没有见到要接的宾客，经机场代表与预订部联系才获悉原来预订已取消，但预订部忘记通知有关人员。

接受预订和取消预订都有严格的操作程序，如果不严格执行规定，就会出现上述差错，为酒店造成直接经济损失和不必要的人力和物力的浪费。

任务分析

此事件虽然未涉及客人，也未给客人带来任何不良影响，但反映出员工工作的粗心大意，其与前厅部内部的协调配合工作没有做到位，存在沟通障碍。前厅部组织机构设置，直接影响着信息沟通与利用的效率，也会影响到前厅员工的心理和能力的发挥，从而影响前厅的效率乃至酒店的经营。因此，恰当的前厅组织机构，对于酒店的有效运营是至关重要的。

相关知识

一、前厅部组织机构设置原则、机构设置办法与机构组成

（一）机构设置原则

1. 组织合理

前厅部组织机构设置、人员配备、职责划分应根据酒店的实际性质、规模大小、地理位置、经营特点及管理方式而定，不宜生搬硬套。例如，规模小的酒店或以接待内宾为主的酒店，可考虑将前厅接待服务划入客房部管辖，不必单独设置。

2. 精简高效

前厅部机构精简遵循"因事设岗、因岗定人、因人定责"的劳动组织编制原则，在防止机构重叠、臃肿的同时，要处理好分工与合作、方便客人与便于管理等方面的矛盾。

3. 分工明确

前厅部各机构设置明确，各层次与各岗位人员的职责不重复，不留空间地带，垂直领导，明确指挥体系及信息渠道的高效畅达，应避免出现管理职能的空缺、重叠或相互推诿现象。

4. 便于协作

前厅部机构设置要便于前厅部内部各岗位、各环节的协作，而且要有利于与其他部门的协调与合作，要建立工作流程，利于酒店各机构、各岗位之间的协作与配合。

（二）机构设置办法

目前，在我国，因酒店规模不同，前厅部组织机构设置有很大差别，一般有以下几种方法：

（1）酒店设客房事务部，简称房务部。下设前厅、客房、洗衣和公共卫生四个部门，统一管理预订、接待、住店过程中的一切住宿业务，实行系统管理。一般为大型酒店和高级酒店所采用。

（2）前厅部独立为一个单独的部门，直接向总经理负责，承担预订、接待、住店等业务。一般为中型酒店所采用。

（3）前厅不是独立的部门，前厅的工作任务由总服务台来承包。总服务台作为一个班组属于客房部，目的在于减少管理费用，同时加强前厅与客房两个部门之间的联系与合作。一般为小型酒店所采用。随着市场竞争的加剧，许多小型酒店也增设前厅部，扩大其业务范围，强化和发挥前厅的作用。

（三）机构组成

依据酒店的接待规模，前厅部的机构形态分为：大型酒店、中型酒店、小型酒店（管理层次、职能划分的精细度、内容与范围），如图 1-12~图 1-14 所示。

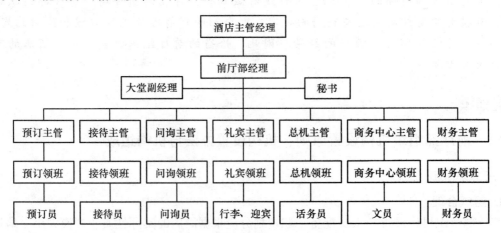

图 1-12 大型酒店前厅部组织机构图

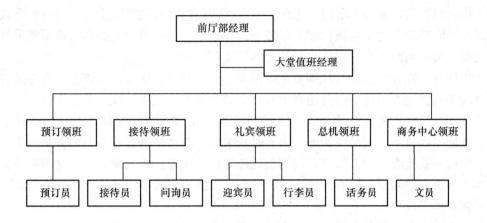

图 1-13 中型酒店前厅部组织机构图

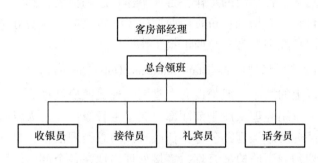

图 1-14 小型酒店前厅部组织机构图

1. 大型酒店

大型酒店的特征为：四个管理层次；不同职能由不同岗位负责；内容多，范围广。有的大型酒店设置"房务系统"，由前厅部、客房部、保安部、工程部等二级部门组成，并设立"房务总监"的职位统揽"房务系统"。

2. 中型酒店

与大型酒店相比，中型酒店前厅部下设的工种减少，层次减少。

3. 小型酒店

小型酒店的总服务台设总台领班，负责订房、问讯、接待等多项接待工作。另外，还设有收银员、话务员两个工种，个别酒店还设有礼宾员。

二、前厅部主要部门岗位职责

前厅部对客服务贯穿于客人住店过程的始终，前厅部的岗位设置和业务范围的确定都要紧紧围绕前厅的功能展开，以客人的需求为主线，以满足客人需要为目标。一般来讲，前厅的主要岗位包括前厅部经理、大堂副经理/值班经理、客房预订处、接待处、问讯处、收银处、礼宾服务处、电话总机、商务中心等。

（一）前厅部经理（Front Office Manager）

①负责前厅部的全面工作，对总经理负责。

②对员工素质、工作效率、服务水准等负有管理和培训的重要责任。

③负责本部门的财政预算，对部门的工作策划、督导等负有重要责任。

④工作策划：负责策划本部门的工作；制定本部门的财政预算；主持部门业务会议，进行业务沟通；向部属下达工作指标和工作任务，并指导工作；负责与酒店管理系统进行业务联系与沟通；协调与纠正部门之间出现的工作矛盾和偏差。

⑤工作检查：检查总服务台各部员工的仪表、仪态和工作质量；检查总台设施是否布置有序、整洁美观；检查前厅、门前迎宾员和行李员的仪容、仪表、仪态及工作程序，是否对宾客服务周到、热情有礼，是否爱惜客人的行李物品；检查房间预订情况，了解和掌握房态；检查电话接线员的声调是否清晰、语言是否柔和、态度是否有礼貌，服务是否周到及是否爱惜工作设备；检查工作人员是否周到细致地为客人服务，客人交办的事是否办妥，是否能帮助客人解决疑难问题；检查其他人员，如分送报纸、报表、接待计划等员工是否尽职尽责、保质保量地完成工作。

⑥日常工作：参加部务会议、业务会议、例会等，提出工作疑难、工作建议、工作计划等请总经理决策；审阅部属各部门的工作报告、工作日志和报表；制订和实施培训计划，对部属员工进行思想教育和工作培训；负责门前迎送VIP客人的工作督导和指挥；抓好本部门的安全、卫生管理；向总经理、客务总监汇报工作。

（二）大堂副经理/值班经理（Assistant Manager/Duty Manager）

在我国，三星级以上的酒店一般都设有大堂副经理或值班经理。对大堂副经理的管理模式通常有三种：一是大堂副经理隶属于前厅部，属于主管级；二是大堂副经理由总经理办公室直接管理，大堂副经理向总经理办公室主任或直接向总经理汇报，是部门副经理级；还有的酒店将大堂副经理划归酒店质检部管理，直接处理出现在各个部门的服务质量问题和宾客投诉问题，增强其权威性。其具体设置，应视酒店自身的情况来确定。大堂副经理的主要工作职责与工作内容包括：

代表总经理接受及处理酒店客人对酒店内所有部门（包括个人）的一切投诉，听取客人的各类意见和建议；会同有关部门处理客人在酒店内发生的意外事故（伤亡、凶杀、火警、失窃及自然灾害）；解答客人的咨询，向客人提供必要的帮助和服务（报失、报警、寻人及寻物等）；维护宾客安全（制止吸毒、嫖娼、赌博、玩危险游戏、酗酒及房客之间的纠纷等）；维护酒店利益（索赔、催收）；收集客人意见并及时向总经理及有关部门反映；维护大堂及附近公共区域的秩序和环境的整洁；督导、检查在大堂工作人员的工作情况及遵守纪律情况（前台、财务、保安、管家、绿化、餐饮、工程及车队等部门人员）；协助总经理或代表总经理接待好VIP和商务楼层客人；夜班承担酒店值班总经理的部分工作，如遇特殊、紧急情况应及时向上级汇报；向客人介绍并推销酒店的各项服务；发现酒店管理内部出现的问题，向酒店最高层提出解决意见；协助各部维系酒店与VIP客人、熟客、商务客人之间的良好关系；负责督导高级账务的催收工作；定期探访各类重要客人，听取意见并整理好呈送给总经理；完成总经理及前台经理临时指派的各项工作；参与前台部的内部管理。

（三）预订处（Reservation）

负责酒店的订房业务。受理客人预订，并随时向没有预订的散客推销客房等酒店产品和服务。

（四）接待处（Reception）

负责接待抵店投宿的客人，包括散客、团体、长住客、非预期抵店以及无预订客人；办理客人住店手续，分配房间；与预订处、客房部保持联系，及时掌握客房出租变化，准确显示房态；制作客房销售情况报表，掌握住房客人动态及信息资料等。

（五）问讯处（Information）

掌握住客动态及信息资料，解答宾客问讯；处理宾客邮件、留言；接待访客；分发和保管客房钥匙；积极参与酒店各项促销活动；协调对客服务。

（六）收银处（Cashier）

负责酒店客人所有消费的收款业务，包括客房、餐厅、酒吧、长途电话等各项服务费用；同酒店一切有客人消费的部门的收银员和服务员联系，催收核实账单；及时催收长住客人和公司超过结账日期、长期拖欠的账款；夜间统计当日营业收益，制作报表。

（七）礼宾服务处

为客人提供迎送服务、行李搬运、租车服务、邮电服务、问询服务及各种委托代办服务等。高星级酒店提供"金钥匙"服务。"金钥匙"是前厅部下设的一个岗位，归前厅部经理直接管理。"金钥匙"的全称是"国际酒店金钥匙组织"（UICH），是国际性的酒店服务专业组织。

（八）电话总机及商务中心

负责转接酒店内外电话，承办传统电话回答客人的电话询问；提供电话找人、留言服务和叫醒服务；播放背景音乐；出现紧急情况时可作为指挥中心。

（九）商务中心

提供信息及秘书性服务，如收发传真、复印、打字及订票等。

三、前厅部人员素质要求

（一）前厅部管理人员素质要求

前厅部的管理人员工作在对客服务的第一线，直接指挥、督导并参与前厅服务和客房销售工作，是前厅部正常运转、保证服务质量的直接责任者，应具备以下几个方面的基本素质。

①身体健康、精力旺盛。
②具有良好的职业道德。
③有强烈的事业心和工作动力。
④有较高的业务水平。
⑤有良好的语言表达能力。
⑥有较强的管理能力。
⑦有良好的人际关系和沟通能力。
⑧自信乐观、豁达开朗。

（二）前厅部服务人员素质要求

①成熟而健康的心理，与他人相处，能遵循"平等和双赢"的原则。
②机智灵活，善于应变，能妥善处理日常所面临的复杂事务，发挥好神经中枢的作用。
③懂得有关社会学、旅游心理学、民俗学、销售学、管理学、法学等方面的知识，以接待具有不同职业、身份、文化背景、风俗习惯和社会阶层的宾客，提供个性化的优质服务。

④善于聆听，充分领会、理解宾客的需求，有针对性地满足宾客的需求，处理问题通情达理。

⑤有过硬的语言能力，除普通话外，还会说一两门外语（英语为必备语种），在与宾客进行语言交流的过程中，能充分运用语言艺术。

⑥掌握一定的推销技巧，尽可能地推销出酒店的产品和服务，同时要善于控制自己的情绪，绝不会随宾客的情绪波动而与之争吵，在推销过程中失态。

⑦具备娴熟的业务技能，真正做到服务效率高，讲究时效。如一名接待员能在3分钟内为宾客办理完入住手续，问讯员提供访客查询服务不超过3分钟，邮件分送不超过30分钟；话务员转接电话遇到有占线或无人接听时，及时向宾客解释，请宾客等候，时间每次不超过45秒，等等。

知识链接

酒店前厅部工作人员的礼貌礼节

1. 称呼宾客时应恰当使用称呼礼节，最好能用"先生""太太""女士"等词语称呼宾客，并问候宾客。
2. 说话时语气应温和耐心，双目注视宾客，并及时给予应答。
3. 若对宾客的问话听不清楚，应主动说："对不起，请您再说一遍好吗？"
4. 若对宾客的问题一时答不上，应先致歉再查询，说："对不起，请稍候（等）。"
5. 宾客对回答表示感谢时，我们应说："别客气，不用谢。"
6. 始终注意保持环境安静，不可大声喧哗、哼唱歌曲、聚众开玩笑等。
7. 与宾客交流时，应注意要与宾客保持有效的距离（0.8~1m）。通常，人际交往距离有四种：亲密距离（0.15~0.45m）、个人距离（0.45~1.2m）、社交距离（1.2~3.6m）、公众距离（3.6m以上）。
8. 在交流过程中，不得与宾客开玩笑，打逗，过分随意，也不得与宾客过分亲热，应严格把握好分寸。
9. 注意保护宾客的隐私权，以免引起误会。
10. 一般不要接受宾客赠送的礼物，若不收有可能失礼时，应表示谢意，并按酒店部门有关规定处理。

酒店前厅部工作人员的礼貌服务用语

与人相见说"您好"	问人姓氏说"贵姓"	仰慕已久说"久仰"
长期未见说"久违"	求人帮助说"劳驾"	向人询问说"请问"
请人协助说"费心"	请人解答说"请教"	求人办事说"拜托"
麻烦别人说"打扰"	求人指点说"赐教"	得人帮助说"谢谢"
祝人健康说"保重"	向人祝贺说"恭喜"	老人年龄说"高寿"
身体不适说"欠安"	看望别人说"拜访"	请人接受说"笑纳"
欢迎购买说"惠顾"	希望照顾说"关照"	赞人见解说"高见"
归还物品说"奉还"	请人赴约说"赏光"	自己住家说"寒舍"
需要考虑说"斟酌"	无法满足说"抱歉"	请人谅解就"包涵"
言行不妥说"对不起"	慰问他人说"辛苦"	迎接客人说"欢迎"

模块一　前厅部概述

宾客来到说"光临"	等候别人说"恭候"	没能迎接说"失迎"
客人入座说"请坐"	陪伴朋友说"奉陪"	临分别时说"再见"
中途先走说"失陪"	请人勿送说"留步"	送人远行说"平安"

学习任务4　前厅环境设计

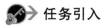任务引入

厦门某酒店前厅设计

酒店坐落于湖里五缘湾畔，近可观湖，远可赏海，共享五缘湾特色商业街以及边上居住区的成熟配套，感受五缘湾活力精英港、财智精英城的生活方式。酒店占据环湾中心区有利位置，环湾中心区是五缘湾非常具有特色的核心区域，是人与水最亲密对话的空间。在内部空间设计方面，强调以人为本，同时强调地域特色，追求材料、装饰、空间的和谐统一，在满足功能需要的前提下，将人、物、空间进行合理的组合，力求用最简约的手法，表现丰富的内涵。

在流线设计上，充分考虑车行与人行的特点，统筹设计，使其成为一个有序、安全、高效的交通体系。酒店区主出入口设置在北侧，会议、团队出入口设置在西南侧。内部各流线组织均以大堂为核心，通过大堂、电梯厅、休息厅、走廊等空间来串联统筹各部分空间与功能，形成流线简洁、方向明确、使用方便、交通便捷的流线系统。

大堂设计局部挑高两层，北侧设置大堂吧，并与下沉庭院呼应，形成层次丰富的空间感。与总台、电梯厅、全日制餐厅、风味餐厅相连，尺度宜人，流线合理。装饰上采用海洋元素，体现了滨海酒店的特点。

任务分析

前厅部，指的是酒店的正门、大堂等属于前厅部管辖范围。每一位客人抵达和离开酒店，都必须经由这一地方。前厅部是酒店的中心，是酒店中集交通、服务、休息等多种功能为一体的共享空间，而且一旦落成，很难改变。因此，酒店规划者应该重视这一区域的设计。

相关知识

前厅部是对客服务的中心，也是酒店所有经营活动的枢纽。前厅的布局是否科学，功能是否合理，环境是否舒适，气氛是否宜人对酒店的形象会产生重要的影响。

一、前厅的布局

前厅是客人进出酒店的必经之处和活动汇集场所，是客人进入酒店后首先接触到的公共场所。前厅必须以其宽敞的空间、华丽的装潢创造出一种能有效感染客人的气氛，以便给客人留下美好的第一印象和难忘的最后印象。

（一）前厅布局的基本原则

尽管前厅的布局随着酒店业的发展在不断更新，各类酒店在前厅设计上都注意突出自己的特点，但是前厅的设计一般应遵循以下基本原则，以利于前厅的运转。

①宽敞舒适。前厅的建筑面积应与酒店的接待能力相适应，和客房的数量有密切的关系。一般情况下，酒店的主前厅的面积按 $0.4 \sim 0.8 m^2$ 乘以客房数计算。

②有一定高度，采光良好，无压抑感。

③保持适宜的温度和湿度。

④播放适宜的背景音乐并有良好的隔音效果。

⑤地面表层美观，最好用大理石或者优质木地板，既豪华美观又便于清洁。

⑥前厅的部门招牌显而易见。

⑦星级酒店要提供世界主要客源国（或城市）时间的时钟、外汇汇率牌、日历、天气预报等，以方便入住酒店的客人。

总之，前厅的设置是前厅业务运转的基础，而且前厅一旦落成，很难改变，因此在设置前一定要进行可行性研究。

（二）前厅的分区布局

1. 酒店门厅

酒店的门厅既是门面，又是人流和车流集中的地方，其布局一般有以下要求，如图 1-15 所示。

①应保证进出酒店的交通通畅，门厅前的车道有足够的宽度，一般至少能通行一辆轿车。

②有雨棚，能为客人遮风避雨。

③门的大小、种类的选择应考虑到客人进出的数量、服务的规格等因素。可选择拉门、转门和自动门等。为保证酒店内的空调效果，减少能源的浪费，一般酒店可选择双层门，而且注意两层门的开口方向不要完全一致。通常在大门口铺设一块地毯，供客人擦干鞋底后进入前厅，以维持前厅的整洁；进门旁应放置伞架，供客人存放雨伞，防止带入的水珠滑倒客人。

④门厅的台阶处应设有残疾人楼道，方便坐轮椅客人的进出。

图 1-15 酒店门厅

2. 公众活动区域

前厅的装饰布局风格、面积大小必须与酒店的规模和星级相适应，前厅中应有足够的空间供客人活动。一般大堂公共面积不小于 $150 m^2$，高档饭店一般按 $0.8 \sim 1.0 m^2 \times$ 客房总数的标准，或不小于 $350 m^2$，如图 1-16 所示。

①员工进出酒店的通道应与宾客通道分开，并设有团队专用通道和行李车道。有条件的应分别建立客用电梯、员工电梯和货用电梯。

②酒店的公共服务设施应方便宾客辨认、进出和使用。

③大厅的非经营区应有供宾客休息的场所，选择相对安静的位置，尽量让客人不受干扰，或者将沙发座椅围成独立的方形，构筑一个宁静舒适的小环境。

图1-16　星级酒店前厅公共区域

3. 柜台

大厅内除了设有总服务台以外，还可以设有其他多个服务柜台，柜台的布置必须与前厅总服务台的风格协调一致．并能满足服务的要求。

4. 洗手间

大厅内应设有用中、英文文字及图形明显标志的供男、女客人使用的洗手间，公共洗手间的布局应注意厕位充足、空间宽敞，在服务上还应保证清洁卫生、设备完好、用品齐全。公共洗手间的设计布局和服务水平往往一定程度上可以反映出酒店的服务等级和服务质量。

5. 总台

酒店前厅部的总台是总服务台的简称，或称为前台，是前厅最显眼的部位，它肩负着前厅接待的大多数工作，既是宾客投诉处，也是宾客咨询、查询处，因而成为宾客和酒店联系的纽带。

总台高度的设置应以方便客人住宿登记和总台员工的接待服务工作为原则。通常情况下酒店前台柜台的高度是120~130cm，过高或过低都不利于前台的接待工作，柜台台面的宽约70cm，柜台内侧设有工作台，台面高度为85cm，宽约30cm。柜台内侧与墙面之间，应有100~150cm的距离，以供接待员活动或摆放工作文件之用。总台的长度与面积应与酒店规模、等级相一致，酒店规模越大、等级越高；总台越长、面积越大。总台的形状有的设置为直线形，有的设置为"L"形或者是半圆形，如图1-17、图1-18所示。

图1-17　"L"形总服务台

图1-18　半圆形总服务台

二、前厅的环境

前厅是酒店的门面,是酒店服务的中心,环境的装饰和布置给客人留下良好的印象非常重要。客人到饭店来不仅是为了购买客房商品或接受一系列服务,而且同时希望享受到酒店的氛围。如果客人一踏入酒店的大门,就能感受到大堂宽敞的空间、精心的装饰、温馨的气氛,无疑会感到无声的欢迎,享受到一种受尊重的感觉。客人对酒店的第一印象很大程度上受到前厅环境和气氛的影响。同时,前厅环境的好与坏也会对前厅服务员的情绪和工作效率产生很大的影响。良好的环境会让服务员感到工作压力减小,工作效率较高,且服务质量有保证。

(一)前厅装饰美化

1. 灯光

为追求热烈的气氛,大厅一般采用高强度的华丽吊灯。客人休息处设有便于阅读和交谈的立灯或台灯,灯光略暗,形成舒适、安静和优雅的格调。而总服务台则要使用照明度偏高的灯光,创造出适宜的工作环境。各种光色都应和谐、柔和而没有耀眼的感觉。灯具除用以照明外,其本身就是一种装饰品,所以大厅内的各种灯具必须配套,造型应与大厅内的建筑风格互相呼应。

2. 色彩

色彩是美化环境的最基本构成要素之一。色彩经人的心理和生理反应会产生不同的感觉,具有感情象征。例如,红色有迫近感、扩张感,使人兴奋,可以营造热情、温暖、喜庆的气氛;黄色给人以明朗、欢乐、华贵的感觉;而绿色则意味着自然和生长,使人平静而稳定等。

酒店前厅装饰美化色彩的运用主要体现在两个方面:一是色调的确定;二是色彩的搭配。客人一进入饭店,第一印象是大厅的色调和气氛。因此,首先必须确定大厅的主色调,作为大厅环境色彩的主旋律,它决定着大厅环境的气氛和情调。为了给客人一种快乐、热情、美观、大方、优雅的气氛,激发前厅员工的工作热情,前厅的色彩一般以红色或其他暖色调为主,同时大胆使用陪衬色调,形成色彩的对比,创造出和谐的整体效果。

(二)前厅微小气候打造

前厅微小气候是指在酒店的大堂空间内的局部气候条件,一般由大量的温度、湿度、通风、采光、噪声控制等组成。有时候,客人在酒店中会感觉到空气干燥和污浊、室温偏高或噪声刺耳,这就很可能是酒店的微小气候的问题。现代酒店需要建立大厅等公共区域的环境质量标准体系,运用科学技术,通过检测和控制等手段,确保大堂环境的舒适度,提高服务质量。要保持大堂环境的舒适度,主要从以下项目努力。

1. 温度和湿度

大厅的适宜温度:夏季为22℃~24℃;冬季为20℃~24℃。现代酒店普遍使用了冷气装置或中央空调,使温度得以有效控制。

湿度是与温度密切相关的一种环境条件,适宜的相对湿度应控制在40%~60%的范围内。湿度大易引发人们的烦躁感。

2. 通风和采光

通风是为了保持大堂内空气新鲜,不会因为氧气的缺乏对客人的身体产生危害。新鲜空气中约含有21%的氧气,如果室内氧气含量降低到14%就会给人体带来危害。大厅内通风量一般不低于200m³/(人·h)。大厅的自然采光照度应不低于95lx,灯光照明应不低于45lx。

3. 噪声控制

大堂的噪声一般不应超过50dB。因为噪声对环境会形成污染,在酒店的前厅也不例外。大厅内噪声过大,不仅影响客人的休息,破坏氛围,而且会影响服务员的工作情绪,导致工作效率下降。有效地控制噪声应注意以下环节。

①挑选大堂装修材料时尽可能地注意选择隔音或吸音效果较好的材料。

②设备设施的选用和装饰的设计都应注意防止噪声。例如,选择瀑布或喷泉时,要特别慎重。

③员工要养成轻声说话的习惯,大厅内绝对禁止大声喧哗。

④背景音乐应适宜。背景音乐要保持在令人轻松愉快的程度,不影响宁静宜人的气氛,一般以5～7dB为宜。

(三) 空气卫生

大厅内的空气中可能会含有一氧化碳、二氧化碳、可吸收颗粒、细菌等空气污染物,有害人体健康,必须予以控制。大厅内空气卫生质量的标准为:第一,一氧化碳含量不超过5mg/m³,二氧化碳含量不超过0.1%;第二,可吸收颗粒均不超过0.1mg/m³,细菌总数不超过3 000个/m³。

(四) 绿化

人们本能地喜爱自己赖以生存的阳光、空气和水,喜爱充满着生命力的自然界。在高度文明的现代社会,城市中大批的高层建筑拔地而起,形成"钢筋水泥的丛林",阳光被阻挡,加之空气和水被污染,人与自然的距离越来越远,要求回归大自然的呼声也越来越高。现代酒店设计中应尽可能在大厅内布置绿化,尤其是大城市中心的现代酒店,周围不一定有优美的花园风景,更加需要在大厅内设计花卉、树木、山石、流水等景观,使大厅内洒满阳光、绿荫丛丛、流水潺潺,给人以亲切、爽适的自然美感。绿化还有调节大厅气温、减少噪声、净化空气的作用,也可以消除人们由于长时间室内活动而产生的疲劳感。

知识链接

新颁布的国家五星级酒店的划分

2003年12月1日颁布实施的中华人民共和国《旅游饭店星级的划分和评定》(GB/T 14308—2003)中对五星级和白金五星级(超豪华五星级)有比较详尽的划分和要求。择其要者,加以提炼概括,有如下重要方面。

1. 布局和功能

做到布局合理、功能完备、设施方便安全。

2. 客户数量和标准

酒店的等级对规模要求并不高,至少有40间(套)可供出租(即可供客人登记使用)的即可。但是,五星级对客户要求却比较详尽,26条内容整合了26个英文字母。很多人认为,三星级酒店客房和四星级、五星级客房看上去没有太大的区别。其实不然,我国的五星级比国外的差不少。理由何在？就是国内的许多五星级酒店只把眼光放在客房的外表和基本配置上面，而忽略了环保、控制噪声、避免有害物质、文化品位、通信发达程度、服务水平等许多重要的方面。

3. 网络通信系统

五星级酒店要求有与之相适应的计算机管理系统、通信网络系统。按层装设控制室温和气流的传感器，会议室配置同声传译和远程视频会议系统，多功能厅安装电影投影仪和多功能投影幕，等等。

4. 软环境条件

五星级标准中很多条款是关于服务水平的，这是对软环境的要求。近几年，国内外的知名酒店围绕"个性化服务"大做文章，积极提升自己的服务水平。"个性化""标准化""定制化"的服务进一步融合起来。除此之外，服务人员的外语水平要求达到能自如运用生活用语与客人熟练对话的程度，而且重要岗位员工应具备不低于英语四级的水平。

5. 环境和文化

五星级酒店都具有优美的园林，塑造具有一定文化理念和建筑观。五星级标准的酒店在环境和外观上必须独具特色。

项目小结

前厅部是酒店的关键部位，是联系宾客的桥梁与纽带，是酒店的中枢神经，是酒店的橱窗。本章着重介绍了酒店前厅的地位与作用，通过学习应了解前厅部的组织机构，了解酒店前厅岗位的基本职能，对现代酒店前厅部有一个基本了解。

项目考核

1. 实务训练

（1）实训名称。

罗列前厅部的直线职能的组织机构图。

（2）实训过程。

参观一大型酒店并访问大堂副经理，根据参观访问内容画出该酒店前厅部的组织机构图，并总结前厅部与其他部门的业务关系。

①选择地点：所在地。

②选择酒店的档次与类型：五星级休闲度假型酒店。

③访问对象：大堂副经理、前厅经理。

④访问内容：前厅部的组织设置与人员配置；前厅接待员的流动状况与基本素质。

2. 思考题

（1）前厅部在酒店中的地位和作用是什么？

（2）前厅部的主要工作任务是什么？

（3）前厅部组织机构的设置应该遵循哪些原则？

（4）一般中型酒店前厅部组织机构是什么？

（5）前厅部的小气候如何打造？

前厅部综合服务

项目一 前厅部预订服务

学习目标

一、知识目标

(1) 了解客房预订的意义和任务。
(2) 熟悉酒店客房的预订种类和方式。
(3) 掌握客房预订程序及控制方法。
(4) 熟悉超额预订及处理办法。

二、技能目标

(1) 能够根据《酒店管理人员的岗位职责与素质要求》了解一家星级酒店预订处的工作人员具体岗位职责。
(2) 能够熟悉一家酒店的具体预订业务的操作流程。

三、实训目标

(1) 掌握电话预订和当面预订的受理流程。
(2) 掌握超额预订的处理办法。

学习任务1 客房预订概述

▶ 任务引入

出现预订差错怎么办

宋先生是一家大公司驻某市的代表,最近他的上司要来该市视察其业务开展情况。为了做好接待工作,宋先生提前十天在市内一家高档酒店预订了一间商务套房。宋先生是一位办事谨慎的人，虽然预订了房间，但是次日他还是打电话到酒店总台与接待员再次确认，当得知房间已经安排妥当后，宋先生总算放了心。哪知天有不测风云，就在宋先生与总台接待员打电话确认订房的第二天，他接到了总台预订员的电话，被告知商务套房已满，建议其入住豪华套房。因存在房费差价，宋先生拒绝了酒店的提议并取消了在该酒店的订房，改住到其他酒店。

任务分析

宋先生预订纠纷的原因，主要是酒店预订处与接待处沟通不畅，接待员未能正确掌握可租房的数量，造成订房差错；预订处发现订房差错后，没有妥善处理好宋先生的订房事宜，最终酒店失去了这位客人。为避免类似现象，酒店应做好以下几方面工作。

①总台设预订总表并有专人负责统计每日客房预订总数。
②建立和健全预订处与接待处之间的有效沟通制度。
③管理人员加强对预订工作的日常检查。
④妥善处理预订纠纷，努力达到客人、酒店同受益、共满意。

相关知识

客房预订是前厅部的一项重要工作，是客房销售的首要环节。酒店开展预订业务，既可以让客人的住宿需求预先得到保证，又能让酒店最大限度地利用客房资源，获得理想的出租率，为酒店争取最大的利润。因此，开展预订业务对酒店经营来说起着重要的作用。

一、客房预订的意义和任务

（一）客房预订的概念

客房预订是指客人或代理机构为住店客人在抵店前与酒店客房预订处所达成的订约，是客人与酒店之间达成的一种口头或书面协议。客人可通过电话、传真、互联网等方式与酒店联系预约客房，酒店则根据客房的可供状况，决定是否满足客人的订房要求。酒店一般会在前厅部或销售部设立预订处，专门受理预订业务。目前酒店业竞争加剧，各酒店为了稳定客源，都开展了客房预订业务。

（二）客房预订的意义

酒店开展预订业务，可以满足客人有关住宿能够预先得到保证的要求，同时也能最大限度地利用客房，开拓客源，为酒店争取最大化利润。因此，开展预订业务，对酒店经营来说具有重要意义。

1. 满足客人的住宿需要

酒店客房预订工作是适应现代旅游者消费需求，按照客人预先订约和使用委托，为客人保留酒店客房产品，使得客人能够提前安排住宿产品，在实际的住宿产品购买过程中，避免遭遇酒店"客满"而无法提供产品的风险，最大限度地满足客人的需求，解决客人出行的后顾之忧。

2. 开拓市场，稳定客源

预订客房对酒店来说，是对酒店产品的预销售，只有预订客人达到一定的数量，酒店的正常经营活动才能得以保证。如果酒店的预订客人较少，销售只靠随机的散客，其经营就会处于不稳定的状态。为了开拓市场，稳定客源，酒店必须开展预订业务，除接受客人的订房要求外，还要积极地进行方式多样的促销活动，如酒店主动打电话、发信函联系业务等，争取更多确定的预订，提高客房出租率。科学的预订系统能为酒店提供稳定的、长期的客源，为酒店带来利润。

3. 提高酒店的服务质量

开展客房预订业务，酒店可以预先取得客人的订房资料，如姓名、职业、地址、抵离时间等。预订处将这些信息资料及时传递给有关部门，可以有效地协调各部门的经营活动，准备好接待工作，提高工作效率，保证服务质量。

（三）客房预订的任务

酒店设有预订处，专门从事客房预订服务工作。客房预订处是调节和控制酒店客房预订和销售的中心，是超前服务于宾客的部门。预订处一般隶属于前厅部，其工作任务可以概括为以下四项。

①接受、处理宾客的订房要求。
②记录、储存预订资料。
③检查、控制预订过程。
④完成宾客抵店前的各项准备工作。

二、预订的方式

预订处每天收到客人的订房要求很多，散客通过电话、信函、传真、网络等方式直接向预订处订房。旅行社等团队则通过营销部按合约规定订房。相应地，酒店接受客人订房的方式也是多样的。

（一）电话预订

订房人通过电话向酒店订房，应用最为广泛，特别是提前预订的时间较短时，电话订房方式最为有效。这种方式的优点是直接、迅速、清楚地传递双方信息，当场回复和确认客人的订房要求。主要有以下几种预订方式。

1. 酒店订房电话预订

此种方式更多地应用于散客的预订，也常用于小型团体客人的预订，是比较传统的预订方式。它的特点是快捷、方便，而且便于客人与酒店之间进行沟通。

2. 服务电话预订

如酒店办理中国电信号码百事通的"114"和中国移动的"12580"预订服务电话，提供酒店信息查询，包括地段、房价、停车条件等。用户不受时间、地点、环境的限制，一个电话即可搞定。电话预订主要用于接受客人询问，向客人介绍房价、房型等有关事宜，为客人检查核对时间、地点和有关细节。受理电话预订的程序与标准如表 2-1 所示。

表 2-1　受理电话预订的程序与标准

程序	标准
1. 接电话	铃响三声以内
2. 问候客人	①问候语：早上好，中午好，晚上好 ②报部门：预订部
3. 聆听客人预订要求	①确定客人预订日期 ②查看计算机及客房预订显示架
4. 询问客人姓名	①询问客人姓名及英文拼写 ②复述确认
5. 推销客房	①介绍房间种类和房价，从高价房到低价房 ②询问客人公司名称 ③查询计算机，确认是否属于合同单位，便于确定优惠价
6. 询问付款方式	①询问客人的付款方式，在预订单上注明 ②公司或者旅行社承担费用者，要求在客人抵达前电传书面信函，做付款担保
7. 询问客人抵达情况	①询问抵达航班及时间 ②向客人说明，无明确抵达时间和航班，酒店将保留房间到入住当天 18:00 ③如果客人预订的抵达时间超过 18:00，要求客人告知信用卡号码，做担保预订
8. 询问特殊要求	①询问客人特殊要求，是否需要接机服务等 ②对有特殊要求者，详细记录并复述
9. 询问预订代理人情况	①预订代理人姓名、单位、电话号码 ②对上述情况做好记录
10. 复述预订内容	①日期，航班　②房间种类、房价　③客人姓名 ④特殊要求　⑤付款方式　⑥代理人情况
11. 完成预订	致谢

（二）传真预订

订房人通过传真预订客房，是较为常见的一种订房方式。一般是旅行社、团队等单位或组织所采用的一种较为正式的预订方式，其特点是方便、快捷、准确、正规，它可以完整地保留客人的预订资料，不容易出现订房纠纷。

受理传真订房时应注意：接收或发出传真后，及时打上时间印记；回复要迅速、准确，资料完整；做好订房资料的保留存档，以备日后查对。受理传真预订的程序与标准如表 2-2 所示。

表 2-2　受理传真预订的程序与标准

程序	标准
1. 接收电传、传真预订信息	①阅读订房内容 ②查看电脑，根据房间预订和出租情况，做出是否可以接受预订的确认

续表

程序	标　准
2. 确认预订	①当天收到的电传、传真要当天回复 ②加急的函电要立即回复 ③口头答应确认时间的应在答应时间内回复。 ＊回复电传、传真，要使用标准格式和通用的缩写方式。若客人需要，给客人提供有效的预订确认号，按客人的要求逐项回复清楚。所有回复客人的电传、传真在发出前须交领班检查。未能确认的订房事项需向客人说明理由，并给客人提供其他的选择。最新的资料应依次装订在原始订房资料的上面，并将所有的资料按格式输入电脑。预订要按日期、姓氏字母顺序存档
3. 输入预订资料	①把客人的预订传真和酒店的确认传真附在一起，预订传真在下，确认传真在上钉好 ②将所有资料按格式输入电脑 ③将电脑的确认号号码写在预订单的左上角并签名 ④将该预订按日期、姓氏字母存档

（三）信函预订

信函预订是指宾客或其委托人在离抵店日期尚有较多时间的情况下采取的一种传统而正式的预订方式。通过信函预订，客人可以具体详尽地提出住房要求。在受理此预订方式时，应注意以内容明确、简洁有条理、格式正确的复信及时回复宾客。要避免给宾客留下公函式信件的印象，复信尽可能使收信人感到信件是专门为他所写，是一封私人信函。此种方式，现在酒店使用较少。

（四）面谈预订

面谈预订是指宾客或其委托人直接来到酒店，与酒店预订员面对面地洽谈订房事宜。这种订房方式使酒店有机会更详尽地了解宾客的需求，并能当面回答客人提出的问题。预订人员还可借机运用多种销售技巧，根据客人喜好、行为特点，进行有针对性的促销和推销。面谈预订客房时应注意讲究礼节礼貌，态度热情，语音、语调要适当婉转，仪表端庄，举止大方；善于把握宾客心理，运用销售技巧，灵活推销客房和酒店的其他产品；避免向宾客做具体房号的承诺，否则，若情况发生改变而失信于宾客，会影响服务信誉。

（五）口头订房

口头订房，是客人本人或委托当地亲友或代理机构，直接到酒店总台以口头申请的方式订房。口头订房所占的比例不是很高，但是在总台却时常出现。这种订房的准确性较难控制。受理口头订房时应注意：向客人明确说明所订房间只保留到某一规定时间为止，逾期则自动取消；或要求客人预付定金。经常与客人取得联系，以求比较准确地控制这类订房。

（六）网络预订

随着现代电子技术的迅猛发展，通过国际互联网向据点订房的方式发展迅速，目前越来越多的散客采用这种方便、快捷、先进和廉价的方式进行客房预订。网络预订时效快，客人享有充分的选择权利，不受时间、气候、空间等条件的限制。在预订形式的选择上，通常有两种方式：一是通过酒店或连锁集团官方网站的预订系统进行预订；二是通过第三方客房预订系统（专业酒店预订公司）进行预订，如图2-1和图2-2所示。

图2-1 官网预订系统

图2-2 第三方预订系统

目前，网络客房预订发展速度较快。网络预订利用科技成果，融入了电子地图、360度全景展示等多种先进科技元素，使消费者在预订过程中，能够更好地结合自己的需求，购买到满意的客房产品。

（七）其他形式的预订

除以上几种预订方式以外，还有合同订房、电子邮件预订和短信预订等。

三、预订的种类

（一）临时性预订

临时性预订是指客人未经客人确认或未经书面确认的预订，一般是客人即将抵达酒店前很短时间内或在到达的当天联系的订房。这种预订酒店一般没有足够的时间给客人寄去确认函，也无法要求客人预付订金，所以只能口头承诺。

按照国际惯例，酒店为临时性预订客人将房间保留至抵店日18：00，这个时限被称为"留房截止时限""截房时间"或"取消预订时限"，超过18：00以后还没有抵店且客人没有提前与酒店再联系，预订即自动取消。受理临时性预订时，要问清客人抵店时间或航班次，提醒客人截房时间并注意应重复客人的订房要求，请客人核对。

（二）确认性预订

确认性预订是指客人提前较长的时间向酒店提出订房要求，酒店以口头或书面方式承诺为客人预订保留客房到某一事先约定的时间。如果客人到了规定时间没有到达，也没有提前与酒店联系，酒店有权将保留的客房出租给其他客人。

确认预订的方式有两种：口头确认和书面确认。相比较而言，书面确认具有较多的优点，具体如下。

①再一次证实酒店接受了客人的订房要求。

②以书面的形式达成协议，确立并约束了双方关系。

③酒店可以通过书面确认了解更多、更准确的客人资料，而持有预订确认书的客人在信用上更加可靠。因此，很多酒店对持有确认书的客人给予较高的信用限额升级、一次性结账服务等优惠服务。

（三）保证性预订

保证性预订是指宾客通过预付订金、使用信用卡、签订合同等方法进行的预订。客人保证前来住宿，否则将承担经济责任。通常又有三种类型：

一是定金担保：向酒店交一定的定金作为担保，一般收取的定金为房价/日×间晚×服务费，客人入住结账时一并结算；

二是信用卡担保：是指客人使用信用卡作为预订金订房的方式。酒店通过银行授权，要求客人填写信用卡授权书（见表2-3）并将所持信用卡及有效证件的复印件（反正面）以书面形式通知酒店，或者客人要将自己信用卡的种类、号码、失效期以及持卡人姓名告诉酒店记录，客人如未在规定时间抵达，酒店可通过信用卡公司获得房费收入的补偿。

表2-3　客户信用卡授权书
（CLIENT CREDIT CARD AUTHORIZATION）

说明：客户填写下列表格代表同意使用信用卡授权方式担保预计。

TO：	酒店预订处	传真号码：	（酒店预订处传真号码）
FROM：		传真日期：	
请如实填写下列表格			
请用"√"在以下信用卡种类中选择您的信用卡类别，谢谢！			
1. 中国银行长城卡　□	2. 中国工商银行牡丹卡　□		3. VISA　□
信用卡持有人姓名：			
信用卡号码：			
信用卡有效期：			
信用卡持有人签名：			
入住客人姓名：			
入住酒店房型：			
入住日期：		离店日期：	
授权担保金额：			
请填好表格后，连同持卡人有效身份证件复印件及信用卡正反面复印件传真至本酒店，谢谢！			

三是合同担保：酒店与客户单位建立商业合同，合同的主要内容包括签约单位的名称、地址、账号、联系方式及同意为未按预订日期抵店入住的客人承担付款责任的声明等。此类预订可留房到第二天中午12:00，并视情况收取客户一天房费。

（四）等候性预订

等候性预订是指在客房预订已满的情况下，仍接受一部分客人提出的等待要求，将其列入等待名单，或主动征询客人是否愿意列入等待名单，若有其他客人取消预订或提前离店，酒店就会通知这部分客人，确认他们的预订。

在处理这类订房时，应向客人说清楚，以免日后发生纠纷。有时会有客人未接到酒店通知就到达酒店，酒店可尽量安排，或介绍其到附近酒店去住宿，但并不为其支付房费、交通费或其他费用。

四、预订的渠道

客房预订是一项较为复杂细致的工作。预订人员除了熟悉服务工作标准外，还应掌握各种预订渠道、方式和预订类型，使得预订工作得以顺利开展。客人通常是通过两大类渠道来预订客房的：一类为直接渠道；另一类为间接渠道。直接渠道是指客人不经过中介机构而直接与酒店预订处联系，办理订房手续。直接与酒店预订的客人，一般是比较了解酒店或住过酒店的客人。间接预订渠道是指客人经由中介组织代为办理订房手续。主要预订渠道如下。

①散客本人直接订房。
②通过委托人订房。
③通过旅行社订房。
④通过酒店订房系统订房。
⑤通过酒店加入的独立订房组织订房。
⑥通过会议组织机构订房。

学习任务2　客房预订程序

任务引入

一天下午6点前，一位自称史密斯的客人十分生气地找到端坐在大厅一侧的值班经理，原来，这位客人三天前给酒店客房预订部打过电话，要求预订一间高层向阳的标准间，当时预订部人员按客人要求为其办理了预订手续，但当客人到店办理入住手续时，接待人员却告诉客人向阳的标准间已经全部出租了，问客人是否可以更换一间别的房间。客人当即表示：既然在三天前做了预订，就不应该出现此类情况。客人进行了投诉，值班经理很快查明原因，原来，当日上午一位未办理预订手续的客人也提出要高层向阳的房间，接待人员未见史密斯先生到店，以为他不会来了，便将此客房安排给了另一位客人。

任务分析

客人的订房需求已被酒店接受，而且酒店以口头或书面形式予以确定，没有付订金，酒店依然应当在规定时间内为客人保留客房。

此例为非保证类预订的确认性预订。对策如下。

①态度诚恳地向客人道歉并说明情况，请求史密斯先生的原谅。

②立即给客人安排住处。由于客人的要求我们没能满足，是我们的失误，我们应当尽可能满足客人的需求，如果不能全部满足，至少也要满足部分。没有了高层向阳标间，可以看看高层向阳豪华间是否有空房，我们可以按标准间的价格给以史密斯先生入住豪华间的优惠，等到第二天如果有符合预订条件的空房再安排行李员协助客人换房。

③问责预订处与接待处。

相关知识

客房预订业务是一项技术性较强且烦琐的工作，如果组织不当，就会发生错误，影响对客服务质量和酒店的信誉。为了确保预订工作的高效、有序，必须建立科学的工作程序。客房预订的程序可分为以下几个阶段。

一、预订前的准备工作

预订部的工作人员只有在预订前做好各项准备工作，才能保证给客人一个迅速、准确的答复，提高预订工作的效率。

①预订人员按酒店规定的要求规范上岗，做好交接班。接班人员要查看上一班预订资料，问清情况，掌握需要处理的、优先等待的、列为后补的和未收定金的等不准确的预订名单及其他事宜。

②迅速、准确地掌握当日及未来一段时间内可预订的客房数量等级、类型、位置、价格标准、房况等情况，以保证向客人介绍可订房的准确性。

③检查预订的电脑等设备是否完好，准备好预订单、预订表格等各种资料和用品，摆放整齐规范，避免出现客人订房时，找不到资料及用品的现象发生。

二、接受预订

预订员在接到客人预订信息后，迅速查看电脑或预订控制架，要查看房态，是否有空房。如有空房，则接受宾客的申请。预订方式通常分为散客预订和团队预订两种形式。

（一）散客预订

1. 电话预订

（1）接听电话。预订员必须在电话铃响三声之内接起电话，礼貌地向客人问好，报上自己的姓名，提供服务。

（2）了解宾客抵店日期和所需房间的种类、数量，介绍时注意尽量推销高价客房。

（3）查看电脑或客房预订控制架，检查自身情况。如果有空房，则问清楚宾客的详细资料，主要包括宾客姓名（中、英文拼写）、付款方式、抵店日期、时间及航班号，预订人或预订代理人的姓名、单位、联络方式和电话号码等。同时，要向宾客说明除非收到预订保证金，否则预订的房间只保留到当天的18：00。

（4）复述核对以上预订内容，以保证预订资料的准确性。

（5）询问宾客有无特殊要求，如是否需要接机服务，房内是否需要布置鲜花、是否需要加床，等等。对有特殊要求者，应详细记录并复述。

（6）向宾客致谢，并等宾客先挂电话后方可挂电话。

(7) 把宾客的详细资料记录在预订单上，写上日期、时间并签名。
(8) 将所有资料输入电脑，记录电脑预订编号。

2. 书面预订

(1) 接到宾客书面预订后，预订员应仔细阅读电传、传真或信件的内容，了解宾客的预订要求。

(2) 查看电脑或预订控制架，决定是否接受预订。

(3) 决定接受预订后，填写预订单。

(4) 如订房的电传、传真或信件等资料不完整或字迹不清楚，应按照来件的地址或者电话、传真号码与宾客联系，要求宾客对内容予以书面确认。

(5) 所有的电传、传真或信件必须在 24 小时之内予以回复；加急函电立即回复，以示重视；回复应使用标准格式和通用的缩写方式。

(6) 将所有资料输入电脑，记录电脑预订编号。

散客预订单（见表 2-4）。

表 2-4 散客预订单

○ New Booking 新预订　　　○ Amendments 更改　　　○ On Baiting 等候
○ Cancellation 取消

Guest name 客人姓名		N. of guests 客人数量	
Room type 房间类型		Rate 房价	
Estimated time of arrival 预计抵达时间		Expected departure time 预计离店时间	
Room reservation time 房间保留时间			
Contact name 联系人姓名		Telephone number 电话号码	
Address 地址			
Billings 付款方式	○ ALLC 全付 ○ BMABF 房费含早餐		○ Room only 只付房费
Remarks（备注）：			
Taken by（预订员）		Date taken（预订日期）	

（二）团队预订

(1) 所有团队预订须有书面预订单。团队订房通常由酒店营销部负责并由营销部将团队订房资料提前送到预订处。

(2) 预订处应了解、核对团队预订情况，包括团队名称、团员姓名、国籍、身份、团队抵离店时间、所用的交通工具、所需房间的种类和数量、餐食安排、付款方式、特殊要求和注意事项，等等。

(3) 填写团队预订单。
(4) 填写团队接待通知书，分发给客房、餐饮、财务各部门。
(5) 将团队预订的所有内容输入电脑，记录电脑预订编号。
(6) 团队预订资料应至少提前一天交接待处，以便接待处合理分房。
(7) 如果酒店未设立营销部，那么，从签订协议到团队预订手续的办理，一般都由预订处完成。团队预订单如表2-5所示。

表2-5 团队预订单（Group Booking Form）

○New Booking/Tentative 新预订/暂定　　　　○Amendments 更改
○Confirmation 确认　　　　　　　　　　　　○Cancellation 取消
Name of group 团队名称　　　　　　　　　　Nationality 国籍

Arrival Date 到店日期	Departure Date 离店日期	Single 单人间		Twin 双人间		Guide Room 陪同间		Suite 套间	
		Number of Rooms 房数	Rate 房价	Number of Rooms 房数	Rate 房价	Number of Rooms 房数	Rate 房价	Number of Rooms 房数	Rate 房价

Complimentary Rooms 免费房　　　　　　　　Deposit 押金
Roommates subject to 15% surcharge 房价中不含15%的服务费
Roommates inclusive of 15% surcharge 房价中包含15%的服务费
Non Commission 无回扣　　　　　　　　　Commissionable 有回扣

Meal Requests 用餐情况	Date 日期				
	Time 时间				
	Outlet 地点				
	Rate 价格				
	Pax 人数				
Charge to 付款人					
Remarks 备注					
Sales Person 销售人员					
Date 日期					

三、确认预订

确认预订的方式一般有两种：电话确认和书面确认。一般对于预订时间较早、团体客人、VIP 客人、政府官员、国际会议等订房的需要采用书面确认，而所发出的确认函也要由前厅部经理签字。对于其他大多数客人来说，一般采取电话确认。确认预订能更好地知道客人抵达的日期、所需要的房间种类和数量、入住的天数以及其他项目的要求等。电话确认是在客人即将抵达酒店前一个小时左右联系，书面确认则在 1~2 日前。

经过确认的预订，酒店有责任把客房保留到宾客预订到达当天 18:00 或双方事先约定的时间，以保证酒店信誉。除非宾客逾期未能到达且又未主动与酒店联系，酒店才有权取消宾客的预订。预订确认书如表 2-6 所示。

表 2-6 预订确认书

客人姓名	房间类型	人数	房价	地址： 电话：	
预订日期	抵达日期	离店日期	订金	您对_____	的预订已被确认
注意： 　　本酒店愉快地确认了您的订房，您的房间将保留至下午 18:00，如不能及时到达，请预先告知。若有其他变动，请直接与本酒店联系。期待您的到来					

四、输入预订信息

如果预订确认后，预订员应将客人的预订信息输入电脑，从而使电脑中的房态显示为预订房，避免长时间耽搁而造成工作疏忽，忘记了客人预订。为了保证工作的高质量，还要及时地将纸质预订单信息与电脑中的预订房态核对，以免出现失误，如图 2-3 所示，深色为预订房。

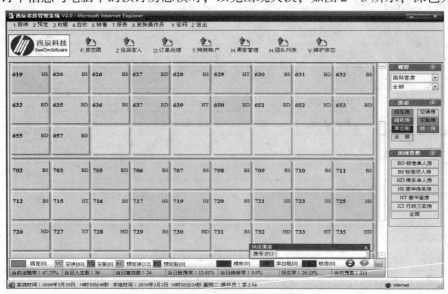

图 2-3 电脑预订信息表

五、拒绝预订

当酒店接待能力无法满足客人入住需求时，就要对客人的预订加以婉拒。婉拒预订时可以给客人提一系列建议，比如更改房型、重新选择入住日期等。如果可以，应当留下客人姓名、联系方式等，把其登记在"等候客人名单"上，一旦酒店有空房，立即通知客人。如果客人采用书面订房，预订员也应礼貌复函，以表示歉意，如表2-7所示。

表2-7 婉拒致歉信

女士/先生：
由于本酒店　　年　月　日的客房已经订满，我们无法接受您的订房要求，没能满足您的要求深表歉意，感谢您对本店的关照，希望今后有机会为您提供服务。
此致
敬礼！
××酒店预订处
年　月　日

六、取消预订

预订员在处理宾客取消预订要求时，不应表示出不满或不快，而要以礼待客，使客人明白，酒店随时欢迎他的光临。对于取消的预订，预订员要记下通知人的姓名、所属单位，问清楚原订房人的姓名、抵店日期，然后找到原订单，核对后在预订单上注明取消的日期、原因、取消人等信息，并归入取消类存档。最后，要对客人及时通知取消预订表示感谢。

无论客人因何原因无法抵达酒店入住，酒店工作人员都不得在电话中表露任何不愉快情绪，并表示期待客人下一次的入住。

七、变更预订

变更预订时是指客人在抵达酒店前临时更改预订的日期、人数、房型、要求等。处理宾客提出的变更要求时，预订员应迅速查找出该宾客预订单，根据酒店的客房安排和宾客的变更要求判断是否接受更改，如果能接受，应及时确认并做出相应标记。如果预订的变更内容涉及一些特殊安排，如派车接送、放置鲜花、水果等，则需尽快通知相关部门；如果不能接受宾客的变更要求，则要耐心解释，并将酒店的空房类型和有空房的日期告知宾客，与之协商，若确实无法解决，则向其推荐本地同档次的其他酒店。

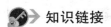 知识链接

宾客预订程序与标准

一、常客预订

常客预订如表2-8所示。

表2-8 常客预订

程　序	标　准
检查资料、确认客人是否酒店常客	如果电脑内有姓名相同的客人记录，则以公司名称或其他详细资料作为辨别区分依据，以选择正确的客人记录

续表

程序	标　准
输入预订资料	1. 若原客人记录有需要更改之处，需转换至"客人历史记录"状态栏做相应的更改，保持电脑内客人资料的准确性。 2. 若客人曾有投诉记录，需开"投诉记录"栏填写投诉的事情来提醒部门同事注意，以免发生类似事件。 3. 若客人曾是 VIP 或由酒店高层管理人员安排给予提升房间级别服务的，需向有关高层管理人员提出询问及请示，是否给予客人与以往相同的待遇并在备注里注明清楚。 ＊所有合约公司的客人预订，都必须查找该客人在本店是否有过入住记录，是否为常客。查看客人历史记录内的"客户档案"及"投诉记录"栏，了解客人是否有特别要求或投诉记录，将预订单上的资料按电脑格式逐项输入，检查原客人记录是否有需要更新的地方，或与本次入住要求不相符的地方，并做出适当改动。根据客人历史记录，要求在客人到达前采取相应措施，做好各项准备工作，尽量满足客人的要求。预订资料输入完毕后，将电脑确认号码写在订房单的左上角并签名，订房单按日期、姓氏字母顺序存档

二、VIP 客人预订

VIP 客人预订如表 2-9 所示。

表 2-9　VIP 客人预订

程序	标　准
VIP 的批准及申请	1. VIP 的确认需由行政总监、总（副）经理或酒店高级行政人员审批、签字。 2. 预订员需取得客人的身份、职位，或客人的个人档案记录，确认客人是符合 VIP 接待条件的，应及时告知预订主管。 3. 经预订主管同意后，填写备忘录送总经理、副总经理或行政总监审批签字（原订房资料保留复印件存底、备案）
VIP 预订的处理	1. 收到预订单后，马上按有关格式输入电脑。 2. 根据客人所需要的房间种类为客人选择房间。 3. 把房间号码写在订房单上。 4. 订房完成后，需将预订单交督导复查一遍。 5. 所有当天接到的此类订房，在完成后必须通知大堂副经理、管家部、接待处主管和前台经理，并尽快把欢迎信摆在相应的房间。 6. 必须由其他部门协助服务的（如接车），需同时通知有关部门，并在预订单上做好记录

学习任务 3　超额预订

🎧 任务引入

"超额"了怎么办？

在旅游旺季，各酒店出租率均较高，为保证经济效益，一般酒店都实行超额预订。一天，经大堂副经理及前台的配合，已将大部分客人安排妥当。当时 2305 房间客人为预离房，直至当天 18:00 才来前台办理续住手续。而此时，2305 房间的顶抵客人已经到达（大堂副经理已在下午多次打电话联系 2305 房间预离客人，但未找到）。大堂副经理试图向刚刚到达的客人解释酒店超额预订，并保证将他安排在其他酒店，一旦有房间，再将其接回，但客人态度坚决，称："这是你们酒店的问题，与我无关，我哪也不去。"鉴于客人态度十分坚决，而且多次表示哪怕房间小一点也没关系，他就是不想到其他酒店，在值班经理的允许下，大堂副经理将客人安置到了值班经理用房，客人对此表示满意。

任务分析

超额预订是指酒店在一定时期内，有意识地使用其所接受的客房预订数超过其客房接待能力的一种预订现象，其目的是充分利用酒店客房，提高开房率。超额预订应该有个"度"的限制，以免出现因"过度超额"而不能使客人入住，或"超额不足"而使部分客房闲置。通常，酒店接受超额预订的百分比应控制在 10%~20%，具体而言，各酒店应根据各自的实际情况，合理掌握超额预订的"度"。

相关知识

超额预订是指酒店在预订已满的情况下，有意识地使接受的客房预订数超过其客房接待能力的一种预订现象，其目的是充分利用酒店客房，提高开房率，从而弥补因客人预订未到、临时取消或提前离店而对酒店造成的经济损失。

超额预订一般发生在旅游旺季，虽然能提高开房率但也应该有个"度"的限制，以免出现因"过度超额"而不能使客人入住，或"超额不足"而使部分客房闲置。根据酒店管理者的经验，通常订房不到者占超额预订数的 5%，临时取消预订的占超额预订数的 8%~10%。因此，酒店接受超额预订的比例应控制在 10%~20%，具体而言，各酒店应根据各自的实际情况，合理掌握超额预订的"度"。

超额预订是酒店为了提高酒店开房率而常用的一种预订方式，但从法律上来讲，则是违法的。因为酒店接受了客人的预订，就意味着酒店与客人之间确立了房屋出租的某种合同，如不能如期满足客人住房要求，则视为酒店时违约行为。

一、超额预订的确定因素

超额预订应该有一个度的限制，以免出现因多度超额而不能使客人入住，或超额不足达不到最佳出租率。一般来说，要考虑以下几方面的主要因素。

（一）依据团队订房和散客订房的比例来掌握

团队订房是事先计划安排好的，取消订房或无故不到的可能性很小，即使取消预订，一般也会事先通知。而散客的特点是随意性大，受外界因素的影响很大。所以，在团队预订多而散客预订少的情况下，超额预订的比例就设置小些；反之，超额预订的比例就设置大些。

（二）根据预订情况分析订房动态来掌握

订房情况分析是对住店客人中提前预订者和不提前预订者做相对而言百分比分析。如果住店客人一贯提前预订，不经预订而直接住店的客人所占比例很小，则掌握超额预订的量就要大些；反之，则超额预订量就要小些。同时，可将订房不到的客人单独记录，在超额预订时，可先占用过去经常订房不到的客人的房间。

(三) 依据饭店在市场上的信誉程度来掌握

在社会公众中影响力不大的饭店，其超额预订的幅度可适当放大些，而影响力较高的饭店超额预订的幅度则应小些。

(四) 根据过去的客房预订取消率来估算

根据饭店过去有关预订未到率、提前退房率、延期住店率等记录，推算当前的超额预订率。

二、超额预订数的确定

超额预订房数 = 预计临时取消预订房数 + 预计预订而未到客人房数 + 预计提前退房房数 − 延期住店房数

= 酒店应该接受当日预订房数 × 预订取消率 + 酒店应该接受当日预订房数 × 预订而未到率 + 延住房数 × 提前退房率 − 预期离店房数 × 延期住店率

式中：酒店应该接受当日预订房数 = 酒店客房总数 − 续住房数 + 超额预订房数

假设，X = 超额预订房数；A = 酒店客房部数；C = 续住房数；r_1 = 预订取消率；r_2 = 预订而未到率；D = 预期离店房数；f_1 = 提前退房率；f_2 = 延期住店率，则：

$$X = (A - C + X) \cdot r_1 + (A - C + X) \cdot r_2 + C \cdot f_1 - D \cdot f_2$$

$$X = \frac{c \times f_1 - d \times f_2 + (a - c)(r_1 + r_2)}{1 - (r_1 + r_2)}$$

设超额预订率为 R，则：

$$R = \frac{x}{a - c} \times 100\% = \frac{c \times f_1 - d \times f_2 + (A - C)(r_1 + r_2)}{(A - C)[1 - (r_1 + r_2)]} \times 100\%$$

例如，某酒店有标准客房 800 间，未来 5 月 1 日续住房数为 300 间，预期离店房数为 200 间，该酒店预订临时取消率通常为 9%，未到率为 4%，提前退房率为 4%，延期住店率为 6%，问：就 5 月 1 日而言，该酒店的超额预订数是多少？超额预订率是多少？总共应该接受多少间订房？

解：① 该酒店的超额预订数是：

$$X = \frac{c \times f_1 - d \times f_2 + (a - c)(r_1 + r_2)}{1 - (r_1 + r_2)}$$

$$= \frac{300 \times 4\% - 200 \times 6\% + (800 - 300)(9\% + 4\%)}{1 - (9\% + 4\%)}$$

$$= 75(间)$$

② 超额预订率是：

$$R = \frac{x}{a - c} \times 100\%$$

$$= \frac{75}{800 - 300} \times 100\%$$

$$= 15\%$$

③ 总共应该接受的预订房数是：

$$A - C + X = 800 - 500 + 75$$

$$= 575(间)$$

答：就 5 月 1 日而言，该酒店应该接受 75 间超额订房；最佳超额预订率是 15%；总共应该接受的预订房间数是 575 间。

三、对过度超额预订的处理方法以及程序

如果因超额预订而不能使客人入住，按照国际惯例，酒店方面应该做到以下几点。

（1）诚恳地向客人道歉，请求客人谅解。

（2）立即与另一家相同等级的酒店联系，请求援助。同时，派车将客人免费送往这家酒店。

（3）如属连住，则店内一有空房，在客人愿意的情况下，再把客人接回来，并对其表示欢迎（可由大堂副经理出面迎接，或在客房内摆放花束等）。

（4）对提供了援助的酒店表示感谢。

如客人属于保证类预订，则除了采取以上措施以外，还应视具体情况，为客人提供以下帮助。

（1）支付其在其他酒店住宿期间的第一夜房费，或客人搬回酒店后可享受一天免费房的待遇。

（2）免费为客人提供打一次长途电话或收一次传真的费用，以便客人能够将临时改变地址的情况通知有关方面。

（3）次日排房时，首先考虑此类客人的用房安排。大堂副经理应在大堂迎候客人，并陪同客人办理入住手续。

项目小结

接受客人的预订是酒店前厅部的一项重要业务，对于提高酒店客房利用率以及满足客人住房需求都有重要意义。大型酒店一般都单独设立预订处，有专门的预订员；小型酒店则接待处与预订处合在一起，无论是大型酒店还是小型酒店，作为预订员（包括接待员还有营销部人员），必须随时掌握房态，了解客房状况。热情、礼貌、高效率地回答问题，接受客人的预订要求。

本章重点介绍了预订的方式、种类、渠道，以及预订的程序和超额预订。通过本章学习，应了解预订的方式、渠道，掌握预订的程序，并学会如何处理超额预订。

现在的客人预订方式和渠道多种多样，特别是网络订房、社会各类订房组织增多，已经对酒店业的经营产生了很大影响，作为酒店的管理和服务人员，要掌握客人的预订渠道，并有针对性地开展营销活动，从而提高酒店的开房率。

项目考核

1. 实务训练

到某饭店了解客房预订的方式、主要渠道、操作规程，写出书面报告。了解超额订房及订房纠纷处理情况，做案例分析。

2. 思考题

（1）解释下列概念：

临时性预订；保证性预订；超额预订。

(2) 预订的方式、种类和渠道有哪些？
(3) 预订的流程是什么？
(4) 如何执行对客人的更改、取消预订的规定？
(5) 如何处理超额预订？
(6) 案例分析。

取消预订

2016年5月初的一天上午，某饭店大堂内一位身着职业装的年轻女士走到前台，接待员小张立即迎上前来："女士，早上好，请问您需要什么帮助吗？""你好，我是香港某公司的周芳。"周女士说着随手递上一张名片，"我公司有5位韩国客人将于7月22—25日到达贵店，你能否帮我安排5间标准单人间？""当然可以。"小张又重复了一遍，请对方核对，"欢迎您带客人来我们饭店入住，我已记下了您的要求。按我们饭店的规定，预订客房要付订金，希望您能谅解与配合，如果您方便的话，请先交2 000元。"

"可以。"周女士进行了爽快的回答。前台收银员收取了客人的订金并出具收据给客人，"谢谢，欢迎您再次光临。"

7月18日下午，接待处电话铃响起来，仍是小张当班。她拿起话筒听出是几天前要求预订5个标准间的香港某公司的周芳女士的声音。

"非常抱歉，因计划有变，我们原订的22日开始入住的5个标准间不需要了，我们打算取消预订……"对方意图十分明显，"那2 000元订金能否退还？"

小张请对方稍等片刻。她放下听筒，迅速到电脑中去查找预订记录。没错，对方几天前已办好了订房手续，订金已入账，今天才18日，离预订日期还有4天，按饭店的规定，这类情况可以退还订金。

"我们同意取消预订，订金照退，您在方便的情况下，可以到饭店来取。"

电话刚挂上，小张便在预订记录上做了取消标记，接着又同财务部联系，要求退回那家香港某公司的订金。

【分析要求】
(1) 评价前台服务员处理工作方法是否得体。
(2) 饭店实行订金制度的好处是什么？
(3) 饭店业对预订违约的国际惯例是如何规定的？应以什么方式使客人知晓预订取消规定的内容？

项目二　前厅部接待服务

学习目标

一、知识目标

(1) 了解酒店前厅接待工作的各项业务。
(2) 熟悉前厅接待的工作程序及工作中常见问题的处理。
(3) 掌握客房分配的艺术。

二、技能目标

（1）能够根据《酒店管理人员的岗位职责与素质要求》了解一家星级酒店接待处工作人员的具体岗位职责。

（2）能够熟悉一家酒店的具体接待业务的操作流程。

三、实训目标

（1）掌握前台办理入住的工作流程。

（2）掌握客房的分配办法。

学习任务1　前厅接待服务

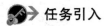 任务引入

客人住到了别家酒店

北京某饭店的前台问询处，几名年轻的员工正在忙于接待办理入住和离店手续的客人。此时，只见大门入口处走进两位西装革履的中年人，提着一个看上去有点重量的箱子径直往问询处走来。

"您好，需要我效劳吗？"刚放下电话的小马很有礼貌地主动问道。

"有件事想麻烦一下。"其中一位戴眼镜的中年人说话有点腼腆，他似乎不知从何说起，稍许停顿一下后，目光对着地上的那只箱子。

"我们一定尽力而为，请您说吧。"小马真心实意地鼓励他。

"我们是海南光明工贸公司的驻京代表，这里是一箱资料。要尽快交给我公司总经理，他定于今天15：00到达这里。我们下午不能来迎接，所以想把箱子先放在酒店里，待总经理一到请你们交给他本人。"

"请放心，我们一定办到。"小马再三保证。

15：00已到，海南那家公司的总经理还未抵店，小马打电话到机场，获知飞机没有误点。但因那两位中年人没有留下电话和地址，所以小马别无选择，只能再等下去。又是两个小时过去了，总经理仍然没有来，小马不得不好好交接箱子的思想准备。就在这一瞬间，电话铃声响了。

"问询处吗？今晨我们留在前台的一篇资料本是想交给我们总经理的。刚才接到总经理的电话，说他被一位住在××饭店的朋友邀去，决定就住在那里，而那箱资料是他急用的……"还是戴眼镜的驻京代表的声音。

"您不用着急，我会设法把箱子立刻送到××饭店的。"

小马放下电话立即安排一位员工办理此事，半小时后，那位驻京代表又打来电话，但小马已经下班了。"请转达小马，箱子已经送到，十分的感谢。我们的总经理改变主意住到了别的饭店，你们不但没有计较，还为我们服务得那么好，真不知如何表达我们的感激。总经理说，下回一定要住你们的饭店。"对方诚恳地说道。

任务分析

为住店客人寄存行李或贵重物品是酒店的常规服务内容,但该酒店前台问询处主动承接未到客人的物品,这是一种超常规服务。海南光明工贸公司并未为总经理预订客房,小马在客人没有肯定入住本店的前提下答应为客人保存资料箱子,这是难能可贵的。不仅如此,小马还主动与机场联系,了解班机飞行情况,下班时又能主动交接,体现了优秀员工的高度责任心。最令人感动的是,当客人住到别的酒店时,酒店问询处不但不恼火,仍满足他的需求,这样的服务可谓真正做到了家。酒店的优质服务牢牢印进了这几位客人的脑海中,他们理所当然地成了该酒店的潜在客人和"义务宣传员"。

相关知识

前厅接待服务主要是指客人来入住时为其办理入住登记、退房手续,以及客人在入住时更改客单、更换房间、调整房价、办理续住、取消入住、延迟退房等一系列的服务。酒店前厅接待处如图2-4所示。

图2-4 酒店前厅接待处

一、前厅接待服务办理入住登记流程

在酒店入住的客人通常有以下几种类型:无会员卡的客人;有会员卡的客人;签单客人;境外客人;免单客人;团体客人。

具体流程如下:

(一)向客人问好,对客人表示欢迎

在客人距前台1~1.5m远的时候,前台接待工作人员应微笑欢迎客人的到来。这是向客人提供礼貌服务的第一步。

(二)确认客人有无预订

办理入住手续时,首先确认客人有无预订。

对于无预订客人,在有客房的情况下,应尽量满足客人的入住需求,并为客人介绍本酒店的房间类型和房价,为客人推荐适合的房间。并为客人推荐酒店提供的餐厅、酒吧、游泳池等其他服务项目。如果客满,可以拒绝其入住,但要及时为客人联系同等级别酒店客房。

（三）确认客人是否是会员客人或签单客户

如果客人没有办理会员卡，按照酒店房间价格为客人办理入住手续。如果客人是会员客户，请客人出示会员卡或报出会员卡号及其签约单位。对于签单客人，确认是否是签单本人，或者是签单人授权让其他客人入住。

（四）填写住宿登记表

对于签单客户，如果是本人入住，电脑中一般都有客户档案，无须再出示证件，填写入住登记单，接待员直接办理好房卡即可。如果是签单本人授权客人入住，则需入住客人出示证件。而其他客人则都需要出示有效证件。

在我国，公民有效证件一般有身份证、军（士）官证、教师证、学生证、驾驶证等。境外旅客的有效证件通常有护照、中华人民共和国旅行证、中华人民共和国出入境证。

目前我国酒店通常设计有三种形式的入住登记单，即"国内旅客住宿登记表""团体人员住宿登记表"和"境外人员临时住宿登记表"。见表2-10~表2-12。

无论哪种形式的入住登记表，其内容都包括客人的姓名、性别、国籍（籍贯）、有效证件（及其号码），以及房价和房号等各项内容。正确填写入住登记单有着重大意义：第一，房号，有助于我们查找、识别客人及建立客账，保障客人的安全；第二，房价是酒店结账和统计客房收入的重要依据；第三，客人抵离店日期，有助于酒店结账或客人延住时及时续交押金，也有助于预订处的客房预测和接待处的排房工作；第四，地址有助于客人离店后的账务及遗留物品的处理，还有利于向客人提供离店后的邮件服务；第五，接待员签名，可以加强员工的工作责任心，是酒店质量控制的措施之一；第六，客人签字，是为了保障酒店在客人结账时不发生账目纠纷。

表2-10 国内旅客住宿登记表

年　月　日

房号			房价			接待员	
姓名		性别		年龄		籍贯	地址
有效证件名称			有效证件号码			入住天数	退房时间
同住人		姓名		性别		年龄	关系
备注：（1）退房时间是次日中午12：00 （2）贵重物品请放在收银处免费保险柜中，如客人自己不慎遗失，酒店概不负责 （3）来访客人请在23：00前离开房间 （4）离店时请交回房卡 （5）房租不包括房间内食品、饮料等						离店时结账方式 □现金 □银联卡 □旅行社凭证 客人签名：	

表2-11　团体人员住宿登记表

团队名称		入住日期		离店日期		
		年　　月　　日		年　　月　　日		
房号	姓名	性别	出生年月日	职业	国籍	护照号码
何处来何处去						
留宿单位				接待单位		

表2-12　境外人员临时住宿登记表

姓（Surname）		名（First name）	
中文姓名 Name in Chinese		国家（地区） Nat.	
性别 Sex		出生日期 Date of birth	
证件名称 Certificate		证件号码 Certificate number	
证件有效期 Certificate validity		入境口岸及日期 Port and date of entry	
签证种类 Visa type class		签证（注）有效期 The visa is valid	
来店日期 Arrival date		离店日期 Departure date	
何地来 Where from		停留是由 Object of stay	
去何地 Where to		房号 Room number	
接待单位 Host unit		备注 Remarks	

填表日期（DATE）　　年　　月　　日　　　接待员（CLERK）：

(五) 扫描客人有效证件

这是公安部门与酒店合作的一项重要工作（一般大型酒店都有），在酒店的扫描仪上扫描的客人信息，在公安系统内也能及时查收到，这是打击和逮捕网上逃犯的办法之一。一般除了扫描登记人的证件外，同住人的证件也需扫描，如图2-5所示。

图2-5 扫描客人有效证件

(六) 收取押金

这主要是针对现金顾客，为了防止不良客人的逃账行为或损坏酒店的设施设备，同时也是为了方便客人在酒店的其他消费，为客人提供一次性结账服务。收取押金单如图2-6所示。

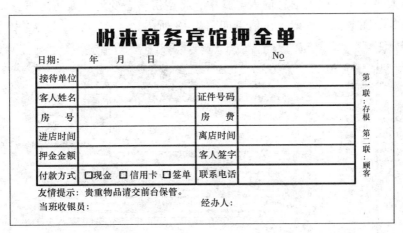

图2-6 收取押金单

(七) 填写房卡、欢迎卡

房卡、欢迎卡也称为"酒店护照"，如图2-7所示，在酒店中有着重要作用：

(1) 向客人表示欢迎。

(2) 表明这人的身份。

(3) 起一定的促销作用。

(4) 起向导作用。

(5) 起声明作用。

图2-7 房卡、欢迎卡

（八）将制作好的房卡和押金收据交给客人

将房卡和押金收据双手递给客人，并祝客人入住愉快，在客人即将转身时，用手示意电梯的方向。

（九）将客人入住的信息通知房务中心

当客人办理完入住登记手续后，接待员要打电话告知房务中心，某房间已入住。

（十）在电脑中登记入住信息

及时将客人的入住登记表信息输入电脑中，将空房房态变为住人房房态，以免出现重复销售客房的现象。在电脑中登记入住信息如图2-8所示。

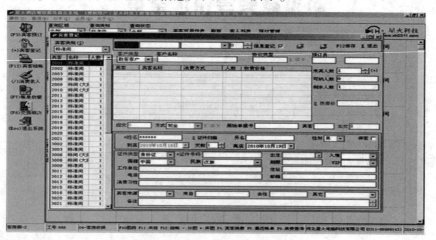

图2-8 在电脑中登记入住信息

（十一）制作客人账单

当接待处将客人资料输入电脑中后，收银处就可为客人制作账单。

（十二）核对入住登记单

在每班即将结束工作前，当班工作人员都要及时将纸质登记表信息与电脑中的客人入住信息核对，以免造成客人已入住而房态仍然显示是空房，出现重复卖房的状况。

二、退房流程

（一）向客人问好

客人走向前台时，向客人问好并询问客人有什么需要帮助的。

（二）请客人出示房卡、押金

如果客人表示要退房，请客人出示房卡、押金等，如果房卡出现破损或丢失要明确告知客人需要赔偿。

（三）通知房务中心

当客人出示房卡后立即打电话通知房务中心查房。

（四）告知收银处客人在房间内的消费状况

如果客人在房间内消费了收费物品，应记录下来，告知收银一并结账。

（五）欢迎客人下次入住

当客人结账后祝其一路顺风，并期待客人下次入住，当客人转身后也要目送客人离开。

三、前台客房分配艺术及客人的选择

（一）客房分配艺术

1. 排房的顺序

客房分配应按一定的顺序进行，如优先安排贵宾和团体客人等，通常可按下列顺序进行。

（1）团体客人。
（2）重要客人（VIP）。
（3）已付订金等保证性预订客人。
（4）要求延期离店客人。
（5）有准确航班号或抵达时间的普通预订客人。
（6）常客。
（7）无预订的散客。
（8）不可靠的预订客人。

2. 排房艺术

（1）要尽量使团体客人（或会议客人）住在同一楼层或相近的楼层。
（2）对于残疾、年老、带小孩的客人，尽量将其安排在离服务台和电梯较近的房间。
（3）把内宾和外宾分别安排在不同的楼层。
（4）对于常客和有特殊要求的客人，应予以照顾。
（5）不要把敌对国家的客人安排在同一楼层或接近的房间。
（6）要注意房号的忌讳。
（7）安排钟点房时不要集中安排在同一楼层，避免给同一楼层客房服务员带来过大的工作压力。

（二）客人的选择

酒店是为客人提供饮食、住宿等综合服务的场所。作为酒店，有义务接待前来投宿的旅客。在国外，如果酒店无缘无故拒绝客人留宿，那么，客人有权向法院提出起诉。但这并不意味着酒店必须无条件地接待所有客人。

对于下列客人，酒店可以不予接待。

（1）被酒店或酒店协会通报的不良分子或列入黑名单的人。在我国的一些大城市，受害酒店会向酒店协会呈交报告，协会向所有会员酒店通报不良客人的姓名等资料。

（2）拟用信用卡结账，但信用卡未通过酒店安全检查的客人（如已被列入黑名单，或已过期失效，或有伪造迹象等）。

（3）多次损害酒店利益和名誉的人。

（4）无理要求过多的常客。

（5）衣冠不整者。

（6）患重病及传染病者。

（7）带宠物者。

（8）经济困难者。

前台员工在接待客人时，对于上述人员可以婉言谢绝。

四、总台接待中常见问题的处理

（一）客人登记时有些项目不愿填写

（1）耐心地向客人解释填写住宿登记表的必要性。

（2）若客人怕麻烦或填写有困难，可以代其填写，只要求客人签字确认即可。

（3）若客人有顾虑，怕住店期间被打扰，而不愿他人知其姓名、房号或其他情况，可以告诉客人，酒店可以将客人的这一要求输入电脑或记录下来，通知有关接待人员，保证其不被打扰。

（二）客人办理完入住登记手续进房间时，发现房间已有人占用

此时，应立即向客人道歉，承认属于工作的疏忽，同时，带客人到大堂或咖啡厅，等候重新安排客房。此时应为客人送上一杯茶（或咖啡），以消除烦恼。等房间分好后，要由接待员或行李员亲自带客人进房。

案例

开重房之后

某晚八时，总台开重房。将刚出租的1311房又安排给了住店的上海客人李先生，客人进房后没有发现已有人入住，将行李放下，大衣挂在衣橱内去餐厅用餐。总台发现开重房后没有及时汇报，在餐厅找到了李先生，将他的房间换至1511并答应客人由行李员帮客人把行李拿至1511。行李员只拿了客人的行李，却将大衣留在了1311房，待第二天中午客人离店时发现大衣不见了，再去1311房寻找时，已没有，原1311房客人也已离店。客人认为是酒店排房和换房的两次失误造成了大衣的遗失，向酒店投诉要求给予赔偿。

（三）来访者查询住房客人

查到房号后，应先与住客电话联系，征得住客的同意后，再告诉访客："客人在××房

间等候。"

如果客人在办理入住手续时明确表示房间保密时,应当告知来访客人酒店并未接待他所要找寻的客人。

(四)旅游旺季,住店客人要求延住

首先,向客人解释酒店的困难,求得客人的谅解,为其联系其他酒店。其次,如果客人不肯离开,前厅人员应立即通知预订部,为即将到店的客人另寻房间。如实在无房,只好为即将来店的客人联系其他酒店。

总之,处理这类问题的原则是:宁可让即将到店的客人住到别的酒店,也不能赶走已住店客人。

(五)客人离店时,带走客房物品

明确告知客人客房内哪些物品是收费的,哪些是免费的。如果客人确实喜欢这件物品,应与客人协商让其购买该物品,而酒店不能无偿赠送。

(六)预订引出的麻烦

(1)在当天的预订单上并没有出现客人的名字。
(2)预订的确储存了,但同等价格的客房没有了。
(3)停留天数与预订天数不符。
(4)预订客人提前抵店。

案例

罗伯特先生无房了

某日,一位外籍客人罗伯特先生经本地公司订房入住某大酒店,要一个标准间预住两天。但在总台办理入住手续时,接待员告诉罗伯特先生,他的预订只有1天。现在又正值旅游旺季,第二天的标准间难以安排。罗伯特先生听后大怒,强调自己在让本地接待单位订房时是明确要住两天的,订房差错的责任肯定在酒店。因此,出现了接待员与客人在总台僵持的场面。

五、商务楼层的管理

(一)商务楼层

"商务楼层"(Executive Floor)是高星级酒店(通常为四星级以上)为了接待高档商务客人等高消费者客人,向其提供特殊的优质服务而专门设立的楼层。

商务楼层被誉为"店中之店",通常隶属于前厅部。住在商务楼层的客人,不必在总台办理住宿登记手续,客人的住宿登记、结账等手续可以直接在商务楼层办理。另外,在商务楼层通常还设有客人休息室、会客室、咖啡厅、报刊资料室、商务中心等,因此,商务楼层集酒店的前厅集登记、结账、餐饮、商务中心于一身,为商务客人提供了更为温馨的环境和各种便利,让客人享受到更加优质的服务。

(二)商务楼层员工的素质要求

为了向商务客人提供更加优质的服务,要求商务楼层员工,无论是管理人员还是服务人员,都必须具备很高的素质:

(1)气质高雅,有良好的外部形象和身材。

（2）工作耐心细致，诚实可靠，礼貌待人。

（3）知识面宽，有扎实的文化功底和专业素质，接待人员最好有大专以上学历，管理人员应有本科以上学历。

（4）熟练掌握商务楼层各项服务程序和工作标准。

（5）英语口语表达流利，英文书写能力达到高级水平。

（6）具备多年酒店前厅、餐饮部门的服务或管理工作经验，掌握接待、账务、餐饮、商务中心等服务技巧。

（7）有较强的合作精神和协调能力，能够与各业务部门协调配合。

（8）善于与宾客交往，掌握处理客人投诉的技巧艺术。

（三）商务楼层日常工作流程

（1）7:00 商务楼层接待员到前厅签到，并到信箱拿取有关邮件；与夜班交接班。

（2）7:00 至 7:30，打出房间状况报表，包括当日到店客人名单、在店客人名单。在客人名单上将当日预计离店客人用彩笔标出，以便对当日离店客人做好相应服务。商务楼层当班人员按职责分工完成以下工作：A 组负责接待、收银、办理商务中心业务等工作；B 组负责提供早餐、送鲜花、送水果等工作。

（3）准备鲜花、水果。检查前一天夜班准备的总经理欢迎卡、商务楼层欢迎卡，根据当日到店客人名单逐一核对。鲜花、水果及两个欢迎卡要在客人到店之前送入预分好的房间内（此项工作要由专人负责）。

（4）早餐服务从 7:00 至 10:00。早餐后开当日例会，由主管传达酒店信息及酒店近期重要活动。

（5）为到店客人办理入住手续及呈送欢迎茶，为离店客人办理结账手续并与客人道别。

（6）检查客人是否需要熨衣、商务秘书、确认机票等服务，随时为客人提供主动帮助，并告知哪些服务是免费的。A 组、B 组员工要根据当时的情况互相帮助，相互配合。

（7）10:00 至 15:00。客房服务员查房并将鲜花、水果、欢迎卡送入每个预计到店的客人房间。

（8）中班于 13:30 报到，打报表（内容同早班），检查房间卫生及维修工作。15:30 与早班交接班。B 组服务员负责服务下午茶和鸡尾酒。中班还要做好第二天的准备工作，如打印第二天的欢迎卡、申领水果和酒水等。

（9）夜班时前厅、客房将代理商务楼层的服务工作。

（四）商务楼层客人入住服务程序

（1）当客人走出电梯后，客房服务员微笑地迎接客人，自我介绍，陪同客人的大堂副经理或销售经理将回到本岗。

（2）在商务楼层接待台前请客人坐下。

（3）替客人填写登记卡，请客人签名认可，注意检查客人护照、付款方式、离店日期与时间等。

（4）在客人办理入住登记过程中呈送欢迎茶。此时，应称呼客人姓名，并介绍自己，同时将热毛巾和茶水送到客人面前。如果客人是回头客，应欢迎客人再次光临。要求整个过程不超过 5 分钟。

（5）在送客人进房间之前应介绍商务楼层设施与服务，包括早餐时间、下午时间、鸡尾酒时间、图书报刊赠阅、会议服务、免费熨衣服务、委托代办服务等。

（6）在客人前一步引领其进房间，与客人交谈，看是否能给他提供更多的帮助。

（7）示范客人如何使用钥匙卡，连同欢迎卡一同给客人，介绍房间设施，并祝客人居住愉快。

（8）通知前厅行李员根据行李卡号和房间号在10分钟之内将行李送到客人房间。

（9）在早餐、下午茶、鸡尾酒服务时间，接待员应主动邀请新入住的客人参加。

学习任务2　前厅收银服务

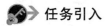任务引入

客人不肯付账离去

一天早上，南方某大酒店的一位香港客人乘电梯来到大堂总台服务处结账。他讲着一口粤语，对服务员说："小姐，916房结账。"

"好的，先生，请把您的钥匙牌或房卡证给我看一下。"服务员礼貌地回答。"哦，我没有带来，可以结账吗？"客人显得有点不耐烦。"请问先生，您的姓名叫什么？"服务员接着又问。

客人不悦道："结账还要问姓名？"服务员耐心地解释："因为我们需要核对一下姓名，以防出错，给客人带来麻烦。"客人很不情愿地报出了自己的姓名。服务员迅速地打出账单，客人掏出皮夹子拿钱。同时，服务员又对客人叮嘱了一句："您的916房钥匙牌用完后请送到收银台。"谁知客人一听，勃然大怒，收起钱来，大声嚷嚷："你们酒店这么麻烦，给钱不要，还唠叨个没完，我不付款了。"嘴里还冒出几句骂人的话，收起钱来，扭头就往电梯处去。正在值班的大堂副经理闻声跑来，立即赶到电梯口，把客人请回来，对他说："先生，您息怒，有什么意见尽管提，我们立即解决，但钱还是要付的。"这位客人却指着服务员的鼻子说："她不道歉，我就不付款。"此时，服务员已是满腹委屈，实在难以道歉，双方僵持不下，引起了服务台客人们的注意。怎么办？大堂副经理紧张地思考了一下，便跟服务员轻声说了几句，服务员听到了点点头，强忍着几乎快要掉下来的眼泪，对客人说了声："对不起。"客人这才付了钱，扬长而去。

任务分析

第一，案例中服务员出于对客人的负责，按饭店服务规程查询客人的钥匙牌或住房卡，核对客人的姓名，以及交代客人归还钥匙牌，都是无可非议的，这件事显然是客人无理。酒店服务员既然遇到了不讲情理的客人，还是要奉行"客人永远是对的"的原则，把正确让给客人，把错误留给自己。服务员正是努力这样去做的。忍受个人的委屈换取了满足"上帝"的要求，使一场风波得以平息，这种顾大局、识大体的精神值得发扬。

第二，大堂副经理对突发事件的处理比较积极稳妥。首先，当客人从收款台愤然离去不愿付款时，他及时赶到，把客人请回去解决问题。他首先想到酒店的利益不能受损失，尽管客人情绪过激，行为过分，也要在事发的萌芽状态想方设法让客人掏出钱来。其次，大堂是酒店的门户和窗口，当客人不近情理地要求服务员先道歉再付款而形成僵局时，大堂副经理当机立断，做工作，请服务员赔不是，从而打破僵局，恢复了总台工作秩序，维护了大堂正常运转的形象，这一做法无疑也是正确的。

> **相关知识**

前厅收银服务也是客人在入住中接受的一项重要"服务",特别是结账时它是客人接受的最后一项"服务"。前厅收银处的具体工作如下。

一、散客接待的服务程序

(一)收取押金

当现金客人办理入住手续时,收银员要收取房费及押金,一般押金是房费的 2 倍,并为客人开押金收据。

如果是签单客人,收银员要确认是不是签单本人还是签单授权。

(二)离店时结账

确认客人结账的方式。通常客人结账的方式有以下几种:现金结账、信用卡结账、支票结账、转账结账等。

确认结账方式后打印客人消费账单,请客人签字确认。客人消费账单项目显示有房费、客人在房间内消费物品金额以及客人在酒店其他部门的消费金额等。

如果客人是现金结账,收银员应做到多退少补。

如果是以信用卡结账,收银员首先要辨别信用卡的真伪:信用卡是否完整;有无挖补、涂改痕迹;有无防伪反光标记;卡号有无改动痕迹。其次要检查信用卡的有效日期和适用范围。最后还要确认信用卡号码是否在取消范围之列。

如果是支票结账,收银员也要注意以下几点:第一,辨别支票的真伪,注意辨别银行已发出通知停止使用的旧版转账支票。第二,检查支票是否过期,金额是否超过限额。第三,检查支票上的印鉴是否清晰完整。第四,在支票背面请客人留下地址和联系电话,并请客人签名,如有疑问,及时与出票单位联系核实,必要时请当班主管人员解决。

(三)散客结账服务程序

(1)当宾客到前台结账时,确认宾客姓名是否正确,并随时称呼宾客的姓氏。

(2)接待人员主动收取房间钥匙,并询问宾客是否产生其他消费。

(3)宾客结账的同时,前台接待人员要及时与客房服务中心联系,查清宾客房间的消费品使用情况。

(4)打印出电脑清单,交付宾客检查,经其认可在账单上签字,并确认付款方式。

(5)在结账的同时,要清理宾客档案栏,取出登记卡、信用卡复印件,以便其他宾客重新使用。

(6)宾客提前付清账目,但晚些离店时,接待人员要在电脑中注明延迟离店,以便提醒其他部门及人员注意。

(7)在宾客结账时,要查看电脑中所注明的特殊注意事项。

(8)确认一切手续完成后,在最短时间内完成结账手续。

(9)开取发票,当客人办理完结账时,及时询问客人是否需要发票。如客人需要发票,要将发票的单位名称与客人核对清楚。

(10)有礼貌地为宾客迅速、准确地办理离店手续,并表示欢迎宾客再次光临酒店,祝其旅途愉快。

(11) 收尾工作。当客人离开后,确认是否更改房态(住人房变为脏房)。整理好账单以便留档存用。

二、团队客人离店结账服务程序

(一) 准备账单

在团队离店的前一天,准备好账单,账单内容包括总账(房费、餐费)和分账(主要是个人电话费、洗衣费和房间内迷你吧的消费等)。

(二) 核对账单

在团队即将离开的半小时内,做好结账准备工作,一一核对账单,结出总账和分账。

(三) 收回钥匙

团队结账时应主动、热情问好,请领队协助收回全部房间钥匙。如房间钥匙出现丢失、破损等状况时,与领队协商是否客人赔偿。

(四) 确认账单

当团队房间由房务中心工作人员检查无误后,请领队在总账单上签字确认,分账单由各消费客人签字确认。

在团队客人确认账单前收银员还要注意以下问题。

(1) 收银员在任何情况下都不得将团队房价泄露给客人,如果客人要自己结账,则按当日的门市价收取。

(2) 如团队与酒店有合同关系时,在账单上签字即可,否则应在团队到达前预付或离店时现付。

(3) 凡不允许挂账的旅行社,其团队费一律到店前现付。

(4) 团队陪同无权私自将未经旅行社认可的账目转由旅行社支付。

(5) 团队延迟离店时,需经销售经理批准,否则按当日房价收取。

(五) 收尾工作

结账结束后,收银员应向客人表示感谢,期待客人下次光临,并祝客人旅途愉快。检查房态,整理好账单。

三、收银员在结账时一些特殊情况的处理

(一) 当住店客人的欠款不断增加时

有些客人在住店期间所交预付款(押金)已经用完,还有的客人住进酒店后,长期未决定退房日期,而其所欠酒店账款在不断上升。在这种情况下,为了防止客人逃账,或引起其他不必要的麻烦,必要时可通知客人前来付款。催促客人付款时,要注意方式方法和语言艺术,可用电话通知,也可用印备的通知书,将客人房号、姓名、金额、日期等填妥后,装入信封,交总台放入钥匙格子里。一般客人见此通知后会主动前来付款,如遇特殊情况,客人拒而不付时,应及时处理。

(二) 当客人甲的账由客人乙来支付时

若干人一起旅行,由一人付款或者某甲的账由某乙支付,而某甲则已先行离去,人多事

杂，这时往往会发生漏收的情况，给酒店带来损失。为了防止出现这种情况，应在交接记录上注明，并将纸条附在甲乙的账单上，这样，结账时就不会忘记，接班的人也可以看到。处理这种情况还有一种较为简单的办法：如某乙替某甲付款，甲先走，可将甲的账目全部转入某乙的账单上，甲账变为零来处理，但此时必须通知某乙，并有乙的书面授权，以免引起不必要的纠纷。

（三）过了结账时间仍未结账

如过了结账时间（一般为当天中午 12：00）仍未结账，应催促客人。如超过时间，可根据酒店规定，加收房费。

关于加收房费问题，如果客人是常客或者某公司为酒店提供的客人，只要客人给前台打电话说一声推迟 2~3 个小时退房，而且不是酒店的旺季，酒店通常不会向客人收取任何费用。

（四）客人在结账时才提出优惠折扣，而且也符合优惠条件，或者结账时收银员才发现该房间的某些费用由于某种原因而输入错误

此时，收银员应填写一份"退款通知书"（一式两联，第一联交财务，第二联留结账处），然后，要由前厅部经理签名认可，并要注明原因，最后在酒店管理系统中将差额做冲账、退账处理。

案例

客人拒付房租

某日，两位客人有说有笑地来到宾馆。他们一起登记住宿，一位入住 820 房，另一位入住 816 房。

登记完毕，总台小姐礼貌地询问："先生，请问你们的账怎么付？"820 房客人回答道："一起付。"

于是总台小姐填写了预付款单，全额 3 000 元人民币，并在单子上注明"816 房客人账由 820 房客人付"。然后对 820 房客人说："请签名确认。由于你们两间房统一付款，预付款要交 3 000 元，请到结账处办理。"客人签名交钱。

两天以后，中午 12：00，820 房的客人来结账，与总台发生了争执："我没有看到预付单上写有'816 房的客人账由 820 房客人付'字样，一定是我签名以后总台小姐加上的，我们登记时说过各付各的账。"接着说："我只结自己的账。"（816 房的客人已于今早离店，并未结账。）

听到争吵，客房部经理卓女士来到现场，对客人说："您好！我是饭店的客房部经理，有什么事我会想办法为您解决的。"

听完客人和总台小姐的讲述，卓经理看了看客人的预付账单，对事情大概有了一个了解。

为了安慰客人，卓经理转过身对客人说："先生您别急，我们一定会尽快查清，尽量给您满意的答复，您看能否先去用午餐，等用完餐再过来结账。"

13：00，客人用完午餐来到结账处，不客气地问道："事情怎么样了，我还要赶飞机呢。"同时反问道："你有雷锋那样的高尚吗？别人吃喝玩乐，你来帮他付账？那谁来帮我付账？"又说："我朋友很有钱，他肯定会付账的，不会要我替他付的。"

卓经理耐心地向客人解释道:"先生,我相信您的朋友肯定会付账的,但他未结账就离店,肯定知道你们是一起付款的。按照我们酒店的常规,一间房客人入住1~2天,一般预付1 000~2 000元,您的预付标明3 000元,表明总台小姐考虑了两个房间的预付款;另外,总台规定,客人若未替其他客人付账而只是交预付款,是不需要在预付款单上签字,单子上有客人签名,就说明820房客人付816房的账,这一点已得到客人认可。"

听到这儿,客人不以为然地说:"我怎么会知道你们酒店什么规定。"

卓经理仍然耐心地说:"您若不相信我,我可以当场给您看其他交预付款客人的单子,假如您能在上面看到客人签名,您就不用付这笔账了。"

至此,820房的客人不吭声了,却仍硬撑着,小卓笑着道:"发生这样不愉快的事情,确实有我们做得不够的地方,既给您添了麻烦,也让我们感到为难,您看我们能否想个两全齐美的办法来解决这个问题呢?"

客人马上问道:"怎么解决?"

卓经理说:"我相信您说的,您的朋友肯定会支付这笔账,您能否给我留下他的地址、电话号码以便联系。同时请您帮个忙,先帮他付这笔账,我们及时与您的朋友联系,由酒店出面追回这笔款项,同时以酒店信誉担保,款一到马上退款给您。您以为如何?"

听到这里,客人顺水推舟地回答:"算了,算我倒霉,我付了。"

四、夜核工作

夜核也称夜间稽核,即在一个营业日结束后,对所发生的交易进行审核、调整、对账、计算并过入房租,统计汇总,编制夜核报表,备份数据,结转营业日期的过程。除了上述任务外,夜核工作还包括:确认未到预订、检查应离未离客房、办理自动续住、解除差异房态、变更房间状态、制定每日指标及营业报表等。

夜核工作的流程如下。

(一) 检查前厅收款处工作

夜审人员上班后首先要接管收款员的工作,做好工作交接和钱物清点工作。然后对全天收银工作进行检查。

(1) 检查收款台上是否有各部门送来的尚未输入宾客账户的单据,如有,则进行单据输入,并进行分类归档。

(2) 检查收款员是否将全部收款报表和账单上交。

(3) 检查每一张账单,看房租和宾客的消费是否全部入账,转账和挂账是否符合制度手续。

(4) 将各类账单的金额与收款报告中的有关项目进行核对,检查是否相符。

(二) 核对客房出租单据

(1) 打印整理出一份当天的"宾客租用明细表",内容包括房号、账号、宾客姓名、房租、抵离日期、结算方式等。

(2) 核对宾客租用明细表的内容与收款处各个房间记账卡内的登记表、账单是否存在差错。

(3) 确定并调整房态。

(三) 房租过账

经过上述工作确认无误后，通过电脑过账功能将新一天的房租自动记录到各住客的宾客账户中，或者手工输入房租。房租过账后，编制一份房租过账表，并检查各个出租客房过入的房租以及服务费的数额是否正确。

(四) 对当天客房收益进行试算

为确保电脑的数据资料正确无误，有必要在当天收益全部输入电脑后和当天收益最后结账前对电脑中的数据进行一次全面的查验，这种查验称为"试算"。试算分三步进行：

① 指令电脑编印当天客房收益的试算表，内容包括借方、贷方和余额三部分。
② 把当天收款员及营业点交来的账单、报表按试算表中的项目分别加以结算汇总，然后分项检查试算表中的数额与账单、报表是否相符。
③ 对试算表中的余额与住客明细表中的余额进行核对，如果不等，则说明出现问题，应立即检查。

(五) 编制当天客房收益终结表

客房收益终结表也称结账表，此表是当天全部收益活动的最后集中反映。此表一编制出来，当天的收益活动便告结束，全部账项即告关闭。如果在打印终结表后再输入账据，则只能输入下一个工作日里。

(六) 编制借贷总结表

借贷总结表是根据客房收益终结表编制的，是列示当天客房收益分配到各个会计账户的总表，此表亦称会计分录总结表。编制完借贷总结表，夜审工作就算结束了。

项目小结

随着经济的发展，外出工作、旅游人数的日渐增多以及商务活动的日趋频繁，为了更好地满足不同客人的需求，提高对客的服务质量，很多酒店在提高硬件设施设备的同时，更多地挖掘和提升软件服务。作为酒店的窗口，前厅部总台接待人员不但要求有良好的外部形象、流利的外语水平和较好的语言表达能力，更要有细心工作的作风和过硬的素质。特别是现在越来越多的酒店为了满足高档商务客人的需求，而专门设立了商务楼层，这对工作人员的要求会更高。

本项目详细介绍了前厅部接待服务、收银服务工作的流程、规范要求和注意事项，主要内容有住宿接待登记流程、客房的分配艺术、客人的问讯留言、结账的流程、夜核工作以及商务楼层的服务与管理工作。

现在的酒店前台接待管理越来越重视网络信息化，并且在岗位的设置上也进行了精简，比如接待、预订、问讯等多处合一，甚至有酒店接待、收银合二为一，因此酒店越来越需要高学历的专业人才。传统的站式接待服务也逐渐改为让客人坐着办理手续，目前我国的大多数度假型酒店已经这样做，越来越多的商务酒店也在效仿，这也是酒店的一大进步。

项目考核

1. 实务训练

分组设置散客的接待服务、收银服务情景，先设计好入住登记单、押金收据单等，让学生在练习中熟悉接待的流程和收银工作，并在模拟练习中掌握客房类型、房价、房态图等，学会填写客人入住登记单、换房通知单并会制作客人消费账单、开取发票等。

2. 思考题

（1）解释下列概念：

商务楼层，夜核。

（2）前台接待的工作流程是什么？

（3）前台接待中常出现的问题有哪些？如何解决？

（4）如何进行客房分配？

（5）办理结账业务时应注意哪些事项？

3. 案例分析

半小时住房

某天深夜，一位客人来到某三星级酒店总台要求住宿。总台接待员礼貌地按常规问他：

"您好，先生，欢迎光临。请问您要什么样的房间？"

"随便。"客人答道。

"请问，先生一个人吗？那我为您准备一个豪华单人间吧，房价是480元/（间·天）。"接待员依然热情地说。

"行，快点。"客人不耐烦地说。

"您住一天吗？"

"是，就一晚。"客人说着扔出了身份证，让总台接待员帮他登记，随即快速地交了押金，拿了房卡便去了房间。

谁知，总台刚刚完成通知客房中心该房入住、开通该房电话、检查该客人的登记单并输入电脑等一系列工作，就听到客梯"叮咚"一声，刚才的那位客人又下来了，并且来到总台要求退房。理由是他不满意该酒店的客房，不想住了。并且说他没动过房间，而且只待了半小时，所以酒店不应收取任何费用。

思考：出现这种情况，应当如何处理？

项目三　前厅部其他服务

学习目标

一、知识目标

（1）熟悉礼宾部服务的规程。

（2）了解总机服务内容及注意事项。

（3）了解大堂副经理的工作程序及岗位要求。

二、技能目标

（1）能够熟练地按规范程序为散客提供入住行李服务。

（2）能够按照规范的程序做好叫醒服务。

(3) 能够掌握留言及问询服务的方法，为客人提供满意的服务。

三、实训目标

(1) 使学生以酒店的规范标准来严格要求自己。

(2) 熟练掌握散客入住行李服务程序、总机服务程序、问询及留言服务程序、商务中心服务程序以及大堂副经理处理客人投诉程序等。

(3) 将课堂理论知识运用于实践，在各种模拟情景训练中掌握酒店服务的基本技能，为将来迅速适应前厅各岗位工作打下基础。

学习任务1　礼宾服务

任务引入

一辆高级轿车向酒店驶来，停在酒店门前。迎宾员小李看清车上有三位欧美客人，两位男士坐在车后，一位女士坐在前排副驾驶位上。小李上前一步，以麻利规范的动作，为客人打开后门，做好护顶，并向客人致意问候。关好后门，小李迅速走到前门准备以同样的礼仪迎接那位女士下车。那位女士满脸不快，使小李不知所措。

任务分析

在西方国家流行着这样一句俗语："女士优先。"在社交场合或公共场所，男子应经常为女士着想，照顾、帮助女士。诸如：人们在上车时，总要让妇女先行；下车时，则要为妇女先打开车门，进出车门时，主动帮助开门、关门等。西方人有一种形象的说法："除女士的小手提包外，男士可帮助女士做任何事情。"迎宾员小贺未能按照国际上通行的做法先打开女宾的车门，致使那位外国女宾不悦。

相关知识

前厅部在负责推销酒店客房以及接待工作的同时，还负责为宾客提供各种综合性服务，其中十分重要的一项就是礼宾服务，即"委托代办服务"。其主要内容包括迎送服务、行李服务、邮政服务、订票服务、订车服务、旅游服务、其他代办服务等。礼宾部的全体员工是最先迎接和最后送走客人，向客人展示酒店优质服务的群体，他们的服务对宾客第一印象和最后印象的形成起着重要作用。

一、店内迎送宾客服务

酒店内的迎送宾客服务主要由门童和行李员负责，协助客人上、下车，为客人提供拉门服务。

（一）迎接宾客

(1) 客人抵店时，主动向客人点头致意，表示欢迎，并道："欢迎光临。"如客人乘车抵达，应把车辆引导到适当的地方，车停稳后，替客人打开车门，然后热情地向客人致意并问候。

(2) 准确、及时地为客人拉开酒店正门。

（3）住店客人进出酒店时，同样要热情地招呼致意，对重要客人和常客要努力记住其姓名，以示尊重。

（4）如遇雨天，应打伞为客人服务。请客人将其携带的雨伞锁在伞架上。

（5）团体客人到店前，先做好迎接的准备工作；团体大客车到达酒店时，维持好交通秩序，迎接客人下车。

（二）送别宾客

（1）客人离店时，主动为客人叫车，并把车引导到合适的位置。等车停稳后，拉开车门，请客人上车，护顶，并向客人道别，感谢客人的光临，预祝客人旅途愉快。然后，等客人坐稳后再关上车门。

（2）客人如果有行李，应协助行李员将行李装好，并请客人核实。

（3）当客人的汽车起动时，挥手向客人告别，目送客人，以示礼貌和诚意。

（4）送别团队客人时，应站在车门一侧，向客人点头致意，目送客人离店。

二、店外迎送宾客服务

店外迎送宾客主要由酒店代表负责。酒店在机场、车站、码头等地设点，派出代表为抵、离酒店的客人提供迎接和送行服务，并争取未预订客人入住本酒店。它不仅是酒店的一种配套服务，更是酒店开展市场营销活动的重要一环。其主要工作内容表现在以下几个方面。

（1）及时从预订处取得需要接站的客人名单，掌握客人到达的航班或车次。

（2）在客人抵达的当天，根据航班、车次或船次时间提前做好接站准备，写好接站告示牌，安排好车辆，提前半小时至一小时到站等候。

（3）到站后，注意客人所乘航班、车（船）次到站时间的变动，若有延误或取消，应及时准确通知酒店总台。

（4）接到客人时，主动迎接问好，表示欢迎，并向客人介绍自己的身份和任务。同时，帮助客人提拿行李，引领客人上车。

（5）及时通知酒店前台接待有关宾客抵店的信息，包括宾客姓名、所乘车号、离开机场时间、用房有无变化等。

（6）在行车途中，要提醒客人注意安全，并简要介绍酒店的服务项目和城市风貌。

（7）将客人接到酒店后，引领客人到总台办理入住手续，并询问客人是否需要酒店送站服务。VIP客人到店后，请客户关系经理或大堂副经理为客人办理入住登记手续。

（8）若没有接到VIP客人或指定要接的客人，应立即与酒店接待处取得联系，查找客人是否已乘车抵达酒店。返回酒店后，要立即与前台确认客人的具体情况并弄清事实及原因，向主管汇报清楚，并在接站登记簿上和交班簿上写明。

（9）准确掌握VIP客人和其他需要送站客人的离店时间以及所乘交通工具的航班车次和离站时间。主动安排好车辆，提前10分钟在酒店门口恭候客人。

（10）按时将客人送到机场、车站或码头，主动热情地向客人道别，并祝客人一路平安，使客人有亲切感、惜别感。

三、行李服务

行李服务是前厅部向客人提供的一项重要服务。由于散客和团队客人有许多不同的特点，因而行李服务的规程也不相同。

（一）散客入住行李服务

（1）客人乘车抵达酒店时，行李员要主动上前迎接，向客人表示欢迎。

（2）引导客人进入前厅至总台。引领客人时，要走在客人的左前方，距离2~3步远。

（3）等候客人。引领客人到接待处后，应站在客人身后1.5m处，等候客人办理入住手续。

（4）引领客人至客房。等客人办完入住登记手续后，应主动上前从接待员手中领取房间钥匙，帮助客人提拿行李，并引领客人到房间。途中，热情主动地向客人介绍酒店的服务项目和设施。

（5）乘电梯。引领客人到达电梯口时，先进入电梯，用一只手扶住电梯门，请客人先进入电梯；出梯时，请客人先出，然后继续引领客人到房间。

（6）敲门进房。到达房间门口，要先敲门，房内无反应再用钥匙开门。开门后，立即打开电源总开关，退至房门一侧，请客人先进房间。将行李放在行李架上。

（7）介绍房间设施及使用方法。简要介绍房内的主要设施及使用方法或其他应提醒客人注意的问题。

（8）退出房间。房间介绍完毕，询问客人是否还有吩咐，如无其他要求，即向客人道别，并祝客人在本店入住愉快，然后迅速离开，面向客人将房门迅速拉上。

（9）离开房间后迅速走员工通道返回礼宾部，填写散客入住行李搬运记录。

（二）散客离店行李服务

（1）遇到有客人携带行李离店时，应主动上前提供服务。

（2）当客人用电话通知礼宾部要求派人运送行李时，应有礼貌地问清房号、姓名、行李数及搬运时间等，并详细记录，然后按时到达客人所在的楼层。

（3）进入房间前，要先按门铃，再敲门，并通报"行李员"。征得客人同意后才能进入房间，并与客人共同清点行李件数，检查行李有无破损，然后与客人道别，迅速提着行李离开房间。如果客人要求和行李一起离开，要提醒客人不要遗留物品在房间，离开时要轻轻关门。

（4）来到大堂后，要先到收银处确认客人是否已结账。客人结账时，要站在离客人身后1.5m处等候，等待客人结账完毕，将行李送到大门口。

（5）送客人离开酒店时，再次请客人清点行李件数后再装上汽车，并向客人道谢，祝客人旅途愉快。

（6）完成行李运送工作后，填写散客离店行李搬运记录。

（三）团队行李入店服务

（1）团队行李到达时，行李员应与行李押送员一起清点行李件数，检查行李的破损及上锁情况，并在该团的"团队行李记录表"中写上行李到店的时间、件数等，核对无误后，请押送员签名。如行李有破损、无上锁或异常情况，需在行李表及对方的行李交接单上注明。

（2）清点无误后，立即在每件行李上系上行李牌，如果该团行李不能及时分送，应在适当地点码放整齐，用行李网将该团所有行李罩在一起，妥善保管。

（3）在装运行李之前，再次清点检查一次。同时送两个以上团队行李时，应由多个行李员分头负责运送或分时间单独运送。

(4) 行李送到楼层后，应将其放在门一侧，轻轻敲门三下，报称"行李员"。客人开门后，把行李送入房间内，等客人确认后，向客人道别，迅速离开房间。如果客人不在房间，应将行李先放进房间行李架上。

(5) 行李分送完毕，及时填写"团队行李进出店登记表"。

（四）团队行李离店服务

(1) 按接待单位所定的运送行李时间，带上该团队订单和已核对好的行李记录表，取行李车，上楼层取行李。

(2) 上楼层后，按已核对的团队订单上的房号逐渐收取行李，并做好记录，收取行李时还要辨明行李上所挂的标志是否一致。

(3) 行李装车后，立即将行李拉到指定位置，整齐排好，与陪同（或领队）核对件数是否相符，如无差错，请陪同在团队订单和行李记录表上签名，行李员同时签名。

(4) 行李离店前，应有人专门看管。团队接待单位来运送行李时，需认真核对要求运送的团队名称、人数等，无误后才将行李交给对方，并请来人在团队订单和行李记录表上签名。

(5) 行李完成交接后，将团队订单和行李记录表交回礼宾部并存档。

（五）行李存取服务

(1) 客人要求寄存行李时，应主动问好，礼貌服务。

(2) 请客人出示房卡，确认客人身份。原则上只为住店客人提供免费寄存服务。

(3) 礼貌地询问客人行李中是否有酒店不准寄存的物品。

(4) 问清行李件数、提取时间、姓名、房号等，检查行李的破损、上锁情况，填写一式两份的行李寄存卡，其中一份交给客人，作为取行李的凭证；另一份系在所寄存的行李上，同时做好行李暂存记录。

(5) 将行李放入行李房中时，分格整齐摆放。同一客人的行李要集中摆放，并用绳子穿在一起。

(6) 客人提取行李时，先请客人出示行李寄存凭证，然后与系在行李上的寄存卡核对，如果两部分完全吻合，当面点清行李件数，然后把行李交给客人，并请客人在行李暂存记录上签字。

(7) 若客人丢失寄存卡，一定要凭借足以证实客人身份的证件放行行李，并要求客人写出行李已取的证明。若不是客人本人来领取，一定要请他人出示证件，登记证件号码，并要求写出行李已取的证明，否则不予放行。行李寄存卡所包括的内容如表2-13所示。

表2-13 行李寄存卡

Luggage claim　　　　　　　　No. 002000

Name	
寄存日期 Date stored	房间号 Room No.
提取日期 Date of claim	行李件数 No of bags
经手人 Handled by	宾客签名 Guest signature

四、"金钥匙"服务

(一)"金钥匙"简介

"金钥匙"(Concierge)是一种"委托代办"的服务概念。"Concierge"一词最早起源于法国,指古代酒店的守门人,负责迎来送往和管理酒店的钥匙。随着现代酒店业的发展,已成为提供全方位"一条龙服务"的岗位,只要不违背道德和法律,都尽可能地满足客人的要求。

金钥匙既指一种专业化的酒店服务,又指一个国际性的酒店服务专业组织,同时还是具有国际"金钥匙"组织会员资格的前厅职员的称谓。目前,"金钥匙"已成为世界各国高星级酒店服务水准的形象代表,一个酒店拥有"金钥匙"就可以显示不同凡响的身份,就等于在国际酒店中获得一席之地。

(二)"金钥匙"的标志

"金钥匙"通常身着燕尾服,上面别着两把交叉在一起的金光闪闪的十字形金钥匙,这是国际酒店"金钥匙"组织联合会会员的标志,象征着"Concierge",就如同万能的"金钥匙"一般,可以为客人解决一切难题。"金钥匙"尽管不是无所不能,但一定要做到竭尽所能。这就是"金钥匙"的服务哲学。

(三)"金钥匙"组织

"金钥匙"组织是指全球酒店中专门为客人提供"金钥匙"服务的职员,以个人身份加入的国际酒店专业服务民间组织。总部设在巴黎,每年在某个热点旅游城市召开一次全球性会员大会。1997年,中国酒店"金钥匙"组织被接纳为国际"金钥匙"组织的第31个国家团体会员。

(四)"金钥匙"的服务项目

酒店"金钥匙"提供的"一条龙服务",是从客人入住酒店的那一刻起,围绕住店期间的一切需要而开展的,让客人自始至终都感受到一种无微不至的关怀与宾至如归的温馨感。"金钥匙"提倡的是个性化服务,他们几乎可以解决客人的一切问题。目前我国酒店中,"金钥匙"一般负责礼宾部的日常管理,除协调行李员、门童、机场代表等工作外,还开展以下的礼宾服务。

(1) 行李及通信服务:运送行李、收电报、传真、电子邮件等。
(2) 问询服务:指路等。
(3) 快递服务:国际托运、国际邮政托运、空运、国内包裹托运等。
(4) 接送服务:汽车服务、租车服务、接机服务。
(5) 旅游服务:个性化旅游服务线路介绍。
(6) 订房服务:预订与取消预订服务。
(7) 订餐服务:推荐餐馆。
(8) 订车服务:汽车租赁代理。
(9) 订票服务:飞机票、火车票、戏票预订。
(10) 订花服务:鲜花预订、异地送花。
(11) 其他一切合理合法服务:美容、按摩、跑腿、看孩子等。

学习任务2　总机服务

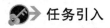

任务引入

北京的长途电话

8月中旬，酒店的入住率一直很高，团队、散客纷至沓来，其中有一个团队是国家某部委组织的各省市机关领导人，他们要到哈尔滨参加会议。晚上10时20分左右，总机话务员小潘接到了一个北京长途，要找参加会议的某局局长许先生，来电人称是他的秘书，有极其重要的事情要向该领导汇报，可是拨打手机无人应答，房间号码又不清楚，只好求助于总机。小潘按照程序查询了电脑，但电脑中没有记录，又向前台询问了领队的房间号，并立即给领队打电话。由于时间已晚，小潘首先讲明了原因并请对方谅解，因为只有领队掌握团队人员姓名及房间号，电脑登记的只是团队代码。通过领队的帮助，小潘很快找到了许先生，并为其接通了电话。大约10分钟过后，那位秘书又给总机打来电话，对小潘的帮助表示衷心的感谢，并对她的工作给予了充分的肯定。

任务分析

电话寻找不知房间号码的住店客人是总机经常会遇到的情况，在没有客人详细资料登记的情况下，需要话务员开动脑筋，想方设法找到客人的入住房间，使双方的客人能够顺利通话。

（1）上述案例中的总机话务员具有对宾客认真负责的精神，在电脑查询无果的情况下又通过前台查到领队的房间，在向领队询问后终于使北京的长途电话客人与住店客人顺利通了电话。

（2）通过这一案例我们也可举一反三，看看在我们的工作中还有哪些方面可以为客人更好地服务，满足客人的需求。

相关知识

酒店电话总机是客人不见面的"窗口"，话务员的服务态度、语言艺术和操作水平决定了话务服务的质量，影响着酒店的形象和声誉。电话总机是酒店内外联络的通信枢纽，是酒店与客人交流信息、沟通感情的桥梁。总机话务员以电话为媒介，直接为客人提供各种话务服务。其服务质量的高低，直接影响着客人对酒店的评价，甚至影响到酒店的经营效益。电话总机的业务范围，依据酒店类型和档次的不同而有所区别，其主要业务及基本要求包括：转接电话、提供电话问讯和留言服务、提供叫醒服务和内部呼叫等。

一、转接电话

所有话务员除必须熟练地掌握转接电话的技能外，还必须熟悉本酒店的组织机构，熟悉酒店主要负责人和部门经理的姓名、声音，熟悉本店和本地常用电话号码，掌握各部门的职责范围、服务项目及最新住客资料等信息。在转接电话时，有以下注意事项：

第一，转接电话要礼貌待客，必须在铃响三声之内接听电话，并主动向客人问好，自报店名或岗位。外线应报："您好，某某酒店。（×× hotel, May I help you?）。"内线应报：

"您好，总机（Operator，May I help you?）。"

第二，根据客人要求，迅速准确地接转电话。

第三，遇到转接的电话占线或线路繁忙时，话务员应请对方稍等，并使用音乐保留键，播出悦耳的音乐。

第四，对无人接听的电话，铃响半分钟后（五声），必须向客人说明："对不起，电话没有人接，请问您是否需要留言？"需要给房间客人留言的电话一般由话务员记录，复述确认后，通知行李员送至客房或前台问讯处，或者开启客房内的电话留言传导；接酒店管理人员的留言，一律由话务员记录下来，并复述确认，通过传呼或其他有效方式尽快转达。

第五，在来话方只知道住客姓名而不知房号时，应请其稍等，查出房号后予以接转，但不能告诉对方住客的房号；如果来话方只告诉房号，应首先了解住客姓名，然后核对电脑中的客人资料，应特别注意该房客人有无特别要求，如房号保密、免电话打扰或有住客留言等，则无须将电话转入房内。

第六，对于要求房号保密的客人，如果事先并没有要求不接任何电话，可问清来话方姓名、单位等，然后告诉住客，询问是否接听电话。如果客人表示不接任何电话，应立即通知总台在计算机中输入保密标志，遇来访客人或电话查询，即答该客人未入住本酒店。

第七，如果住客要求"免电话打扰"，应礼貌地向来话方说明，并建议其留言或待取消"免打扰"之后再来电话。

第八，如果来话方是长途电话，而房内无人接听，则应先帮助寻找住客，再做电话留言；如住客房间电话占线，则应将电话插入该房间，向住客说明有长途电话是否需要接听，征得客人同意后，请客人先将房间电话挂上，再把电话转入。

第九，挂断电话时切忌匆忙，一定要待客人先挂断后，才能切断线路。为了能准确、快速地接转电话，话务员必须熟练掌握接转电话的技能，熟知交换机的操作方法。同时，应熟悉本酒店的组织机构、各部门的职责范围，尽可能地辨认长住客人、酒店中高层管理人员的语音特点，随时掌握最新的住客资料。

二、回答咨询

酒店内、外客人往往会向话务员提出各种问讯，因此，话务员也同样需要为客人提供查询服务。总机话务员需要掌握的信息资料范围与前台问讯员基本相似。电话总机应像前台问讯处一样不断更新信息资料，以便正确、高效地回答客人的问询。电话咨询服务注意事项：

第一，如果无法找到受话客人，话务员不应立即回绝来话客人，而应与前台进一步联系。因为这有可能是由于客人刚刚抵达酒店，有关信息还未来得及传递到总机。

第二，记事板。总机房的醒目处应设有记事板。记事板上记录的内容有天气预报、要求提供免电话打扰服务的住客资料、酒店主要管理人员去向、客人要求提供的特殊服务内容等。及时更新记事板的内容有助于总机话务员正确回答客人的问讯。

第三，提供优质咨询电话服务，还必须熟悉世界各地时刻表，掌握各地国际时间和当地时差，熟悉各国、各地长途电话代号和收费标准，以便给客人提供更好的咨询服务。

三、电话叫醒服务

电话叫醒服务（Wake-up Call 或 Morning Call）是酒店对客服务的一项重要内容。它涉及客人的计划和日程安排，尤其是关系到客人的航班、车次或船次。因此，千万不能出现任何差错，否则将给酒店和客人带来不可弥补的损失。酒店向客人提供叫醒服务的方式有两种：人工叫醒和自动叫醒。

在提供叫醒服务之前，获知客人需要叫醒的准确时间并做好记录，这是做好叫醒服务的关键。总机房服务员可以通过几种方式获知客人需要叫醒服务的时间。一种是客人可能把叫醒的要求告诉客房部的楼层服务员或前厅部的前台服务员，有些酒店的楼层服务员在为抵店客人提供房内服务时，还特意询问客人是否需要预订叫醒电话。楼层服务员或前台服务员在接受了客人的叫醒要求后，应填写叫醒登记表，然后把有关信息转告总机话务员，转告完毕后，还应把转告的时间、接电话的话务员姓名记录在叫醒登记表上。另一种是客人自己打电话到总机，预订叫醒服务。

（一）人工叫醒

（1）接到客人要求叫醒的电话时，要询问客人的房号、姓名、叫醒时间，以确保无误。

（2）填写叫醒服务记录表，内容包括叫醒时间、房号等。

（3）在定时器上定时。

（4）定时器鸣响，接通客房分机叫醒客人："早上好/下午好。现在是×点钟，已到您的叫醒时间。"过5分钟后应再叫醒一次，以确保叫醒服务生效。

（5）如果2次拨打电话均无人应答，应通知客房服务中心服务员或大堂副经理实地查看，以防止发生意外情况。

（二）自动叫醒服务

（1）接到客人需要叫醒服务的电话时，要问清客人的房号、姓名、叫醒时间，并复述以确保无误。

（2）在"叫醒服务记录表"上填写登记。

（3）将所有需要叫醒的房号、时间输入计算机。

（4）总机领班或主管应核对输入情况，检查有无差错，并检查核对打印报告，以防机器有误。

（5）客房电话按时响铃唤醒客人。

（6）若无人应答，话务员应使用人工叫醒的方法再叫醒一次，以确认设施是否发生故障。

（7）若仍无人应答，应立即通知大堂副经理或客房服务中心员工查清原因。另外，提供自动叫醒的酒店在制作叫醒录音带时，应特别注意措辞的得体及语音语调的亲切。

> **案例**
>
> 一日，某酒店总机服务员小李接到808房间田先生的电话，田先生要求第二天早上6：30叫醒他，他要在7：30赶到机场送一位朋友。小李做好了808房间的叫醒记录。第二天早上6：30，小李拨通了808房间的电话，可是一连拨打了三次，客人一直没有接电话。于是小李赶快通知客房中心，值班服务员小董来到808门口，敲了好久的门才把客人叫醒。田

先生一看表已经是6:40了,怒气冲冲地质问小董为什么这么晚才叫醒他,他要洗漱、吃饭、等出租车,时间根本来不及了,耽误了送机,酒店要负责任,客人大声地抱怨着……

四、总机服务的注意事项

第一,遵守保密制度。答复客人查找事项,应不违反保密规定。在大多数情况下,电话总机服务员不准向问话对方提供客人的姓名、房号以及其他任何有关客人的情况。禁止窃听客人的对话内容,要遵守职业道德,保守秘密,以保证客人的隐私、生活和居住环境不受侵犯。

第二,使用礼貌用语。注意使用礼貌用语,不准使用蔑视和污辱性的语言。任何时候,不能使用"喂""不知道""我很忙"等用语,或者随便挂断电话,声调应亲切柔和,音量、语速适中。

第三,快捷服务。在进行电话总机服务时,因不能与客人见面,增加了服务难度,需要全面的知识、快速的判断来处理事情。

第四,不得打私人电话。不得利用工作之便打私人电话,影响酒店的正常工作。

第五,处理紧急事件。要迅速、准确而不忙乱,要熟悉本地区公安、消防等有关单位的电话,以便需要时迅速联络。

第六,保持与总台联系。掌握住店客人的情况,尤其是重要客人若仍无人应答,应立即通知大堂副经理或客房服务中心员工查清原因。另外,提供自动叫醒的酒店在制作叫醒录音带时,应特别注意措辞的得体及语音语调的亲切。

学习任务3　问讯与留言服务

任务引入

没有告知客人的房号

一天,有两位本地宾客来酒店总台,要求协助查找是否有一位叫董某某的香港客人在此入住,并希望想尽快见到他。

总台接待员立即进行查询,果然有一位叫董某某的住店客人,接待员立即接通了该客人的房间电话,但是长时间没有应答。接待员便礼貌地告诉来访客人,确实有位姓董的客人入住本酒店,但是此刻不在房间,接待员请两位客人在大堂休息等候,或留言总台,另行安排约会。

两位来访客人对接待员的答复并不满意,并一再声称他们与董先生是多年旧友,请服务员告诉他们董先生的房间号码。总台服务员礼貌而又耐心地向他们解释:"为保障住店客人的安全,本店有规定,在未征得住店客人同意时,不便将其房号告诉他人。"同时建议来访客人在总台给董先生留个便条,或随时与酒店总台联系,以便能及时与董先生取得联系。

两位本地宾客闻言后便写了一封信,留下后离开了酒店。

董先生回到酒店后,总台接待员将来访者留下的信交给了他,并说明:"为了安全起见,总台没有将您的房号告诉来访者,请董先生谅解。"董先生当即表示理解,并向接待员致以谢意。

任务分析

因为每位住客的姓名、房号、国籍、活动、房价等资料均属私密范围，服务员不得随意泄露，必须在征得住客同意后，才能将房号告知来访者，这恰恰是尊重客人、讲究礼仪的行为。因此，接待员对来访者应予以礼貌婉拒。另外，出于安全防范，应向大堂经理、保卫部和客房部报告。

相关知识

住店客人来自各地，必然有很多情况需要向酒店了解，因此酒店的每一位员工都应随时回答客人的询问，协助解决客人的困难。在前台设有问讯处就是为了方便客人、帮助客人，使酒店服务达到完美的境界。问讯处的工作除了向客人提供问讯、查询服务外，还要受理客人留言服务等。

一、问讯处的业务范围及主要职责

问讯处是总服务台的一个重要岗位，主要负责客用钥匙管理、邮件处理、留言服务、提供咨询、贵重物品保管、访客服务等服务工作。因此，要求问讯员应具有丰富的知识，并在掌握大量信息资料的基础上，尽可能解答客人提出的问题，满足客人的要求，帮助客人并给客人以宾至如归的感受，从而达到完美服务的境界，树立酒店的良好形象。问讯工作是在客人对一些信息产生需求时发挥作用的。也就是说，客人由于工作或生活的需要必须清楚了解某些情况时，常常要求助于酒店的问讯工作部门。一般来说，问讯服务工作的范围包括：

第一，客房钥匙管理。
第二，留言服务。
第三，咨询服务。
第四，邮件、信函、电报、快递及报纸服务。
第五，转交电传及传真服务。
第六，访客服务。
第七，贵重物品保管服务。

二、客房钥匙的管理

客房钥匙的发放与控制，既是对客人的一项服务，又是保护酒店和住客人身与财产安全的一种重要手段。

（一）钥匙发放与回收的方式

1. 前台问讯处收发，交客人使用

这是目前国内、外较普遍采用的一种形式。其优点是：极大地方便客人使用；钥匙由专职部门和专人负责，责任明确；便于把邮件和留言交给客人；可以减少或避免个别员工私用客房，可以减轻客房服务员一定的工作量。其缺点是：不够安全，客人往往带出酒店而遗失等。故而，有些酒店规定，客人外出时应把钥匙交到问讯处，回来再取，以防外出时丢失。

2. 楼层值台服务员收发，交客人使用

即住客凭入住房卡、入住通知单向该楼层值台服务员领取钥匙。其优点是：便于楼层值台服务员及时掌握客人进出动向，适时打扫其房间；由于管辖范围相对缩小，有利于楼层的安全保卫工作。其缺点是：劳动力花费较多；无法在采用房务中心统一服务方式的酒店使用，客人略感不便；难以发现员工私用客房设备的情况。

3. 楼层值台服务员直接为客人开门

这种形式是不向客人分发客房钥匙。其优点是：容易控制钥匙，很安全。但给客人进出房间带来极大的不便，费事费时，工作效率低。

由于各酒店的设施、设备、人员、社会环境、客源结构等具体情况不同，不管采取哪种方式都利弊共存。酒店应分析比较，权衡利弊，做出决定。目前，涉外酒店较少采用第三种方式。

（二）提供 IC 卡双钥匙

一般情况下，每间客房根据床位数向客人提供钥匙。无论发几把钥匙，都要在接待计划表上和计算机上注明。一间客房最多增配两把钥匙（三人间除外）。

（三）钥匙丢失处理

(1) 客人丢失钥匙，应支付一定赔偿费用。

(2) 为保证客人人身财产安全，丢失钥匙的房间必须进行计算机 IC 卡报废处理，并重新为客人制作钥匙。

(3) 在丢失钥匙登记本上记录，写明丢失钥匙的房号、日期、经手人等。关于客房钥匙的安全管理，本书将在模块五的项目二进一步介绍。

三、问讯服务

问讯服务是前厅对客服务的重要内容，主要通过收集客人需要的各种信息，为客人提供咨询服务。

（一）问讯服务的主要服务内容

(1) 提供酒店自身的有关信息，如：本酒店的规模、档次，所处的地理位置，服务设施及服务项目，经营特色及风格，有关政策及规定，总机及主要分机号码，组织体系及有关部门的职责，酒店及有关部门负责人的姓名及工作场所等。

(2) 提供关于交通方面的信息，如：国际、国内主要航空公司的名称和主要航班的抵达时间以及机场的位置；火车站的位置及有关车次的抵离时间；本地主要出租车公司名称、预订车方式与电话号码；其他交通运输公司的基本情况，酒店与周边主要城市的距离及抵达方法等。

(3) 提供关于本地主要娱乐、购物、体育及观光场所的信息，如：本地乃至全国的各主要风景名胜点的名称、特色及抵达方法；本地主要体育娱乐场所（如高尔夫球场、海水浴场、网球场、综合性游乐场等）的地址、开放时间、收费方法、与酒店的距离；本地主要购物点及特色等。

(4) 提供关于本地科学、教育、文化设施方面的信息，如：本地主要的文化馆、电影院、音乐厅、戏院、大型展览馆等主要活动场所的地址、上演的节目、剧情简介、入场券等；本地大专院校的地址、电话号码；本地主要图书馆、博物馆、主要科研机构的地址及抵达方法；主要客源国及本地的风土人情，人民的生活习惯、爱好、忌讳等。

(5) 提供关于天气、日期，时差方面的信息，如：近日天气情况；当天日期及星期几；

世界主要城市与本地的时差；北京时间等。

（6）提供其他方面的信息，如：本地各宗教场所的名称、地址及开放时间；本地各使领馆的地址及电话号码；主要的外贸及有关企事业单位；商务指南；主要银行、医院及政府有关部门的地址、电话等。

（二）提供问讯服务的注意事项

（1）及时更新信息资料，为客人提供最新的、准确无误的信息。

（2）问讯员在接受客人询问时，要做到热情、耐心、清楚、准确、快速，有问必答，百问不厌。遇到不能回答的问题应热情帮助查找，绝对不能简单地说："我不知道。"可以请客人留下姓名、房号和电话号码，等得到正确信息后再迅速转告客人。

（3）当来访者要求查询住客时，要注意为住客保密，谨慎对待。酒店一般都规定，住客的房号及活动情况非经其本人允许不得向外泄露。

（4）无论是对待住客还是访客，都要彬彬有礼、一视同仁。

四、贵重物品保管服务

（一）客用保管箱管理形式及种类

酒店通常为住店客人免费提供两种形式的贵重物品保管服务：一种是设在客房内的小型保险箱，现在比较普遍的有电子密码式、磁卡式、IC卡式保险箱，操作简单，方便实用；另一种是设在前台的客用保险箱。客用保险箱一般设置在总台问讯处旁边单独的房间内，房内安装有大小不等、多种规格的柜式多层保险箱。锁匙系统一般为子母制，即总钥匙和子钥匙同时使用时，才能开启保险箱。

（二）贵重物品保管服务操作程序

1. 启用保险箱

（1）主动问候，问清客人要求。

（2）请客人出示欢迎卡或钥匙牌，确认是住店客人。

（3）取出"客用贵重物品寄存单"，并逐项填写相关内容，请客人签名确认。

（4）根据客人需求选择相应规格的保险箱，介绍使用须知和注意事项，并将箱号记录在寄存单上。

（5）用总钥匙和该箱钥匙同时打开保险箱，取出存物盒，打开盖子，示意客人可以存放物品，并回避一旁。

（6）在客人亲自将物品放入盒内、盖上盒盖后，收款员将存物盒、已填好的寄存单第一联放入保险箱，锁上箱门，当面向客人确认已锁好，然后取下钥匙，将寄存单第二联和该箱钥匙交给客人保存，总钥匙则由总台问讯处保管。

（7）每个班次均应统计、核定全部保险箱使用、损坏状况，并在保险箱使用登记本上记录各项内容。

2. 中途开箱

（1）客人要求开启保险箱，经核准后，当面同时使用总钥匙和该箱钥匙开箱。

（2）客人使用完毕，请客人在寄存单相关栏内签名，记录开启日期及时间。

（3）问讯员核对、确认并签名。

3. 客人退箱，收款员请客人交回钥匙，取出寄存单。

（1）请客人在寄存单相应栏内签名，记录退箱日期和时间。

（2）问讯员在总台《客用保险箱使用登记本》上记录退箱日期、时间、经手人签名等内容。

（3）将寄存单妥善收存备查。

（三）保险箱管理要点

（1）酒店应在寄存单上印制使用须知及赔偿金额说明。

（2）问讯员在启用保险箱、介绍注意事项时向客人说明酒店政策。

（3）确认客人遗失钥匙后，客人要求取物，问询员、保安人员和客人均应在场，在办理完规定手续后，由维修人员使用器械强行打开。

（4）问讯员取出寄存单，请客人确认签名。

（5）问讯员在总台《客用保险箱使用登记本》上详细记录并签名。

五、留言服务

酒店留言服务通常是方便住店客人或来访客人对亲朋好友留言的服务。酒店受理的留言（Message）通常分为访客留言和住客留言两种。

（一）访客留言

当被访的住店客人不在酒店时，问讯员应主动向来访者建议留言。如果客人愿意留言，将访客留言单交给客人填写，然后由问讯员过目后签名。也可由客人口述，由问讯员记录，客人过目签字。访客留言单一式三联，填好后的留言单第一联放在钥匙架上；第二联送电话总机，由接线员开启客房电话机上的留言指示灯；第三联交行李员从客房门下送入客房。

留言具有一定的时效性，所以留言服务的基本要求是：传递迅速、准确。有的酒店规定问讯员每隔一小时打电话到客房通知客人。这样，可以保证客人在回房间一小时之内得知留言的内容。为了对客人负责，对不能确认是否住在本店的客人，或是已退房离店的客人，不能接受访客留言，除非离店客人有委托。

（二）住客留言

住客离开房间或酒店时，希望来访者知道他的去向，可填写留言单，此单存放在问讯架内，如客人来访，问讯员可将留言的内容转告来访者。

六、邮件服务

邮件的种类很多，包括信件、电传、传真、电报、包裹等。处理进出店的邮件也是问讯处的一项服务工作。

（一）进店邮件处理

处理进店邮件的基本要求是：细心、准确、快捷、守密。特别是商务客的商务信函、邮件等，直接关系到客人的生意进展，处理正确与否关系重大。

（1）收到邮局送来的当日邮件时，应仔细清点，并在邮件收发控制簿上登记。然后将邮件分类，分为酒店邮件和客人邮件两类。酒店邮件应请行李员送到有关部门。

（2）对于寄给住店客人的邮件，根据邮件上的信息查找客人，按客人房号发一份住客通知单，通知客人来取。

（3）对电报、电传等，应立即通知客人，或立即请行李员送到客人房间。客人接受时，请客人在邮件收发簿上签字，表示收到。

（4）寄给住店客人的邮件，但住店客人的名单上查无此人时，应根据不同情况进行处理：对寄给已离店客人的一般邮件，如果客人离店时留下地址，并委托酒店转寄邮件，酒店应予以办理，否则应按寄件人的地址退回。客人的电报、加急电报、电传等，通常应按原址退回。预订但尚未抵店客人的邮件，应与该客人的订房资料一起存档，待客人入住时转交。如果客人订房后又取消了订房，除非客人有委托，并留下地址，一般要将邮件退回。对客人姓名不详或查无此人的邮件，急件应立即退回，平信可保留一段时间，经过查对，确实无人认领后再退回。

（二）出店邮件处理

（1）接受客人交来准备寄出的邮件时，应首先仔细检查邮件的种类，对的确难以办理的邮件应礼貌地向客人解释，并请委托代办代表处理。

（2）检查邮件是否属于禁寄物品，不能邮寄时要耐心讲解；检查邮件是否超重，字迹是否清晰，项目是否填写完整，请客人当面处理好。

（3）礼貌地询问客人邮件的寄出方式，并在邮件上注明。

（4）将所有要寄出的邮件分类，每日在指定时间前送邮局统一办理邮寄，并进行记录。

（5）将邮局开出的收据送交客人。

（6）每班结束工作时，清点邮票数目和现款。

学习任务4　商务中心服务

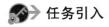 任务引入

一份传真带来的投诉

刘先生拿着那份刚整理好的密密麻麻的数据单匆忙来到酒店商务中心。还有一刻钟，总公司就要拿这些数据与另一家公司谈笔生意。"请马上将这份文件传去北京，号码是×××××ד，刘先生一到商务中心赶紧将数据单交给商务文员要求传真。商务文员一见刘先生的紧张样，拿过数据单便往传真机上放，通过熟练的程序很快将数据单传真过去，而且传真机打出的报告单为"OK"！刘先生直舒一口气，一切搞定！

第二天，商务中心刚开始营业，刘先生便气冲冲地赶到，开口便骂："你们酒店是什么传真机，昨天传真出的这份文件一片模糊，一个字也看不清。"商务文员接过刘先生手中的原件，只见上面写满了蚂蚁大小的数据，但能看清。而酒店的传真机一直是好的，昨天一连发出二十多份传真件都没有问题，为什么刘先生的传真件会是这样的结果呢？

任务分析

对于一些字体小，行间间隔距离太短的文件要求传真时，服务员一定要注意提醒客人，再清晰的传真机也传达不清楚此类的文件，所以商务中心服务员对每份即要传真的文件要大体看一下，如有此类情况应当首先提醒客人，可以采取放大复印再传出的办法来避免传真件模糊不清。同时，要将传真机调至超清晰的位置，尽量放慢传真的速度，以提高其清晰度。

如果服务员注意了细节，事先查看了要传真的文件，相信一个不必要的投诉就在你的一瞥中避免了。

相关知识

为满足商务客人的需要，现代酒店都设立了商务中心（Business Center），它是商务客人常到之处，其服务的好与坏，会直接影响到客人的商务活动和酒店（特别是商务型酒店）客人的光临。

一、商务中心的设置及要求

（一）商务中心的设置

商务中心一般设置在酒店大堂客人前往方便的地方，并有明显的指示标记牌，是前厅岗位的重要组成部分，是商务客人"办公室外的办公室"。其主要职能是为客人提供各种秘书性服务，为客人提供或传递各种信息。

（二）商务中心的环境要求

商务中心的环境应该具有安静、隔音、优雅、舒适、干净的特点，并根据服务项目合理布局，设计周全。

商务中心工作的基本要求：热情礼貌、业务熟悉、耐心专注、服务快捷、严守秘密。同时还要求服务人员主动与酒店各部门、长住商务机构及客人协商配合，为客人提供满意的服务。为做好商务中心的服务工作，商务中心服务人员必须具备以下素质：

（1）气质高雅，有良好的精神面貌；

（2）性格外向，机智灵活，沟通能力强；

（3）工作耐心细致，诚实可靠，礼貌待人；

（4）具有大专以上文化程度，知识渊博，有扎实的文化功底和专业素质；

（5）英语听、说、笔译、口译熟练；

（6）具有熟练的电脑操作和打字技术，熟练掌握商务中心各项服务程序和工作标准；

（7）熟悉酒店设施、各项服务，了解当地旅游景点和娱乐等多方面的知识与信息。

此外，商务中心的票务员还应与各航空公司、火车站等交通部门保持良好的关系，熟悉各种类型的票价和收费标准等。

二、商务中心的服务简介

商务中心应配备的设施设备及用品包括：面积大小不等的会议室、洽谈室、复印机、传真机、多功能打字机、程控直拨电话机、电脑、碎纸机、投影机及屏幕、录音机、录像机、电视机及其他办公用品，同时还应配备一定数量的办公桌椅与沙发，以及相关的查询资料，如商务刊物、报纸、企业名录大全、电话号码本、邮政编码本、地图册、词典等。

商务中心的服务项目很多，主要有设备出租服务、传真接发服务、复印服务、打字处理服务、租用秘书服务、受理票务服务、翻译服务、名片印制、商业信息查询、长途电话、宽带上网等。

（一）设备出租服务

酒店一般只向住店客人提供设备出租服务，而且只限在本酒店范围内使用。其服务程序有如下几个方面。

(1) 了解客人要求,并填写清楚下列内容:使用时间、地点、客人姓名和房号;设备名称、规格和型号。

(2) 要求客人签单或预付款项。

(3) 通知有关部门派人对设备进行安装、试调。

(4) 向客人道谢,并在交班本上做好记录。

(二) 传真接发服务

1. 传真发送

(1) 主动、热情地问候客人,确认传真发往的国家和地区。

(2) 核对客人的传真稿件,查看发往国家或地区的传真号、页数及其他要求。

(3) 确认无误后,将传真稿件放入传真机发送架内进行发送操作。

(4) 发送完毕,与打印报告核对发送传真号是否一致。

(5) 根据显示发传真时间计算费用,办理结账手续。

(6) 向客人道别。按要求在"宾客发传真登记表"上登记。

2. 传真接收

(1) 当接收到发来的传真后,首先应与总台确认收件人的姓名及房号,并核对份数、页数等。

(2) 将核对过的传真分别装入信封内,在信封上注明收件人的姓名、房号、份数、页数,通知客人来取,或派行李员送到房间。记录通知时间与通知人。

(3) 若收件人不在房间,必须及时通知问询处留言,留言单上注明请客人回来后通知商务中心,以便派行李员将传真或电传送到房间。

(4) 在"宾客来传登记表"上登记,以备查用。

(5) 按规定的价格计算费用,办理结账手续。

(三) 复印服务

(1) 主动、热情地问候客人。

(2) 接过客人的复印原件,问明客人要复印的数量和规格,并告知客人复印的价格。

(3) 按操作要求进行复印。若要多张复印,或者需放大或缩小,应先印一张,查看复印效果,若无问题,才可连续复印。

(4) 将原件退给客人并清点复印张数,按规定价格计算费用,办理结账手续。

(5) 若客人要求对复印件进行装订,则应为客人装订好。

(四) 文字处理服务

(1) 主动、热情地问候客人。

(2) 接过客人的原稿文件,了解客人的要求,浏览、查看,核对原稿有无不清楚的地方或字符。

(3) 告知客人打字的收费标准。

(4) 告知客人交件时间。

(5) 打字完毕后认真核对一遍,并请客人亲自核对。

（6）将打印好的文件交给客人。按规定价格、页数、字数为客人开单收费。

（7）向客人道谢。

（五）租用秘书服务

（1）了解客人的要求：需要什么秘书服务，要求什么时间服务，在什么地方服务，估计服务多长时间等。

（2）告诉客人收费标准。

（3）确认客人的姓名、房号、付款方式等。

（4）向客人道谢。

（六）受理票务服务

（1）主动问候宾客。

（2）了解宾客订票要求。礼貌询问宾客的订票细节，包括航班、线路、日期、车次、座位选择及其他特殊要求等。

（3）通过电脑迅速查询票源情况，若宾客所订的航班、车次已无票源，向宾客客致歉，并做解释，同时主动征询宾客意见，是否延期或更改航班、车次等。

（4）办理订票手续。注意迅速、仔细地检查登记单上的全部项目，礼貌地请客人出示有效证件、相关证明，并与登记单进行核对。

（5）出票与确认。礼貌地请客人支付所需费用，并仔细清点核收。

（6）向宾客致谢，目送宾客离去。

案例

打破常规处理酒店突发事

开发区管委接待的外宾入住某饭店，在前台订了三张飞机票。订票处在当天便将机票送到了前台。客人在晚上10:00左右回来到前台取票，一核对机票上的名字，有一个日本客人的名字错了一个英文字母。前台人员周茂芳一看傻了眼，因为如果机票上的名字跟护照上的名字对不上，就无法登机。客人明天早上8:30退房，也就是说，机票必须在8:30之前改好，但订票处要在明天上午8:00上班，只有半个小时的时间从饭店到胶南订票处，改好票后，再从订票处回到饭店，时间肯定来不及。又不能让客人推迟退房时间。周茂芳便打电话联系马华，商量怎么办，最后两人决定：先不到酒店拿票，直接先到订票处再要一张票给客人送去，然后将错票再送回订票处。

第二天早上7:30马华便在订票处门口等订票处一开门，向订票人员说明情况，先取一张机票给客人送回去，然后再送错票，经同意后，便打了一张欠条，打印好票后，便往酒店赶。在8:25的时候，马华将票送到了客人的手中，客人在8:29退房离店。

【分析】

迅速反应，立即行动。前台人员在晚间得知客人机票出现错误时，没有按部就班地按以前的习惯，在订票处上班后解决问题，而是打破常规机动灵活地在当天晚上便商量好解决的办法，在订票处还没有上班时便在门口等，以便在第一时间内寻求订票处的帮助，节约每一分钟，最终在客人离店前的几分钟内将票送到客人手中，没有耽搁客人的行程。员工在遇到问题时积极想办法解决，有时会处理不好，即使这样，管理者也不要指责和处罚他们，只是要告诉其处理此事正确的方法，并让大家共同认识到。

学习任务5　大堂副经理

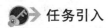任务引入

房间里的味道

2016年3月12日，21：00，大堂副经理巡视楼层，走到7楼时，发现709房间内较吵且可闻到一股烹煮菜肴的味道，经向总台查询709房为新疆维吾尔族买买提依明一家，为酒店常住客，已住店10余天，此时大堂副经理怀疑房内客人在做饭，但未进房不能眼见为"实"，后大堂副经理致电房务中心了解情况，根据楼层服务员反映该房内有电磁炉等烹煮用具，且每天都有很多客人在房间，房间地毯很黑很脏，大堂副经理听到这些，采取了一些措施。

处理过程：

①大堂副经理先致电709房客人，称欲至其房间拜访。

②经得709房客人同意后大堂副经理提一果篮同楼层主管至709房间进行拜访，买买提夫妇及四个孩子在吃饭，虽没看到电磁炉，但桌上有一个锅，整个房间充满了油烟味，很明显电磁炉已被客人收起。

③大堂副经理开始同买买提夫妇寒暄，问及在酒店住店期间的一些感受及是否有特殊需求需酒店满足，包括客人的一些民族习俗与饮食文化。

④大堂副经理从谈话中了解到买买提有时在房间煮一些简单的汤或面。

⑤大堂副经理对客信奉伊斯兰教表示尊重，并表示酒店会针对性地推出一些清真菜肴供其选择，为其解决"吃饭"问题，如有特殊需要酒店将设法满足。同时，将在酒店内使用大功率电器所存在的安全隐患告诉客人，希望客人能将烹饪用具暂由房务中心保管，待退房时再还给他们，买买提一家人欣然接受大堂副经理的要求。

⑥大堂副经理对买买提一家的支持与配合表示感谢。

⑦大堂副经理至总台将买买提依明信奉伊斯兰教，禁食猪油、猪肉的信息输入客人资料，并将相关情况通知餐饮部门，要求做好个性化服务。

⑧大堂副经理交代房务中心通知服务员，对709房间密切关注，若再有发现709房间有烹煮用具及时上报大堂副经理或楼层主管。

⑨将此案例记录在大堂经理日志以备查。

任务分析

现场管理人员在走动式管理中应善于观察，善于分析，应随时关注酒店内一切动态并与酒店各部保持联系，使信息得到及时传递。此案例中大堂副经理在巡视楼层时发现异常，综合各部信息，了解到709房客人在房内烹煮食物，后通过拜访的形式进入客人房间，通过与客人面对面的交谈，既了解到客人的风俗习惯及宗教信仰，又让其感到酒店对他们的重视，从而增进了客人与管理人员的感情，赢得了客人对管理人员的信任，为后面要求买买提配合管理人员工作，将烹饪用具交由酒店保管做了很好的铺垫。另外现场管理人员提出让酒店提供一些清真菜肴，既体现了管理人员人性化管理"以人为本"的理念，又为酒店争取到更广空间的客源，从而使整个事件在和谐、友好的氛围中展开，既避免了一场因要求客人遵守

酒店规定带来的冲突,又达到了效果,避免了酒店安全受到威胁。

> **相关知识**

大堂副经理的主要职责是代表酒店总经理接待每一位在酒店遇到困难而需要帮助的客人,并在自己的职权范围内予以解决,包括回答客人问讯、解决客人的疑难、处理客人投诉等。因此,大堂副经理是连接酒店和客人之间的桥梁,是客人的益友,是酒店建立良好宾客关系的重要环节。

在我国,三星级以上酒店一般都设有大堂副经理。大堂副经理可以是主管级,也可以是部门副经理级,以体现这一职位的重要性和权威性。大堂副经理的管理模式通常有两种:一是隶属于前厅部;二是由总经理办公室直接管理,大堂副经理向总经理办公室主任或直接向总经理汇报。以上两种模式各有利弊。从工作性质(属于对客服务项目)和工作岗位的位置(位于前厅大堂)来讲,应属于前厅部;而从职责范围来讲,因涉及酒店各个部门,为了便于协调管理和有效地开展工作,应由总经理办公室直接管理。有的酒店还将大堂副经理划归质监部,由质监部经理(或总监)负责,直接处理出现在各部门的服务质量问题和客人投诉问题,以增强其权威性。具体而言,各酒店应根据自身的实际情况来决定。

无论采用哪种管理模式和体制,都要明确大堂副经理管理的岗位职责和管理权限,否则,将很难开展工作(在一些涉外酒店,大堂副经理已沦为酒店的"翻译",当出现客人投诉或客人与酒店发生冲突时,只是被请去充当"翻译"的角色),或者当与其他部门经理、主管的权力发生冲突时,会影响协调和团结。

一、大堂副经理的工作职责与素质要求

(一)大堂副经理的工作职责

(1)代表酒店管理机构处理客人投诉,解决客人的疑难问题,及时将客人的意见向总经理汇报,并提出改进意见。

(2)作为酒店管理机构的代表,检查各部门员工的纪律、着装、仪容仪表及工作状况。

(3)代表总经理做好日常的贵宾接待工作,完成总经理临时委托的各项工作。

(4)回答宾客的一切询问,并向宾客提供一切必要的协助和服务。

(5)维护大堂秩序、确保宾客的人身和财产安全以及酒店员工和酒店财产的安全。

(6)抽查酒店各部门的清洁卫生工作及设备设施的维护保养水准。

(7)负责协调处理宾客的疾病和死亡事故。

(8)征求宾客意见,促进酒店与宾客间的情感,维护酒店的声誉。

(9)处理员工和客人的争吵事件。

(10)保证宴会活动的正常接待。

(11)确保大堂秩序良好,无衣冠不整、行为不端者。

(12)每日参加部门经理例会,通报客人投诉情况、员工违纪等,并提出相关建议。

(13)协助前厅部经理指导并检查前台、预订处、总机、门童和礼宾部的工作,做好前厅部的日常管理。

(14)协助前厅部员工处理好日常接待中出现的各种问题(如超额预订、客人丢失保险箱钥匙、客人签账超额而无法付款、逃账事件以及其他账务等方面的问题)。

(15) 沟通前厅部与各部门之间的关系。

(16) 完整、详细地记录在值班期间所发生和处理的任何事项,将一些特殊的、重要的及具有普遍性的内容整理成文,交前厅部经理阅后呈总经理批示。

(17) 协助保安部调查异常事物和不受欢迎的客人。

(18) 认真做好每日的工作日志,对重大事件认真记录存档。

(二) 大堂副经理的素质要求

(1) 受过良好的教育,大专以上学历。

(2) 在前台岗位工作 3 年以上,有较丰富的饭店实际工作经验,熟悉客房、前厅工作,略懂餐饮、工程和财务知识。

(3) 形象良好,风度优雅。

(4) 能应付各类突发事件,遇事沉着,头脑冷静,随机处理。

(5) 个性开朗,乐于且善于与人打交道,有高超的人际沟通技巧。能妥善处理好与客人、各部门之间的关系,有较强的写作及口头表达能力。

(6) 口齿清楚,语言得体。

(7) 外语流利,能用一门以上外语(其中一门是英语)与客人沟通。

(8) 见识广,知识面宽。了解公关、心理学、礼仪、旅游等知识,掌握计算机使用知识。掌握所在城市的历史、游乐场所地点、购物及饮食场所,了解主要国家的风土人情。

(9) 对国家有关酒店的政策规定有着充分的了解。

(10) 具有高度的工作和服务热忱。

(11) 彬彬有礼、不卑不亢。

二、大堂副经理的工作程序

(一) VIP 的接待程序

1. 抵店前的准备工作

(1) 了解 VIP 客人的姓名、职务、习惯及到店时间。

(2) 在 VIP 客人到达之前检查 VIP 入住登记单情况。

(3) 检查 VIP 房的分配情况和房间状况,确保 VIP 房的最佳状况。

(4) 在 VIP 到达前一小时,检查鲜花、水果和欢迎信的派送情况,督促接待人员提前半小时到位,提醒总经理提前十分钟到位,确保一切接待工作准确无误。

2. 抵店时的接待工作

(1) VIP 客人进入大堂时,要用准确的客人职务或客人姓名来称呼和迎接。

(2) 引领 VIP 客人进入预分的房间,查看客人的有效证件,确保入住单打印的内容准确无误,并礼貌地请客人在入住单上签字。

(3) 向 VIP 客人介绍客房及酒店内设施、设备。

(4) 征求 VIP 客人的意见,随时提供特殊的服务。

3. 离店后的后续工作

(1) 接待完 VIP 客人后,要及时把入住单交给前厅,准确无误地输入各种信息。

(2) 做好 VIP 客人的接待记录,必要时及时向总经理报告 VIP 客人到店情况和接待情况。

（3）协助预订部建立、更改 VIP 客人的档案，准确记录客人的姓名、职务、入店时间、离店时间、首次或多次住店、特殊要求等情况，作为以后订房和服务的参考资料。

（二）处理客人投诉

1. 接受宾客的投诉

（1）确认是否为住店客人，记录客人的姓名、房号、投诉部门和事项。

（2）听取宾客的投诉，要求头脑冷静、面带微笑、仔细倾听，对宾客遇到的不快表示理解，并致歉意。

（3）对于客人的投诉，酒店无论是否有过错，都不要申辩，尤其是对火气正大或脾气暴躁的客人，先不要做解释，要先向客人道歉，表示安慰，让客人感到酒店是真心实意地为他着想。

2. 处理宾客的投诉

（1）对一些简单、易解决的投诉，要尽快解决，并征求客人的解决意见。

（2）对一些不易解决或对其他部门的投诉，首先要向客人道歉，并感谢客人的投诉，同时向有关经理汇报。

（3）查清事实并进行处理，同时将处理结果通知客人本人，并征求客人对解决投诉的意见，以表示酒店对客人投诉的重视。

（4）处理完客人的投诉后，要再次向客人致歉，并感谢客人的投诉，使酒店在其心目中留下美好的印象，以消除客人的不快。

3. 记录投诉

（1）详细记录投诉客人的姓名、房号或地址、电话、投诉时间、投诉事由和处理结果。

（2）将重大的投诉或重要客人的投诉整理成文，经前厅部经理阅后呈总经理批示。

（三）为住店客人过生日

1. 做好准备工作

（1）前厅夜班负责查询生日客人，如有过生日的客人，填写客人生日申报单，然后交由大堂副经理签字。

（2）将经签字的"客人生日审报单"一份交回前厅留存，另一份交前厅交餐饮部，由其准备生日蛋糕。

（3）同时通知柜台员工，以备随时祝贺客人生日快乐。

（4）从办公室秘书处领取生日贺卡，请总经理签字后，准备送入客人房间。

2. 祝贺客人生日快乐

（1）与客人取得联系，在适当的时候持生日贺卡上楼，由送餐人员送上蛋糕，同时祝贺客人生日快乐。

（2）借此机会与客人做简短交谈，征求客人的意见。

（3）将上述工作详细记录在记录本上。

案例

他乡遇知己

某年岁末，沈阳金城大酒店大堂，两位外国客人向大堂副经理值班台走来，年轻的大堂副经理小齐立即起身，面带微笑，以敬语问候。让座后，两位客人用英语讲述起他们心中的苦闷，经翻译为："我们从英国来，在这儿负责一项工程，大约要半年，我们不会讲中文，所以离开翻译就成了哑巴。圣诞将临，可我们感到十分孤独，有什么方法能让我们尽快解除这种陌生感？"

小齐微笑地用英语答，可以翻译为："感谢两位先生光临我们酒店，使酒店增添光彩。当你们在街头散步时，也一定会使沈阳市的圣诞节更加充满浪漫情调。"熟练的英语、亲切的话语所表达的深厚情谊，使身处异国他乡的英国客人与齐副经理的心贴近了，谈话变得十分活跃。于是外宾更加广泛地询问了当地的生活环境、城市景观和风土人情。小齐介绍到，这些年来，外国的圣诞节在中国特别是在宾馆、酒店内已经被重视了。几天后，金城大酒店要搞一次盛大的圣诞活动，希望他们两位能够积极参加，届时一定会使他们感受到与在国内过圣诞节同样的气氛和乐趣。外宾中有一位叫威廉姆斯的先生听了，兴致勃勃地说："再过两天是圣诞夜，正好是我55岁生日，我能在和家乡一样欢乐热闹的圣诞节中度过我的55岁生日，将是十分荣幸的。"说者无心，听者有意。谈话结束之后，小齐立即在备忘录上记下了威廉姆斯先生的生日。

12月24日清晨，小齐购买了鲜花，并代表酒店在早就准备好的生日贺卡上填好英语贺词，请服务员将鲜花和生日贺卡送到威廉姆斯先生的房间里。威廉姆斯先生见到生日贺礼，感到意外惊喜，激动不已，连声答道："感谢贵店对我的关心，我深深体会到这贺卡和鲜花之中蕴涵着你们珍贵的情谊和良好的祝愿，我将永生难忘。我们在沈阳停留期间将再也不会感到寂寞了。"

（四）处理紧急事件

酒店是一个小世界，什么样的事情都有可能发生，在遇到下列特殊情况时，大堂副经理应参照以下程序进行工作：

1. 寻求医生流程

（1）客人需要医疗服务。

①大堂副经理首先应关切地询问客人病情。

②如客人病情严重，询问客人是否需要医生出诊，如果需要，在告之费用（需付现金）后，联系酒店附近的医院出诊，做好安排通知客人医生将至，大堂副经理需陪同医生上房诊治，协助医生了解病人的情况。

③如客人病情允许，请客人到酒店附近的医院就诊，同时通知礼宾部安排车辆。

（2）客人需要救护车。

①大堂副经理需特别注意救护车的停放及医生进入酒店的行走路线，以免对酒店形象造成不良的影响（应走酒店后门）。

②经医生诊治后，如客人需要到医院进行治疗，按照医生要求的运送方式将病人送到救护车上。

③在救护车出发之前大堂副经理负责通知救护车司机，在离开酒店范围前不要打开车顶的报警铃，以免影响酒店其他客人，引起不必要的恐慌。

（3）善后处理。

①在医疗诊治后，大堂经理需注意跟班，并礼貌地拜访、打电话、送花及送果篮等，以示酒店对客人的关心。

②注意做好交接班工作，并将住客的情况记录在值班日志上。

2. 客人遗失物品的处理流程

（1）接到客人物品报失。

①遇客人遗失物品时，安慰客人，并向客人表示酒店会尽力寻找。

②记下客人姓名、房号，再记下失物的具体特征，遗失的时间、地点，与有关部门联系寻找，找到后即通知客人，如找不到，请客人再仔细回忆遗失的时间、地点，如确实找不到，应向客人解释清楚，并留下客人的联系电话、地址，以便日后联系。

③如遇客人信件或电话查找失物，应用复信或复电的方式回答客人，程序同上。

（2）接到客人遗失物品。

①接到客人遗留物品时，将遗留物品的特征、遗留地点、遗留时间等登记在册，并在遗留物品上标明。

②客人认领物品时，待客人说出物品特征或型号，核对准确后，请其认领，并办理签领手续。

③长期无人认领的物品，报酒店或部门领导处理。

（3）在房间内拾到客人遗失物品。

①客人遗失在房间的物品，由客房部保管处理。

②如客人日后查找时，应及时与客房部失物招领处联系。

3. 处理偷窃的流程

（1）接到客人报失。

①接到报告后，大堂经理应首先安慰客人，表达将尽一切努力帮助客人，但注意不要轻易给客人许诺。

②将此事通知保卫部值班经理，并联系保安部当班人员抵达现场。

③向失物者了解事件的经过，请客人说明失物的种类、名称、数量等情况。

（2）调查客人报失物品。

①如财物在房间被盗，即与保安部当班负责人、客房部当班负责人到房间调查。在得到住客同意后，再检查房间。

②联系客房部的失物招领处了解财物被盗的位置的所属部门是否有此记录。向客人了解是否有怀疑对象。

③征求客人是否愿意报警，如果不要求报警则请报案者在保安部的报告中注明，如客人要求报案，则需要请示上级领导决定是否报案。

（3）善后处理。

①请客人留下通信地址，以便联络。

②事后，将详情记录在值班日志上。

三、大堂副经理工作"五忌"

（一）总是刻板呆坐在工作台

大堂副经理大多数时间应在大堂迎来送往并招呼来来去去的客人，随机地回答客人的一些问讯，不放过与客人交往的任何机会，这样做，一方面方便了客人，使酒店的服务具有人情味，增加了大堂副经理的亲和力；另一方面可以收集到更多宾客对酒店的意见和建议，以利于发现酒店服务与管理中存在的问题与不足,及时发现隐患苗头,抢在客人投诉之前进行事前控制。

(二) 在客人面前称酒店其他部门的员工为"他们"

在客人心目中,酒店是一个整体,不论是哪个部门出现问题,都会认为就是酒店的责任,而大堂副经理是代表酒店开展工作的,故切忌在客人面前称别的部门员工为"他们"。

(三) 在处理投诉时不注意时间、场合、地点

有的大堂副经理在处理宾客投诉时往往只重视了及时性原则,而忽略了处理问题的灵活性原则和艺术性原则。例如,客人午休、进餐、发怒时,或在发廊、宴会厅等公共场所处理投诉,效果往往不佳,还可能引起客人反感。

(四) 缺乏自信,在客人面前表现出过分的谦卑

确切地说,大堂副经理是代表酒店总经理处理客人的投诉和进行相关的接待,其一言一行代表着酒店的形象,应表现出充分的自信,彬彬有礼,热情好客,不卑不亢,谦恭而非卑微。过分的谦卑是缺乏自信的表现,往往会被客人看不起,对饭店失去信心。

(五) 不熟悉酒店业务和相关知识

大堂副经理应熟悉酒店业务知识和相关知识,如前台和客房服务程序、送餐服务、收银程序及相关规定、酒店折扣情况、信用卡知识、洗涤知识、基本法律法规、民航票务知识等,否则会影响到处理投诉的准确性和及时性,同时也将失去客人对酒店的信赖。

案例

一位大堂副经理的心得

我个人认为大堂副经理是一个很锻炼人的工作岗位,也能考查一个人的综合能力,如应变能力、谈话技巧、果断性、灵活性、原则性等。说得通俗些,大堂副经理是客人的一个"出气筒",客人对酒店内的任何事情不满,都有可能发泄在大堂副经理身上,这也是由大堂副经理的工作性质所决定的。

作为大堂值班经理,应该具备抗批评、抗被粗鲁言语指责的能力,同时还要做到认真向客人解释、道歉的能力。要做到不卑不亢,耐心劝导,体现大堂副经理的良好素质。

我认为工作的难点是人情关系不好处理。工作的兴奋点是为客人排忧解难,解决问题,通过自己的努力而使需要帮助的客人得到帮助。在这项工作中,我个人逐步走向成熟,经过多年的工作,自己看待问题更理智、更客观、更全面,不掺杂个人感情色彩。然而,也有由于自己的疏忽而导致事情无法挽回的局面或造成损失的遗憾。我对大堂副经理的领悟是:有喜有忧,有惊有险,有付出有收获,有成功的喜悦,也有失败的苦涩。

总而言之,大堂副经理是一项具有挑战性的岗位,可以说是我生命中的一部分,我热爱这项工作。当客人为一件不愉快的事情或为我们员工的失误而不开心时,我努力地调节,最后客人满意了,员工得到教训和培训了,自己的工作在经济和名誉上未受损失,这就是最开心的时候。

四、宾客关系主任

宾客关系主任是一些大型豪华酒店设立的专门用来建立和维护良好的宾客关系的岗位。宾客关系主任直接向大堂副经理或值班经理负责,要与客人建立良好的关系,协助大堂副经理欢迎贵宾以及满足团体客人临时性的特别要求。

宾客关系主任的主要职责是:

(1) 协助大堂副经理执行和完成其所有工作。
(2) 在大堂副经理缺席的情况下,行使大堂副经理的职权。
(3) 发展酒店与宾客的良好关系,并征求意见,做好记录,作为日报或周报的内容之一。
(4) 欢迎并带领 VIP 入住客房。
(5) 负责带领有关客人参观酒店。
(6) 在总台督导并协助为客人办入住手续。
(7) 处理客人投诉。
(8) 留意酒店公共场所的秩序。
(9) 与其他部门合作沟通。
(10) 完成大堂副经理指派的其他任务。

除了上述职责以外,宾客关系主任还要负责客历档案的建立、完善和管理工作。凡是通过主动拜访、客人告知、员工反映等途径获得的客人喜好、习惯、忌讳等资料信息,都要整理成文字,输入计算机保存起来。宾客关系主任必须记住其中任何一位客人的信息,要做到查阅预订客人名单和已入住客人名单时,一看到熟悉的客人名字、相关资料就能及时反馈,然后按照该客人的客历记录,安排相关事宜,为客人提供个性化服务。

项目小结

前厅部是酒店的关键部位,是联系宾客的桥梁与纽带,是酒店的中枢神经,是酒店的橱窗。本章着重介绍了酒店前厅日常服务的工作内容和相关注意事项。通过学习各项服务与大堂副经理职责,对酒店前厅部的工作内容有所了解,并且掌握基本技能。

项目考核

1. 实务训练

(1) 实战方法。

学生两人一组,分别充当大堂副经理和客人,处理以下客人投诉:

①酒店规定晚上 11:00 是访客离店时间,当服务员打电话给访客请其离开时,常会引起客人不满,如何处理?

②总台发生重复卖房,引起客人投诉,怎么办?

③遇到酒店突然停电,怎么办?

④客人对酒店服务不满,要求房价打折,如何处理?

⑤客人投诉叫醒服务没有按时,怎么办?

⑥客人丢失了保险箱钥匙，怎么处理？

（2）实战地点：教室或实训室。

（3）实训课时：1课时。

2. 思考题

（1）散客行李服务的程序是怎样的？

（2）住店客人要求房号保密，服务人员应如何处理？

（3）对大堂副经理的素质要求是什么？

（4）你认为处理客人投诉的要点有哪些？

（5）行李员接到要求上门搬运行李的电话后，应问清客人的哪些信息？

（6）"金钥匙组织"总部设在_____，中国是该组织的第_____个会员国。

（7）酒店代表的工作内容不包括（　　）。

A. 代表酒店出外联系业务　　　　　B. 在机场接待团队客人

C. 在车站迎接预订客人　　　　　　D. 代表酒店送别客人

（8）商务中心收到传给住店客人的传真需要送至房间时，应立即通知（　　）。

A. 客房部　　　　　　　　　　　　B. 酒店代表

C. 礼宾部　　　　　　　　　　　　D. 大堂副经理

模块三

前厅部管理

项目一　前厅销售管理

学习目标

一、知识目标

(1) 熟悉前厅销售的具体内容。
(2) 了解前厅销售价格制定的常见方法。
(3) 掌握前厅销售的策略与技巧。

二、技能目标

(1) 掌握对前厅工作中所面临的各项对内对外工作的沟通、协调与处理能力。
(2) 具有一定的前厅业务调度能力。

三、实训目标

(1) 熟练掌握客房销售技巧。
(2) 熟练掌握客房报价的技巧。

学习任务1　前厅销售产品分析

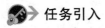 任务引入

营销不等于推销

某酒店是北京一家四星级的商务型酒店,原有280间标准客房和各式套房,并拥有较为完备的商务和其他服务设施。酒店开业7年来,出租率一直稳定在80%以上,且平均房价一起居于同星级前列。为此,酒店对原有的另一幢非出租的内部公寓进行更新了改造,使其增加了250间客房。与此同时,北京其他四星级酒店也纷纷进入市场,加上市场外部环境的

影响，致使该酒店出租率下滑到不足40%。

因此，该酒店管理阶层调整营销策略，促使销售部采取各种方式来提升出租率。经过3个月的努力，酒店的出租率上升了30%，然而，由于新增客源主要是旅行团队，所以平均房价由原来的95美元下降至不足60美元。此外，原有酒店老客户由于不满意目前的客源混杂现象，纷纷对酒店提出抱怨，有些长住客户决定搬出酒店。员工对接待旅游团也不适应，因而当来客登记和客人离开结账时大堂经常出现混乱现象，客房清理不及时和行李不能按时送达等现象时有发生。这些都对酒店的经营提出了挑战。

任务分析

前厅销售的主要任务，是销售酒店客房和其他设施使用权及相关服务。其目标是通过前厅部工作人员的共同努力，尽可能地提高酒店现有产品的销售量或销售额，最大限度地实现酒店收益，前厅部需要制定合理的销售政策，前厅员工需要掌握销售技巧，最大限度地推销客房。

相关知识

一、酒店的组合产品

酒店的组合产品，即整体产品，通常包含核心产品、扩大产品和延伸产品。

（一）核心产品

核心产品指提供给宾客的产品的使用价值，满足宾客的基本需求。具体产品内容因宾客而异；比如工薪阶层着重客房产品的清洁卫生、经济实惠；城市白领更追求客房产品的个性特色。再如休闲宾客需要娱乐设施；会议宾客重视会议设备是否完善。

（二）扩大产品

扩大产品指酒店向目标市场提供的扩大化了的核心产品。其具体内容包括酒店的声誉、位置、建筑外观、设施设备、装潢布局、服务项目以及服务标准等。

（三）延伸产品

延伸产品指宾客购买酒店产品时所得到的其他利益的总和，是由酒店附加到产品上的，以期增加其竞争优势。比如酒店提供的免费班车，方便宾客往来于酒店、交通口岸、旅游景点及商业中心之间。

前厅人员必须细心分析并全面掌握所销售的组合产品的特点及其吸引力之所在，充分了解酒店目标市场客人对酒店核心产品的需求，还应注意开发和利用酒店组合产品中的扩大产品与延伸产品。

二、酒店的差异产品

酒店之间的激烈竞争，主要表现在下列层面。

①硬件层面的竞争，即酒店建筑风格、装饰特色、设施性能、环境营造等方面的竞争。

②价格层面的竞争，即酒店以价格来吸引客人。

③服务质量层面的竞争，即酒店注重人才的培养，实行高效、全面的质量管理以参与酒店竞争。

④社会形象层面的竞争,即酒店公共关系能力、公众形象及酒店社会知名度的竞争。

近年来,随着旅游市场的不断变化发展,我国酒店业的竞争已逐步由单一的价格竞争转向多元化的产品差异竞争。几乎所有国际著名酒店管理集团都非常注重产品的差异。例如,希尔顿(Hilton)酒店管理集团强调服务快捷;假日(Holiday-Inn)酒店管理集团推崇服务热情;喜来登(Sheraton)酒店管理集团则突出无微不至的关心。它们将差异化产品而非产品价格作为竞争中使用的主要手段。酒店产品的差异通常表现在以下四个方面。

(一)服务水准差异

酒店有意识地推出差异化服务,突出特色。例如,有些酒店前厅接待允许客人先入住而后补办登记手续;还有些酒店前厅接待推出限时服务承诺,服务超时即免收客人房费,强调其服务的方便与高效。

(二)酒店位置差异

酒店之所以注重地理位置差异,是因为位置明显影响着酒店的客源市场结构和客房平均出租率。调查显示,地处商业中心的酒店的客源多为商务或公务散客;临近机场的酒店的客人多为过境客人和航空公司机组人员;位于风景名胜区的度假酒店的客人多为休闲观光旅游者。

(三)员工素质差异

酒店的地域性差异和规模差异造成酒店员工素质上的差异,经济发达地区酒店及高星级酒店员工基本素质普遍高于经济欠发达地区和低星级酒店。相同背景员工在个性、沟通方式、服务技巧等方面也存在不同程度的差异。酒店必须有目的有计划地培养有归宿感的高素质员工,建设一支稳定突出的骨干人才队伍,才能确保酒店服务质量的差异性、稳定性和延续性,从而使酒店在竞争中取得先机。

(四)酒店形象差异

酒店应强化其独特的市场形象,以吸引相应的目标客户群。例如,四季(Four Season)酒店集团突出豪华超群形象,只在最具国际影响力的城市开设分店,接待的客人大多是富豪;雅高(Accor)酒店集团面向大众,在形象上突出表现自己的大众化色彩;希尔顿(Hilton)酒店管理集团积极参与社会公益活动,努力树立服务社会的企业形象。

总之,酒店前厅服务人员必须娴熟地掌握饭店的产品差异,寻找并挖掘自己的销售主题,推出差异产品,并将酒店的差异产品定位在客人的心中。

三、个性化服务

当今世界的酒店业已进入了一个个性化服务的时代。市场上没有需求完全相同的客人,即使同一客人,因所处环境、时间及心情的不同,其需求也存在差异。越来越多的客人总在突出其差异,寻求得到个人关怀(Individual Attention)。因此,前厅服务人员不仅应做好酒店组合产品和差异产品的销售工作,而且应注意给予客人希望得到的个人关怀,提供个性化定制式的服务。例如,有些客人提出:"当我抵店时,请送上我最偏爱的杂志。"由于客人总是希望得到特别的对待,因此,前厅服务人员应对客人的需求更加敏感,更加善于创新,而不是机械地执行规范程序,使服务失去灵活性和针对性。在实际销售过程中,前厅服务人员应细心观察并预期客人的需要,提供个性化服务。例如,当一位疲惫不堪的客人携带行李走进大厅接待处时,接待员应当用关心的口吻跟客人说:"先生,您看上去很疲倦。我马上给您安排一间安静舒适的房间,让您好好休息。"这要比规范的问候(如"您好!先生。欢迎光临!")更能令这位客人感受到个人关怀。

当然,个性化服务也为客人提供了更多选择:有的酒店为带着未成年子女出行的父母设计提供了专门的家庭式客房;有的酒店充分利用音响设备让酒吧的客人变成了歌星;有的则在餐厅设置吸氧区,来满足保健时尚型客人的需要;有的又推出金婚银婚纪念、金色黄昏等主题活动来吸引老年客人等。

因此,前厅服务人员在销售过程中,应用规范化的服务来满足客人的共性需求,用个性化的服务来满足客人的个性需求。通常,酒店提供个性化服务的前提是完善客户的个人档案和高科技手段的有效利用。

学习任务2 前厅销售价格的制定

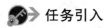任务引入

客人对房价是敏感的

一天上午,位于郑州市一家三星级酒店的大堂内,客人来来往往,服务人员忙碌有序。上午9:15,从一楼电梯内走出一位客人,他径直走向总台,总台服务员小周迎着客人微笑着说:"李先生,早上好!"李先生点头示意并把钥匙放在台面上说:"哦,我准备去广州,帮我把房退了。""现在就为您办理,马上就好。"说完之后,服务员小周便进行查房、核实、打账单,很快账单就放在了李先生的面前,请客人核查并签字认可。客人在看完账单之后,紧锁眉头,严肃地对服务员小周说:"我昨天早上入住的,怎么给我算了两天的房费?"服务员小周微笑着说:"李先生,是这样的,携程为您预订3:00入住,但您入住时间是4:30,酒店规定凌晨5:00以前入住至当日12:00算一天,因此,您住了两天。"李先生听了服务员小周的解释之后,情绪有些缓和,并说:"当时你们服务员怎么没有讲明5:00以前入住要算一天房费……算了,账单给我。"客人十分不悦地拿着账单又看了一下,正欲提笔签字时,突然抬头,略显生气地说:"这账单上明明写的入住时间是5:18,你怎么说是4:30呢?"面对客人的质疑,服务员小周耐心地对客人说:"我们电脑上的时间比正常的北京时间快了48分钟,没有调整过来,您的确是4:30入住的。"在向客人解释的同时,服务员小周把电脑显示屏转过去让客人看,又拿出了客人入住登记单上接待员填写的入住时间让客人看,客人仍不能理解。李先生又反问道:"酒店规定凌晨5:00以前入住算一天,账单上白纸黑字打印的是5:18,电脑上的时间不准确,是你们自己的责任,入住登记单是后写的,真实性有待考查,如果让我付两天的房费,这不成了欺诈?就凭这张账单上的入住时间5:18,我也不会结账的。"在客人有理有据的陈述面前,所有的解释都不能成为有力的证据,服务员小周便打电话将这件事情上报了相关的领导。在得到领导的批准之后,小周让客人付了一天的房费,并且很有礼貌地跟客人道了歉,在愉快的气氛中送走了客人。

任务分析

客房价格是前厅销售中颇为敏感的问题之一,其制定和变动将对酒店效益产生诸多影响。同样,客房价格也是客人购买过程中优先考虑的问题,合理的价格意味着物有所值。然

而，客人的价值观念因追求的利益、消费侧重点以及声望要求的不同而不同。因此，前厅管理人员应在销售策略指导下，对客房价格的构成及其类型、房价制定的目标及其方法等实行有效的控制、以维护客人和酒店双方的经济利益。

相关知识

一、客房价格的构成与收费方式

（一）客房的价格构成

酒店客房价格是由客房商品的成本和利润构成的。其中，客房商品的成本通常包括建筑投资及由此支付的利息、客房设备及其折旧费用、保养修缮费用、物品消耗费用、土地资源使用费、经营管理费、员工薪金、保险费和营业税等。利润则包括所得税和客房利润。

（二）酒店收费方式

按照在房费所含有餐费情况，酒店收费方式往往分为以下几种类型：

1. 欧洲式（European Plan，简称 EP）

该收费方式只包含房费，不含任何餐费。

2. 美国式（American Plan，简称 AP）

该收费方式不仅包含房费，还包含一日三餐的费用，故又称为全费用计划方式，多为团队客人或远离城市的度假饭店所采用。

3. 修正美式（Modified American Plan，简称 MAP）

该收费方式包含房费、早餐和午餐或晚餐（二者选一）的费用。

4. 欧陆式（Continental Plan，简称 CP）

该收费方式包含房费和欧陆式早餐（Continental Breakfast）。早餐主要提供多种餐包（配果酱、牛油）、新鲜牛奶、酸奶和果汁以及咖啡或茶。

5. 百慕大式（Bermuda Plan，简称 BP）

该收费方式包含房费和美式早餐（American Breakfast）。美式早餐除提供欧陆式早餐中所含的食品外，还提供鸡蛋、火腿、香肠、培根等肉蛋类食品。

二、客房价格的类型

（一）门市价/标准价（Rack Rate）

标准价即酒店价目表上明码标注的各类客房的现行价格。此价格未含任何服务费或折扣。标准房价常被称为门市价、散客价或客房牌价。

（二）团队价（Group Rate）

团队价是针对旅行社、会议组织机构等团体客人住店所给予的折扣价格，一般视旅行社与会议组织机构所组织的客源量和酒店客房出租情况而定，目的是与旅行社与会议组织机构建立起长期稳定的业务关系，以确保酒店长期稳定的基本客源，提高客房利用率。

（三）商务合同价/协议价（Commerical/Contract Rate）

酒店与有关公司或机构签订商务协议或合同，并按协议/合同规定给对方介绍来的客人以优惠的房价。通常，房价的优惠幅度视对方所提供的客源量、客人在店逗留天数及在店消费水平的高低而确定。

（四）折扣价（Discount Rate）

折扣价是酒店向常客（Repeat Guest）、常住客人（Long Staying Guest）或其他有特殊身份的客人提供的优惠价格。

（五）推广价（Promotion Rate）

推广价是酒店在特定时期为扩大酒店的市场占有份额，吸引客人而推出的优惠价格。除房费和餐费外，这一价格内还常包括免费提供交通、娱乐、健身、休闲优惠或便利服务。

（六）免费价（Complimentary Rate）

酒店因某种原因为某些客人（诸如旅行社、国际会议组织机构、大型外商公司负责人及其他对酒店发展有重要作用的各类人士）提供免费房，以期互惠互利。

（七）小包价（Package Rate）

小包价是酒店为客人提供的一揽子报价，以方便客人制订旅行预算，包价往往含房费、餐费、交通费及部分旅游门票费用。

（八）家庭租用价（Family Plan Rate）

家庭租用价指酒店为带孩子的家庭提供的折扣价格，旨在刺激住店期间的综合费用。

（九）白天租用价（Day Use Rate）

酒店在下列情况下，可按白天租用价向客人收取房费：
(1) 客人凌晨抵店并入住客房。
(2) 客人结账离店超过饭店规定的结账时间。
(3) 客人入住后在当日18点前离店。

通常，大多数酒店按其房费的半价收取，也有部分酒店按小时收取费用。

（十）淡季价（Off Season Rate）

淡季价指酒店在营业淡季为刺激需求、吸引客人而采用的房价，一般在标准价的基础上下浮一定的百分比。但要注重的是，只有在酒店能实现所需的销售量，并保证利润额有所提高的前提下，实行淡季价才有意义。

（十一）旺季价（High Season Rate）

旺季价指酒店在营业旺季为最大限度地实现收益最大化而采取的房价，一般在标准价的基础上上浮一定的百分比。

三、影响客房价格制定的因素

（一）定价目标

客房的定价目标由酒店市场经营的目标所决定。由于酒店市场经营目标的多元化，故客房定价的目标也是多种多样的。酒店常见的定价目标有：

1. 利润导向定价目标

该定价目标通常包括酒店所期望的最大利润、满意利润、乐观利润、扩大总利润、目标收益率、最佳资金流动及投资收益率等。

2. 销售额导向定价目标

该定价目标通常包括酒店所期望的最大销售额、满意销售额、维持或争取的市场份额和市场渗透率等。

3. 竞争导向定价目标

该定价目标通常包括与竞争对手的价格相区别以及与竞争对手的价格一致等。

4. 成本导向定价目标

该定价目标通常包括盈亏平衡点分析法、成本加成定价法等。

酒店在制定客房价格之前,必须首先考虑并确定所采用的定价目标,因为不同的定价目标所涉及的具体定价方法是不同的。

（二）成本

成本是定价的主要依据。通常成本是价格的下限,即价格应确定在成本之上;否则,将导致亏损。酒店的成本一般包括：固定成本、变动成本、总成本、直接成本、间接成本、边际成本、可控成本、机会成本和标准成本等。不同的成本结合可形成不同的成本结构,对酒店的收入和利润的影响很大。酒店总成本中占较大比重的是固定成本和变动成本。

酒店客房的总变动成本和客房出租率有一定的比例关系。当客房单位成本确定,若单位变动成本保持不变,单位固定成本则随客房出租率的上升而下降,因为酒店的每个床位都包含着一定的经营成本。若酒店客房出租率下降,那么每个已出租床位所创造的收入中的部分收入需用来弥补未出租床位所分摊的经营费用,这样一来就会引起客房利润的下降。

（三）客房的特色及声誉

客房设计越新颖,其定价的自由度就越大。市场上独一无二的特色房间,在定价上就有很大的自主权。而酒店所拥有的客房与竞争对手的客房越相似或越易被仿效,则该客房的定价自由度就越小。同样,客房产品及其相应服务声誉越高,则定价时就越主动。

（四）市场供求关系

市场供求关系常处于动态变化中,当供大于求时,就应考虑降低价格;供不应求时,应考虑适当提高价格。所以,客房价格的制定也应随市场供求关系的变化而不断地加以调整,以适应市场需求。

（五）竞争对手价格

在制定房价时,应充分了解本地区同等级的酒店的房价,并将其作为重要的参考依据,这样制定出的房价才有可能具有一定的竞争力。

（六）客人的消费心理

客人的消费受到其心理因素的影响,在购买或消费时总会有能接受的价格上限和下限。在一定的消费心理作用下,价格过高或过低,客人均不愿购买；价格过高,客人怀疑其物有所值的真实性；价格过低,则会怀疑其质量而拒绝购买。

（七）国家有关政策法规

酒店制定客房价格时,必须受到政府法律法规和有关政策的制约。酒店应依据国家经济政策、旅游法规以及饭店的具体状况等，制定出合理的房价标准并报物价主管部门审批。在中国加入 WTO（世界贸易组织）之后，酒店定价更要考虑酒店价格的国际竞争力。

四、客房价格制定的方法

酒店管理人员或定价人员采用何种定价方法，往往取决于酒店已确立的定价目标。在不同导向的定价目标下，酒店管理人员采用的定价方法是有区别的。通常，酒店定价时，主要考虑产品的成本、市场需求变化、投资收益以及竞争状况等因素，而在酒店所处的不同时期，考虑上述因素的侧重点有所不同。下面着重介绍以成本为主定价策略的原理和若干具体方法。

（一）平均房价的确定

客房的理论成本是以客房出租率达到100%时发生的客房总成本，除以酒店可供出租的客房总数得出的平均成本，由平均成本推算出的价格为平均房价，它是酒店制定总体房价的参考线。根据酒店成本制定平均房价最常见的方法主要有以下两种：

1. 千分之一法

千分之一法参考酒店的造价计算客房价格。计算中采用的成本应包括酒店占用的土地使用费、建造费及设施设备成本。具体公式如下：

平均每间客房租价 =（土地使用费 + 造价 + 设施设备成本）/客房总数 × 1 000

使用千分之一法定价，酒店管理人才可以迅速做出价格决策。但是，该方法有赖于各项假设的可靠性，且未考虑到当前的各项费用及通货膨胀，只能作为制定房价的出发点，明确一个大致的房价范围。

2. 赫伯特公式计价法

一般而言，新建酒店往往采用此种方法定价。与千分之一法相比，赫伯特公式计价法要合理得多。它是根据计划的营业量、固定费用及酒店所需达到的投资收益率来确定每天客房的平均房价。具体计算公式如下：

平均每间客房租价 = ｛预期投资收益 + 固定费用（税、折旧、利息等）+ 未分配费用 - 其他营业部站利润 + 客房部营业费用｝/计划的营业量（预计客房出租间数）

这个公式的缺陷在于，客房部必须承担实现计划投资收益率的责任，由分子部分看出，其他部门盈利高，房价可低些，一旦其他营业部门亏损，房价则上升。应该明确，其他部门经济效益低，不应由高昂的、缺乏竞争力的房价来弥补，同时，其他部门的高额利润也不应成为制定过低房价的理由。

（二）分级分等定价法

无论千分之一法还是赫伯特公式定价法都存在一个问题：它们只能求出酒店客房的平均价格。然而饭店在实际经营中，并不只是按照平均房价标准统一收费，而是根据客房类型、房间家具摆设、附属设施、入住人数等因素制定一个合理的房价结构，即采用所谓分级分等定价法，平均房价的计算仅是其中定价过程的第一步。根据一般规律，房价的分布状况和统计学中的钟形正态分布差不多。让我们来看一个具体的例子。假定康乐酒店的年平均开房率为72.2%，客房总数为60间，利用赫伯特公式法得到平均房价为35元，则每晚平均目标收入为1 515.5元（60 × 35 × 72.2% = 1 515.5）。该酒店客房结构状况如表3-1所示。

表 3-1 客房结构状况表

客房类型	房数/间	预计开房率/%	平均出租数/间	权数
单人间（一人住）	20	68	13.6	1.0
双人间（一人住）	30	20	6.0	1.4
双人间（两人住）	30	60	18.0	1.8
豪华间（一人住）	10	9	0.9	1.8
豪华间（两人住）	10	48	4.8	2.4
总计	60		43.3	
平均值		72.2		

注：双人间总数为30间，豪华间总数为10间，表中记录为计算方便，客房总数不变。

为了对每类客房制定合理的租价，我们需首先针对客房类型进行权数处理，使每类客房能够依据各自的权数合理地分担预计客房部每晚营业收入，实现各自的价值。酒店经营者对权数的取值判断各不相同，但大多数人似乎都赞成单人入住双人房的收费应高于单人间房价（由于他拥有更多空间）但低于标准间房价，标准间房价应低于两个单间价格之和（因为所提供之服务并无耗费两倍之成本），因此这里所建议的权数通常在大家接受的范围内。

经过计算后得到的各类型客房的理论房价、商业可行价及目标收入如表3-2所示。

表 3-2 客房的理论房价、商业可行价及目标收入

类型	房数/间	平均开房率/%	平均开房数/间	权数	复合加权数	贡献收入/元	理论房价/元	商业房价/元	目标收入/元
单人间	20	68.0	13.6	1.0	13.6	305.3	22.5	22.5	306.0
双人间（一）	30	20.0	6.0	1.4	8.4	188.6	31.4	31.0	186.0
双人间（二）	30	60.0	18.0	1.8	32.4	727.4	40.4	40.5	729.0
豪华间（一）	10	9.0	0.9	1.8	1.6	35.9	39.9	40.0	36.5
豪华间（二）	10	48.0	4.8	2.4	11.5	258.2	53.8	54.0	259.2
总计	60				67.5				1 516.8
平均值		72.2							

在表3-2中，每晚开房数和权数的乘积产生了复合加权数，既反映了各类客房预期开房情况，又反映了各类客房的"价值"。利用该加权数占总权数之比例，就能计算每晚各类客房对目标收入所做的贡献，然后除以各类平均开房数，得到理论房价。以单人间为例：

单人间每晚目标收入 = 每晚平均目标收入 × (13.6/67.5) = 1 515.5 × (13.6/67.5) = 305.3（元）

理论房价 = 目标收入/平均开房数 = 305.3/13.6 = 22.5（元）

经过调整，将理论房价圆整为商业可行价，其他类型的计算依此类推。最后我们有必要检查各客房得出的收入值汇总是否与原定目标收入相近。如果二者相差不多，则影响不大，因为大多数原始数值仅是估计值而已。

酒店如将上述计算表格存入电脑，就可以反复使用。例如，在改变预期目标收入或发现房价结构不甚合理时，只需调用该表，对原权数或新权数进行修订工作，即可完成房价的重新核算工作。

（三）季节性差别房价

平均房价没有涉及的另一个问题是季节性问题。旅游活动受季节的影响较大，几乎所有酒店一年四季都会碰到开房率波动的问题，度假酒店尤其如此。为了解决客流量变化较大的问题，酒店通常利用客房差价调节供求关系，即在淡季实行低价以吸引客源，旺季推出高价以获取最大利润。仍以康乐酒店为例，淡、旺季各类客房的预计开房率情况如表3-3所示。

表3-3 淡、旺季客房预计开房率

类型	房数/间	淡季开房率/%	旺季开房率/%	平均开房率/%
单人间	20	63.0	73.0	68.0
双人间（一）	30	18.0	22.0	20.0
双人间（二）	30	50.0	70.0	60.0
豪华间（一）	10	6.0	12.0	9.0
豪华间（二）	10	30.0	66.0	48.0
总计	60			
平均值		61.0	83.3	72.2

表3-3中假定季节只有淡、旺之分，且各持续6个月。以单人间为例，计算平均开房率。

单人间的年平均开房率＝(63%×6＋73%×6)＝68%

若淡、旺季的时长与此不同，只需相应改变分子部分的月份长度数据即可。

如前所述，在确定季节性差价时，仍需将客房类型因素纳入考虑范围，因为季节性因素对各类客房的影响是不尽相同的。例如，豪华间夏季的开房率是冬季的两倍，而单人间的开房率并无多大变化，这往往促使管理人员扩大豪华间的季节差价。为了计算简便，假定所有客房的旺季价比淡季价高1/3，即季节加权数的分布为：淡季3.0，旺季4.0，客房类型加权数仍保持不变。淡、旺季房价计算结果如表3-4所示。

表3-4 淡、旺季房价

季节类型	房数/间	预计开房率/%	平均开房数/间	类型加权数	季节加权数	复合加权数	贡献收入/元	房价/元	商业价/元	目标收入/元
淡季：										
单人间	20	63.0	12.6	1.0	3.0	37.8	236.3	18.8	19.0	239.4
双人（一）	30	18.0	5.4	1.4	3.0	22.7	141.9	26.3	26.5	143.1
双人（二）	30	50.0	15.0	1.8	3.0	81.0	506.3	33.8	34.0	510.0
豪华（一）	10	6.0	0.6	1.8	3.0	3.2	20.0	33.3	33.5	20.1
豪华（二）	10	30.0	3.0	2.4	3.0	21.6	135.0	45.0	45.0	135.0

续表

季节类型	房数/间	预计开房率/%	平均开房数/间	类型加权数	季节加权数	复合加权数	贡献收入/元	房价/元	商业价/元	目标收入/元
旺季：										
单人间	20	73.0	14.6	1.0	4.0	58.4	365.0	25.0	25.0	365.0
双人（一）	30	22.0	6.6	1.4	4.0	37.0	231.3	35.0	35.0	231.0
双人（二）	30	70.0	21.0	1.8	4.0	151.2	945.1	45.0	45.0	945.0
豪华（一）	10	12.0	1.2	1.8	4.0	8.6	53.8	44.8	45.0	54.0
豪华（二）	10	66.0	6.6	2.4	4.0	63.4	396.3	60.0	60.0	396.0
总计	60					484.9				3 038.6
平均值		72.2								1 519.3

计算过程及原理与分级分等法基本一致。值得注意的是：

①由于季节有淡、旺之分，房价也有淡、旺之分，年平均开房率数据并不用于后面的计算。

②这里的复合加权数是每晚平均开房数、房类加权数、季节加权数三者的乘积，同时反映了预计开房率、客房"价值"及季节因素的影响。

③总加权数 484.9 为淡、旺季复合加权数之和，对任何一类客房而言，都包括了淡季、旺季各一天的权数情况，因此它对应的总目标收入应为两天的目标收入之和，即：1 515.5 × 2 = 3 031（元），以单人间为例：3 031 ×（37.8/484.9）= 236.3（元）

④由于淡、旺季房价各只持续半年，因此需将总目标收入 3 038.6（元）除以 2，才得到下年度客房部每晚平均目标收入。

⑤实际计算后的每种类型客房淡、旺季价格的比例与原定季节加权数比例基本一致。如：单人间淡季价 18.8 元，旺季价格 25.0 元，（25.0/18.8 = 4/3）。这正是我们所希望获得的结果。

在实际情况中，酒店淡、旺季时长要受所在地自然气候及人们的生活、传统习惯等因素的影响，并不像本例中那样各为半年，所以计算结果不够精确。建议各酒店在计算季节差价时，以年收入而不是每晚收入为目标值，然后用实施淡季或旺季价期间实际天数乘以各适用之平均房价，汇总即得年目标收入。由于计算繁多，在此不做分析，但计算方法基本类似。

（四）辅助性定价策略

传统的以成本为主的定价策略制定的价格力求包括全部成本和目标利润，然而它们有时很难适应激烈的竞争及市场需求的变化。因此，在其基础上，诞生了边际价格定价法，它要求任何一项服务的收费包括提供该项服务的变动成本和为补偿企业固定成本所做的边际贡献。

边际价格定价尤其适用于周末优惠价、临时会议等辅助性业务，其目的在于创造一些额外的营业量。商务旅馆周末的住客较少，需要适当降价以吸引周末客源。以康乐酒店为例，假设其平日普通房价为 40 元。众所周知，酒店多出租一间客房所耗费的成本费用中变动成本所占比例极小（即使包括直接人工费用），在此假定其比例为 25%，即变动成本为 10 元，正常的边际贡献为30元（40－10＝30）。那么只要将周末房价定为10元以上，就可以为固定成本做一定的贡献，尽管数额可大可小，但总比客房闲置好。康乐酒店的底价为10元，极限价为40元，中间相差30元的价格幅度，就为我们灵活定价甚至开拓全新市场提供了回旋余地。

一般说来，边际价格定价策略并不能保证收回全部成本，因此它只能作为辅助手段，与其他方式的成本加成定价法连用。该策略对以下情况十分有利：

①设备闲置的酒店；

②需求量迅速且明显上下波动、一时难以统一定价的酒店；

③一次性报价的酒店。

成本在任何情况下都是不容忽视的重要参考依据。管理人员在制定房价时应根据本企业实际情况，选择合适的定价方法，为饭店争取最大的经济效益和社会效益。

学习任务3　前厅销售艺术与技巧

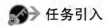任务引入

巧妙推销豪华套房

某天，南京某酒店前厅部的客房预订员小王接到一位美国客人从上海打来的长途电话，想预订两间每天收费在120美元左右的标准双人客房，三天以后开始住店。小王马上翻阅了一下订房记录表，回答客人说："由于三天以后饭店要接待一个大型国际会议的多名代表，标准间客房已经全部订满了。"小王讲到这里并未就此把电话挂断，而是继续用关心的口吻说："您是否可以推迟两天来，要不然请您直接打电话与南京××酒店去联系，如何？"美国客人说："我们对南京比较陌生，你们酒店比较有名气，还是希望你给想想办法。"小王暗自思量以后，感到应该尽量勿使客人失望，于是接着用商量的口气说："感谢您对我们酒店的信任，我们非常希望能够接待像您这样尊敬的客人，请不要着急，我很乐意为您效劳。我建议您和朋友准时前来南京，先住两天我们酒店内的豪华套房，每套每天也不过收费280美元，在套房内可以眺望紫金山的优美景色，室内有红木家具和古玩摆饰，提供的服务也是上乘的，相信你们住了以后会满意的。"

小王讲到这里故意停顿一下，以便等客人的回话。对方沉默了一些时间，似乎在犹豫，小王于是开口说："我料想您并不会单纯计较房金的高低，而是在考虑这种套房是否物有所值，请问您什么时候、乘哪班火车来南京？我们可以派车到车站迎接，到店以后我一定陪您和您的朋友参观一下套房，您参观完后再做决定。"

美国客人听小王这么讲，倒有些感到盛情难却了，最后终于答应先预订两天豪华套房，然后挂上了电话。

前厅客房预订员在平时的岗位促销时，一方面要通过热情的服务来体现；另一方面则有赖于主动、积极的促销，这只有掌握销售心理和语言技巧才能奏效。

任务分析

小王在促销时已掌握所谓的"利益诱导原则"，即使客人的注意力集中于他付钱租了房后能享受哪些服务，也就是将客人的思路引导到这个房间是否值得甚至超过他所付出的。小

王之所以能干,在于他不是盲目引导客人,而是用比较婉转的方式报价,以减少对客人的直接冲击力,避免使客人难于接受而陷于尴尬。小王的一番话使客人感觉到自己受到了尊重,并且觉得小王的建议是中肯、合乎情理的,在这种情况下,他们很难说出"不"字,这样小王便实现了酒店积极主动促销的正面效果。

相关知识

如果说客房部和餐饮部是酒店的生产部门,那么前厅部就是酒店的销售部门,尤其是在没有设立独立的市场营销部门的酒店,前厅部要承担起酒店的全部销售任务。因此,前厅部员工,特别是总台员工一定要掌握前厅销售的艺术与技巧。

一、前厅销售的一般工作要求

要使销售成功,总台员工首先要表现出良好的职业素质,良好的职业素质是销售成功的一半。

总台是给客人留下第一印象的地方。客人初次到一家酒店,对该酒店可能不了解,他对该酒店的了解和产品质量的判断是从总台员工的仪表仪容和言谈举止开始的。因此,总台员工必须面带笑容,以端正的站姿、热情的态度、礼貌的语言和快捷规范的服务接待每一位客人。这是总台销售成功的基础。

总台销售的一般工作要求:

1. 销售准备

(1) 仪表仪态端正,要表现出高雅的风度和姿态。
(2) 总台工作环境要有条理,服务台区域干净整齐,不凌乱。
(3) 熟悉酒店各种类型的客房及其服务质量,以便向潜在客人介绍。
(4) 了解酒店所有餐厅、酒吧、娱乐场所等各营业场所及公共区域的营业时间与地点。

2. 服务态度

(1) 要善于用眼神和客人交流,表现出热情和真挚。
(2) 面部常带微笑。
(3) 使用礼貌用语问候每位客人。
(4) 举止行为要恰当、自然、诚恳。
(5) 回答问题要简单、明了、恰当,不要夸张地宣传住宿条件。
(6) 不要贬低客人,要耐心向客人解释问题。

二、前厅销售艺术

(一) 把握客人的特点

不同的客人有不同的特点,对酒店也有不同的要求。比如,商务客人通常是因公出差,对房价不太计较,但要求客房安静,光线明亮(有可调亮度的台灯和床头灯),办公桌宽大,服务周到、效率高,酒店及房内办公设备齐全,有娱乐项目;旅游客人要求房间景色优美、干净卫生,但预算有限,比较在乎房间价格;度蜜月者喜欢安静、不受干扰且配有一张大床的双人房;知名人士、高薪阶层及带小孩的父母喜欢成套房;年老的和有残疾的客人喜欢住在靠近电梯和餐厅的房间……因此,总台接待员在接待客人时,要注意从客人的衣着打扮、言谈举止以及随行人数等方面把握客人的特点（年龄、性别、职业、国籍、旅游动机等），进而根据其需求特点和心理，做好有针对性的销售。

（二）销售客房，而非销售价格

接待员在接待客人时，一个常犯的错误就是只谈房价，而不介绍客房的特点，结果常常使很多客人望而却步，或者勉强接受，心里却不高兴。因此，接待员在销售客房时，必须对客房做适当的描述，以减弱客房价格的分量，突出客房能够满足客人需要的特点。比如，不能只说："一间500元的客房，您要不要？"而应说："一间刚装修过的、宽敞的房间""一间舒适、安静、能看到美丽的海景的客房""一间具有民族特色的、装修豪华的客房"等，只有这样才容易为客人所接受。

当然，要准确地描述客房，必须首先了解客房的特点。这是对总台员工的最基本要求之一，然后带他们参观客房，并由专人讲解客房的特点，以加深印象。

（三）提供选择范围，从高到低报价

从高到低报价，可以最大限度地提高客房的利润率和客房的经济效益。当然，这并不意味着接待每一位客人都要从"总统间"报起，而是要求接待员在接待客人时，首先确定一个客人可接受的价格范围（根据客人的身份、来访目的等特点判断），在这个范围内，从高到低报价。根据消费心理学，客人常常会接受首先推荐的房间，如客人嫌贵，可降一个档次，向客人推荐价格次高者，这样就可将客人所能接受的最高房价的客房销售给客人，从而提高酒店经济效益。

前台接待人员在销售客房时，还要注意不要一味地向客人推销高价客房，否则，会使客人感到尴尬，甚至产生反感情绪，或者，即使勉强接受了，日后也不会再次光顾，酒店也将永远失去这位客人。所以，最理想的状况是将最适合客人消费水平的特点的房间推荐给客人，即将最合适的房间，推荐给最合适的客人。

（四）选择适当的报价方式

根据不同的房间类型，客房报价的方式有三种：

（1）"冲击式"报价。即先报价格，再提出房间所提供的服务设施与项目等，这种报价方式比较适合价格较低的房间，主要针对消费水平较低的顾客。

（2）"鱼尾式"报价。先介绍所提供的服务设施与项目，以及房间的特点，最后报出价格，突出物美，减弱价格对客人的影响。这种报价方式适合中档客房。

（3）"夹心式"报价。"夹心式"报价又称"三明治"式报价，即：将房价放在所提供服务的项目中间进行报出，能起到减弱价格分量的作用。例如，"一间宽敞、舒适的客房，价格只有600元，这个房价还包括一份早餐、服务费、一杯免费咖啡……"这种报价方式适合于中、高档客房，主要针对消费水平高、有一定地位和声望的顾客。

（五）注意语言艺术

总台员工在推销客房，接待客人时，说话不仅要有礼貌，而且要讲究艺术性。否则，虽没有恶意，也可能会得罪客人，至少不会使客人产生好感。比如，应该说："您运气真好，我们恰好还有一间漂亮的单人房！"而不能说："单人房就剩这一间了，您要不要？"

（六）客人犹豫不决时，要多提建议，直到带领客人进客房参观

客人犹豫不决时，是客房销售能否成功的关键时候，此时，总台接待员要正确分析客人

的心理活动，耐心地、千方百计地去消除他们的疑虑，多提建议，不要轻易放过任何一位可能住店的客人。要知道，这种时候，任何忽视、冷淡与不耐烦的表现，都会导致销售的失败。

（七）利益引诱法

这种方法是针对已经做了预订的客人而言的。有些客人虽然已经做了预订，但预订的房间价格较为低廉，当这类客人来到酒店住宿登记时，总台接待员存在对他们进行二次销售的机会。即告诉客人，只要在原价格基础上稍微提高一些，便可得到更多的好处或优惠。比如："您只要多付50元，就可享受包价优惠，除房费外，还包括早餐和午餐。"这时，客人常常会听从服务员的建议。结果，不仅使酒店增加了收入，还使客人享受到了更多的优惠和在酒店更愉快的经历。

前厅部员工应该明白，自己的职责不仅是销售酒店客房，而且要不失时机地推销酒店其他服务产品，如餐饮、娱乐等。很多酒店服务设施和项目，如不向客人宣传，就有可能长期无人使用。其结果是，客人没有享受到酒店的特别服务，酒店也蒙受了损失。

在向客人推荐这些服务时，应注意时间与场合。若客人傍晚抵店，可以向客人介绍酒店餐厅的特色和营业时间、酒店娱乐活动的内容及桑拿服务；若客人深夜抵店，可向客人介绍24小时咖啡厅服务或房内用膳服务；若客人经过通宵旅行，清晨抵店，很可能需要洗衣及熨烫外套，这时应向客人介绍酒店洗衣服务。

（八）避免把客房置于销售剩余或定价很高的不利位置

酒店通常会在需求高峰期有较多的散客，这时候酒店留给这些散客的选择也往往是最少的。很典型的是，剩下的给同一天进店的散客的客房不是价格最高（比如套房或行政/俱乐部楼层的房间），就是条件最差，如看不到景观的房间，或是靠近电梯或是在酒吧休息室上层的房间。没有得到适当培训的前台员工会不经意地以消极的方式向客人介绍这些位置不好的客房："今晚我们剩下的客房是××的房间。"这样的表达方式会让客人觉得房间价格过高或是房间标准没有达到应有的水平。应该培训员工传达供应有限的信息来让客人产生客房供不应求的感觉："很幸运，今晚我们仍有一些可供您选择的房间。"或者说："太好了，今晚我们还有××的客房保留着。"

项目小结

前厅销售的主要任务是销售酒店客房和其他设施使用权及相关服务。其目标是通过前厅部工作人员的共同努力，尽可能地提高酒店现有产品的销售量或销售额，最大限度地实现酒店收益。而前厅销售管理，主要包括研究分析前厅销售内容，规划前厅销售目标，制定并落实前厅销售价格、销售策略和销售制度等，以确保酒店前厅部经营目标的顺利实现。

项目考核

1. 实务训练

看视频资料，熟悉销售过程；设计接待情景；学生分小组扮演，演练销售全过程。

2. 思考题

（1）什么是酒店的差异产品？其特点如何？

（2）前厅销售的内容具体有哪些？

（3）总台员工应该掌握哪些销售艺术与技巧？

3. 案例分析

某星级宾馆大堂，三三两两的客人在办理退房手续。这时，一位西装笔挺的中年男士快步来到总台前。"陈先生，您好！"总台的接待员热情地与他打招呼。陈先生边点头示意边听手机："好，我马上给您打个优惠折头，您放心吧！"陈先生挂了手机，笑着对接待员说："小李，我的客户顾先生住在你们宾馆1819房，按我的折头给他打五折，由我来签单！"

总台的小李一听，忙查询计算机，果真1818房的住客姓顾，是昨晚住进来的，客人还说要找人帮他打个较优惠的折头，没想到他是陈先生的客户。小李看过顾先生的开房单后说："陈先生，您的客户顾先生是昨晚入住的，当时他就说要找人帮他打折，但我们一直等到零点还没见有人过来或打电话给我们通知要打折，我们已给他打了八折，且已上了一天的房费。"

陈先生一听，忙问："上了一天的房费？那你能不能把昨天的房费按我的优惠价五折减免？"小李微笑着说："不好意思，陈先生，这房费已经录在计算机中，我们的房费报表已制好，不能再改了，我们只能从今天开始按您的优惠价给您的客户顾先生打五折，您看行吗？"陈先生一听，马上不高兴地说："那怎么行，我昨晚已接到顾先生的电话，答应要给他打五折的，可是我一时疏忽把这事给忘了，今天他打电话给我时，我才想起这事。我也是你们的老客户了，你们就通融一下吧。"

小李还是摇摇头说："对不起，陈先生，我没有这个权限，帮不了您的忙。"陈先生低头想了一下，说："这样吧，我也不为难你，你就改六折吧。"小李还是摇摇头说不行。"那七折总该行了吧？我经常介绍客户或朋友到你这儿来住宿，这个面子总该给我吧？"小李说："陈先生，对不起，房费已上了报表，是不能减免的。"陈先生一听，脸色一沉，冲小李摆摆手，然后拿出手机打电话："顾先生，您马上来退房，我们不住这儿了，以后再也不来这家宾馆了，对，我再给您联系另外一家宾馆……"

思考：接待员小李这样处理是否妥当？如果是你，如何处理？

项目二　前厅部日常管理

学习目标

一、知识目标

（1）熟悉前厅部的内部沟通与协调。
（2）了解客史档案的意义。
（3）掌握处理客人投诉的程序和方法。

二、技能目标

（1）掌握前厅部沟通协调的方法。
（2）掌握大堂副经理的工作程序。
（3）具有一定的处理客人投诉的技巧。

三、实训目标

（1）学会客史档案的分类与建立；
（2）熟练掌握处理客人投诉的方法；
（3）掌握大堂副经理跟客人沟通的技巧。

学习任务1　前厅部沟通与协调

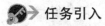 任务引入

"押金风波"

一天深夜，某公司出差的一行6人住进了一家五星级酒店。在办理住宿登记手续时，前厅部接待员要求客人先交押金。由于客人尚不能决定在此住几天，所以接待单位只交了一天的押金。由于接待单位与该酒店有着良好的业务关系，且负责接待的人员与饭店前厅部经理比较熟，前厅部经理同意客人以后几天可以免交押金。第二天夜里12点多，当客人办完事回到酒店时，不愉快的事情发生了，一位楼层服务员在客人的房门口拦住客人。

服务员：你们不能进入，因为你们都没交押金！
客人："你们经理已经同意我们不交押金了！"客人辩解道。
服务员："可是前厅部说你们没交押金不能进房间……"

无论客人怎么解释都无济于事，情急之下客人这样要求："你看已经半夜了，我们出去也没地方住，要不这样吧，你先让我们进去，然后把我们关起来，如果接待单位不帮我们交押金，再看着办吧！"

后经查询，前厅部经理承认是由于前厅部和客房部沟通不好造成了这尴尬一幕，并再三向客人道歉。

任务分析

本案例体现了前厅部与各部门沟通协调的重要性。在市场激烈的今天，要想留住客人，赢得客人，单纯靠规范服务和笑脸是远远不够的，更重要的是要给客人实实在在的帮助，这种帮助很关键的一点就是要靠各部门的紧密结合，把服务做到极致，给客人提供个性化、人性化的服务。

相关知识

一、前厅部内部的沟通和协调

前厅部内部沟通是指前厅部内部各环节之间的相互沟通，主要包括客房预订、入住接待、问讯、前台收银、礼宾行李服务、商务中心以及电话总机等部门之间的沟通。前厅部的工作分工较为繁杂，各工种、各班组、各环节之间及时准确的信息传递与沟通是提供服务效率与服务水平的关键。

酒店的优质服务是整体性的，需要靠各个部门、各个环节以及酒店各个岗位的工作人员的共同协调努力才能令客人满意。前厅部是酒店的"神经中枢"，它的内部和外部沟通对酒

店来说尤其重要。有效的内部沟通有助于前厅部更好地发挥销售功能,实现客人满意度和营业收入的双提高的目标。

(一) 接待处与预订部的工作协调

(1) 接待处从预订部获得客人的订房资料。预订部将客人的订房数据输入计算机以后,在客人到店的前一天晚上将"预抵店客人"的订房单移交接待处。

(2) 客人如果指定客房预订,预订部须与接待处联系,查看该房的使用情况。

(3) 接待处应将每天实际抵店、提前离店、延期离店的客房数以书面形式报告预订部,以便预订部根据以上资料修改预订总表,确保客房预订信息的准确性。

(二) 接待处与问讯处的沟通协调

(1) 接待处应及时将入住客人情况通知问讯处,以便查询,信息沟通以手工操作为主的酒店通常以"入住单"的形式来沟通。

(2) 如住客需要保密,则接待处与问讯处要互通信息。

(三) 接待处与行李处的工作协调

(1) 行李员在大堂门口欢迎客人的到来,协助客人照看行李,引导客人到接待处。

(2) 客人正在办理入住登记手续时,行李员应站立在客人后侧候命。客人办理完入住手续后,行李员带客人进入房间。

(3) 离店客人如有行李服务要求,接待处领班人员应通知行李处按客人指定的时间到房间提供服务。

(4) 酒店代表上班签到后,到接待处、预订部领取有关资料,将当天特别指定要接的客人姓名、人数、所乘车次(航班员)、对应的到达时间、所要求接的车型及其他具体要求登记于交班簿上。

(5) 对没有接到的VIP或特别指定的客人,酒店代表回店后即到接待处查看客人是否已到达,并报告主管或大堂副经理,以及时做好补救工作。

(四) 接待处与收银处的工作协调

(1) 接待处应将已办理入住登记手续的住客账单交收银处,以便收银员及时建立账户。

(2) 接待处在客人办理入住登记手续时,如果客人以现金方式付款,现金应由收银处处理。

(3) 客人在住宿过程中如换房或房价变更,接待处应该以书面的形式通知收银处。

(4) 客人退房时,收银员应收回客房钥匙,并交回接待处。

(5) 每天晚上,接待处与收银处都应将白天的收入进行认真、细致的核对,确保正确显示当天的营业收入。

(五) 接待处与总机的工作协调

(1) 接待处将"入住单"由行李员传递给总机,方便总机为住客电话转接。

(2) 如住客要求保密或要求叫醒服务,接待处必须以书面形式通知总机。

二、前厅部内部的沟通和协调

(一) 与经理室的沟通协调

由于前厅部与总经理室的工作联系较多,所以不少酒店前台的位置靠近总经理办公室。

前厅部除了应向总经理请示汇报对客服务过程中的重大事件，平时还应与总经理室沟通以下信息：

(1) 前厅部应及时转交邮件、留言、信件及各种表格。

(2) 了解当天值班经理的姓名、联系电话及去向，以便有事及时通知值班经理。

(3) 定期呈报客情预测等资料及各类客源分析表。

(4) 报告已预订客房的贵宾情况，递交 VIP 接待规格审批表及房租折扣申报表等供总经理审阅。

(5) 通报每天的客情信息及营业情况，如营业日报表、营业情况对照表、在店名单等。

(6) 与销售部配合，草拟酒店的客房销售政策（房价的调整、信用政策、折扣权限、订金政策等），呈报总经理审批，并就执行过程中的问题及时汇报，以便调整。

(二) 与客房部的沟通协调

许多酒店的前厅部与客房部同属于房务部。这两个部门被看作是不可分割的整体，因为他们之间的联系最密切，信息沟通也最频繁，因此这两个部门之间保持良好的沟通具有非常重要的意义。

(1) 前厅部应及时向客房部通报客人入住、结账离店、延期退房、预付款不足等情况。

(2) 前厅部每天在规定的时间前把必要的客人信息以书面形式通知客房部，如一周客情预测表、贵宾接待通知单、次日预抵客人名单、团队会议接待单、住店客人名单等。

(3) 团队客人抵达前，前厅部要发送团队会议分房表，以对客房进行准备和控制。

(4) 前厅部发送特殊要求通知单给客房部，以便客房部做好准备，满足客人的个性化要求。

(5) 发送换房及房价变更通知单给客房部，使其了解用房变动情况，以便客房部做好接待工作及查房工作。

(6) 发送客房状况报告、客房状况差异表等，或双方在电脑上直接核对差异，以协调好前厅部柜台客房销售与客房管理的关系。

(7) 大堂副经理等前厅人员应根据酒店的授权，参与客房卫生及维修保养状况的检查。

(8) 客房部应及时将住客遗留物品情况通知总台，以方便客人找回物品。

(9) 总机提供叫醒服务时，如果客房无人接听电话，客房部应根据电话总机房的要求，派客房部员工上门提供人工叫醒。

(10) 客房部应及时向总台通报客房的异常情况，如双锁客房、紧急维修、在外过夜等。

(11) 客房部应安排服务员协助行李员完成对行李的运送、收集等服务。

(三) 与销售部的沟通协调

前厅部与销售部都对客房的销售工作负有责任。销售部不但对眼前的客房销售负有责任，更重要的是对酒店长期的、整体的销售，尤其是对团队、会议的客房销售负责。而前厅部则是对零星散客，尤其是当天的客房销售工作负有更直接的责任。为了减少销售工作中的矛盾，提高酒店客房利用率与平均房价，前厅部与销售部应加强信息沟通，树立酒店整体销售形象。

(1) 在进行次年客房销售预测前，双方应共同讨论次年客房销售预测的前期工作，磋商并研究决定酒店团队、会议客人与散客的接待比例。

（2）讨论酒店如果实行超额预订，一旦发生已订房客人入住时酒店无房的情况，酒店应采取一些补救措施。

（3）接待处以书面形式向销售部通报有关客情信息。如下达每周客情预测表、旅游团及会议团用房分配表、次日预计抵店客人一览表、次日预计离店客人一览表、贵宾接待通知单、房价及预订情况分析表、客源分析表等表格。双方就这些信息进行讨论、沟通。

（4）销售部把已获批准的各种订房合同复印件，及酒店有关房价规定的文件转前厅部妥善保存并执行。

（5）销售部应将旅游团和会议团的详细订房情况，以书面形式报送预订处，以预留客房。

（6）销售部应将旅游团和会议团的用房变动情况及日程安排情况，通报总台，以便前厅部做出相应的变更及解答客人的问题。

（四）与财务部的沟通协调

（1）前厅部与财务部应就信用限额、预付款、超时房费的收取，以及结账后再次发生费用等情况进行有效的沟通，以防止漏账及逃账。

（2）接待处在客人入住后，应立即递交已制定的散客账单、入住登记表的第一联及刷好卡号（最好签过名）的信用卡签购单等给前厅部收款处，以便及时、准确地为客人建立账号，累计客账。

（3）接待处在客人入住后，应立即递交已制定的团队主账单，供前厅部收款处签收并累计客账。

（4）相互通报客情信息（如抵、离店，延期退房等），以便及时、准确地收取营业款并正确显示客房状况。

（5）接待处应把住店的换房信息（涉及房费变化）及时、准确地以书面形式通报前厅部收款处，以便及时准确地为客人累计客账。

（6）双方应就每天的客房营业状况进行仔细核对，尽量做到准确无误。

为了保证对客服务的质量及客房销售的经济效益，前厅部应加强与财务部（包括前台收款处）之间的信息沟通。

（五）与餐饮部沟通

"食""宿"是住店客人最基本的需求，也是酒店的两大主要收入来源。前厅部必须重视与餐饮部的信息沟通。

1. 接待工作

（1）前厅部要书面通知房内的布置要求，如房内布置水果、点心等。

（2）发放团队客人的用餐券。

（3）每日递交"在店客人/团队会议人员表""在店客人名单"和"预期离店客人名单"。

2. 预订工作

（1）每月递交客情预报表。

（2）每日递交抵店客人名单和贵宾接待通知单等。

（3）书面通知订房客人的用餐要求及房间布置要求。

3. 问讯工作

（1）每日从餐饮部的宴会预订处取得宴会及会议活动安排表。

（2）向客人散发餐饮活动宣传材料。

（3）随时掌握餐饮部各营业点的服务内容、营业时间及收费标准的变动情况等。

4. 礼宾服务

更新每日宴会/会议、饮食推广活动的广告牌，协助餐饮部进行促销，解答客人有关餐饮方面的问讯等。

5. 总机

随时掌握餐饮部各营业点的服务内容、营业时间及收费标准的变动情况等。

（六）与其他部门的沟通协调

（1）与人事部、培训部沟通协调，做好前厅部新员工的招聘录用以及岗前培训工作。

（2）与工程部、保安部沟通协调，保障酒店各类服务设施的正常运转和客人的人身财物安全。

（3）与其他业务部门互相传递有关信息，满足客人住店期间的多种服务需要。

三、前厅部沟通与协调的方法

酒店各部门之间沟通协调的方法有很多，常见的方法有。

（一）会议沟通

会议是一种面对面的最直接的联系和交流方法。酒店内举行的各种类型的会议，是上下级之间、各部门之间、各班组之间沟通的主要手段。会议种类有酒店总经理召集的各种指令会、协调会、晨会；还有在部门班组范围内召开的部门工作会议、班组例会等。会议的预案、所需材料、会议通知、会议记录及会后的工作总结，都是酒店重要的工作信息，必须妥善保存。当然，会议的次数和时间不能影响酒店的正常运行。

（二）函件沟通

1. 报表、报告和内容行文

报表包括各种营业统计报表、管理报告、出租率分析等；工作报告包括按管理层次逐级呈交的工作报告；内容行文指酒店内部上下级之间、部门与部门之间沟通信息的内部通知，内容包括工作指示、请示、汇报、要求等。各种报表、报告和内容行文是前厅部信息传递与沟通的主要手段。

2. 日志、特别记事簿

前厅部各分部、各班次都要建立工作日志制度，主管每天必须完成工作日志，把当班工作中发生的重大问题、事项记录下来，尚未处理完的事情和需要下一班继续做的事情也写在工作日志上，下一班要负责跟办，直到处理完毕。它是记录客人活动情况、留言等的备忘录，也是工作人员之间的联系本。日记与记事簿是各班组之间在对客服务过程中相互联系的纽带。

3. 报纸、杂志和内部简报

酒店的刊物在酒店创建企业文化过程中起着最重要的作用。酒店刊物通常采用店报形式，也有店刊、内部简报等。店报以月报形式多见，主要登载酒店的要闻，宣传酒店的理念和宗旨，发表员工的习作。

4. 给员工的信

前厅部员工给前厅部经理写信，前厅部给前厅部员工发公开信，可以交流信息，加强沟通与理解，探讨前厅部的有关业务，也是一种有效的联系手段。这种方法花费不多，比较容易被员工接受，可以收到很好的效果。

5. 员工手册

酒店经营管理的一个常见方法是编印《员工手册》。《员工手册》内容包括规章、政策、权利、禁止事项以及有关酒店或服务、历史和组织等介绍。这一方法对员工内部协调是非常有效的。

（三）计算机系统的信息沟通

电脑系统能迅速精确地收集统计、分析处理、储存、传输与显示各类数据，已成为酒店沟通与协调的一个重要手段。计算机系统在信息统计的准确性、处理的高校性、传递的及时性、范围的全球性方面都有着自己的优势，是任何一种手段和方法都无法代替的。现在酒店基本上都使用 OPERA 前台管理系统，它的主要功能包括客房预订功能、房价销售管理、客户资料管理功能、前台服务功能、收银功能、客房管理功能、应收账功能等。

（四）活动沟通

不定期举行各种形式的活动，创造自由轻松和相互接触了解的机会，这样有利于部门内及各部门员工的了解和沟通。多种形式的团体活动是加强交流的比较理想的方式。

学习任务2　客人投诉及其处理

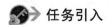 任务引入

"你明白客人到底在说些什么吗"

一日上午，秋久先生来前台，前台接待员小刘接待了秋久先生。秋久先生表示周日想到青岛会朋友，不回来住，但想将行李放在房间。当时只有小刘和客人在，故两人协商内容，其他人员不得而知。

月末，秋久先生结账，看账单时，大怒，携翻译至大堂副经理处投诉。秋久先生："某日上午，我到前台，找的那个高个子大眼睛的女孩（正是小刘的外貌特征）说过此事。她答应我周日外出可以把行李放在房间，而且这天的房费是不收的。但我今天结账，却发现收了我那天的房费。我认为酒店不讲信用，对酒店的服务产生怀疑，要将店内长住客全部劝走。"

大堂副经理就此事展开调查。问询前台接待员小刘，小刘说："当日客人确实到过前台，说过他要外宿的事情，因为觉得对方公司是我们酒店的重要客户，就答应了他的要求。而且告诉他，外宿时可以将行李存礼宾处，我们将给他保留房间，等他周一回来时还可以住在相同的房间。客人当时听了还很高兴，我以为他已经明白了我的意思，虽然觉得有点奇怪，但也没深问。"

由于秋久先生认为酒店已经答应他行李可放在房间且不收当日房费，就开开心心地到青岛去玩了。而酒店因房间内有行李，客人又是长住客，就很自然地加了一夜的房费。

任务分析

案例中的小刘和客人之间产生误会，虽然觉得在与客人交谈中存在疑点，但没有进一步落实，从而引发投诉。在接到投诉时，应主动了解投诉产生的原因，并进一步对投诉进行多方面的分析，然后根据实际情况对投诉进行恰当的处理，最后从投诉中吸取教训和经验，避免类似的投诉产生。

相关知识

前厅部和客房部服务和管理人员经常遇到令人头疼的问题就是客人投诉。如何接待投诉客人，如何处理客人投诉，是每一个酒店前厅和客房管理人员所关心的问题。

酒店工作的目标是使每一位客人满意，但事实上，无论是多么豪华、多高档次的酒店，无论酒店管理者在服务质量方面下了多大的功夫，总会有某些客人，在某个时间，对某件事、物或人表示不满，因此，投诉是不可避免的。这时，客人可能去找大堂副经理投诉（接待投诉客人是大堂副经理的主要职责之一），也可能直接向服务员发泄心中的不满，或找领班、主管甚至部门经理投诉。因此，无论是服务员还是房务部管理人员，在接待投诉客人和处理客人投诉方面都要训练有素。

房务部服务员和管理人员应当明白，掌握接待投诉客人的要领和处理客人投诉的方法和技巧，正确处理客人投诉，不仅会使自己的工作变得轻松、愉快，而且对于提高酒店服务质量和管理水平，赢得回头客，具有重要意义。

一、投诉产生的原因

就前厅部及客房部而言，投诉的产生通常有以下几方面的原因：

（一）设施、设备出现故障

例如，空调不灵、电梯夹伤客人、卫生间水龙头损坏等。酒店的设施、设备是为客人提供服务的基础，设施、设备出故障，服务态度再好，也无法弥补。我国酒店与国际酒店相比，存在的突出问题之一就是设施、设备保养不善（尤其是一些经营时间比较长，有"悠久"历史的老酒店），这不仅造成酒店经营成本的上升，而且严重影响了酒店对客人的服务质量，常常引起客人投诉。

（二）客人对于作为软件的无形的服务不满

例如，服务人员在服务态度、服务效率、服务时间等方面达不到酒店或客人的要求与期望。

（三）酒店管理不善

例如，客人在房间受到骚扰、客人的隐私不被尊重、客人的财物丢失等。

（四）客人对酒店的有关政策规定不了解或有误解

有时候，酒店方面并没什么过错，客人之所以投诉是因为他们对酒店有关政策规定不了解或误解造成的。在这种情况下，就要对客人耐心解释，并热情帮助客人解决问题。

上述问题，可以归结为两种类型：一是有形因素；二是无形因素。对于这两种因素，客人投诉的倾向性和投诉的方式是不同的。美国马萨诸塞州立大学的罗伯特教授曾对美国东部主要城市6家酒店的1 314名客人做过调查，结果表明：对于有形因素，愿意当面向管理部门提意见的客人占59%，而对于无形因素，只占41%。这说明，顾客对于无形因素，一般不太愿意当面向管理部门提意见投诉。其原因是：一方面正是由于这种因素的"无形性"本身造成的。客人担心"说不清"；另一方面，无形的因素通常都是服务方面的问题，而服务又涉及具体的"人"，客人外出，一般不愿意轻易伤和气，不愿意"惹事"，这是主要原因。

二、妥善处理客人投诉的意义

投诉是沟通酒店管理者和顾客之间的桥梁。对客人的投诉应该正确认识。投诉是坏事，也是好事，它可能会使被投诉的对象（有关部门或人员）感到不愉快，甚至受惩；同时接待投诉客人也不是一件令人愉快的事，对很多人来讲是一种挑战。但投诉又是一个信号，告诉我们酒店服务和管理中存在的问题。形象地说，投诉的顾客就像一位医生，在免费为酒店提供诊断，以使酒店管理者能够对症下药，改进服务和设施，吸引更多的客人前来投宿。因此，管理层对客人的投诉必须给予够的重视。

具体而言，对酒店来说，客人投诉的意义表现在以下几个方面。

（一）可以帮助酒店管理者发现酒店服务与管理中存在的问题与不足

酒店的问题是客观存在的，但管理者不一定能发现。原因之一是，"不识庐山真面目，只缘身在此山中"。管理者在一个酒店一工作就是几年，甚至几十年，长期在一个环境中工作，对本酒店的问题可能会视而不见、麻木不仁。而客人则不同，他们付了钱，期望得到与其所付的钱相称的服务。他们也可能住过很多酒店，某个酒店存在的问题，在他们眼里可能一目了然。原因之二是，尽管酒店要求员工"管理者在和不在一个样"，但事实上，很多员工并没有做到这一点。管理者在与不在截然两样。因此，管理者很难发现问题。而客人则不同，他们是酒店产品的直接消费者，对酒店服务中存在的问题有切身的体会和感受，因此，他们最容易发现问题，找到不足。

（二）为酒店方面提供了一个改善宾客关系的机会，有利于酒店的市场营销

研究表明，"使一位客人满意，就可招揽8位顾客上门，如因产品质量不好，惹恼了一位顾客，则会导致25位客人从此不再登门"。因此，酒店要力求使每一位客人满意。客人有投诉，说明客人不满意，如果这位客人不投诉或投诉没有得到妥善解决，客人将不再入住该酒店，同时也将意味着失去25位潜在客人。无疑，这对酒店是个巨大的损失。通过客人的投诉，酒店了解到客人的"不满意"，从而为酒店提供了一次极好的机会，使其能够将"不满意"的客人转变为"满意"的客人，消除客人对酒店的不良印象，减少负面宣传。

（三）有利于酒店改善服务质量，提高管理水平

客人来自四面八方，不乏有一些见多识广、阅历丰富的人，客人从自身角度出发，对酒店提出意见，酒店可通过客人的投诉不断地发现问题，解决问题，进而改善服务质量，提高管理水平，不断改进和完善酒店的服务工作。

三、处理客人投诉的目标和原则

（一）处理客人投诉的目标

处理客人投诉的目标是：使"不满意"的客人转变为"满意"的客人，使"大事化小，

小事化了"。

（二）处理客人投诉的原则

1. 真心实意地帮助客人解决问题

酒店服务人员及管理人员要明白，处理客人投诉时的任何拖沓或"没了下文"都会招致客人更强烈的不满。

2. 不与客人争辩

即使是客人错了，也不能与客人争辩，不能与客人正面交锋，只能耐心地解释，取得客人的理解和谅解。

3. 不因小失大

必要时把"对"让给客人。

4. "双利益"原则

处理客人投诉时既要保护酒店的利益，也不能损害客人的利益。如果片面地追求酒店的利益，其结果必然是损害客人的利益，最终结果将是损害酒店的长远利益。

四、处理客人投诉的程序和方法

接待投诉客人，无论对服务人员还是管理人员，都是一个挑战。要正确、轻松地处理客人投诉，同时又使客人满意，就必须掌握处理客人投诉的程序、方法和艺术。

（一）做好接待投诉客人的心理准备

为了正确、轻松地处理客人投诉，必须做好接待投诉客人的心理准备。

首先，树立"客人总是对的"的信念。一般来说，客人来投诉，说明酒店的服务和管理有问题，因此，首先要替客人着想，树立"客人总是对的"的信念，做换位思考："如果我是这位客人，在酒店遇到这种情况，我会是什么感觉？"更何况，在酒店业，乃至整个服务业，我们提倡在很多情况下，"即使客人错了，也要把'对'让给客人"。只有这样，才能减少与客人的对抗情绪。这是处理好客人投诉的第一步。

其次，要掌握投诉客人的三种心态。一是求发泄，客人在酒店遇到令人气愤的事，怨气回肠，不吐不快，于是前来投诉；二是求尊重，无论是软件服务，还是硬件设施，出现问题，在某种意义上都是对客人不尊重的表现，客人前来投诉就是为了挽回面子，求得尊重（有时，即使酒店方面没有过错，客人为了显示自己的身份或与众不同，或在同事面前"表现表现"，也会投诉）；三是为了求补偿，有些客人无论酒店有无过错，或问题是大是小，都可能前来投诉。其真正的目的并不在于事实本身，不在于求发泄或求尊重，而在于求补偿，尽管他可能一再强调"并不是钱的问题"。因此，在接待投诉客人时，要正确理解客人、尊重客人，给客人发泄的机会，不要与客人进行无谓的争辩。如果客人投诉的真正目的在于求补偿，则要看看自己有无权利这样做，如果没有这样的授权，就要请上一级管理人员出面接待投诉客人。

（二）认真倾听客人投诉，并注意做好记录

对客人的投诉要认真听取，勿随意打断客人的讲述或做胡乱解释。此外，要注意做好记录，包括客人投诉的内容，客人的姓名、房号及投诉时间等，以示对客人投诉的重视，同时也是酒店处理客人投诉的原始依据。

(三) 对客人的不幸遭遇表示同情、理解和道歉

在听完客人的投诉后，要对客人的遭遇表示抱歉（即使客人反映的不完全是事实，或酒店并没有过错，但至少客人感觉不舒服、不愉快），同时，对客人的不幸遭遇表示同情和理解。这样，会使客人感觉受到尊重，同时也会使客人感到你和他站在一起，而不是站在他的对立面与他讲话，从而可以减少对抗情绪。

(四) 对客人反映的问题立即着手处理

客人投诉最终是为了解决问题，因此，对于客人的投诉应立即着手处理，必要时，要请上级管理人员亲自出面解决。

在接待和处理客人投诉时，要注意以下几点：

1. 切不可在客人面前推卸责任

在接待和处理客人投诉时，一些员工自觉或不自觉地推卸责任，殊不知，这样给客人的印象更糟，使客人更加气愤，结果，旧的投诉未解决，又引发了客人新的更为激烈的投诉，出现投诉的"连环套"。

案例

不关我的事！

一日，甲、乙两位服务员分别打扫A、B段客房，A段某房的客人从外面回来，发现床单没有换，于是找到乙服务员。问道：

"服务员，为什么不给我换床单？"

"这不是我打扫的房间，不关我的事！你去找甲服务员说！"说完，乙服务员转身就走了。

剩下气呼呼的客人站在走廊……

最后，当然是客人找部门经理投诉了。

案例中，客人开始是对服务质量不满意，继而对服务态度不满意，导致出现投诉的"连环套"和投诉的一步步升级（当然，处理客人投诉时语言、态度等其他方面的不当也会导致客人投诉的进一步升级，小事也会变成大事，对此，房务部服务和管理人员应当切实加以注意）。

服务员应该记住，客人投诉时，他所关心的是尽快解决问题，他只知道这是酒店的问题，而并不关心这是谁的或哪个部门的问题。所以，接待投诉客人，首要的是先解决客人所反映的问题，而不是追究责任，更不能当着客人的面推卸责任。

2. 尽量给客人肯定的答复

一些酒店管理人员认为，为了避免在处理客人投诉时，使自己陷入被动，一定要给自己留有余地，不能把话说死。比如，不说"十分钟可解决"，而说"我尽快帮您办"或"我尽最大努力帮您办好"。殊不知，客人，尤其是日本及欧美客人，最反感的就是不把话说死，什么事情都没有个明确的时间概念。因此，处理客人投诉时，要尽可能明确地告诉客人问题在多长时间内可以得到解决，尽量少用"尽快""一会儿""等等再说"等时间概念模糊的字眼。如果确实有困难，也要向客人解释清楚，求得客人的谅解。

(五) 对投诉的处理过程予以跟踪

接待投诉客人的人，并不一定是实际解决问题的人，因此客人的投诉是否最终得到了解

央,仍然是个问号。事实上,很多客人的投诉并未得到解决,因此,必须对投诉的处理过程进行跟进,对处理结果予以关注。

(六)投诉反馈

有时候,客人反映的问题虽然解决了,但并没有解决好,或是这个问题虽解决了,却又引发了另一个问题。比如,客人投诉空调不灵,结果,工程部把空调修好了,却又把客人的床单弄脏了。因此,必须再次与客人沟通,询问客人对投诉的处理结果是否满意。比如,可打电话告诉客人:"我们已通知维修部,对您的空调进行了维修,不知您是否满意?"这种"额外的"关照并非多余,它会使客人感到酒店对其投诉非常重视,从而使客人对酒店留下良好的印象。与此同时,应再次感谢客人,感谢客人把问题反映给酒店,使酒店能够发现问题,并有机会改正错误。

这样,投诉才算得到真正圆满的解决。

五、处理客人投诉艺术

为了妥善地处理客人投诉,达到使客人满意的目的,处理客人投诉时要讲究一定的艺术。

(一)降温法

投诉只有在"心平气和"的状态下才能进行,因此,接待投诉客人时,首先要保持冷静、理智,同时,要设法消除客人的怒气。比如,可请客人坐下慢慢谈,同时,为客人送上一杯茶水。此时,以下几点要特别注意,否则,不但不能消除客人的怒气,还可能使客人"气"上加"气",出现火上浇油的效果。

(1)先让客人把话说完,切勿胡乱解释或随便打断客人的讲述。

(2)客人讲话时(或大声吵嚷时),要表现出足够的耐心,绝不能随客人情绪的波动而波动,不得失态。即使是遇到一些故意挑剔、无理取闹者,也不应与之大声争辩,或仗"理"欺人,而要耐心听取其意见,以柔克刚,使事态不致扩大。

(3)讲话时要注意语音、语调、语气及音量的大小。

(4)接待投诉客人时,要慎用"微笑",否则,会使客人产生"出了问题,你还幸灾乐祸"的错觉。

(二)移步法

投诉应尽量避免在大庭广众之下处理,要根据当时的具体环境和情况,尽量请客人移步至比较安静、无人干扰的环境,并创造良好的气氛与之协商解决。避免在公共场所与客人正面交锋,影响其他客人,或使酒店及投诉客人都下不了台。

(三)交流法

向客人表达诚意,同时,适时寻找客人感兴趣的、共同的话题,与客人"套近乎"、交友,解除客人的戒备和敌意,引起客人的好感,从而在投诉的处理过程中赢得主动,或为投诉的处理创造良好的环境。

(四)快速反应法

对投诉的处理应该迅速、果断,这反映了酒店对投诉和客人的态度以及对投诉的重视程度,能提高客人的满意度。相反,处理客人投诉时的任何拖沓,都会使客人更加反感,甚至

"肝火上升",即使投诉解决了,也不能使客人满意。客人反映的问题解决得越快,越能表现出酒店的诚意和对客人投诉的重视,也越能体现出酒店的服务质量,进而取得客人的谅解,换来客人的满意。否则,即使问题解决了,客人也不会满意。

（五）语言艺术法

处理客人投诉时,免不了要与客人沟通,与投诉客人沟通时,特别要注意语言艺术。特别要注意运用礼貌的语言、诚恳的语言以及幽默的语言,另外还要注意避免使用无意中伤害客人或容易引起客人误解的语言。

（六）充分沟通法

要区别不同情况,把将要采取的措施告诉客人,并征得其同意,告诉他们解决问题需要的时间。对一些较为复杂的问题,在弄清真相前,不能急于表达处理意见;对一时不能处理的事,要注意让客人知道事情的进展情况,避免其以为酒店将他的投诉搁置不理。

（七）博取同情法

对客人动之以情,晓之以理,让客人理解问题的出现并非酒店的主观意愿,而且酒店也愿意承担一定的责任或全部责任,必要时告诉客人,赔偿责任将由当事服务员全部负责,以体现酒店对投诉的重视,同时博取客人的同情。在这种情况下,很多客人会放弃当初的赔偿要求。

（八）多项选择法

在解决客人投诉时,往往有多种方案,为了表示对客人的尊重,应征求客人的意见,请客人选择,这也是处理客人投诉的艺术之一。

六、投诉的统计分析

投诉处理完以后,有关人员,尤其是管理人员,还应对该投诉的产生及其处理过程进行反思,分析一下该投诉的产生是偶然的,还是必然的,应该采取哪些措施,制定哪些制度,才能防止再次出现。思考对这次投诉的处理是否得当,有没有其他更好的处理方法。只有这样,才能不断改进服务质量,提高管理水平,并真正掌握处理客人投诉的方法和艺术。

客人投诉有助于酒店发现其服务和管理中存在的问题,是酒店提高服务质量和管理水平的杠杆,因此,前台和客房管理人员应十分重视客人投诉,加强对客人投诉工作的管理,做好客人投诉的记录等基础工作,并定期（月、季或年）对客人的投诉进行统计分析,从中发现客人投诉的规律,采取相应的措施或制定有关制度,以便从根本上解决问题,从而不断提高服务质量和管理水平。

学习任务3　客史档案管理

任务引入

胡萝卜汁的故事

在《世界经理人文摘》上登载着这样一个"胡萝卜汁的故事":

几年前,我和香港 Regent 酒店的总经理 Rudy Greiner 一起用餐时,他问我最喜欢喝什么饮料,我说最喜欢胡萝卜汁。大约六个月以后,我再次在 Regent 酒店做客。在房间的冰箱里，我发现了一大杯胡萝卜汁。十年来不管什么时候住进 Regent 酒店，它们都为我备有胡萝卜汁。最近一次旅行中，飞机还没在启德机场降落，我就想到酒店里等着我的那杯胡萝卜汁，于是满嘴口水。十年间，尽管酒店的房价涨了三倍多，我还是住这个酒店，就是因为它们为我准备了胡萝卜汁。

任务分析

这位客人之所以每次住 Regent 酒店都能享受到"一大杯胡萝卜汁"的待遇，就是因为酒店掌握了该客人的需求资料，建立了客史档案。是客史档案赢得了客人，争取了回头客。

相关知识

酒店前厅接待人员在接到客人的客房预订要求时，也许想知道：
(1) 该客人以前住过本店吗？
(2) 如果来过，是什么时候来的？来过几次？
(3) 他（她）对酒店重要吗？
(4) 是一位好客人，还是一位有着不良客史不宜再接待的客人？
(5) 客人有哪些爱好、习惯，喜欢哪个房间？

前厅销售人员也许需要一份客人的通信录，以便：
(1) 在圣诞节和新年给客人寄贺年卡。
(2) 使很久没来住店的客人产生住店欲望。
(3) 将酒店新的娱乐项目和节日菜单寄给可能产生兴趣的客人。
(4) 给多次住店的客人寄送感谢信。

如果是这样的话，酒店就应该立即建立客史档案。

一、建立客史档案的意义

建立客史档案是酒店了解客人、掌握客人的需求特点，从而为客人提供针对性服务的重要途径。对于那些力图搞好市场营销，努力使工作卓有成效，并千方百计使自己的一切活动都针对每个客人个性的酒店经理和工作人员来说，客史档案是一个珍贵的工具。建立客史档案对提高酒店服务质量，改善酒店经营管理水平具有重要意义。

（一）有利于为客人提供"个性化"服务，增加人情味

服务的标准化、规范化，是保障酒店服务质量的基础，而个性化服务则是服务质量的灵魂。要提高服务质量，必须为客人提供更加富有人情味的、突破标准与规范的个性化服务，这是服务质量的最高境界，是酒店服务的发展趋势。

（二）有利于搞好市场营销，争取回头客

"客史档案"的建立，不仅能使酒店根据客人需求，为客人提供有针对性的、更加细致入微的服务，而且有助于酒店平时做好促销工作。比如，通过客史档案，了解客人的出生年月、通信地址，与客人保持联系，向客人邮寄酒店的宣传资料、生日贺卡等。

（三）有助于提高酒店经营决策的科学性

任何一家酒店，都应该有自己的目标市场，通过最大限度地满足目标市场的需要来赢得客人，获取利润，提高经济效益。客史档案的建立有助于酒店了解"谁是我们的客人""我

们客人的需求是什么"和"如何才能满足客人的需求",因此,能够提高酒店经营决策的科学性。

二、客史档案的内容

客史档案应包括以下几方面的内容:

(一)常规档案

常规档案包括客人姓名、性别、年龄、出生日期、婚姻状况以及通信地址、电话号码、公司名称、头衔等。收集这些资料有助于了解目标市场的基本情况,了解"谁是我们的客人"。

(二)预订档案

预订档案包括客人的订房方式、介绍人,订房的季节、月份和日期以及订房的类型等,掌握这些资料有助于酒店选择销售渠道,做好促销工作。

(三)消费档案

消费档案包括包价类别,客人租用的房间、支付的房价,餐费以及在商品、娱乐等其他项目上的消费;客人的信用、账号;喜欢何种房间和酒店的哪些设施等。通过这些可以了解客人的消费水平、支付能力以及消费倾向、信用情况等。

(四)习俗、爱好档案

这是客史档案中最重要的内容,包括客人旅行的目的、爱好、生活习惯;宗教信仰和禁忌;住店期间要求的额外服务。了解这些资料有助于为客人提供有针对性的个性化服务。

(五)反馈意见档案

反馈意见档案包括客人在住店期间的意见、建议;表扬和赞誉;投诉及处理结果等。

三、客史档案的建立

客史档案的建立必须得到酒店管理人员的重视和支持,并将其纳入有关部门和人员的岗位职责之中,使之经常化、制度化、规范化。

客史档案的有关资料主要来自客人的订房单、住宿登记表、账单、投诉处理结果记录、宾客意见书及其他平时观察和收集的有关资料。由此可见,客史档案的建立不仅依靠前厅员工的努力,而且有赖于酒店其他有关部门和接待人员的大力支持和密切配合。

传统客史档案卡是通过手工建立的,速度慢,工作量大,管理困难,调用不方便。随着计算机系统在酒店的应用、推广和普及,客史档案卡的建立变得极为方便,计算机可以将浩如烟海的个人资料以最快的速度输入并储存起来,从而为酒店服务工作的细微化、个性化开辟了道路。用计算机建立和管理客史档案卡,不仅输入速度快,容量大,而且调用方便,从而可以极大地提高客史档案的使用效率。

四、客史档案管理

(一)分类管理

为了加强对客户关系的管理,提高酒店的竞争力,酒店还应与酒店管理软件公司合作,通过计算机系统，按照来店客人的重要性及地理来源等指标对客人进行分类，从而为客人提供针对性的服务和营销工作。

客史档案通常在客人离店后，由接待处输入建档，预订处分类保管。为了避免客史档案的散失，使其便于管理和使用，应分类存放客史档案。可以按如下标准分类：

1. 按顾客重要性分类排序

（1）按客人消费金额排序。

（2）按客人住店次数排序。

2. 按顾客来源分类排序

（1）按国际排序。可分为国内客人、外国客人。

（2）按地区排序。如欧美地区、亚洲客人、非洲客人、中国的港澳台客人等。

（3）按国籍排序。一些酒店由于独特的地理位置和服务及营销特色，会对某些特定国家的客人形成较大的吸引力。这时，可按照国籍对客人进行分类，如日本客人、韩国客人、美国客人、德国客人、俄罗斯客人以及印度客人等。

（4）按籍贯排序。对于国内客人，如有必要，还可以进一步按照客人所在省、市等进行细分。

（二）有效运行

建立客史档案的目的之一是了解客人的需求信息，所以客史档案建立之后不能封闭和闲置起来，应在接待服务中发挥它的作用。

当Kernel再次预订酒店客房时，预订员可直接调用其以往客史，打印客史档案卡，把其与订房资料一起存放在订房资料中，并按时传递给前台接待员。接待员根据客史档案卡提供的需求信息做好接待服务工作。客人离店后，将客人的客史档案再次输入新的内容，重新存放起来。

在客史档案的运行中，要防止丢失和错用，还要注意搜集新的信息资料，使客史档案的内容不断得到补充。

（三）定期清理

为了充分发挥客史档案的作用，酒店每年应该将客史档案进行1~2次的检查和整理，检查存放顺序有无错误，并整理和删除过期档案。

对于过期档案的处理，各酒店的规定不尽相同。值得借鉴的是，在删除客人档案前，可给客人寄一份"优惠住房卡"，以唤起客人对曾经入住酒店的美好回忆，做最后一次促销努力。

五、客史档案管理中需要注意的问题

（一）树立全店的档案意识

客史档案信息来源于日常的对客服务细节中，绝不是少数管理者在办公室内就能得到的资源，它需要酒店全体员工高度重视，在对客服务的同时有意识去收集，因此酒店在日常管理、培训中应向员工不断灌输"以客户为中心"的经营理念，宣传客史档案的重要性，培养员工的档案意识，形成人人关注、人人参与收集客户信息的良好氛围。

（二）建立科学的客户信息制度

客户信息的收集、分析应成为酒店日常工作的重要内容，应在服务程序中将客户信息的

收集、分析工作予以制度化、规范化。在日常服务中应给员工提示观察客人消费情况的要点，如客房部员工在整理客房时应留意客人枕头使用的个数、茶杯中茶叶的类别、电视停留的频道、空调调节的温度、客房配备物品的利用情况等。餐饮部员工可注意客人菜品选择的种类、味道，酒水的品牌，遗留菜品的数量，就餐过程中对酱油、醋等的要求，从这些细节中能够捕捉到客人的许多消费信息。同时应以班组为单位建立客户信息分析会议制度，每个员工参与，根据自身观察到的情况，对客人的消费习惯、爱好做出评价，形成有用的客史档案。

（三）形成信息化管理

随着酒店的发展，客史档案的数量会越来越多，所以只靠人工管理是非常困难的，因此客史档案的管理必须纳入酒店计算机管理系统中。计算机管理系统在客史档案管理中应具备以下功能：

①及时显示功能。在酒店各个服务终端，一旦客户输入数据，系统能够立即自动显示客人的相关信息资料，为对客服务提供依据。

②检索功能。计算机检索是档案信息现代化的标志之一，客史档案要便于随时补充、更改和查询。

③信息共享功能。客史档案要发挥作用，必须实现酒店各部门之间的快速传递，通过酒店计算机管理系统达到客史档案的资源共享功能是客史档案管理的基本要求。

（四）利用客史档案开展经营服务的常规化

酒店营销部门、公关部门应根据客史档案所提供的资料，加强与 VIP 客户、回头客、长期协作单位之间的沟通和联系，使之成为一项日常性的常规工作。如通过经常性的回访、入住后征询意见、客户生日时赠送鲜花、节日期间邮寄一张贺卡、酒店主题活动等方式都能拉近酒店与客户之间的关系，让客人感到亲切和受到尊重，客人的忠诚度也会得到极大的提高。这样客人即使偶尔对酒店的服务有意见，也不会轻易放弃入住。

总之，酒店的客史档案管理的重要性和应用是一项系统性工程，需要酒店高度重视，积极探索，形成科学完整的体系，以便从客人日积月累的消费记录中进行各方面的分析，为管理者提供有利的决策依据，使之成为酒店经营决策的财富。

学习任务 4　客户关系管理

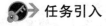 任务引入

希尔顿酒店如何对客人说"No"

希尔顿不允许员工对客人说"No"。当客人问："有房间吗？"如果没有，怎么说？

"对不起，我们最后的两间保留房已经卖出去了，很抱歉。"

作为五星级的希尔顿酒店，如果只说这句话，那他只说了一半。还有一半怎么说呢？他应该说："我给您推荐两家酒店，档次跟我们差不多，而且价格还低20元，要不要帮您看看？"客人听到这句话，能不要吗？接待员马上连线其他酒店的客房预定中心，直到把客人送上车。这种出乎意料的服务一下就会赢得客人的好感，激起客人下次一定要住希尔顿的欲望。

任务分析

希尔顿酒店作为国际知名的酒店连锁集团，它的服务是全球闻名的，要想建立良好的宾客关系，吸引更多的回头客，就需要掌握宾客沟通的技巧，如语言技巧，同样的一句话用不同的方式来表达，往往能收到事倍功半的效果。

相关知识

要与客人建立良好的宾客关系，就要对客人有个正确的认识，正确理解酒店员工与客人的关系，掌握客人的心理和与客人的沟通技巧。

一、正确认识客人

在酒店的客我交往中，双方扮演着不同的社会角色。服务人员是服务的提供者，而客人则是服务的接受者，是服务的对象。前厅部员工在工作中始终不能忘记这一点，不能把客人从服务的对象变成别的什么对象。所有与提供服务不相容的事情，都是不应该做的。特别是无论如何也不能让客人生气。道理很简单：客人来到酒店，是来"花钱买享受"，而不是来"花钱买气受"的。

员工在工作中，尤其要注意以下几点：

（一）客人不是评头论足的对象

任何时候，都不要对客人评头论足，这是极不礼貌的行为。下面是一位客人的经历和反映。

案例

"几个盘子全叫他给舔干净了！"

当我走进这家酒店的餐厅时，一位服务员颇有礼貌地走过来领我就座，并送给我一份菜单。正当我看菜单时，我听到了那位服务员与另一位服务员的对话："你看刚才走的那个老头，都快骨瘦如柴了还舍不得吃，抠抠搜搜的……""昨天那一位可倒好，胖成那样了，还生怕少吃一口，几个盘子全叫他给舔干净了！"听了他们的议论，我什么胃口也没有了。他们虽然没有议论我，可是等我走了以后，谁知道他们会怎样议论我？我顿时觉得，他们对我的礼貌是假的……

（二）客人不是比高低、争输赢的对象

不要为鸡毛蒜皮的小事与客人比高低、争输赢，因为即使赢了，却得罪了客人，使客人对酒店不满意，实际上还是输了。

（三）客人不是说理的对象

在与客人的交往中，服务人员应该做的只有一件事，那就是为客人提供服务。所以，除非说理已经成为服务的一个必要的组成部分，作为服务人员，不应该去对客人说理的。尤其是当客人不满意时，不要为自己或酒店辩解，而是立即向客人道歉，并尽快帮客人解决问题。如果把服务停下来，把本该用来为客人服务的时间，用去对客人说理，其结果肯定是吃力不讨好。

（四）客人不是教训和改造的对象

酒店的客人中，什么样的人都有，有很多思想境界低、虚荣心强、举止不文雅的人，但服务人员的职责是为客人提供服务，而不是教训或改造客人。如果需要教育客人，也只能以"为客人提供服务"的特殊方式进行。

案例

真对不起，不知道您几位在吃西瓜……

某日，有几位客人在客房里吃西瓜，桌面上、地毯上吐的到处是瓜子。一客房服务员看到这种情况，就连忙拿了两个盘子，走过去对客人说："真对不起，不知道您几位在吃西瓜，我早应该送两个盘子过来。"说着就去收拾桌面上和地毯上的瓜子。客人见这位服务员不仅没有指责他们，还这样热情周到地为他们提供服务，都觉得很不好意思，连忙做自我批评："真是对不起，给你添麻烦！我们自己来收拾吧。"最后，这位服务员对客人说："请各位不要客气，有什么事，尽管找我！"

这位服务员就不是用训斥的方式，而是用"为客人提供服务"的方式教育了客人。

二、掌握与客人的沟通技巧

（一）重视对客人的心理服务

酒店为客人提供双重服务，即功能服务和心理服务。功能服务可以满足消费者的实际需要，而心理服务就是除了满足消费者的实际需要以外，还能使消费者得到一种"经历"。从某种意义上讲，客人就是花钱"买经历"的消费者。客人在酒店的经历，其中一个重要的组成部分，就是他们在这里所经历的人际交往，特别是他们与酒店服务人员之间的交往。这种交往，常常对客人能否产生轻松愉快的心情，能否带走美好的回忆，起着决定性的作用。所以，作为前厅服务员，只要能让客人经历轻松愉快的人际交往，就是为客人提供了优质的心理服务，就是生产了优质的"经历产品"。

总而言之，酒店员工如果只会对客人微笑，而不能为客人解决实际问题就不太合适，但如果只能为客人解决实际问题，而不懂得要有人情味儿，也不可能赢得客人的满意。

（二）对客人不仅要斯文和彬彬有礼，而且要做到谦恭、殷勤

斯文和彬彬有礼，只能防止和避免客人不满意，而只有谦恭和殷勤才能真正赢得客人的满意。所谓殷勤，就是对待客人要热情周到，笑脸相迎，嘘寒问暖；而要做到谦恭，就不仅意味着不能去和客人"比高低、争输赢"，而且要有意识地把"出风头的机会"全都让给客人；如果说酒店是一个舞台，服务员就应自觉地去让客人唱主角，而自己则唱配角。

（三）对待客人，要善解人意

要给客人以亲切感，除了要做"感情上的富有者"以外，还必须善解人意，即能够通过察言观色，正确判断客人的处境和心情，并能根据客人的处境和心情，对客人做出适当的语言和行为反应。

（四）反话正说，不得对客人说"不"

将反话正说，就是要讲究语言艺术，特别是掌握说"不"的艺术，要尽可能用"肯定"的语气，去表示"否定"的意思。比如，可以用"您可以到那边去吸烟"，代替"您不能在这里吸烟"；"请稍等，您的房间马上就收拾好"，代替"对不起，您的房间还没有收拾好"。在必须说"不"时，也要多向客人解释，避免用钢铁般生硬冰冷的"不"字一口回绝客人。

（五）否定自己，而不要否定客人

在与客人的沟通中出现障碍时，要善于首先否定自己，而不要去否定客人。比如，应该说："如果我有什么地方没有说清楚，我可以再说一遍。"而不应该说："如果您有什么地方没有听清楚，我可以再说一遍。"

（六）投其所好，避其所忌

客人有什么愿意表现出来的长处，要帮他表现出来；反之，如果客人有什么不愿意让别人知道的短处，则要帮他遮盖或隐藏起来。比如，"出洋相"时，要尽量帮客人遮盖或淡化，绝不能嘲笑客人。

（七）不能因为与客人熟，而使用过分随意的语言

做酒店工作久了，就会有许多客人成为自己的朋友，于是见面的问候不再是"您好"而是"哇！是你呀"，彼此之间的服务也由"格式化"变成"朋友化"了。这会导致沟通失误，甚至造成严重后果。

客人可以把你当熟人调侃，随便套近乎，可作为服务员却不行，在工作中，酒店员工不能因为与客人熟而导致礼貌用语的缺失。

案例

先生，您不太舒服吗？

为了营造温馨的氛围，使客人来到总台就像回到家一样温暖、亲切，我们还要将亲情服务融入日常工作当中。客人来到总台时，我们尽可能多地和他们交谈，从中得到有益于我们服务的信息，如客人的喜好、口味等。在一个很冷的晚上，一位南京来的客人登记住宿，无精打采，而且不停地擦鼻涕，我便问："先生，您不太舒服吗？"那位客人无奈地说："火车上冻得要死，车又晚点，药都没处买。"我于是给他安排了一间供暖好的房间，并告诉他要多喝些热水。把那位客人安排好后，我便打了免费送药的电话，半小时后药就送来了。当我把感冒药送到客人手中时，他激动地说："你们的服务真是做到家了。就是我自己的亲人，也只能做到这份儿上了，太谢谢你了。"

三、大堂副经理与客人关系

大堂副经理的主要职责是代表酒店总经理接待每一位在酒店遇到困难而需要帮助的客人，并在积极的职权范围内予以解决，包括回答客人问讯、解决客人的疑难、处理客人投诉等。因此，大堂副经理是沟通酒店与客人的桥梁，是酒店建立良好宾客关系的重要环节。

对于大堂副经理来说，有效的沟通不仅能消除客人潜在的不满，建立良好的宾客关系，更能帮助总经理了解客情，做出正确的经营决策。要做到更好地同客人沟通，大堂副经理应

选择每天上午客人退房时和客人入住后的闲暇时间主动征求其意见；在餐厅客人结账后的时间，主动征求客人意见；对酒店常住客人，要定期征求意见。所征求意见填写书面材料（每日征求客人意见表），呈报总经理。

项目小结

  酒店的优质服务是整体性的，需要靠各个部门、各个环节以及酒店各个岗位的工作人员的共同努力。前厅部是酒店的"神经中枢"，它的内部和外部沟通对酒店来说尤其重要。有效的沟通有助于前厅部更好地发挥销售功能，实现客人满意度和营业收入双提高的目标。

  建立良好的宾客关系是酒店经营成功的保障和前提，现代饭店必须重视宾客关系。饭店大堂副经理以及宾客关系主任等岗位的设立，主要目的就是解决住店客人在酒店遇到的各种问题，建立良好的宾客关系。

  一般而言，宾客关系主任是四星级以上大型、高档酒店设立的，而大堂副经理则在三星级以上中、高档酒店设立。大堂副经理的职责和定位是一个需要认真研究的问题。在实际操作中，大堂副经理在各酒店扮演的角色各不相同。有的具有管理职能，有的只起协调作用（在客人与部门之间进行协调），还有的仅仅扮演翻译的角色；有的相当于部门经理的级别（这种情况比较少），有的则享有主管的级别（这种情况比较普通）；有的有权干预酒店各部门对客服务问题，有的则只能指导前厅部的工作。大堂副经理权限过大，可能造成双重领导，引发各种矛盾。权限过小，则形同虚设，发挥不了大堂副经理应有的作用。酒店应根据自身的实际情况，对大堂副经理进行合理的定位，使其既能较好地发挥自身的职能，又不会引起管理的混乱。

  另外，正确处理客人投诉也是建立良好宾客关系的重要环节，总台服务与管理人员要学会处理客人投诉的方法和技巧。

  为了不断地提高服务质量，满足客人的个性化需求，酒店还应建立客史档案，将每位住店客人的需求特点记录下来，以便下次客人光顾时，为客人提供个性化服务，这也是改善宾客关系的重要组成部分，是现代酒店经营管理的发展趋势。

项目考核

1. 实务训练

  分组设置一些情景，让学生逐渐熟悉和掌握处理客人投诉的方法，提高学生在对客服务中应对突发事件的能力。

2. 思考题

（1）解释下列概念：

大堂副经理；功能服务；心理服务。

（2）简述大堂副经理的岗位职责与素质要求。

（3）如何建立良好的宾客关系？

（4）讨论接待客人投诉及处理投诉的方法和艺术。

（5）为什么要建立客历档案？客历档案主要包括哪些内容？

3. 案例分析

  一天晚上，大堂副经理见有三位客人在大堂沙发处，其中有一位躺在沙发上，还有一位光着膀子。大堂副经理上前请躺着的客人坐起来，请光膀子的客人穿上衣服。躺着的客人边起边说："我肚子痛，在你们酒店吃饭把肚子吃痛了，你说怎么办？"那位光膀子的客人穿好了衣服举着双手说："我知道，他是吃多了。"大堂副经理判断是客人在说笑，但还是跟肚子痛的客人说："我建议您还是去医院看看吧。"光膀子的客人问："你们这儿有药吗？"肚子痛的客人说："我有药，就在包里呢。"随后，光膀子客人又问了一些关于办理入住手续的问题，这事就算过去了。但晚上10:30时，前台接到××房电话，说他们在酒店吃饭吃得拉肚了，三人中有两人拉肚子，并要求酒店给予解决。前台跟客人说会向领导反映一下。随后询问了餐厅，的确有三位客人在餐厅用过餐，吃的东西跟客人说的基本符合。而后通知到了大堂副经理，据前台描述，××房的客人就是在大堂的三位客人，而且办理入住时，前台人员看见客人手里拿着刚从药店买的药。

  思考：作为大堂副经理，你会怎么办呢？

模块四

客房部概述

学习目标

一、知识目标

(1) 了解客房部的主要工作内容。
(2) 熟悉客房部的主要岗位职责。
(3) 认识客房部的业务特点。

二、技能目标

(1) 能够初步掌握客房布置和装饰的方法。
(2) 能够正确介绍客房类型及客房设施的功能布局。

三、实训目标

(1) 能够识别不同类型酒店客房设施的特点。
(2) 掌握客房专业营业词汇的听说写。

学习任务1 认识客房部

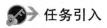 任务引入

不能让客人把遗憾带走

某月某日晚上9时,成都锦江宾馆客房部小吕正在楼层值班,服务台内骤然响起电话铃声。他忙拿起电话,听筒里传来客房部值班经理急促的声音:"今天下午退房的863房客从北京打来长途,说她遗留了一个翡翠戒指在房内,让我们赶快去找一下。她还在北京等消息。"客情就是命令,放下电话,小吕三步并作两步迅速冲上八楼。此时,服务员刘姐和小邓已经等在863房间。小邓简短叙述了下午863房的退房情况和做卫生时的情况。说她当时并未发现有遗留的戒指。"客人还在北京等回话,大家快点再找一遍。"服务员刘姐边说边打开房间内所有的灯具,顿时房内灯光明亮。大家对可能会藏下一枚戒指的地方都一一搜索,行李柜后、抽屉内、卫生间的边边角角,甚至床下、床后全不放过,但哪里有戒指的影子呢。正当大家准备放弃寻找时,刘姐腰间的BP机不停地呼叫起来,服务中心来电话说客

人在北京非常着急,已经催促了几次,并说客人想起当时她是将戒指包在一张卫生纸内的,可能随手将它扔到垃圾内也说不定。"对,还有垃圾尚未翻过。"三位服务员不约而同地想到了一起。于是迅速走出房间,快步向北头垃圾井走去。北头垃圾井边,灯光昏暗,打开垃圾井门,黑漆漆、深深的井道内散发出刺鼻的臭味儿。大家都不约而同地皱了皱眉。想到北京客人焦急的心情,也顾不上其他了。小邓挽起袖子戴上手套,从垃圾中找到当天送来的那一大袋垃圾。小吕和刘姐也弯下腰,伸手拨弄起大袋中的一些小袋垃圾。"这袋是863房的垃圾,我记得很清楚。"小邓肯定地说。"好,快些倒出来找。"小袋中的垃圾一件件地摊放在地上,橘子皮、柿子皮、污水和烟灰糊满了报纸,大大小小的纸团还真不少。筛选过的垃圾越来越多地放到了一边,一个个纸团被打开,但客人的戒指在哪里呢?找到最后一个纸团,三位员工艰难地直起腰,凑近窗户,猛吸了几口新鲜空气。"如果真的找不到,只有尽快向客人如实反映了。"小邓说。刘姐望着垃圾默想:如此贵重的东西丢了,客人是不可能乱说的,它肯定还"藏"在我们客房的某个角落里。"会不会扔垃圾时,有些小东西掉到大垃圾袋中了?"小吕提出她的看法。刘姐恍然大悟,马上说:"有可能,再在大垃圾袋中找找看。"一声令下,他们三人再次弯下腰来,将大垃圾袋中的垃圾一件件地摊开在地上继续寻找。突然,小邓轻声"啊"了一声。小吕和刘姐的目光几乎同时投在小邓那戴着红手套的手上,一个五分钱大小的纸团映入眼帘。只见小邓轻轻地剥开上面的一层卫生纸,一枚很大的翡翠戒指在昏暗的灯光下闪耀着夺目的光芒。"找到了!找到了!"小邓欢喜雀跃。刘姐一手轻拭着脸颊上的汗水,一手接过戒指,像是埋怨一个淘气的顽童:"戒指呀戒指,你再不出来,真要把人急死了……走,快给客人回电话去"。

任务分析

成都锦江宾馆客房部员工掏垃圾找钻戒的事当晚就报到了宾馆值班总经理那里。当时正与总经理交谈的美国富顿集团亚太地区副总裁孙丽薇小姐听了此事后,非常惊讶地问总经理:"客人扔进垃圾井的东西都能找回来,你们宾馆是怎样培训员工的?"其实类似客房部员工掏垃圾井找寻遗失物品的事,在锦江宾馆不胜枚举。锦江宾馆作为一家五星级的旅游涉外饭店,正因为有了一大批这样思想品德高尚、服务技能精湛的员工,才获得了由美国优质服务业协会(AAHS)颁发的享誉全球的五星钻石奖和国内多项质量大奖。

"五星"酒店到底该是什么样的服务标准,恐怕专家们能说出很多条款,除硬件设施够"五星"标准外,主要是加强软件建设。这便是提高对客服务的质量,以诚和信去满足每位顾客的特殊需求,创造酒店的忠诚顾客。这个问题虽然是老生常谈,但说起来容易,做起来难。客人遗失东西,应该说翻遍整个房间,酒店便已是尽到了责任,完全可以向客人交差。但是锦江宾馆的员工却有一种信念:"不能让客人把遗憾带走。"三位客房服务员不顾"黑漆漆地散发出刺鼻臭味"的垃圾井有多脏、多臭,多令人恶心,用真诚和智慧,急客人之所急,终于使客人的翡翠戒指失而复得。使客人感受到了我国高星级酒店那种以顾客满意为中心、想方设法、恰到好处地为客人办好每一件事的细腻的服务精神。这正体现出跨入21世纪的我国现代酒店的服务特色。

相关知识

客房部是酒店管理有关房务事务,向客人提供住宿服务的部门。客房是酒店基本设施和主体部分,客房部是酒店的主要创收和创利部门。

一、客房部的功能

客房部又称为"房务部或管家部",负责管理酒店有关客房事务。客房部在酒店的地位是由其特殊功能决定的。

(一) 生产客房商品

客房是酒店出售的最重要的商品。完整的客房商品包含房间、设施设备、用品和客房综合服务。客房属于高级消费品,因此,客房布置要高雅美观,设施设备要完备耐用,日用品要方便安全,服务项目要全面周到,客人财务和人身安全要有保障。总之,要为客人提供清洁、美观、舒适、安全的暂住空间。

(二) 为酒店创造清洁优雅的环境

客房部负责酒店所有客房及公共区域的清洁卫生工作,清洁卫生是保证客房服务质量和体现客房价值的重要组成部分。酒店的良好气氛,适宜、美观、清洁、优雅的住宿环境,都要靠客房服务人员的辛勤劳动来实现。

(三) 为各部门提供洁净美观的棉织品

客房部设有布件房和洗衣房,负责整个酒店各部门的布件(如窗帘、沙发套、餐巾等)和员工制服的选购、洗涤、保管、发放、缝补、熨烫等,为全酒店的对客服务提供保障。

二、客房部在酒店中的地位

虽然现代酒店越来越向多功能方向发展,但满足客人住宿要求仍然是酒店最基本、最重要的功能,客房是酒店的主体,客房部是酒店的主要组成部门,是酒店存在的基础,在酒店中具有重要地位。

(一) 客房是酒店的基本设施和主体部分

酒店是向旅客提供生活需要的综合服务设施,它必须能向旅客提供住宿服务,而要住宿必须有客房,从这个意义上来说,有客房才能成为酒店,所以客房是酒店的基本设施,没有客房就不能称为酒店。

此外,客房的数量还决定着酒店的规模,按照国际标准,拥有300间以下客房的为小型酒店;拥有300~600间客房的为中型酒店;拥有600间以上客房的为大型酒店。从建筑面积看,客房面积一般占酒店总面积的70%左右。如果加上客房商品营销活动所必需的前厅、洗衣房、库房等部门,总面积将达80%左右,客房及内部配置的设备物资,无论种类、数量、价值都在酒店物资总量中占有较高比重。所以说客房是酒店设施的主体。

(二) 客房商品质量是酒店商品质量的重要标志

酒店是旅行者的旅途之"家",客房又是旅行者在"家"中逗留时间量长的地方。因此,客房商品质量如何,直接关系到客人对酒店的总体评价和印象。如客房的面积大小、结构布局、装饰布置、清洁卫生以及服务员的服务态度与效率等。酒店公共区域,如前厅、公用洗手间、电梯、餐厅、歌舞厅、商场等,也是客人旅途之"家"的重要组成部分,客人同样希望这些场所清洁、舒适,并能在这些场所得到良好的服务。非住店客人对酒店的印象主要来自公共区域的设施和服务。所以,客房商品及其外延部分的质量是客人和公众评价酒店质量高低的重要依据,是衡量整个酒店服务质量、维护酒店声誉的重要标志,也是酒店等级水平的重要标志。

(三) 客房收入是酒店经济收入的主要来源

酒店的经济收入主要来源于三部分，包括客房收入、饮食收入和综合服务设施收入，其中客房收入是酒店收入的主要来源，客房是酒店销售的主要产品，客房收入占全酒店营业收入的比例最高。客房的营业收入一般要占酒店全部营业收入的40%~60%，功能少的小型酒店甚至可以达到70%以上。而且客房的利润高，客房利润通常可占酒店总利润的60%~70%，高居榜首，这是因为客房经营的成本和费用小于餐饮、商场等部门的。此外，客房出租又可以带动其他经营部门充分发挥效益，如餐饮、商务中心、商场、健身、娱乐等。

(四) 客房是带动酒店一切经济活动的枢纽

酒店作为一种现代化食宿购物场所，只有在客房入住率高的情况下，酒店的一切设施才能发挥作用，酒店的一切组织机构才能运转，才能带动整个酒店的经营管理。客人住进客房，要到前台办理手续、交房租；要到餐饮部用餐、宴请；要到商务中心进行商务活动，还要健身、购物、娱乐，因而客房服务带动了酒店的各种综合服务设施的利用。

(五) 客房部的管理直接影响酒店的运行管理

客房部负责整个酒店环境、设施的维护及保养，为酒店全体员工保管、清洗、修补、发放制服，为餐饮部提供各类布件等。客房部为酒店其他各部门的正常运行创造了良好的环境和物质条件；客房部员工占酒店员工总数的比例很大，其员工素质的提高对酒店员工队伍整体素质的提高和服务质量的改善有着重要意义；客房部的物资设备众多，对酒店成本控制计划的实现有直接意义。因此，客房管理对酒店的总体管理意义重大，是影响整个酒店运行管理的关键部门之一。

三、客房部的工作特点

现代酒店市场竞争激烈，客人对客房商品要求越来越高。为了充分满足客人的需求，提高市场占有份额，酒店经营者和客房部管理者必须首先懂得房务工作的特点，才能根据需要去选拔培养管理人才。

现代酒店房务工作内容广泛，与以往仅能满足客人基本生活需要的客栈、旅店、招待所不可同日而语，为了适应这一改变，客房部的工作也同样和以往不同，与酒店其他部门的不同，具有自己的特点。

(一) 服务性

客房装修华丽并配备各种设备用品，酒店为此花费很大，但客人不会仅仅满足于此，因为他们还需要更多的方便，需要酒店进一步提供各种服务，诸如清扫、通信、洗衣、送餐、客房小酒吧等。酒店必须满足客人的这些需求，因此，服务成为客房商品价值的重要组成部分。从客人入住到离店，从购买客房商品到消费结束，每一环节都离不开服务，当客人初次选择下榻酒店时，关注其外在的建筑、环境、设备设施等硬件水平更多些，而入住之后，在相当大的程度上，服务水平高低就成为客人判断自己的选择是否正确的依据了。

(二) 复杂性

客房部的工作范围广，涉及内容复杂，除了要保持客房的清洁安全外，还要对整个酒店的环境卫生、装饰绿化、设备保养、布件制服的洗涤保管及式样设计负责。客房部拥有的员工数量、管理的设备物资、开支的成本费用与酒店其他部门相比也都是较高的，因此管理起来也相当复杂。即使看起来简简单单的清洁工作实际上也并不简单，比如清洗厨房沾满油污的通风设备、厨具，擦洗大型枝形吊灯、数以千计的水晶玻璃饰物，是需要有专门知识和技巧的。对室内装修、物资采购提出有见地的方案更非易事。客房服务的对象是来自世界各地千差万别的客人，要使他们在或长或短的居留期间总是保持满意的状态更是难上加难，所以做好客房管理与服务工作绝不是件简单的事。

（三）随机性

客房部所涉及的工作内容繁多，工作空间广泛，在对客服务过程中具有很大的不可控性。在这种情况下，为了保证服务质量，客房管理处除按照传统的管理模式外，还需要自己的管理特色，即随机性。如两个团队一进一出时间相差无几，客房来不及清扫，结果会很麻烦。有的客人也会提出特殊的服务要求。客人是"上帝"，只要其要求正当合理，有条件满足的都应该满足，这样就给服务人员增添了计划外的工作量，加大了工作难度。客房部员工必须有强烈的责任心和服务意识，主动自觉地灵活服务，为客人排忧解难。这需要有较宽的知识面，如了解心理学方面的知识，善于揣摩客人心理。同时要有独立判断、解决问题的勇气和能力。

（四）不易控制性

客房部管辖的人、财、物、工作岗位之多在整个酒店也是名列前茅的。从管理角度说，房务工作比前厅工作难度更大。首先是楼层员工工作独立性强，不利于管理人员督察；其次，客房物资用品都是生活用品，员工日常生活也需要，管理不善，容易流失，进而加大客房开支费用；最后，对设备的清洁保养在很大程度上靠员工的责任心，若员工不按规定程序清洁保养，将会加速设备老化，提前报废。所以客房部加强对服务质量的控制管理和开展职业道德教育培训尤为重要。

四、客房部的主要工作内容

客房工作是体现酒店水准的一个重要窗口。对旅行者的大量调查一再表明，影响宾客是否再次光临某家酒店的首要因素是该酒店设施的清洁状况。美国酒店基金会于1985年、1989年及1994年对美国旅游市场上经常出门的旅游者的喜好进行了调查，有关清洁方面的调查结果表明：

第一，经常出门的旅游者初次选择某酒店时，其考虑的14个因素按照重要性大小排列，大多数都把清洁和合理的价格放在较前的位置。从1989年与1994年的调查比较来看，旅行者们已越来越重视清洁和合理的价格，这两者的重要性排名已从1989年的第2位和第3位上升到1994年的第1位和第2位。

第二，经常出门的旅游者再次选择某酒店时，同样的14个因素的重要性排名基本与初次选择酒店时的排名相似，清洁和合理的价格分别由1989年的第1位和第4位上升到1994年的第1位和第2位。

第三，在对影响选择酒店的不利因素进行调查时，经常出门的旅游者将"不清洁"放在首位。

以上结果表明，酒店的清洁水准在很大程度上代表了酒店的管理水准，对吸引客人初次或再次光临酒店具有举足轻重的作用。

作为酒店的基本职能部门，客房部肩负着如下重任：

1. 负责客房及公共区域的清洁与保养，为客人提供舒适的住宿环境

客房部不仅要负责客房及楼层公共区域的清洁和保养，而且要负责酒店其他公共区域的清洁和保养。酒店清洁工作归属于客房部符合专业化管理的原则,有助于提高工作效率,可以减少清洁设备的投资,并有利于对设备的维护和保养。酒店的设计水准能否体现和保持,与客房清洁工作密切相关。好的清洁管理可使酒店保持常新,而不善的清洁管理则会使酒店过早老化,从而失去其设计的水准。

2. 为住店客人提供一系列的服务,使其在逗留期间感觉方便和满意

酒店不仅是客人旅行时下榻的场所,而且也是客人出门在外时的"家",客房部为客人提供各种服务就是要使客人有一种在家的感觉。客房部为客人提供的服务有迎送服务、洗衣服务、房内小酒吧服务、托婴服务、擦鞋服务、夜床服务等。这些服务不仅是客人的需求,而且也是国家旅游局对星级酒店客房部提供的服务的明确要求。客房部管理人员的工作是按国家星级评定标准,根据本酒店目标客源市场的特点,提供相应的服务,并不断根据客人需求的变化改进服务,从而为客人创造一个良好的住宿环境。

3. 不断改善人、财、物的管理,以提高效率、增收节支

随着酒店规模的不断扩大和竞争的日益加剧,对客房部人、财、物的管理,已成为一项非常重要的工作。由于客房部是酒店中人员最多的部门之一,对其人员费用及物品消耗的控制成功与否,关系到酒店能否盈利。客房管理者的职责也从单一的清洁质量的管理,扩展到定岗定编、参与招聘与培训、制定工作程序、选择设备和用品及对费用进行控制等。

4. 为其他部门提供一系列的服务,保证酒店整体工作的正常进行

酒店是个整体,需要各部门的通力合作才能正常运转。在为其他部门服务方面,客房部扮演着重要的角色,它为其他部门提供工作场所的清洁与保养、布件的洗涤、保管和缝补、制服的制作、洗涤与更新以及花木、场景的布置等服务。以上这些服务水准的高低,直接影响酒店的服务质量,反映酒店的管理水平。

五、客房服务工作的基本原则

酒店客房服务项目的设立,必须以客人的需求为出发点,同时还要考虑酒店自身情况,即要遵循适合与适度两条基本原则。

(一)适合原则

适合原则就是要求酒店在设立客房服务项目时,必须研究客人的需求,服务适合客人的基本要求。客人对客房服务的基本要求可以归纳为下列五点。

①整洁。清洁卫生的客房环境是宾客最为重视的。对客人而言,干净整洁的客房能使其从生理上有安全感,心理上产生舒适感。因此,做到客房内外干净整洁是客房服务的首要任务。

②安全。宾客的人身、财产安全能否得到保障,已成为客人选择住宿酒店的重要依据,这主要体现在客人对客房的卫生标准、设施设备的安全、防火、防盗等方面的需求。

③宁静。客房是客人的主要休息场所,也是客人停留时间最长的地方,宁静的环境是保证客人休息不受干扰的重要因素。从心理角度来看,宁静的环境能使客人感到安全、平和、舒适,使客人迅速进入睡眠状态,减轻疲劳,恢复体力。因此,每个进入客房区域的酒店工作人员在工作中都应时刻提醒自己保持"三轻",即轻声、轻步、轻动作。

④方便。宾客在选择一家酒店时,除了对酒店的一些外部条件如位置、交通、购物等方面有方便的需求外,对酒店内部,尤其是客房内的方便程度同样有较高的要求。特别是当今许多高新技术广泛地应用到酒店客房里,如电脑、影视设备、查询系统等,这些

设备的操作方法是否简便易行，有无一目了然的使用说明，都将影响客人的方便感。此外，客房内物品的摆放是否方便客人取用，设施设备是否齐全，同样是客房服务工作要重视的问题。

⑤尊重。要求尊重是人际关系中的一项基本原则，满足客人的各方面需求是尊重客人的一种表现，而在服务过程中，留给客人更多的私密空间，不过多地打扰客人，根据客人的个性需要为其提供服务，是对客人更深层次的尊重，这种观念应尽快在我国酒店业中广泛树立起来。

（二）适度原则

适度原则就是要求酒店在设立客房服务项目时，要考虑酒店的自身情况，如酒店的规模、等级、档次等，要突出酒店的风格，体现"物有所值"的经营观念。酒店档次不同，房价不同，反映在客房服务项目上也有多寡，在服务规格上也有高低。

学习任务2　客房部的组织机构及岗位设置

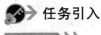任务引入

案例A

里根夫妇的晨衣

1984年美国总统里根到上海访问。下榻锦江酒店。里根总统和夫人南希早上起来，服务人员已经准备好了晨衣。里根和夫人穿上一试，不由得惊讶起来："哦，这么合身！就像为我们量了尺寸定做的。"里根和夫人没有想到，锦江酒店早有他们这方面的档案资料，而且知道南希喜欢鲜艳的红色服饰，事先专门为她定做了大红缎子的晨衣。为了感谢锦江酒店出色的服务，里根在离开锦江酒店时，除在留言簿上留下他的赞誉之词外，还特地将他们夫妇的合影照片夹在留言簿内，并在背面签有"赠给锦江酒店留念"字样。

案例B

佩尔蒂尼总统的三眼插座

意大利总统佩尔蒂尼访问中国，来到上海，下榻锦江酒店，住进了总统套房。佩尔蒂尼总统进入房间后，取出自己的物品，并将电动剃须刀放在盥洗脸台上。负责为总统服务的是位男服务员，他发现总统带的电动剃须刀是三插头的，而锦江酒店客房内的电源均为两眼插座。第二天早上，总统按铃，服务员走进他的房间。未等总统开口，服务员就把事先准备好的三眼插座递了上去。总统惊讶地接过插座，说："太好了！我刚发现插座不能用，你就给我送来了三眼插座，服务真周到！"这位服务员的服务可谓丝丝入扣，使总统惊叹不已，在访问我国其他城市时，他仍然对这件事情津津乐道，不住地赞扬。

案例C

斐济总统的特大号拖鞋

当年，斐济国总统访华，在他访问了中国其他几个城市后来到上海，下榻锦江酒店。这位身材高大的总统有一双大得出奇的脚。因此，他在访问中国期间，还没有穿到一双合脚的拖鞋。当他走进锦江酒店的总统套房时，一双特大号拖鞋端端正正地摆在床前。总统穿上一试，刚好跟脚，不由得哈哈大笑，问道："你们怎么知道我脚的尺寸？"服务员答道："得

知您将来上海，下榻我们锦江，公关部人员早就把您的资料提供给我们，我们就给您特地定做了这双拖鞋，您看可以吗？""舒服，太舒服了，大小正好！谢谢你们！"当总统离开中国时，特意把这双拖鞋作为纪念品带回了斐济。

任务分析

上海锦江酒店是我国一家著名的五星级酒店。它曾多次成功地接待了到我国进行国事访问的外国总统和总理。怎样才能接待好国宾呢？锦江酒店给了我们很好的答案。

第一，事前尽可能详细地搜集资料，建立国宾的客史档案。客史档案，是指饭店工作人员对客人入住饭店后的实际消费需求和访问期间各种活动安排的日程进行收集，并以文字、图表形式记录整理的信息资料。客户档案要设立以下几类：常规档案、个性档案、习俗档案、反馈意见档案。客史档案是对客源的科学管理。也是为客人提供针对性个性化服务的依据。存有所有下榻本店贵宾的档案资料，这是锦江酒店的不同凡响之处。为了接待好美国总统里根夫妇、意大利总统佩尔蒂尼、斐济总统，锦江酒店通过我国驻外使馆、外事机构，以及查阅有关资料和观看有关录像片等多种渠道，及时掌握前来酒店下榻国宾的生活爱好、风俗习惯等有关情况，即便是一些细节也从不放过。正是这些客史档案为锦江酒店赢得了百万宾客一致赞誉的口碑。

第二，把客人的需要放在第一位。我们每位服务员不可能都去接待外国总统，但锦江酒店把客人的需要放在第一位的服务精神值得我们学习。每位服务人员心中都应有一本客史档案。凡是接待过的客人的姓名、国籍、爱好、忌讳都要记在心上，以提供对其胃口的食品、合其好恶的服务。这就要求服务员要做个有心人，使客人受到高层次的礼遇，自尊需求得到极大的满足，产生亲切感。里兹·卡顿酒店的黄金标准中写道："所有员工必须知道客人的需求，这样我们方能把客人期望的产品和服务提供给他们。"这就是世界上最先进的服务。

第三，注重超前服务与细微服务。所谓超前服务，是指把服务工作做在客人到达饭店之前，满足客人明确的和潜在的需求。里根夫妇合身的晨衣、南希夫人喜爱的鲜艳的红色服饰、斐济总统合脚的特大号拖鞋，这些小物品对国宾来说虽然微不足道，但给客人带来一种物质上和心理上的极大满足，这就是超前服务的魅力。客人的需要又是不断变化的，客史档案也不可能完美地收集到客人所有的生活资料，这就要求现场服务的管理人员和服务人员要有一双敏锐的眼睛，善于察觉那些容易疏漏的细枝末节，并预测客人的需求，及时采取措施，解决客人的难题，为客人提供恰到好处的服务。服务员主动为佩尔蒂尼总统的房间配上三眼插座，看起来是个简单的服务项目，却产生了事半功倍的大效果。这类服务虽属举手之劳，却充分体现了对宾客由衷的尊敬，给客人带来极大的方便，甚至令其终生难忘。这位服务员并无惊人的服务技巧。他能够在细微之处，发现寻找潜伏着的服务需求，这正是具有强烈服务意识的体现。酒店行业有一句行话："主动寻找服务对象。"怎么找，到哪里去找，答案是："服务员不仅要照顾好面上的工作，更要关注深层次的潜伏的动态。"才能为客人提供体贴入微的高水平的服务，达到"服务在客人开口之前"的超然境界。

相关知识

一、客房部的组织机构设置

随着国外隐蔽式服务的提出，酒店客房部从先前的楼层服务台向客房服务中心模式转换,但楼层服务台的撤销又使一些酒店感到不便,所以又出现了一些将楼层服务与客房中心服务组合在一起的服务模式。从而,客房部的组织机构也各有不同,客房部的组织机构应根据各酒店的实际情况设计,并随着情况的改变而调整。

(一) 客房部的组织机构

1. 楼层服务台模式

设立楼层服务台的模式即在客房楼层设立服务台,配备专职服务员。设立楼层服务台的客房部组织机构如图4-1所示。

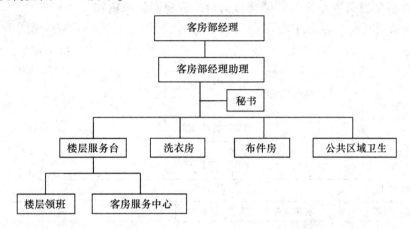

图4-1 设立楼层服务台的客房部组织机构

这种模式是我国客房服务中最基本、最传统、最普通的一种模式。楼层服务台服务的优点是有利于加强面对面的对客服务,突出人情味,还有利于对楼层的安全管理,尤其是适合于车站等人流量大、治安较乱的地区。但这种模式也有不足的一面,就是花费的人力较多,不适合现在酒店"开源节流"的趋势。

2. 设立客房服务中心的客房部组织机构模式

随着国际酒店管理模式的引入,我国酒店业逐步出现了客房服务中心模式。设立客房服务中心的客房部组织机构如图4-2所示。

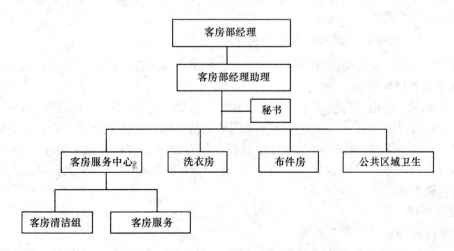

图4-2 设立客房服务中心的客房部组织机构

这种模式多为外商独资、中外合资等高档的大、中型饭店采用，它的最大特点是层次分明、分工明确而细致，并充分地体现了客房业务"暗"的特点，较受客人的欢迎。

这种模式具有减少人员编制、建立专业化对客服务组织及强化客房管理的特点。客房中心联络员以电话服务为主，由于人数不多，因此招聘、培训及管理工作相对来说要容易一些。除了提供电话服务以外，客房中心还承担着客房与其他部门、客房部内部的信息传递、工作协调、出勤控制、钥匙管理、遗留物品管理、资料汇集等工作，从而使得部门的管理更加规范化。

3. 既设立客房服务中心又保留楼层服务台的客房部组织机构

有些酒店采用既设立客房中心又设立楼层服务台的综合模式，这种模式的组织机构如图4-3所示。

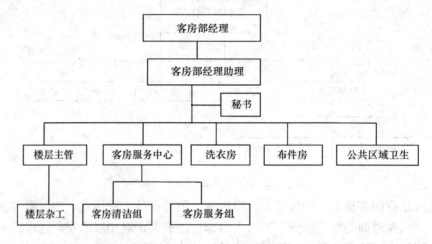

图4-3 既设立客房服务中心又保留楼层服务台的客房部组织机构

这种模式吸取前两种模式的优点而克服其部分缺点，白天，楼层服务台有专职服务员，因为白天楼层事务以及对客服务工作任务较多，楼层服务员的工作量较为饱和，而夜间大多数住客都已休息，对客服务的工作也较少，一般可不安排专人值台。如果客人需要服务，可由夜班服务员提供。夜班服务员一般在客房服务中心待命，上楼层服务时，将电话转移到总机，由其提供电话服务。

（二）客房部组织机构模式的选择和设计

酒店的客房部组织结构模式的选择和设计，取决于多方面的因素，主要有以下几种。

1. 客源的类别和层次

通常情况下，高档酒店特别是涉外酒店和以商务客人为主的酒店，采用客房中心的模式较为可行；以会议团体客人为主的酒店，采用楼层值台的模式较为合适；特别豪华的酒店为进一步提高其服务规格，往往会在部分楼层提供值台服务，这些楼层被称为"商务楼层"，该楼层的值台员被称为"侍者"或"管家"。他们所提供的服务项目和服务规格既多又高于一般的值台服务。

2. 硬件条件

硬件条件要考虑以下几个方面。

（1）要考虑到服务的垂直交通问题，相当一部分酒店在建筑设计时没有考虑到员工电梯或电梯数量严重不足，但如果设立客房中心就会影响对客服务的速度。

（2）要考虑通信条件，是否能保证客房中心与楼层服务员的及时沟通。酒店通常采用店内寻呼系统，此外，根据楼层结构，还可考虑使用子母机电话。如果没有良好的通信条件，客房中心就无法迅速把客人的需求及其他对客服务信息传递给楼层服务员。

（3）要考虑安全监控系统、钥匙系统是否完善，能否适应客房中心的需要。

（4）还应考虑酒店的建筑特点，客房是集中于一栋建筑里，还是分散在各个小楼或别墅，不同类型的建筑对服务模式有不同的要求，客房部的管理人员应分别对待。

3. 安全条件

酒店所在地区的安全情况及本酒店的安全设施，也是在选择服务模式时应考虑的条件之一。安全性高、安全设施完备的酒店，采用客房中心模式较合适；反之，采用楼层值台服务模式较好。

4. 劳动力成本

从成本的角度考虑，酒店还要根据当地劳动力成本的高低，去选择服务模式。一般在经济发达地区劳动力成本较高，员工的素质比较高，采用客房中心模式较为可行；反之，则采用楼层服务台较合适。

（三）客房部组织机构模式的发展趋势

从国际客房服务的发展趋势看，客房服务模式的发展将会出现以下趋势：

（1）客房服务中心模式将逐步取代楼层值台服务模式。

（2）提供商务楼层服务的酒店将逐步减少。

（3）夜班客房中心联络员与客房部夜班值班员的岗位合二为一。服务员在上楼层服务或夜间巡视时，电话转移到总机或总台，由其接收客房电话。

（4）中、小型酒店客房中心的职能将由酒店总台取代，大型酒店的总台将取代客房中心的对客电话服务。

二、客房部的业务分工

客房部的业务分工由于酒店的规模、档次及业务范围不同而有区别，主要包括经理办公室、楼层服务组、公共区域服务组、布件房、客房服务中心和洗衣房等。

（一）经理办公室

经理办公室通常设正、副经理各1名，配备秘书1名，文员若干名，主要负责客房部日常事务性工作以及与其他部门的联络协调等事宜。

（二）楼层服务组

客房通常是酒店的最主要产品，楼层服务组也自然成为客房部组织机构中的主体。通常设主管1名，早、中、晚领班和服务员若干名。负责所有住客楼层的客房、楼道、电梯口的清洁卫生和接待服务工作。其职能包括：

（1）为前厅部及时提供符合酒店标准的客房。

（2）为宾客提供礼貌、周到的服务。

（3）管理楼层区域的设施设备。

（三）客房服务中心

客房服务中心一般位于客房部办公室区域，通常设主管1名，分早、中、晚三个班次。

主要负责处理客房部信息,包括向客人提供服务信息和内部工作信息的传递调度,调节对客服务,控制员工出勤,管理钥匙,处理客人失物和遗留物品,管理资料。具体而言,它的基本职能是:

(1) 传递信息。客房服务中心是客房部部门内部及其与其他部门交流信息的中心,同时也是对客服务的中心,所有有关对客服务及管理的信息都汇集于此。客房服务中心承担着大量的信息传递工作。

(2) 协调工作。客房服务中心通常代表客房部经理协调部门内部的工作,并与相关部门联络,协调各方面的工作。

(3) 控制出勤。客房部所有员工均在客房服务中心签到、签离,客房服务中心负责对该工作的监督,并对出勤情况进行统计和整理。

(4) 管理钥匙。客房部所有钥匙的发放、收回及保管均由客房服务中心负责。

(5) 管理遗留物品。酒店所有区域内的遗留物品通常归客房服务中心管理。

(6) 管理资料。客房部的大部分资料由客房服务中心服务员整理、分类、归档。

(四)公共区域服务组

公共区域服务组也被称为PA组,在一些酒店也被称为厅堂组。设主管1名,早、中、晚班领班各1名,服务员若干名,负责除了厨房和楼层以外的所有公共区域的清洁卫生。其职能具体包括:

(1) 负责除厨房和楼层以外所有区域的清洁和保养。

(2) 负责楼层的地毯及软面家具的定期清洁和保养。

(3) 为全店提供绿色植物及花卉的布置,负责庭院绿化、美化。

(4) 为宾客提供公用卫生间的服务。

在一些酒店,公共区域服务组还负责客房及其他部门家具的搬运及布置。

(五)棉织品房

棉织品房通常被称为布件房或布草房。设主管、领班各1名,下设布件、制服服务员和缝补工若干名,主要负责酒店布件、员工制服的收发、送洗、缝补和保管工作。其职能具体包括:

(1) 负责全酒店棉织品及制服的收发保管和修补。

(2) 负责全酒店棉织品的定期盘点,并负责棉织品与制服的补充。定期的盘点和不断的补充,可以确保棉织品及制服达到酒店定额标准,满足各部门的需要。

(3) 负责棉织品的报废工作。对于报废的棉织品,可以根据情况进行改制,以充分利用其残值。

(六)洗衣房

洗衣房通常设主管1名,早、中领班若干名,下设客衣组、干洗组、湿洗组、熨衣组。主要负责洗涤客衣、酒店所有布件及员工制服。洗衣房的具体职能如下:

(1) 负责全酒店棉织品及员工制服的洗涤。

(2) 为住店客人提供洗衣服务。

此外,洗衣房在有条件的情况下,还可为社会提供棉织品洗涤及洗衣服务。

三、客房部人员的主要岗位职责

岗位职责是对部门各岗位的职责范围所做的明确的划分和具体的说明，它使客房部各岗位员工明确自己在组织中的位置、工作范围、工作责任和权限。岗位职责是部门对各岗位员工进行评估的依据，也是部门招聘员工的参照标准。部门在员工应聘时就应让其了解岗位的主要职责，以使其在被聘后能适应岗位的要求。

现参照某大型酒店的客房部组织机构，详细介绍客房部经理的岗位职责，有选择地简要介绍其他主要岗位的基本职责。

(一) 客房部经理

1. 岗位职责

客房部经理的主要职责是：全面负责客房部的经营管理，制定并监督实施本部门的工作计划，确保实现客房部的经营目标，达到酒店质量标准，为住店客人提供符合标准的客房服务及清洁、美观、舒适、安全的住宿环境。具体职责如下：

(1) 根据酒店的总体目标，制订客房部年度工作计划并负责监督实施。

(2) 负责制定本部门的岗位职责、工作程序、规章制度；设计运转表格；定期评估客房部组织机构，并提出相应的修改方案。

(3) 参与本部门员工的招聘，负责本部门员工的培训、评估与激励。

(4) 看望生病的住店客人；定期拜访长住客人；处理宾客投诉；了解、分析宾客对客房设施和服务方面的需求及投诉等，并采取相应措施。

(5) 合理安排、使用人力，并根据宾客情况的变化，及时做好调整，在确保服务质量的前提下，努力降低人力成本。

(6) 巡视检查并督导下属工作。

(7) 负责客房部的安全工作，保证宾客和员工的人身及财产安全。

(8) 与其他部门建立良好的合作关系。

(9) 负责本部门经营物资的管理与控制。在不降低标准的前提下，努力控制客房部成本。

(10) 研究客房的装修布置、清洁器具及清洁剂的使用，根据酒店具体情况提出改进建议。

(11) 学习先进的管理方法，不断提高经营管理水平。

(12) 完成上级布置的其他各项工作。

2. 客房部经理的任职条件

(1) 有强烈的事业心、责任感与协作精神，工作细致、踏实，顾全大局。

(2) 熟悉客房、公共区域和洗衣房的经营管理，掌握客房装饰布置、清洁保养、对客服务及安全消防知识，具有一定的财务管理、市场营销、人事管理、旅游心理学及公共关系学等方面的知识。

(3) 具有较强的计划、组织、指挥、督导和协调能力，能较好地处理人际关系；有较强的口头及书面表达能力，熟悉一门外语，能够阅读本专业的外文资料，并能进行日常会话。

(4) 具有大专以上学历或同等文化程度，有一定的工作经验（如从事客房部管理工作至少三年或从事酒店管理工作至少四年)。

(5) 身体健康，精力充沛，仪表端庄。

3. 客房部经理的权力

(1) 对本部门员工有工作调配权和奖惩权。

(2) 对本部门员工的聘用、晋升、辞退有建议权。

(3) 对本部门物资申购计划有审批权。

(二) 楼层主管

楼层主管的岗位职责主要有：负责客房服务、环境卫生、绿化布置、洗涤等方面的组织、监督和协调工作；确保客房的安全、清洁、舒适、便利和宁静；为客人提供热情、周到的服务，最大限度地满足客人的住宿要求。具体如下：

(1) 制订客房及楼层区域的定期清洁计划，并组织实施。

(2) 抽查房间（不少于30间/天）的清洁保养质量。

(3) 检查所有贵宾房，落实贵宾接待程序。

(4) 主持每日本部门的晨会，根据客情变化，及时做好人员、物资等方面的调整。

(5) 巡视检查并督导下属的工作，负责下属的排班与考评。

(6) 协助客房部经理制订下属的培训计划并负责实施。

(7) 负责楼层的安全工作。

(8) 处理客人投诉及其他突发事件。

(9) 负责楼层物资的管理。

(三) 楼层领班

楼层领班的主要职责是检查、督导下属的工作，确保为宾客提供清洁、舒适、安全、高效的客房服务，使楼层各项工作均符合标准。具体职责包括：

(1) 检查下属的仪表与行为。

(2) 督导下属按规定的标准和工作程序提供各项客房服务。

(3) 检查客房、楼层公共区域的清扫质量。

(4) 掌握楼层的住客状况，及时收取房况表，送交客房服务中心。

(5) 督促、检查客房的卫生工作。

(6) 督导下属管理好楼层物资。

(7) 巡视检查所负责楼层的工作状况。

(8) 接受并处理一般性的宾客投诉。

(9) 负责下属的培训，并参与考核下属的工作。

(10) 及时收取客房小酒吧的消费账单，送交总台（供结账使用）及客房服务中心。

(四) 楼层服务员

楼层服务员的主要职责是负责客房和楼层公共区域的清洁保养，为住客提供清洁、舒适、安全、美观的住宿环境。具体职责包括：

(1) 为住店宾客提供冷热水供应、擦鞋、物品租借、访客接待等各项服务，并为贵宾、伤残客人和患病客人提供有针对性的服务。

(2) 负责客房及楼层公共区域的清洁保养，承担楼层的卫生工作。

(3) 掌握楼层住客状况，填写房况表。
(4) 负责客人结账时房间的检查工作。
(5) 做好客人进店前的准备工作，根据要求布置贵宾房和有特殊要求的客房。
(6) 根据总台通知，提供加床服务。
(7) 负责杯具的更换、清洗、消毒工作。
(8) 为住客提供客房整理及开夜床服务。
(9) 负责与洗衣房、棉织品房的交接工作，协助完成客衣的收、送工作。
(10) 管理工作钥匙及楼层物资，合理控制客用消耗品、租借用品及工作间的清洁、整理工作。
(11) 负责本楼层客房小酒吧的存放、补充与调换。
(12) 协助安全部做好楼层的安全工作。

(五) 客房服务中心服务员

客房服务中心服务员的主要职责是接听客人电话，及时反馈客人的服务要求，并督促服务人员及时满足客人的要求，确保为客人提供高效率的客房服务；准确、迅速传递部门间及部门内的各种信息，为部门正常运转创造良好的条件。具体职责包括：

(1) 接听电话并做记录，将客人的要求或进店、离店、结账等信息准确、迅速地通知到相应人员。
(2) 负责保存、发放、收取客房部的工作钥匙。
(3) 核对房态。
(4) 整理并传送通知、报告及客情资料。
(5) 熟悉客情，熟记当日进店、离店团队及贵宾的抵离时间、接待要求和规格，并督促有关人员提前做好准备。
(6) 将客房维修要求通知工程部值班室，并做好当日客房维修的统计工作。
(7) 接收、登记、保管酒店范围内的遗留物品。
(8) 负责客房部员工的考勤记录。

(六) 公共区域主管

公共区域主管的主要职责是协助客房部经理进行公共区域和花房的日常管理工作，确保为客人提供符合标准、清洁、美观、舒适、安全的公共环境。具体职责包括：

(1) 制订公共区域清洁保养计划和花卉等植物的养护方案，并负责实施。
(2) 巡视、检查和督导下属按制度、标准和程序工作。
(3) 负责下属的排班及考核工作。
(4) 根据需要，做好人员、物资等方面的调整。在不降低标准的前提下，努力控制成本开支。
(5) 制订对下属的培训计划并负责实施。
(6) 负责清洁用品及鲜花的申购，确保物资的正常供应。
(7) 负责所辖范围的清洁剂、清洁器具及插花用具等物资的管理与控制工作。
(8) 负责公共区域的虫害防治工作。
(9) 负责按酒店规定的标准安排鲜花、绿色植物的装饰布置工作。
(10) 了解先进的清洁技术及优质的清洁产品，不断提高清洁保养质量。

（七）洗衣房主管

洗衣房主管的主要职责是负责洗衣房的日常管理工作，确保为宾客提供优质的洗衣服务，为其他部门和员工提供符合酒店要求的棉织品和制服服务。具体职责包括：

(1) 协助客房部经理指定洗衣房各岗位的职责、工作程序、规章制度，设计运转表格。
(2) 督导下属按程序进行操作，负责下属的排班、考评。
(3) 负责机器设备的日常使用及维修保养的管理工作，保证机器设备正常运转。
(4) 负责洗衣房物资的管理。
(5) 制订洗衣房员工培训计划并确保其实施。
(6) 计划、落实棉织品和制服的盘存工作，合理控制库存，严格控制流失。
(7) 控制棉织品的报废量，制定废旧棉织品的处理方案。
(8) 合理安排人力。根据客情变化，及时做好人员、物资等方面的调整工作。
(9) 掌握洗涤技术和了解洗涤新产品，不断提高洗涤质量。
(10) 在不降低标准的前提下，严格控制物品消耗，努力降低成本。
(11) 研究市场新出现的织物，提出棉织品和制服的采购建议。
(12) 负责洗衣房机器设备、棉织品、制服的档案管理。
(13) 接受并及时处理客人和员工的投诉。
(14) 负责洗衣房的安全工作。

（八）棉织品房领班

棉织品房领班的主要职责是协助洗衣房主管进行棉织品房的日常管理工作，确保为酒店各部门提供优质的棉织品和制服的收发工作。具体职责包括：

(1) 负责棉织品房员工的排班和培训工作，并参与下属的考评工作，督导下属严格执行各项制度。
(2) 督导下属按程序进行棉织品和制服的收发、存放及报废工作。
(3) 负责棉织品的定期盘点及出库、入库工作。
(4) 抽查棉织品与制服的洗烫、修补质量，确保质量合格。
(5) 监督员工制服的使用情况。
(6) 负责客房棉织品的申领和消耗控制。
(7) 提出废旧棉织品的处理建议。
(8) 协助洗衣房主管建立棉织品和制服档案。
(9) 与洗衣房领班保持良好的沟通和合作关系。

四、客房部与酒店其他部门的沟通

客房部是酒店的基本设施和主体部分，客房是酒店向客人提供的最重要的产品，但如果没有酒店其他部门的支持配合，将无法保证客房产品能使客人满意。酒店的正常、高效运转需要各部门的通力合作。客房部在酒店工作中既扮演前台的角色，又扮演后台的角色，它一方面需要其他部门的配合、帮助和支持，另一方面又要为其他部门提供一系列的服务。因此，客房部应与其他部门保持良好的沟通和合作关系。

（一）客房部与前厅部的沟通

客房部与前厅部是酒店中联系最为密切的两个部门，二者的联系成为彼此间最基本的工作内容之一，它们的关系是如此的密切，以至于许多酒店将其合并为一个部门，即房务部。

两个部门相互间必须不断地提供最新客房状况信息，确保房态的一致性，以最大限度地提高客房出租率。前厅部和客房部必须随时将最新的客房状况输入电脑，如前厅部掌握的进店、离店、换房等信息。客房部一般每天都要对客房状况进行两次以上的实地检查并将检查的结果填入"房间状况表"，该表将分别送至前厅部和财务部。客房部通常还要将"房间状况表"上的房况与电脑上的房况进行核对，对有差异的问题进行核查，一些酒店设计了"客房状况差异表"，将有疑问的情况填入该表并将其送至前厅部。

客房部需根据前厅部的工作指令，提供相应的服务。这些工作指令或以书面形式或以口头形式通知客房部，例如贵宾接待通知单、报纸递送单、团队接待通知单、加床通知、离店通知等。客房部服务员还需协助前厅部行李员打开客房门。客房部在提供以上服务时要多为前厅部着想，绝不可只从本部门的角度出发而去抱怨前厅部，因为前厅部必须尽可能地满足客人的需求。

客房部可根据前厅部的客情预测，妥善安排人员，及时制订和调整定期清洁计划。在酒店出租率较低时，客房部可有计划地安排关闭楼层，以节省能源、节约人员费用和方便对客房的维修保养。预先的计划和部门之间的相互协调对有效关闭楼层至关重要。

（二）客房部与销售部的沟通

销售部肩负着销售酒店客房的重任，客房部是酒店产品的提供者，良好的沟通和协调对保证销售的完美性，最大限度地提高客房的出租率和平均房价具有重要的意义。客房部应及时将本部门推出的新服务项目通报销售部，以使其更好地推广、销售。客房管理人员应定期向销售了解客人对客房产品的意见，并根据客人的反馈不断改进产品质量。

客房管理人员还应就改进长包房的接待问题与销售部人员进行研讨，对一些服务细节问题进行交流，如客人需要的清洁时间与次数、需配备的物品、钥匙管理问题及其他特殊要求等。

销售部对次年的客情预测是客房部管理人员制定预算的依据。此外，客房部管理人员还应根据预计的次年客情淡旺季的变化，合理安排本部门员工的年度休假时间，以把客情的变化对客房部人员编制的影响降到最低限度。

客房部应协助销售部做促销宣传活动，在客房内放置酒店广告宣传卡，宣传推销客房以及酒店的其他设施和服务；对销售部陪同来参观客房的客人，客房部要积极配合，给予方便，并热情地介绍房内设施。

（三）客房部与餐饮部的沟通

客房部要负责餐厅范围的清洁卫生、布件和员工制服的洗涤熨烫工作，还要协助餐饮部搞好客房送餐、客房小酒吧食品饮料的清点补充工作以及配合餐饮促销活动，在客房放置餐饮宣传材料。餐饮部是客房部的主要服务部门，客房部向其提供餐饮前台的清洁保养、环境布置及布件和制服的洗涤与保管服务。

客房部应确保向餐饮部提供符合酒店标准的棉织品，应根据餐饮部的工作特点制定棉织品的收发时间。餐饮部也应注意教育员工爱惜棉织品，避免以下情况的发生：用啤酒、茶水当清洁剂，用台布当抹布，在清洁餐桌转盘及在送洗的棉织品中夹带餐具、垃圾的现象。

两部门间应建立重大接待活动的通报程序，以使客房部可以根据活动的要求，提供场所布置及公用卫生间的服务。餐饮部提供客房内用膳及贵宾房水果、点心的分置，客房部应协助餐饮部，在客房内放置房内用膳菜单，及时收取房内用的餐车及餐具。

（四）客房部与工程部的沟通

客房部与工程部工作配合的默契程度如何，直接关系到酒店的设施、设备能否得到良好的保养以及是否处于正常状态。客房部的职责是使本部门的员工能够正确使用并妥善保养本部门的设施设备；注意对设施设备的检查并及时将出现的问题报告工程部。为了使客房部员工能正确使用设施设备，客房部管理人员应请工程部技术人员对本部门员工进行培训，使其掌握设施设备的使用及保养要领。

为使客房保持其设计水准并延长使用寿命，酒店应定期进行维修和保养。关闭楼层进行保养不仅可减少对客人的打扰，而且工作容易开展，节约维修时间。客房部管理人员应在计划关闭楼层前与工程部联系，确定关闭楼层后的工作步骤，以提高工作效率。酒店工程部在制订客房及其他区域更新改造设计方案时，应听取客房部管理人员的建议，以使被改造的区域更便于日后的保养。

（五）客房部与财务部的沟通

客房部应协助财务部做好有关账单校对、固定资产清点以及奖金核定的工作。在小酒吧的结账方面，要制定合理的程序，以减少跑账。另外，对于小酒吧的控制要掌握一定的度，两部门不能仅因为个别客人的逃账，而去制定影响大部分客人利益的制度。在对客房物资进行盘点及制作房务预算方面，客房部需要财务部的指导和帮助，与此同时，还应欢迎财务部的监督。

（六）客房部与人力资源部的沟通

客房部是一个劳动密集型部门，其定岗、定员、招聘、录用、培训、辞退、奖惩和升迁工作量较大，需要人力资源部的指导和帮助。目前酒店业员工的流动在逐步加快，两部门应共同协作，确保有足够的新员工来源，确保建立良好的培训系统。客房部应重视人力资源部组织的培训，不应将培训视为一种负担，而应将其视为提高部门工作水准的一个重要手段。

（七）客房部与保安部的沟通

客房往往是全酒店建筑面积最大、投资最多，也是客人在酒店逗留时间最长的区域，因而对安全要求很高。在防火、防盗方面，客房都要定期请保安部专业人员对部门员工进行培训。客房部管理人员要努力提高部门员工的安全意识，确保其在工作中注意发现安全隐患，并及时报告。客房部要协助保安部对客房和公共区域进行检查，做好防火防盗等安全工作；提供可疑住客和访客的情况，并在必要时协助公安局、保安部打开客房门；对重要外宾，将由保安部提供特别保卫；对住客报失，报案要会同保安部处理。

（八）客房部与采购部的沟通

客房部所需物资种类繁多。为保证客房服务质量的稳定，应向采购部提供所需设备物资的规格、质量要求，特别是在客房更新改造前提出切合实际的采购建议；为控制客房成本费用，也应对价格问题提出建议。采购部应按要求采购美观适用、价格合理的设备物资，保证及时充足的供应。在物品配备及采购方面，两部门应协作建立标准配备量，建立物品的书面及实物档案。客房部按程序提出采购计划，采购人员按标准及时采购所申请的物品。两部门要掌握有关市场新产品的信息，相互提供市场信息动态，密切配合，力求以较低的价格采购到符合本酒店标准的物品。

学习任务3 客房产品设计

任务引入

能够"减肥"的遥控器

于先生因工作需要常年出差在外，有一次，他入住在某四星级酒店。进房后，他往床上一躺，便习惯性地把手伸向床头柜，想拿电视的遥控器，摸了半天也没找到。一抬头，他发现遥控器放在电视机上，于是，他就起身去拿，然后又躺回床上。他拿起遥控器一按，发现电视机没有图像，想当然地认为电视机的电源开关没开，便又起身去开，当他再按遥控器时，电视还是没有图像。于先生想起床头控制板上还有一个电视机的电源开关，便弯腰打开电源。当又一次按下遥控器时，电视机仍然没有任何反应。他刚想抓起电话投诉时，忽然记得刚才自己动过电视机的电源开关，便再次起身去打开电视机的电源。

当他回到床上再按遥控器时，久等的图像终于出现了，却没有了看电视的兴致。于是索性下床，在整个客房内转了一圈后，打电话找来客房部经理，开始诉说客房的种种不是：

遥控器可以减肥：来回三次才能看上电视——放在电视机上；

卫生间的烟灰缸：客人倒坐在恭桶上才能使用——放得太靠里；

电话副机：光着身子出来才能接听（洗澡时）——安装在恭桶与洗脸台台面之间；

卷纸架：扭曲身子才能找到——安装在恭桶后面的墙上……

面对于先生的数落，客房部经理的脸涨得通红，并由衷地说："于先生，您给我上了生动的一课，您是我遇见的最好的一位老师。"

任务分析

本案例中于先生的一席话虽然有点尖酸刻薄，但他诉说的是目前大多数酒店的现实情况，这类现实带给客人的确是种种不便。

实际上，类似的情况还有很多，如沐浴液、洗发液远离浴室，香皂远离脸盆等。这充分说明了许多酒店在"隐含服务"方面的欠缺，也说明酒店的客房追求的只是设备设施的拥有，但不在乎设施设备是否方便客人使用。这种没有充分考虑到客人需要的服务肯定难以令客人满意。

相关知识

一、客房的类型

客房是酒店最基本、最主要的产品。不同类型、不同档次的酒店，为了满足客人住宿需要，设置了不同类型的客房。随着市场经济的变化和酒店之间竞争的加剧，酒店的客房种类、内部设施设备、用品的配备趋向多样化，以适应不同类型客人的需求。客房大致分为单间客房和套房两种。

（一）单间客房

只有一个房间的客房，称为单间客房，主要有以下几种类型：

1. 单人间

单人间只配备一张单人床。这类客房适用于商务旅行的单身客人居住。

2. 双人床间

双人床间配备一张双人床。这种客房适合夫妇旅行者居住,也适合商务旅行者居住,也称为大床间。

3. 双床间

双床间配备两张单人床。这类客房在酒店中占极大部分,也称为酒店的标准间,较受团队、会议客人的欢迎。也有在双床间配备两张双人床的,以显示较高的客房规格。

4. 三人间

三人间配备三张单人床。一般在经济类酒店里配备这样的房间,此类客房较适合消费能力比较低的客人居住。

(二)套房

由两间或两间以上的客房构成的客房出租单元,称为套房。根据其使用功能和室内装饰标准又可细分为下列几种:

1. 普通套房(Junior Suite)

普通套房一般为两套间。一间为卧室,配有一张大床,并与卫生间相连;另一间为起居室,设有盥洗室,内有坐便器与洗面盆。

2. 商务套房(Business Suite)

此类套房是专为从事商务活动的客人而设计布置的。一间为起居与办公室,另一间为卧室。

3. 双层套房(Duplex Suite)

此类套房也称立体套间,其布置为起居室在下,卧室在上,两者用室内楼梯连接。

4. 连接套房(Connecting Suite)

此类套房也称组合套间,是一种根据经营需要专门设计的房间形式,为两间相连的客房,用隔音性能好、均安装门锁的两扇门连接,并都配有卫生间。需要时,既可以作为两间独立的单间客房出租,也可作为套间出租,灵活性较大。

5. 豪华套房(Deluxe Suite)

豪华套间的特点在于重视客房的装饰布置、房间氛围及用品配备,以呈现豪华气派。该套间可以为两套间布置,也可以为三套间布置。三套间中除起居室、卧室外,还有一间餐室或会议室兼书房,卧室中配备大号双人床。

6. 总统套房(Presidential Suite)

此类套房也称特大套间,一般由五间以上的房间组成,包括男主人房、女主人房、会议室、书房、餐室、起居室、随从房等。装饰布置极为讲究,造价昂贵,通常在豪华饭店才设置此类套间。

知识链接

酒店中的客房按位置可分为外景房、内景房和角房。

外景房(Outside Room),即窗户朝向大海、湖泊、公园或景区景点的客房;内景房(Inside Room),窗户朝向酒店内的房间;角房(Corner Room),位于走廊过道尽头的客房;

角房因形状比较特殊，装饰无法循规蹈矩而比较不受喜欢。但因其打破了标准间的呆板，反而受到某些客人的青睐。

二、客房功能设计

（一）客房功能设计的原则

1. 安全性

安全性是健康、舒适、效率的前提。酒店客房的安全性主要表现为防火、治安和保持客房的私密性等方面。

2. 健康性

酒店设计布局的另一条原则就是考虑健康性原则。健康越来越被现代顾客追求，目前流行的绿色饭店的创建，在很大程度上也是考虑到顾客的健康。在酒店里可能影响人体健康的因素有很多，如噪声、照明、空气质量等。所以，建造新型酒店首先要选择在环境良好的地区，并有合理的总体布局，通过选用合适的材料达到保护人类健康的目的。

3. 舒适感

顾客对酒店客房舒适感的要求各不相同，饭店业对此也没有一个完整的客观定性。因此需要以国际客人的习惯进行设计和评价，尽量满足大部分目标顾客群的要求。舒适感体现在客房空间的舒适感、家具与装修的舒适感、现代设备提供的舒适感、卫生间的舒适感四个方面。

4. 效率

效率问题实质上是设计和经营的经济效益问题。客房设计效率包括空间使用效率、实物使用效率两个方面。在客房设计时，可以通过对于公共面积和客房空间的有效分割及对客房设备用品的合理选用来达到较高的效率。

（二）客房的功能布局与主要设备

从功能上看，客房一般具备睡眠、盥洗、储存、办公、起居五个功能，因此，在空间布局上，也就相应地划分为五个基本区域，即睡眠区、盥洗区、储存区、办公区、起居区。

1. 睡眠区

睡眠区是客房的最基础组成部分，从高档型客房到经济型客房都必须有这个区域的存在。这个区域的主要设备是床和床头柜。床的数量与规格不仅影响其他功能区域的大小与构成，还体现了客房的等级与规格。床的尺寸越大，客房等级越高，酒店等级也越高；反之亦然。床的质量直接影响客人的睡眠质量。床头柜也称控制面板，柜上装有电视、音响、空调、顶灯和 DND 灯等设备的开关，下面隔板上摆放一次性拖鞋和擦鞋纸。

2. 盥洗区

盥洗区是指客房的卫生间。卫生间空间独立，风、水、电系统交错复杂，设备多，面积小。主要设备有浴缸、恭桶与洗脸台。由于客人的要求不同，酒店的档次不同，所以浴缸的配备要视具体情况来定。一般经济型酒店也有不设浴缸而采用淋浴的。但对于高档型酒店，浴缸的选择应该以所面临的主要客源市场的要求来定。

恭桶是盥洗区另一重要设备，大小、空间摆放都要从卫生间的大小和使用人的生活习惯等方面进行综合考虑。云石台面与面盆是卫生间造型设计的重点，同时要注意面盆上方配的化妆镜和石英灯照明及镜面两侧或单侧的壁灯照明，因为现代的云石台是很多女性客人化妆的区域,所以宽大的设计以及良好的照明是满足她们需要的最重要方面。

3. 储存区

储存区的主要设备是柜子,包括衣柜(附小酒吧台)和行李柜。

衣柜一般设在客房走道侧面。柜门设计有拉门和移门两种,现代酒店为了增加客房面积,一般使用移门衣柜。柜内可垂直墙面挂放衣服,也设有折叠衣服安放区。为方便衣服的存放,柜内设有小型照明灯,由柜门的开合自动控制。柜底放有鞋盒,客人可将要擦的鞋放在鞋盒里面。在衣柜靠近行李柜的方向,设有小酒吧台,吧台上有免费赠送的即时咖啡或茶叶包。吧台下有迷你冰箱,冰箱内放有饮料和小食品。按国家行业标准,三星级以上酒店客房必须配备小型冰箱,以满足客人对酒水饮料的需求。行李柜是搁放客人行李的地方,所以一般比较矮小,在柜面上固定有金属条,以防行李的滑落。

4. 办公区

标准客房的办公区在床的对面,以写字台为主。写字台面比较长,一侧可放置电视机。写字台也可兼做化妆台,所以在写字台上方的墙面上安装有镜子。写字台面上有文件夹,里面有一些简单的办公用品,如纸、笔、信封等,也有酒店服务设施的一些介绍。

5. 起居区

酒店等级不同,客房等级不同的最大差别在于起居休息空间的不同。标准客房的起居区一般在窗前,由沙发(或扶手椅)、小餐桌(或茶几)组成。套房一般设有独立的起居空间,沙发的数量增加,方便客人会客之用。

三、客房的美化装饰

客房的美化装饰是客房商品价值在原有设施设备上的提升,是客房管理的重要工作之一。客房的美化装饰就是合理运用组合多种设备、光线、色彩和艺术陈设品,在有限的空间里实现功能、气氛、格调和美感的高度统一,创造出适应客人生理和心理需求的良好的居住环境。

(一)客房的光线

光是创造室内视觉效果的必要条件,为了进一步创造良好的客房室内视觉效果,展现室内空间,增加客房室内环境的舒适感,必须对酒店客房的照明进行设计。酒店客房应该像家一样,宁静、安逸和亲切是典型基调。

(1)照度要求:一般照明取 50~100Lx,客房的照度低些,以体现静谧、休息甚至懒散的特点;但局部照明,比如梳妆镜前的照明,床头阅读照明等应该提供足够的照度,这些区域可取 300Lx 的照度值;最被忽略的是办公桌的书写照明,目前还有酒店提供书写台灯(通常是用装饰性台灯代替)给客人。

(2)色温要求:3 000k 左右。在卧室用 3 500k 以下的光源,在洗手间用 3 500k 以上的光源。在卧室需要暖色调,在洗手间需要高色温,以显清洁和爽净。

(3)显色性要求:$Ra>90$。较好的显色性,能使客人增加自信,感觉舒适良好。

客房内照明一般有整体照明、局部照明和混合照明三种方式。

常用客房照明方式一般是将(照亮全房间的)整体照明与(照亮局部范围的)局部照明相结合。

作为主体照明灯具一般选用吊灯、台灯、床头灯、落地灯、投射灯等。现代客房对这两种照明方式的结合要求越来越高，也是普遍采用的形式。客人不再希望靠一盏灯（主体照明）把室内照得亮堂堂，而是根据室内空间使用要求，在沙发旁、床边、写字台旁大量使用台灯、壁灯、落地灯、筒灯（局部照明），利用射灯对画、花、工艺品进行重点照明，使室内明暗层次丰富，产生多重空间效果。这样的灯饰布置效果，既满足使用要求，又能渲染神秘、含蓄、宁静、高雅的气氛。

（二）客房的色彩

在人们的视觉感知过程中，色彩是比形体更令人注意的现象，它能够影响人的情绪，创造某种氛围和情调。因此，在客人停留时间较长的客房内如何创造生动而协调的色彩效果，是客房管理者必须研究的一个重要问题。

1. 色彩的选择

客房美化装饰给人舒适的感觉主要来源于色彩的选择。客房内色彩的构成因素繁多，一般有家具、纺织品、墙壁、地面、顶棚等。为了平衡室内错综复杂的色彩关系和总体协调，可以从同类色、邻近色、对比色及有彩色系和无彩色系的协调配置方式上寻求其组合规律。

（1）家具色彩。家具色彩是客房色彩环境中的主色调。常用的有两类：一类是明度、纯度较高，其中有淡黄、浅橙等偏暖色彩，还有象牙白、乳白色等偏冷色彩，明快光亮、纯洁淡雅，使人领略到人为材料的"工艺美"。这些浅色家具体现了鲜明的时代风格，已十分流行，越来越为人们所欢迎；另一类是明度、纯度较低，其中有表现贵重木材纹理色泽的红木色（暗红）、橡木色（土黄）、柚木色（棕黄）或栗壳色（褐色）等偏暖色彩，还有咸菜色（暗绿）等偏冷色彩。这些深色家具显示了华贵自然、古朴凝重、端庄大方的特点。

家具色彩力求单纯，最好选择一色，或者两色，既强调本身造型的整体感，又易和室内色彩环境相协调。如果在家具的同一部位上采取对比强烈的不同色彩，可以用无彩色系中的黑、白或金银等光泽色作为间隔装饰，使家具过渡自然，对比协调，既醒目鲜艳，又柔和优雅。

（2）纺织品色彩。床罩、沙发罩、窗帘等纺织品的色彩也是客房内色彩环境中重要的组成部分，一般采取明度、纯度较高的鲜艳色，以此渲染室内浓烈、明丽、活泼和情感气氛。在与家具等物的色彩配置时，可以采用色相协调，如淡黄的家具、米黄的墙壁，配上橙黄的床罩、台布，构成温暖、艳丽的色调；也可以采用相距较远的邻近色做对比，起到点缀装饰的作用，获得绚丽悦目的效果。纺织品的色彩选择还应考虑到环境及季节等因素。对于光线充足的房间或是在夏季，宜采用蓝色系的窗帘；如在冬季或光线暗淡的房间，宜采用红色系的窗帘，写字台可铺冷色调装饰布，以减弱视觉干扰和视觉疲劳；餐桌上铺橙色装饰布，能给人温暖、兴奋之感，并且能使人增强食欲。

（3）墙壁、地面、屋顶色彩。这些色彩通常充当室内的背景色、基调色，以衬托家具等物的主色调。墙壁、屋顶的色彩一般采用一两个或几个淡的彩色，有益于表现室内色彩环境的主从关系、隐显关系及空间整体感、协调感、深远感、体积感和浮雕感。

2. 色彩的对比

两种颜色并列相映的效果之间所能看出的明显不同就是对比。在观察色彩效果的同时，可以有对比差异很大的七种不同类型的对比。在客房的装饰时，色彩对比运用主要有以下三方面：

（1）色相对比。色相对比就是未经掺和的原色，以最强烈的明亮度来表示的。这种色彩运用的特点就是表现鲜明突出，色彩能够相互作用和相互影响。在实际运用中，如果让一种色相起主要作用，少量其他色相作为辅助，那么就会得到非常有趣的效果，着重使用一种色彩会提高它的表现性。

（2）明暗对比。黑色与白色是最强烈的明暗对比，他们的效果是对立的，在它们之间有着灰色和彩色的领域。如具有白色沙发、墙面和天棚的客房，配上暗色的茶几、门扇、黑白相间的貂皮与黑白相间的挂画，构成明暗对比十分强烈的明快爽朗的环境气氛。

（3）冷暖色对比。很多试验证明，人们对冷暖的主观感觉前后者相差很大。人们在和谐的色彩搭配空间中，感觉舒适度和消除疲劳等方面也有很大的区别。如人们在蓝绿色的房间里工作，15℃时就感觉到寒冷，而人们在橙红色的房间里工作，11℃～12℃时才感到寒冷。

在客房设计时，根据客房的不同功能空间，设计不同的颜色，尽量给客人创造温馨舒适的空间。

（三）客房艺术品陈设

客房艺术品的点缀不仅能够增加客房的美感，还能从视觉效果上增加客房的整体空间感。客房艺术品陈设主要是以摆设品和挂件为主。

1. 摆设品

客房的摆设品主要分两类：一类是能够显现出客房档次和风格的艺术品摆件，如精美的雕刻等；另一类是能够突出客房生机，改善客房环境的摆件，最常见的是植物盆景。

对于艺术品摆件，在装饰设计时，要与客房的整体风格相适应。这里的相适应包括中西风格相适应，古今风格相适应。

而植物盆景不仅要选择造型优美的，而且要选择能够净化室内空气，对人体安全无害的，如佛肚竹、南洋衫、印度橡皮树等。还有，在盆景选择时，切记应该选择无花的盆景，因为有花的盆景可能会使一些客人产生过敏，那么效果往往会适得其反。

2. 挂件

室内装饰艺术品有挂画、小型手工艺品等。挂画，最好选用原创的国画或油画，不管水平高低，总比电脑打印的装饰画值得一挂，而从侧面体现出酒店管理者的品位。小型的手工艺品也是如此。

学习任务4　客房部定员管理

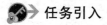 任务引入

小龚的迷茫

服务员小龚第一天上班，被分在酒店主楼12层做值台，由于她刚经过三个月的岗位培训，所以对做好这项工作充满信心，自我感觉良好。一个上午的接待工作确也颇为顺手。午后，电梯门打开，"叮当"一声走出两位港客，小龚立刻迎上前去，微笑着说："先生，您好！"她看过客人的住宿证，然后接过他们的行李，一边说："欢迎入住本酒店，请跟我来。"一边领他们走进客房，随手给他们沏了两杯茶放在茶几上，说道："先生，请用茶。"接着她又用手示意，一一介绍客房设备设施："这是床头控制柜，这是空调开关……"这时，其中一位客人用粤语打断她的话："知道了。"但小龚仍然继续说："这是电冰箱，桌上

文件夹内有'入住须知'和'电话指南'……"未等她说完，另一位客人又掏出钱包抽出一张面值10元的外汇券不耐烦地给她。此时，小龚愣住了，一片好意被拒绝甚至误解，这使她感到既沮丧又委屈，她涨红着脸对客人说："对不起，先生，我们不收小费，谢谢您！如果没有别的事，那我就告退了。"说完便退出房间回到服务台。

此刻，小龚心里乱极了，她实在想不通自己按服务规程给客人耐心介绍客房设备设施，为什么会不受客人欢迎。

任务分析

小龚对客人积极主动的服务热情首先应该充分肯定，她按服务规程不厌其烦地给客人介绍客房设备设施，一般说也并没错（客人给她小费，本身也包含了对她服务工作的肯定，说明她所做的工作并没有错）。但是，服务规程有个因人而异、灵活运用的问题，对服务分寸的掌握也有个适度的问题。这样来看，小龚对两位港客太地道的服务确有欠妥之处。

显然，将客房的常用设备设施甚至普通常识详细介绍，对于经常入住酒店的档次较高的客人，是大可不必的，特别是当客人已显出不耐烦时，还是继续唠叨，那更是过头了，会让人感到对方以为他们未见过世面而在开导他们，使其自尊心受到挫伤，或者误解服务员是变相索要小费而看不起她，从而有了不满和反感。好心没有办成好事，这是满腔热情的小龚始料未及的，其中蕴含的客房服务员的服务技巧问题，值得饭店同行沉思和探讨。

相关知识

一、客房部劳动定额的确定

劳动定额是指每个员工在一定时期内，在保证服务质量的前提下，平均应该达到的工作量指标。定员是指客房部及各班组、各环节为了完成一定任务而应有的人员配备。劳动定额是对劳动效率的要求，是实行定员编制的基础。定员是对人员配备的要求，是完成劳动定额的手段。二者互相联系，互相作用。

制定劳动定额首先必须确定定额指标。由于客房劳动随机服务较多，不同于生产性和其他服务性企业，所以除客房清扫员外，其劳动定额指标不易确定，需要灵活掌握。可以视岗位工作的性质实行看管定额指标、责任指标、营业指标、成本消耗指标和利润指标。有了定额指标就可以编制定额。

制定劳动定额有多种方法：

（一）实际测定法

实际测定法适用于客房清扫员劳动定额指标的确定。具体方法是：

首先按照清扫操作规程和质量要求，组织具有不同操作水平的人员多次清扫，记录并研究每个人的每个动作和完成时间，进行科学综合，得出各项能适用于大多数清扫员的操作时间。假设结果如下：

随机服务时间 D：10min；

清扫一间房时间 A：25min；

准备工作时间 t：10min；

结束工作时间 B：8min；

休息与自然停顿时间系数 f：0.12；

每天规定劳动时间 T：480min；

劳动定额计算公式为：

$$X = [T - (t + B)] / [(A + D) \times (1 + f)]$$

将数据代入公式，得：

$$X = [480 - (10 + 8)] / [(25 + 10) \times (1 + 0.12)] \approx 12(间)$$

即客房清扫员每天的劳动定额为打扫12间客房。

需要注意的是，这里的随机服务时间要根据酒店服务等级标准确定，高等级酒店客房随机服务多，预留时间要多。

用实际测定法确定劳动定额，关键是要先准确测定单项操作时间。有了单项操作时间标准，也可以不用上面的公式而根据工作时间长短制定基本劳动定额。以楼层为例，一般的定额要求日班清扫员8h内完成12~14间标准房的清洁整理工作；晚班服务员负责40~50间客房的夜床服务；日班领班要负责带6~8名服务员，检查80~100间客房，晚班领班要负责160~200间客房的工作区域。在客房部各工种中，楼层的劳动定额比较简明易定，公共区域与洗衣房的劳动定额可参照此法。

楼层服务台值班员的工作以对客服务为主，随机服务多，所以其劳动定额指标不便确定，一般根据实际需要，按清扫员的一定比例大致确定。

（二）经验估计法

经验估计法以过去达到的指标为基础，综合分析进一步提高劳动效率的有利因素和不利因素，用经验来估计工时消耗，制定劳动定额。

（三）统计分析法

统计分析法参考过去的统计资料，结合当前劳动条件和管理条件，制定劳动定额。

（四）类推比较法

类推比较法以过去达到的指标为基础，分析同类酒店客房的劳动定额指标，然后结合本酒店客房现状，通过对比分析来估计工时消耗，制定劳动定额。

制定劳动定额是一项比较复杂的工作，要考虑多方面因素，如人员素质、工作环境、规格标准、器具配备等。规格标准高，每人的劳动定额就要少一些，以使员工能有充裕的时间把工作做得细一些。

二、客房部定员编制的确定

（一）定员的基本原则

（1）定员水平要先进合理，既要符合精简、高效、节约的原则，以尽可能少的劳动耗费生产出尽可能多的服务产品，又要保证工作的正常需要，保障员工身心健康。

（2）合理确定相关人员的比例，特别是一线与二线员工的比例、各工种之间员工的比例、管理人员与服务人员的比例等。

（3）定员标准既保持相对稳定，又能适时调整，以适应形势变化。

随着酒店市场竞争的日益加剧，客房出租率呈总体下降趋势，酒店客房部一般不再增加定员，而是在客流旺季雇用临时工或实习生。这样既可以保证旺季接待工作的正常进行，又可以在淡季减少工资、福利资金的支出。

(二) 定员的方法

(1) 岗位定员法是根据客房部内部的机构设置、岗位职责和工作量等因素确定员工人数的定员方法。主要适用于行政管理人员，如经理、办公室秘书、文员。

(2) 比例定员法是根据客房部某部分员工人数或客房数量，按一定比例确定员工人数的定员方法。主要适用于楼层服务员和客房管理人员，如2名清扫员配1名接待服务员；10名服务员配1名领班。这一方法简便易行，比较符合实际，是常用的方法。

(3) 定额定员法是根据劳动任务、劳动定额和员工出勤率，计算员工人数的定员方法。主要适用于客房清扫员。其公式是：

$$定员人数 = 劳动任务/(劳动定额 \times 出勤率)$$

例如，某酒店有客房600间，年平均出租率为80%，每个客房清扫员每天的劳动定额为12间，出勤率一般为95%，应该如何确定定员人数？

根据公式，得：

$$定员人数 = 600 \times 80\% / (12 \times 95\%) \approx 42(人)$$

在确定客房楼层定员时，要先明确用何种服务模式。如果设有客房服务中心，由于注重用工效率和统一调控，人员可定少些；如果设立楼层服务台，注重面对面的专职对客服务，则人员要多得多。另外，也要先确定采用几级管理层次，通常是根据客房部规模大小决定。小型酒店往往主管与领班合并为一个层次，不设经理秘书或经理助理，服务员也大多是全能型的，不必细分工种，只做服务区域与班次的划分即可。

三、客房部的劳动组织形式

班组是客房部劳动的基本组织形式，其负责人称为领班。客房班组一般是按楼层划片定段，以走廊为中心分片的。小型酒店往往一两个楼层为一个班，大型酒店一层楼或半层楼为一个班。班组劳动力的配备要根据酒店档次、客房数量、服务标准、劳动定额等实际情况来定。

划分班组要注意新老员工搭配，以老带新，利于工作；也要考虑人员素质高低和操作技能强弱的搭配。客房楼层班组不宜过大，以免领班工作路线太长，上下楼浪费时间多。安排轮班时要考虑客人的活动规律。客房清扫主要集中在上午，大体是上午比下午忙，白天比晚上忙，因此清扫员一天一个班次就可以；而值台员一般要到23:00后才没有客人需要服务，因此可排两班。有轮班就要有严格的交接班手续，上下班应有15~30min的交接班时间，防止服务脱节。

四、客房部劳动力的调节

由于各种原因，虽然事先经过仔细测算，确定了客房部的劳动定额和定员，但在工作中总是会出现劳动力与实际需求不相符的情况，需要做一定的调节，使劳动力的安排具有弹性。这就需要对劳动力市场动向和酒店客情有较为充分的掌握。

(一) 掌握酒店客情变化规律，合理调节劳动力安排

酒店由于处于不同的地理位置，并且类型、档次、声望等因素各不相同，所以对客人的吸引力也不相同，其客源和出租率的变化规律也不同。同一地区的酒店有的淡、旺季明显，有的以会议接待为主，无明显的淡、旺季区别。客房部经理对本酒店的客情规律要有足够的

了解，以便对劳动力使用做出合理调节。要准确预测年度、季度的劳动力需求，更要做好近期的劳动力安排。可以从酒店销售部和前厅部获取客情预报，包括中、长期预报和每周或每三天的预报，以合理安排劳动力，做好接待准备。

（二）根据劳动力市场情况决定用工性质和比例

酒店用工来自劳动力市场，其劳动力素质高低不同。如果按定员计划一次性招聘，统一培训，固然对保证服务质量有利，但会造成淡季窝工，人员闲散，影响士气，若定员编制紧些，到旺季招收临时工也可以，但要考虑临时工的来源和素质。操作技术可以短期速成，而素质不能速成。为保证服务质量的稳定，应将临时招聘人员安排到公共区清扫等简单劳动岗位，将原来表现好、工作效率高的服务员替换下来充实客房清扫岗位。另外，临时工的比例不能过高，以免服务质量失控。国外有些酒店将清扫客房这类可变性工作一律雇钟点工来做，或全部包给社会服务公司，客房部固定员工只负责完成固定的工作任务，这样就不存在调节劳动力的麻烦了。

（三）制订弹性工作计划，控制员工出勤率

客房部经理必须通过制订弹性工作计划来调节日常工作的节奏，如卫生计划、设备维修更新计划、员工培训计划等，在接待任务减少的阶段实施，使员工总有事情可做，使队伍不至于涣散。另外控制员工出勤率也是调节工作节奏的方法之一。可以利用资金差额，合理安排班次、休假以减少缺勤，避免窝工。

五、客房部管理者的素质要求

酒店客房只有现代化的服务设施而无高质量的服务是不能令客人满意的，而没有高素质的客房员工队伍就谈不上客房优质服务。客房部管理者应有的基本素质与前厅部并无不同，只是在应掌握的专业知识方面有明显区别。

（一）掌握清洁方面的知识

懂得清洁卫生原理，掌握清洁剂、清洁用品的种类、适用范围和使用须知，能够指导清扫员正确使用，既达到清洁目的，又不会损坏设备或对使用者造成伤害。

（二）掌握设备物资管理方面的知识

懂得客房或其他空间应配备何种设备用品以及储存、使用、保养常识，能督导服务员正确使用和存放设备物品。

（三）掌握室内环境艺术方面的知识

具有一定的审美素养，对客房陈设、装修材料以及色彩的选用、室内绿化美化能提出改进意见。

（四）掌握防治虫害方面的知识

了解酒店内可能滋生的害虫种类、习性和滋生的诱因；掌握多种杀虫剂的作用和使用方法；懂得如何控制环境卫生，防止虫害的发生。

（五）掌握客房劳动管理方面的知识

懂得如何制定劳动定额和编制定员，能合理组织劳动班组，合理配备和调节劳动力，恰当安排班次和轮休，合理利用人力资源。

（六）掌握财务方面的知识

能制定和有效执行房务预算，制定和控制客房成本费用的开支标准，以最少的开支获得最大的经济效益。

（七）掌握布件制服面料质地方面的知识

能对员工制服用料和布件的选购提出建议，对洗涤储存等环节进行有效管理。

客房部工作范围广，涉及知识多，每位管理者应结合自身工作至少成为某一个方面的专家。经理则应对上述业务有全面的了解，以便于做好房务工作。

六、客房部服务员应具备的基本素质

酒店能否提供高水平的客房服务，取决于服务人员的素质和服务能力，客房部服务员大多与客人接触较少，只有楼层服务台值台员和客房服务中心值班员承担对客服务工作。小型酒店楼层服务和客房清扫统一由客房部服务员承担。这里所谈的客房部服务员应具备的素质主要是指以下方面：

（一）政治思想素质

（1）树立正确的世界观与人生观。能全心全意为客人服务，自觉抵制腐朽思想的影响和侵蚀，维护国家和民族的荣誉和尊严。

（2）具有敬业精神。热爱本职工作，努力学习专业知识，能向客人提供标准化服务。

（3）具有高尚的职业道德。服务中一视同仁，不卑不亢，尊老爱幼，助人为乐，一切为客人着想，不损害消费者利益，廉洁奉公，忠于职守，顾全大局，团结互助。

（4）具有良好的组织纪律观念。遵纪守法，严守机密，遵守酒店的规章制度和员工守则。

（二）业务素质

（1）具有较好的语言表达能力。讲好普通话，懂得地方方言；熟记本部门的专业用语、常用的酒店服务用语和礼貌用语；还要掌握一门外语，达到能与客人对话、相互沟通的程度。

（2）具有一定的文化知识和社会知识。高水平的文化修养必然会对服务员的气质、性格产生良好的影响，有利于做好服务工作。合格的客房部服务员不仅应具有一定的文学、史地、服务心理学、民俗学、法律、各国风俗礼节等方面的知识，还要懂得旅行、购物、医药保健等生活小常识，熟悉本地的旅游景点、交通路线和气候特点，在必要时能给客人提示。

（3）有较强的服务技能技巧。熟悉本职业务工作和各项工作制度，懂得客房服务程序、操作规程和要求，做到服务标准化、程序化、规范化。

（4）具有较强的应变能力。善于观察，遇事沉着冷静，能应付各种突发事件，特别是在夜间值班时，要有独立处理问题的能力。

（5）具有良好的仪容仪表。仪容仪表关系到服务员的精神面貌，影响到客人对酒店的整体印象。

（三）身体素质

身体健康，能承担劳动量较大的客房清扫工作。客房部的工作量相当大，消耗体能多，因此要具有健康的身体才能适应客房部的工作。

项目小结

客房部是酒店管理有关房务事务，向客人提供住宿服务的部门。客房是酒店基本设施和主体部分，客房部是酒店的主要组成部门，是酒店存在的基础，是酒店的主要创收和创利部门，在酒店中具有重要地位。客房部的主要任务是保持房间干净、整洁、舒适；为客人提供热情、周到而有礼貌的服务；保障酒店及客人生命和财产的安全以及确保客房设施设备时刻处于良好的工作状态、负责酒店所有布草及员工制服的保管和洗涤工作等。

客房部的服务质量受客房部的组织机构模式的影响，因此酒店需要根据自身情况，确定合理的服务模式及岗位设置。客房是客人在酒店逗留时间最长的地方，客人的许多活动要求都依赖于客房的设计布局及客房所提供的设施设备。因此，客房产品的设计要根据客人的实际需要进行，方便客人使用。客房部是劳动密集型部门，离不开服务人员的劳动，要做好相关岗位人员的配备，做好客房部的定员及定额管理，同时还要提高服务人员的素质，给客人提供优质、高效、个性化的服务。

项目考核

1. 实务训练

熟练使用客房内的各种设备用品。

2. 思考题

（1）客房部在酒店中处于什么样的地位？
（2）客房服务中心和楼层服务台这两种服务模式，各有什么优缺点？
（3）客房应该具备哪些功能空间，配备哪些设备？
（4）同时有几批客人抵达酒店，行李较多时怎么处理？

模块五

客房部服务

项目一　客房接待服务

学习目标

一、知识目标

(1) 掌握客房服务的程序与标准。
(2) 了解客房服务的管理模式。
(3) 理解客房优质服务的内涵。

二、技能目标

(1) 能够独立完成客房的各项服务。
(2) 能够对客房的服务项目提出更新改进意见。
(3) 会运用优质服务的内涵评价各种服务现象。

三、实训目标

(1) 使学生掌握基本的对客服务技能，体会如何与顾客沟通。
(2) 在相互点评的过程中，培养学生观察事物、运用知识、发现问题的能力。

学习任务1　对客服务内容

任务引入

21:00左右，8209房间的客人打电话到前台说："你们的服务是怎么搞的？矿泉水没给我送，牙刷少一个。"当班接待员说："很抱歉，先生，我们马上派服务员给您补上，您稍等。"客人很不高兴地说："你光道歉有什么用，马上给我送过来。"随即挂断电话。当班接待员立即打电话到台班说明情况。

任务分析

酒店的企业精神是以情服务，用心做事，我们在给客人提供个性化、亲情化服务是建立在满足物质需求和精神需求的基础上的一种升华，如果说连客人最基本的必需品都满足不了，又何谈用心做事。再有就是当班服务员的责任，在为客人清理房间的时候这些东西都应该是备齐的，应该备齐却没有备齐，这就造成了顾客的不满，我们所做的努力就全白费了，这就是 100－1＝0 的道理。另外，人们常讲：细节、细节还是细节；检查、检查还是检查。员工干工作的同时要注意细节问题，而管理者在检查工作的同时更要注重细节，管理的一半是检查，没有检查的管理那就是畸形的管理，是管理的另一大缺陷。所以说无论我们做什么事情，不管对谁来说，都不能偷工减料，任意省略，换一个角度思考，假如自己是客人，在住酒店的时候要什么没什么，连最基本的东西都没有，那会是什么样的感觉。在工作当中还要加强换位思考的意识，时刻把客人的利益摆在第一位。

一、客房接待规范服务

（一）迎送服务

宾客迎送服务包括三大环节：迎客准备服务、住客迎接服务和送客服务。

1. 迎客准备服务

迎客准备服务是楼面接待服务过程的第一环节，又是使其他环节得以顺利进行的基础环节，所以准备工作一定要充分、周密，要在客人到达酒店前完成，尤其是接待贵宾和团队客人时，更要做到以下几点：

①了解客情。楼面服务台接到总台传来的接待通知单后，应详细了解客人的人数、国籍、抵离店时间、宗教信仰、风俗习惯和接待单位，对客人生活标准要求、付费方式、活动日程等信息做到情况明、任务清。

②布置房间。要根据客人的风俗习惯、生活特点和接待规格，调整家具设备，配备齐日用品，补充小冰箱的食品饮料。对客人宗教信仰忌讳的用品要暂时撤换，以示对客人的尊重。房间布置完，还要对室内家具、水电设备及门锁等再进行一次全面检查，发现有损坏失效的，要及时报修更换。客人进房前要调好室温，晚上应开好夜床灯。前一天未住人的房间，卫生间水龙头要放锈水。最后要有领班检查认可，方能接纳客人。

③准备迎接客人。做好迎客的物质准备和心理准备，并提前等候在服务岗位上，恭候客人的到达。

2. 住客迎接服务

住客迎接服务是在客人乘电梯、上楼面、进房间时进行的。客人经过长途跋涉，抵达后一般比较疲乏，需要尽快妥善安顿，以便及时用膳或休息。因此，工作时必须热情礼貌，服务迅速，分送行李准确，简明扼要地介绍情况。

①梯口迎宾。客人步出电梯，服务员应微笑问候。无行李员引领时，服务员应帮助客人提拿行李，引领入房，介绍房内设施、设备及使用方法。

②分送行李。主要指的是团体客人的行李。由于团体客人的行李常常是先于或后于客人到达酒店，因此行李的分送方式有所不同。先到的行李由行李员送到楼层，排列整齐，由楼层服务员核实件数。在客人到达以后，按行李标签上的房号逐一分送。如发现行李标签失落或房号模糊不清时，应暂时存放。待客人寻找行李时，请陪同或客人自己认领。后到或随客

人到的行李，则由行李员负责分送到房间。

③带进客房。同行李员一起走在客人的左前方与客人保持一定的距离，随客人的步速向前慢行；到客人住房前要轻轻敲门，房里没人回应时立即帮客人开门，请客人先进房间，然后跟进放好行李，向客人介绍各种电器及设备的使用方法，客人表示不用介绍时可以不用介绍。

④送茶水、香巾。近年来国内酒店参照国际酒店业的通行做法，对传统的"三到服务"（客到、茶到、香巾到）不再提倡，主要是减少对客人打扰。但目前出现恢复该项服务的呼声越来越强烈，这种服务的实施，意在展现中国人热情好客的民族传统，传播东方文化。

3. 送客服务

客人离店前后的服务是楼面接待工作的最后一个环节。客人住店期间，客房员工要密切配合，给予客人热情周到的服务。在最后环节更不应有丝毫松懈怠慢，以免前功尽弃。

①行前准备工作。服务员应掌握客人离店的准确时间，检查客人洗烫衣物是否送回，交办的事是否完成。要主动征求客人意见，提醒客人收拾好行李物品并仔细检查，不要遗忘在房间。送别团体客人时，要按规定时间集中行李，放到指定地点，清点数量，并协同接待部门核准件数，以防遗漏。

②行时送别工作。如客人有需要，可代为通知行李处派人员到房间取送行李；客人离房时要送到电梯口热情道别。对于老弱病残客人，要护送下楼至大门或上车。

③行后检查工作。客人下楼后，服务员要迅速进房检查，主要查看有无客人遗留物品。发现遗留物品要立即通知总台转告客人。若发现小冰箱食品饮料有消耗、客房设备有损坏、物品有丢失的，要立即通知总台收银处，请客人付账或赔偿。最后做好客人离房记录，修正楼层房态。

有的客人因急事提前退房，委托服务员代处理未尽事宜。服务员承接后要做记录并必须履行诺言，不要因工作忙而丢在一旁。

（二）洗衣服务

客人在酒店居住期间，可能会需要酒店提供洗衣服务，尤其是商务客人和因公长住酒店的单身客人。按规定，两星级以上酒店必须设此服务项目。

1. 服务内容

洗衣服务可分为水洗、干洗、熨烫三种。时间上分正常洗和快洗两种。正常洗多为上午交洗，晚上送回；如下午交洗，次日送回。快洗不超过 4 小时便可送回，但要加收50%的加急费。没有洗衣房的酒店往往要次日送回。送洗客衣工作由楼面台班服务员承担。

2. 服务方法

最常见的送洗方式是客人将要洗的衣物和填好的洗衣单放进洗衣袋，留在床上或挂在门把手上。也有客人嫌麻烦请服务员代填，但要由客人过目签名。洗衣单一式三联，一联留在楼面，另两联随衣物送到洗衣房。为避免客人将要洗衣物放在房内而延误收洗时间，服务员应在上午某一规定时间之前（一般为9点或10点）巡查一下可能有洗衣要求的房间，及时收出。为了防止洗涤和递送过程中出差错，有的酒店规定，客人未填洗衣单的不予送洗，并在洗衣单上醒目注明。

送回洗衣也有不同方式。一种是由洗衣房收发员送进客房；另一种是洗衣房收发员将衣服仅送到楼面，由台班服务员送入客房。

送洗客衣是一件十分细致的工作。按照国际惯例，由于酒店方面原因造成衣物缺损，赔偿金额一般以洗涤费用的10倍为限。由于我国洗涤费用便宜，按10倍赔偿客人也不满意。所以要求经手员工认真负责，不能出一点差错，否则会招致投诉，给酒店造成经济和名誉影响的损失。

3. 工作中的注意事项

服务员收取客衣时必须仔细清点件数，检查衣袋里是否有东西、是否脱扣、有无严重污点和褪色、有无破损等。如有，应向客人说明，并在洗衣单上注明。有关洗衣的投诉往往是因为洗涤后衣物缺损。故清点记录要格外仔细。

洗衣单一定要由客人填写，尤其是洗涤方式。若请服务员代填，也要客人签名。

洗熨好的衣物要及时送入客房，请客人查收并签单。若客人不在房间，应将衣物放在床上，绝不能直接挂入衣柜。

及时将洗衣账单交总台收银处入账，待客人离店时统一结算。

如出现差错或损坏，要及时与洗衣房联系，调查处理。

干洗还是湿洗？

江苏省某市一家酒店住着某台湾公司的一批长住客。有天一位台湾客人的一件名贵西装弄脏了，需要清洗，当见服务员小江进房送开水时，便招呼说："小姐，我要洗这件西装，请帮我填一张洗衣单。"小江想客人也许是累了，就爽快地答应了，随即按她所领会的客人的意思帮客人在洗衣单湿洗一栏中填上，然后将西装和单子送进洗衣房。接手的洗衣工恰恰是刚进洗衣房工作不久的新员工，她毫不犹豫地按单上的要求对这件名贵西装进行了湿洗，不料结果在口袋盖背面造成了一点破损。

台湾客人收到西装发现有破损，十分恼火，责备小江说："这件西装价值4万日元，理应干洗，为何湿洗？"小江连忙解释说："先生，真对不起，不过，我是照您的交代填写湿洗的，没想到会……"客人更加气愤，打断她的话说："我明明告诉你要干洗，怎么硬说我要湿洗呢？"小江感到很委屈，不由分辩地说："先生，实在抱歉，可我确实……"客人气愤之极，抢过话头，大声嚷道："这真不讲理，我要向你上司投诉！"

客房部曹经理接到台湾客人投诉——要求赔偿西装价格的一半2万日元。他吃了一惊，立刻找小江了解事情原委，但究竟是交代干洗还是湿洗，双方各执一词，无法查证。曹经理十分为难，他感到了问题的严重性，便向主持酒店工作的蒋副总经理做了汇报。蒋副总也感到事情十分棘手，召集酒店领导做了反复研究。考虑到这家台湾公司在酒店有一批长住客，尽管客人索取的赔款金额大大超出了酒店规定的赔偿标准，但为了彻底平息这场风波，稳住这批长住客，最后他们还是接受了客人过分的要求——赔偿2万日元，并留下了这套西装。

【案例分析】

本案例中将名贵衣服干洗错作湿洗处理引起的赔偿纠纷，虽然起因于客房服务员代填洗衣单，造成责任纠缠不清，但主要责任仍在酒店方面。

第一，客房服务员不应接受替客人代写的要求，而应婉转地加以拒绝。在为客人服务的过程中严格执行酒店的规章制度和服务程序，这是对客人真正的负责。

第二，即使代客人填写了洗衣单，也应该请客人过目后予以确认，并亲自签名，以作依据。

第三，洗衣房的责任首先是洗衣单上没有客人签名不该贸然下水；其实，洗衣工对名贵西服要湿洗的不正常情况若能敏锐发现问题，重新向客人了解核实，则可避免差错，弥补损失，这就要求洗衣工工作作风细致周到，熟悉洗衣业务。

另外，就本案例的情况而言，酒店一般可按规定适当赔偿客人损失，同时尽可能将客人破损的衣服修补好，由于投诉客人是长包房客，为了稳住这批长包房客源，这家酒店领导采取了同意客人巨额赔款要求的处理方法，这是完全可以理解的。况且，尽管客人的确也有责任，但酒店严格要求自己，本着"客人永远是对的"原则，从中吸取教训，加强服务程序和员工培训，也是很有必要的。

（三）送餐服务

某些客人由于特殊的生活习惯或有特别要求，如起早、患病、会客等，而要求在客房用餐并额外支付送餐费用的服务。按规定，现在的中、高档酒店必须实行这项服务，多由餐饮部的客房餐饮服务部负责。低档酒店在客人提出要求时也应当尽力满足，可由客房服务员兼职。

1. 订餐

客房用餐分为早餐、便饭、小吃、点心、夜宵等。客人若需要在客房用早餐，应于前一天晚上在客房备有的早餐牌上选好食物种类，注明用餐时间，然后将其挂在房门把手上，由服务员定时收集，统一向餐饮部订餐员订餐。客人也可以直接打电话订餐。

2. 送餐

送餐由餐饮部送餐员直接送进客房。根据客人用餐多少，可以用托盘或送餐车送上。送餐车必须有保温装置，防止送到时饭菜温度下降影响质量。无专门送餐员的酒店可由餐厅服务员送到楼面，再由客房服务员送到房间。客房送餐服务注意事项：

（1）先敲门，自报身份，等候客人开门。
（2）托盘或餐车摆放位置要适当，可征求客人意见。
（3）摆放妥帖后揭开餐碟盖，要一一报菜名。并询问客人还有什么需要。
（4）准备好账单并问清楚客人的结账方式。如签单则请客人在账单上签字。
（5）在送餐一小时后仍未接到客人收餐具的电话，需打电话询问。
（6）收餐具时要征求客人用餐意见。撤时注意清点，不要与客房用品混淆。

（四）客房小酒吧服务

为满足客人在房间享用酒水饮料的需求，同时增加酒店客房收入，中、高档酒店的客房必须配备小冰箱或小酒吧，存放一定数量的软、硬饮料和干果，如烈性酒、啤酒、果汁、汽水等，供客人自行取用。按规定，软饮料要不少于5~8种，硬饮料不少于3~5种。还要配备酒杯、杯垫、调酒棒、纸巾等用品。收费单放在柜面，一式三联，上面注明各项饮料食品的储存数量和单价，请客人自行填写耗用数量并签名。

服务员每天上午清点冰箱内饮料、食品的耗用量，与收费单核对。如客人未填写，则由服务员代填。核对无误后，交客房服务中心。单据的第一、二联转给前厅收银处，费用填入客人账单。当客人结账时将第一联交客人作为收据，另一联作为原始单据由财务部留存，第三联由领班统计，填写楼层饮料日报表，作为到食品仓库领取补充品的依据。

（五）擦鞋服务

客房内通常备有擦鞋纸、擦鞋巾，以方便客人擦鞋，高档酒店还会备有擦鞋机。但真正的擦鞋服务是为客人人工免费擦鞋。在设此项服务的酒店，客房壁橱中放置了标有房间号码的鞋篮，并在服务指南中告知客人。客人如需要擦鞋，可将鞋放入篮内，于晚间放在房门口，由夜班服务员收集到工作间，免费擦拭，擦拭完毕后送到客房门口。

（六）其他服务

上述服务是星级酒店客房服务的基本项目。此外，酒店还会视自身客源特别开设其他特别服务项目。

1. 托婴服务

托婴服务就是为外出活动办事的客人提供短时间的照管婴幼儿童的有偿服务。这项服务在中国酒店业兴起的时间不长，很受长住客和度假客人的欢迎。酒店并不配备专职人员从事此项服务，而是向社会服务机构代雇临时保育员，或是由客房部女服务员利用业余时间照管。托婴服务责任重大，除对保育人员有严格要求外，还要求此项服务的客人提前3小时与客房服务中心联系，并填写托婴服务申请表，以便了解婴儿的特点及家长的要求，并告知客人酒店的收费标准及注意事项。托婴服务一般以3小时为计费起点，超过3小时的，按小时增收费用。

托婴服务中注意的事项：

（1）照看者必须有责任心、可靠，并有一定的保育知识。如果有客房服务员兼职，只能利用业余时间，不能利用上班时间照看婴儿。

（2）照管婴儿时，必须按客人要求去做，不要随便给婴儿食物吃，以确保婴儿的安全。一般不能将婴儿带出客房或酒店。

2. 租借物品服务

客房内所提供的物品一般能够满足住店客人的基本需求，但因一些特殊原因，客人也会需要酒店提供一些特殊的物品，如熨斗、婴儿车、床板、冰、热水袋、体温计、变压器、接线板及电动剃须刀等。客房应备有这些物品，以便及时提供租借物品服务，满足客人的需求。租借物品服务具体方法表现在以下几个方面：

（1）为方便客人，在客房内的《服务指南》中应注明客房部可提供此项服务，并告诉客人服务的方式和联络方法。

（2）客人可通过电话或直接向客房服务员提出租借物品的要求。

（3）客房服务员应仔细询问客人租借物品的名称、要求，以及租借的时间，需用多长时间等。

（4）应在放下电话后，以最快的速度（5分钟）或准时在与客人约定的时间将物品准备好送到客人的房间。

（5）请客人在租借物品登记表上签名。租借物品登记表上应注明有关租借物品的注意事项。

（6）过了借用时间或其他客人希望借用时，客人仍未归还物品，客房服务员可主动询问客人，但应注意礼貌和询问方式。

（7）客房服务员在交接班时，应将租借物品服务情况列为交接班内容，说明客人租借物品情况，以便下一班的服务人员继续服务。

（8）客人归还物品时，客房服务员应做好详细记录，应在交班时，说明已收回。

（9）客人离店时，应特别检查客人有无租用物品及有无归还等。若有，应礼貌提醒客人归还,并注意语言表达方式,不要引起客人的误解。总之,租借物品服务一方面应尽量满足客人的合理要求,另一方面应保证其及时收回,以给所有的客人都能提供及时服务。

3. 客人遗失物品服务

客人遗失物品的处理程序。在客人住店的过程中,随身携带的小物品,甚至贵重物品,由于种种原因,可能发生丢失的现象,对于该种事故的处理程序如下:

(1) 安慰并询问客人会有可能丢失在什么地方,请客人提供线索,分析是否确实丢失。

(2) 在查找过程中,请客人耐心等待或让客人在现场一起寻找,查找工作一般由保安人员及管理人员负责。

(3) 经多方查找无果且原因不明,没有确认是在客房内被人盗窃的,酒店不负赔偿责任,但应向客人表示同情并耐心解释,请客人留下地址和电话,以便今后联系。

客人遗失物品处理中的注意事项:

(1) 部分客人害怕自己的钱物丢失,把钱物藏在客房内,事后却忘记藏在什么地方,此时应让客人情绪安定,并帮客人寻找。

(2) 如果客人报告贵重物品丢失涉及某服务人员,在弄清事实前,不可盲目下结论,以免挫伤服务人员的自尊心。

(3) 搜索所有不外漏的部分,如抽屉里面、床下、床垫下和画幅后等地方,对于已迁出客人的客房则不允许此客人一起入内搜查。

(4) 从客房已清理出的物品和垃圾里寻找,如脏棉织品、吸尘器内或其他废物中寻找。

二、贵宾接待服务

贵宾是指有较高身份地位或因各种原因对酒店有较大影响力的客人,在接待中会得到较高礼遇。

(一) 贵宾的范围

各酒店对于贵宾范围规定不一,大致包括:

(1) 对酒店的业务发展有极大帮助,或者可能给酒店带来业务者。

(2) 知名度很高的政界要人、外交家、艺术家、学者、经济界人士、影视明星、社会名流等。

(3) 本酒店系统的高级职员。

(4) 酒店同行或者协作单位的经理及其他高级负责人。

(5) 酒店董事会高级成员。

(6) 酒店上级行业管理人员。

对贵宾的接待,从客房的布置、礼品的提供,到客房服务规格、内容的确定,都要高出普通客人,使其感到酒店对自己确实特别关照。有些人虽然不在上述范围内,但酒店视情况也应给予其贵宾待遇,如被新闻媒体大加宣传的社会热点人物、英雄模范等。非公寓式酒店对长住客也会给予贵宾待遇,而高档商务客人事实上早已成为酒店的贵宾。

(二) 贵宾服务

客房部接待贵宾时要提前做好充分准备:

(1) 客房部接到酒店的贵宾接待通知书后,要选派责任心强的服务员将指定房间彻底清扫,按规格配备好各种物品,并协助有关部门在客房内摆放有总经理签名的欢迎信、名片，拜访酒店的赠品，如鲜花、果篮、饮料等。

（2）布置完毕，要由客房部经理或主管严格检查，然后由大堂副经理最后检查认可。

（3）贵宾在酒店有关人员的陪同下抵达楼面时，客房部主管、服务员要在梯口迎接问候，并陪同进房。

（4）服务员及时送上欢迎茶。贵宾享有在房间登记的特权，由总台负责办理。贵宾在住店期间，服务员应特别注意房间卫生，可以增加清扫次数。管理人员也要注意巡视检查。对特别重要的贵宾，应提供专人服务，随叫随到，要绝对保证高水准的服务。一切接待服务工作要严格按照酒店的规定进行。

知识链接

客房服务的具体要求

1. 良好的职业道德

首先要尊重客人的隐私，客人在"家"里。作为"家"的管家或侍者，有义务尊重客人的隐私，不得以任何理由私自打开客人的行李袋（箱），不得翻动、使用客人的物品，不得在客房接听或私打电话。坚决禁止利用工作之便私拿客人物品和财物。其次要注意避免与客人讨论政治敏感问题，不得泄露国家机密，不得私自陪客人在店内外参观、旅游、娱乐和吃饭，不准请客人购买私人物品。

2. 主动热情

主动热情要服务在客人开口之前，热情服务则是指服务人员出于对自己从事的职业有肯定的认识，对客人的心理有深切的理解，因而富有同情心，发自内心地、满腔热情地向客人提供良好的服务。

3. 礼貌待客

良好的仪容仪表、自然得体的语言、落落大方的气质是一种礼貌的表现。在服务中要做到："请"字先，"谢"字后，"您好"不离口；见到客人先微笑，然后再主动礼貌地打招呼；客来热情欢迎，客住热情服务，客走热情欢送，并把微笑服务贯彻始终。

4. 耐心细致

客人的多样性和服务工作的多变性，使得客房服务员要面对很多的委屈、刁难、责备，在这时客房服务员就要摆正心态，保证服务质量。虽然客人在客观上会犯错误，但我们也要在主观上巧妙地把对让给客人，让客人享受到做主人的尊贵。在客人住店期间，要创造一种家的氛围和环境，从细处着手体现服务品质。一个细心的服务员在整理房间时如果发现客人睡觉时把床罩搭在了毛毯上，就会联想到客人可能觉得毛毯太薄，主动为客人加棉被。

5. 准确高效

客人对客房的要求是舒适、整洁、安全。清洁而符合规范的房间是礼貌服务的物质依托。忽略了达到客人对房间的基本要求，其礼仪便无从谈起。而要保证客房能够达到舒适、整洁、安全的标准，就要求客房部员工付出巨大的努力，在辛勤的劳动中提高工作效率，否则他们是不可能胜任这一工作的。如酒店规定服务员打扫一间客房的时间是 30min。

三、商务楼层服务

每一位入住商务楼层的客人都将受到贵宾般的接待，高贵优雅的环境和细致、快捷的服务以及充分的委托代办项目，为商务客人生意上的成功和生活上的享受，创造了极佳的条件。

商务楼层服务人员通常应做好以下工作：

（1）客房预订。

（2）入住登记。

（3）客梯迎送服务。

（4）退房、订房、商务中心等服务等。

商务楼层客房服务及注意的事项：

（1）商务楼层客房服务通常由专人或相对固定的服务人员提供，以便于工作中观察、了解客人的习惯、爱好，提供更有针对性的服务。

（2）客房服务中应严格遵循不打扰客人的原则。如当客人在房内时不应进房服务，除非客人提出要求或确实需要服务。

（3）应格外注重礼貌礼节。如服务人员应使用姓名尊称入住商务楼层的客人；遇到客人，应面向其问好，不应背对客人。

（4）服务工作中应注意整洁与美观。如房务工作车不应装过多客用品；脏布草或垃圾应低于袋口，不能让客人看到；卫生间内用过的脏毛巾尽快更换；保持所有场所绿色植物的清洁，鲜花的艳丽新鲜等。

（5）为商务楼层客人提供随时的客房清理服务，客人每离房一次，皆应进房清理整齐，并补充相应客用品。

商务楼层管理人员对客房应做白手套式检查，以确保每间房符合清洁卫生标准。

四、私人管家服务

私人管家是一种贴身的、一对一的高度定制化的服务模式。客人入住后只需面对私人管家而无须再找其他人就可享受各种服务，私人管家负责帮客人协调和解决从入住到离店的所有问题。

私人管家服务在国外高星级酒店很盛行，我国在1992年由广东国际大酒店率先向客人提供此项服务，2006年在深圳富苑酒店产生了我国第一批"英式私人管家"。

私人管家类似于家庭保姆，因此又被称为"酒店保姆"。他们既是服务员，又是秘书，专门负责料理客人的起居饮食，为客人排忧解难。私人管家关注客人住店期间的每一个细节，从客人入住，私人管家立即为其办理登记，引领入房、端茶送巾，详细介绍酒店情况。此外客人的生活琐事、外出交通、商务活动等也均由其一人操办，直到客人离开酒店。在生活方面，要会熨烫衣物、调酒、嘘寒问暖、调解纠纷，工作上主要能操作电脑、翻译、熟悉打字复印等。显然，私人管家要具备极高的素质，拥有丰富的服务经验与专业素养。由于私人管家服务细致周到，体贴入微，深受客人信任。

学习任务2　客房优质服务

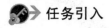 任务引入

小汤的"委屈奖"

一位台湾客人入住江南某市一家酒店。当行李员帮他把行李送进客房刚刚退出，服务员

小汤就已提着一瓶开水走进房间,她面带微笑,把暖瓶轻轻放在茶几上,主动询问客人:"先生,您有什么事需要我做吗?"台湾客人说:"小姐,请给我一条毛巾。""好的。"小汤满口答应,马上出去,一会儿便用盆子端着一条干净的毛巾,来到客人面前,用夹子夹住毛巾,递给客人说:"先生,请用。"没想到客人却很不高兴,责备道:"我不要旧的,我要没有用过的新毛巾!"小汤心里一愣,却不动声色,立即对客人道歉:"对不起,我给您拿错了。"说完便出去换了一条新毛巾来,客人这才满意。

台湾客人泡上一杯茶,由于他喜欢喝浓茶,就用两袋茶叶泡一杯茶,并打开电视,一边喝茶,一边看电视。茶喝过后再加水味道稍淡,他又把剩下的两袋茶叶另泡一杯。当他觉得茶味又不够时,茶叶没有了。于是,客人打电话给楼层服务台,请服务员再送一些茶叶来。小汤很快就拿了几包相同的茶叶进来送给客人,没想到客人非常不满地抱怨:"我不要这种绿茶,我要喝浓一点的红茶!"这时,小汤的心里感觉很委屈,但她丝毫没有流露,再次向客人道歉说:"对不起,我又给您拿错了。"接着又去换了几包红茶来送给客人。

此时,客人很感动,他发觉自己刚才两次对服务员发火太过分了,不由连声向小汤道谢:"小姐,谢谢你!"脸上露出愧疚的神色。

任务分析

以上案例中的客人显然是错了,因为他既没有说清楚要新毛巾,也没有明确交代要换红茶。而小汤对客人的服务并没有错。小汤主动向客人"认错",说明她对"客人永远是对的"这句酒店服务的座右铭有着正确的认识,并具有服务员出色的素质和修养,值得称赞。具体表现在两个方面:

(1) 从换毛巾到换茶叶,可以看出这是个爱挑剔的客人。然而小汤却周到、妥帖地侍候好了这位爱挑剔的客人,表现出了充分的忍耐心、足够的心理承受能力和无可挑剔的服务质量,这是服务员一种很高的素质和修养,难能可贵。

(2) 客人两次无端指责,这对小汤确实是非常不公平的,而小汤却能自觉承受委屈,用自己的委屈换取客人的满意,这是服务员应努力达到的一种高尚的境界。所以,小汤获得"委屈奖"是当之无愧的。

相关知识

著名的酒店管理专家、服务哲学创始人斯塔特勒曾说:"酒店唯一出售的产品就是服务,卖好服务的酒店是好酒店,卖劣质服务的酒店是劣质酒店。"一个优秀的酒店应该是向顾客提供优质服务的酒店。现代社会,顾客的需求多元化,酒店的竞争更多地体现在服务的竞争上,服务的竞争就好比是逆水行舟,不进则退。所以,树立、提高从业人员的服务意识,向顾客提供优质服务的行为非常重要。

一、优质服务的内涵

关于什么是优质服务,服务性企业的经营者和管理专家们就此问题做过长期探索,但至今仍缺乏权威性的定义。也许是因为优质服务的内容实在太丰富,无法用几句话来准确涵盖,值得继续研究探讨。

(一) 优质服务的含义

对于优质服务的定义,介绍下面两种有代表性的看法。

美国旅馆和汽车协会主席 W·P·费希尔认为，优质服务是指服务人员正确地预见宾客的需要和愿望，及时做好服务工作，充分满足宾客的需要和愿望，尽量提高宾客的消费价值，使宾客愿意与酒店保持长期关系。他用 SERVICE（服务）的 7 个字母来解释优质服务的含义：S（Spirit）态度——服务人员具有良好的服务态度；E（Empathy）移情——服务人员能设身处地为宾客着想；R（Responsiveness）敏感——服务人员及时服务；V（Visibility）可见——让宾客感觉到服务人员在为自己服务；I（Inventiveness）创造力——服务人员能根据需要灵活服务；C（Competency）能力——服务人员有必要的服务能力；E（Enthusiasm）热情——服务人员要提供面对面的热情服务，给宾客留下难忘的回忆。

上海社会科学院旅游研究中心编写的《旅游服务标准化学习手册》对优质服务的表述是："优质服务的市场评价就是指某旅游企业能满足相应等级（或相应客源市场）的绝大多数旅游者的绝大多数需要。这两个'绝大多数'越趋近百分之百，则越优质。"从这个表述可以看到，优质服务就是尽可能多地满足客人需要。

那么，酒店的住客会有些什么样的要求？如何实现客房优质服务？这是酒店客房管理者和服务员必须认真研究的重要问题。有这样一个公式：优质服务 = 规范服务 + 超常服务。关于客房的规范服务，前面已经详细介绍过，现在来谈谈超常服务问题，并按照这个思路探讨什么是客房优质服务。

案例

优质服务

15：40，8302 的常客陈小姐说，她从上个礼拜六入住到现在已有五天时间，昨天她告诉楼层服务员今天把被罩换成新的，但回来后发现被罩未换，喝水的杯子未刷，地毯上有卫生纸屑等杂物，且饮水机上的纯净水只有一指高，洗手盆内有水不说，里面还有风干的果肉。这引起她的强烈不满。当班人员连忙向客人道歉，并答应客人处理好此事。

【案例分析】

酒店经常告诉员工，要给客人提供优质服务，并且一再强调用心做事，给客人一个惊喜，但还要明白，个性化、亲情化服务是建立在日常工作的基础上的，基础不牢，地动山摇，连顾客最基本的需要（并且是顾客已经提出来的）都满足不了，再去谈用心做事无异于空中楼阁，用心做事要的是锦上添花的效果，并不是用来弥补工作的失误。况且酒店员工本来应该在客人开口之前完成本职工作，现在连应该做好的工作，都让客人来开口要求，那么又怎么给客人方便呢？还有就是，最不容忍的是忽视顾客，如果从心里把客人都当成 VIP 接待的话，那么肯定能满足顾客需求。换一个位置考虑问题，如果酒店员工是客人，看到以上的场景，我们会是什么感觉？客人是亲人，是家人，怎么忍心这样来对待朋友、亲人、家人呢？

（二）超常服务与个性服务

1. 超常服务

超常服务，即非规范服务，可以满足客人的特殊的、偶然的、个别的需求的服务，是规范服务的补充和提高。为什么要提供超常服务？由于住客来自不同的国家和地区，民族、宗教、风俗习惯方面有较大差异，又有年龄、性别、文化教养、职业、消费水平等区别，仅靠规范服务不可能充分地满足所有客人的所有要求。而酒店是以出售服务为特征的经营性企业，按这一行业的宗旨和信条，客人的要求永远是对的（违反法律的除外），酒店，尤其是一流酒店必须千方百计满足客人的各种需求，包括那些偶然的、特殊的需求，让客人满意，使他们成为回头客。这就突破了规范服务的范围，出现了超常服务。如宾客要求服务员帮助煎中草药。这样的要求是合理的，酒店也有能力提供煎药这种超常规服务，应满足客人要求。

2. 个性服务

个性服务通常是指服务员主动以强烈的服务意识去接近客人，了解客人，设身处地地揣度客人的心理，从而有针对性地提供服务。个性服务分为两个层次，第一层次是被动的，是由客人提出非规范需求。第二层次是主动的。个性服务的内容相当广泛又琐碎细小，可大致归纳为6类。

（1）灵活服务。这是最普遍的个性服务。只要客人提出要求就尽量满足。

（2）癖好服务。这是比较有规范、有针对性的服务。酒店建立客史档案就是保证为有某种特殊偏好的客人提供所需的服务。

（3）意外服务。这并不是客人本来就有的需求。如果发生了意外情况，就要尽力帮助客人排忧解难，如查找失物。

（4）（计算机）自选服务。随着计算机技术的发展，发达国家酒店中许多个性服务都是通过电脑的宾客自选装置（Guest Operated Devices）来完成的，如个人留言、叫醒服务、点歌、点影视片、结账、查询银行账目等，都可以在客房内自由选择并处理。这种服务方式效率高、质量好，被称为"高效服务装置"（Time - saving Devices）。

（5）心理服务。这是以满足客人心理需要为目的的服务。有时客人有某种需求，却并未提出，属于隐含的需求。服务员要有一定的心理学知识，学会揣度客人心理，适时提供服务。

（6）金钥匙服务。金钥匙服务即酒店的委托代办服务。在国际上已成为高档酒店个性服务的重要标志。

当一个酒店既能为客人提供种类多样、成熟规范的基本服务，又能提供许多额外服务，满足客人提出的或未提出的、想到的或未想到的需求时，自然会令客人满意甚至给客人带来惊喜。这样的服务就是优质服务。要达到这种服务水平，酒店员工尤其是一线员工必须有高度的责任心，有强烈的服务意识，处处以客人为重。可见，要做一个能为客人提供优质服务的客房服务员也不是件容易事。

二、常见客人的类型及个性化服务

个性服务并不都是为某个客人提供专门服务，相同类型的客人会有许多相同的需求。酒店要研究同类客人的相同需求，尤其是本酒店目标客人的相同或相似的需求，把它们逐步纳入规范服务范畴。欧洲酒店服务的趋势就是个性服务向"小群体服务"发展，这样既满足了某一部分客人的需要，又节约了服务成本。

划分酒店住客类型有许多方式，如按出行方式、旅游动机、下榻目的、客人个性特点划分等。

（一）按出行方式划分

为管理和服务方便，酒店通常首先把客人分为散客和团队客两大类。

1. 散客

散客是以个人单独旅行方式来酒店住宿的客人，旅行目的或是旅游观光、探亲访友，或是公务、商务活动。客房既是他们住宿的场所，也是接待客人、办公、商务洽谈的场所，故其对客房服务的期望值较高，商务客人尤其如此。散客消费能力较强，除通常以全价付房费外，还对其他服务项目感兴趣，会为酒店带来较多的经济效益。因此，酒店对散客市场有着极大关注，希望能更多地接待这类客人。为吸引散客客源，酒店要设立更多的服务项目，增添新颖的健身、娱乐、餐饮、购物设施，以满足散客的需求。因此，接待好散客也有一定难度。

第一，散客时间安排随心所欲，入住和离店常有临时改变主意的现象发生，在旺季容易使客房出租、周转出现麻烦。

第二，要求多样化，常有些特殊的、不可预知的需求，对客房服务是一种考验。

第三，散客的个人素质相差悬殊。高素质客人，如高档商务散客，对客房服务要求相当高，无论是物质上还是精神上的，都要求臻于完美；低素质客人对此要求不高，对客房设备、设施用品也不爱护，常会造成物品损坏或加快磨损报废，有的离店时还顺手牵羊，增加了清扫、查房的工作量和索赔的麻烦。

第四，散客人员复杂，绝大多数入住时间短，进出频繁，给客房安全管理增加了难度。

目前中国的酒店市场客源结构在逐渐发生改变，最突出的变化是散客增加，不仅是商务散客，一般旅游者也越来越希望自由旅行，不再受集体旅游的限制。家庭式旅游者也属于散客，数量也呈增长势头。国际旅游市场现在大体是70%的散客，30%的团队。

我国短期内还达不到这个比例，但发展趋势是明显的。有专家断言，从发展来看，哪个酒店能在散客服务上取胜，就能在市场上站住脚。因为在散客接待上能够取胜，接待团队便不成问题。所以接待好散客不但能给酒店带来可观的经济效益，也给客房服务与管理提出了更多的要求。

2. 团队客

团队客大多数以旅游观光为目的。他们参加有组织的旅游团，集体安排旅游观光活动，同时抵店和离店，按日程安排同时出入酒店。国外和国内的团队客有较大差异。国外客人对酒店设施、客房环境、服务水平要求很高，消费水平也较高；国内团队的消费能力一般大大低于散客，不仅房费要折扣，房内也不需要电话、小酒吧、洗衣等服务，餐饮、娱乐方面消费也少。尽管如此，由于团队客人数量多，占用客房多，其客房收入还是可观的。在旺季散客客源充足时，酒店虽不大情愿接待团队客，但从全年看，在酒店市场僧多粥少的状态下，拥有一定比例的团队客能使酒店客房出租率保持良好水平。

接待团队客时要照顾其统一活动的特点，分配房间要集中，最好安排在同一楼层或相邻楼层。团队客（会议客除外）白天基本不在房间，要注意做好早晚服务工作。叫醒服务一般不可少，要准时提供。早上还要提醒客人带好相机、手袋等物品。晚上回店前，开水要准备充足，开好夜床。要主动介绍当地风景名胜、风味餐馆、工艺产品、土特产和旅游纪念品，便于客人购买。有委托服务时要主动热情，保证质量。

案例

团队要去北京

早晨8点。南京玄武酒店10楼一个客房里，从澳大利亚墨尔本来的一支团队的几名主要负责人在商量一件大事。这支团队共有40多人,大多是退休教师,是应我国有关单位邀请前来上海、南京等地旅游考察的。3天前到达南京后,已先后参观了中山陵、明孝陵等名胜古迹和四五所中小学,预定于上午10点离店乘机去北京。不巧的是,团中有一位名叫罗杰斯的客人前天患了重感冒,发高烧。酒店医生陪他去过医院,虽打针服药,但仍不见明显好转,体温还是38.5℃。显然,摆在他们面前有3种选择:要么整个团队留下,待罗杰斯先生康复后一起北上;要么团队按计划去北京,让罗杰斯先生随团前往;再就是把罗杰斯先生留在南京,其余成员都去北京继续旅行考察。第一方案立刻遭到大家的反对,因为这不仅要大大增加团队在中国的费用,而且北京那儿已做了接待的安排,何况罗杰斯先生何时病愈也是个未知数。第二个方案符合原计划,一切可以如期进行,但途中的劳累会加重罗杰斯先生的病情,罗杰斯先生毕竟已是60多岁的人了。这样,就只剩下第3个方案了,但大家认为,团队无权向酒店提出这样的苛求,因为这可能会给酒店带来许多预想不到的麻烦,而且罗杰斯先生年事已高,万一……正当大伙儿无奈时,门铃响了,酒店客房部经理前来拜访。"诸位一定在为罗杰斯先生的病情犯愁,"客房部经理简短寒暄之后开门见山地说道,"酒店也在研究贵团的去留问题。总经理要我转告各位,你们的困难便是我们的困难,你们有什么要求尽管提出,我们一定尽力协助。"澳大利亚旅游团的领队见酒店同志如此热诚,也就坦率地说出了他们只有让罗杰斯先生留下来这一种选择。话刚开头,客房部经理便接口道:"这也正是我们的意思,英雄所见略同嘛。"一句话顿时把沉闷的气氛冲得烟消云散,房内所有澳大利亚客人都争着与客房部经理握手。上午10点,团队准时离店,酒店总经理亲自为他们送行,并再三安慰他们,请他们放心离去。随后,总经理亲临罗杰斯先生房间慰问,还送来鲜花、水果。此后,在罗杰斯先生病留玄武酒店的4天里,客房部特地安排了3名服务员,一天3班轮流护理,把早上穿衣、梳洗、熬粥、烹制清淡菜肴和陪同看病、打针、服药等工作统统给包了下来。在酒店医生的精心治疗和3名员工的细心看护下,罗杰斯先生很快便康复了。第5天,酒店派车把他送上了去北京的飞机,罗杰斯先生感激得泪流满面。

【案例分析】

酒店接待团队时,常会遇上成员中有人生病的情况。这确实会给团队和酒店带来麻烦。处理这类问题,酒店首先应站在团队和患者的立场上寻找解决问题的办法。本例中,玄武酒店决定对单独留下的病人承担照料的重任。这无疑是站在客人立场上做出的最佳选择。这样做确实会增加酒店的开支,还会平添许多麻烦,但与玄武酒店的服务宗旨相比,这些开支和麻烦都算不得什么。从酒店言必行、行必果,全力以赴地照料好罗杰斯先生,使他很快康复的案例可以看出玄武酒店在社会上赢得良好声誉的根本原因。当然,本例中罗杰斯先生患的病不是十分严重,对于可能导致严重后果的病人,酒店在做出此类决定时,还是谨慎为好。

(二)按下榻目的划分

1. 商务旅游型

商务客人是高消费的群体,无论国内、外都是如此。他们对客房设施、设备和服务的要求都很高,生活上要舒适,工作上要方便,尤其要求通信设施齐全,客房安全。商务客人非常重视保持良好的个人形象,因此,在服务方面首先要求有24小时的洗熨衣物服务,对美容服务也很感兴趣。商务客讲究饮食,还有约11%的人喜欢在客房用餐,对酒店娱乐、健身等项目也有兴趣。随着女性商务客人的增多,女性对客房的要求更加被关注。她们最重视房间安全与卫生,希望房号保密;客房有全身试衣镜,有足够的衣架;在卫生间安装晾衣绳，摆放清洁剂，能亲自清洁卫生洁具及洗晾小件衣物。商务客人一般有较高的文化修养，公务又繁忙，对服务方式、服务效率都很讲究，并希望得到更多的尊重。

服务方法：推荐豪华客房，选派素质高、外语好、业务精的服务人员为商务客人服务，以高质、高效为第一要求；为客房增添办公设备，改善办公条件；延长洗衣服务时间，并满足客人特殊需要；清扫客房时，对摊放在桌上的文件书籍不要翻看和挪动，对无意看到的内容注意保密；对立国家的客人或商业竞争对手不要安排在同楼层。尽量减少进房次数，以免打扰客人；客人的需求要尽快满足，有邮件要立即送进房间；店内有夜间娱乐项目时要及时告诉他们，适时地主动介绍当地高档餐饮、娱乐、购物场所。

许多高档酒店为商务客人开设了商务行政楼层，集中管理，提供有针对性的服务，很受客人欢迎。

2. 蜜月旅游型

旅行度蜜月的人越来越多，这类客人常有"一辈子就这一次，得好好风光一回"的想法，所以花钱大方，图个舒服、顺心、吉利，对自然风光、风景名胜最感兴趣，喜欢照相、品尝风味小吃和购买旅游纪念品。对客房的要求是有大床，安静。

服务方法：安排安静、明亮的大床间，如属预订，应有所准备，如贴红喜字，摆放鲜花等。临时入住也应后补，使客人感到温暖、喜庆。迎接客人时首先要表示恭喜祝福，之后见面也要多热情问候。多介绍当地的旅游景点、风味餐馆和旅游商店，方便客人游玩和购物。这类客人白天多外出，客房清扫等服务要抓紧搞好，客人回来后要少进房打扰。清洁卫生一定要保证质量，否则会使客人扫兴。

3. 修学旅游型

青少年修学旅游是近年出现的新事物，以日本、韩国中学生为主，国内比较少见。他们以获取知识、增长见识为目的，由学校统一组织来华旅游。对房间设施、服务等方面要求并不高，对自身也缺乏约束，活泼好动，性急马虎，充满好奇心。

服务方法：对这些小客人，在生活起居方面要多给予关心照顾，遇事多提醒，态度要亲切和蔼。发现有身体不适者要及时提醒其用药或帮助其请驻店医生。提供服务时要迅速，讲话单刀直入，问清要求后立即去做，讲求效率。可以多向他们介绍图书馆、文物古迹和自然旅游景观。

4. 华侨旅游型

华侨是境外来大陆旅游客人中最大的群体，一般有四类：一是政府有关部门邀请回国的教授、学者等高级知识分子和著名人士；二是旅游团队；三是回国寻求投资和经济合作的商界人士；四是自费探亲或治病疗养的老年人。华侨有强烈的民族感情和乡土观念，对祖国建设和家乡的一切都有兴趣，来访的客人和亲友多。一般华侨在住宿方面要求并不高，只要有空调和卫生间就满足了，欧美和日本华侨对住房设备、设施比较讲究。老年华侨客人往往希望回国后在各方面都能得到一视同仁的待遇，希望在酒店消费物有所值，有怀旧情绪，喜欢到各处参观，愿意购买家乡土特产和中草药。有的华侨还希望寻找失散的亲人。

服务方法：分配房间时要判断客人的消费水平，以区别对待。服务人员对华侨客人一定要热情亲切，使他们感受到"回家"的温暖。对老年客人，更要多方关照，嘘寒问暖，多介绍家乡的建设成就，多介绍名胜古迹、地方风味、旅游纪念品商店和中草药店，关心饮食起居，有代办需求要尽力办好。要搞好访客接待、留言服务。需要寻找亲人的，要千方百计帮忙提供线索。

5. 旅游疗养型

有些客人有慢性病，想借旅游机会看病或疗养。这类客人在酒店逗留时间长，活动有规律，喜欢安静，对优美恬静的自然风光、公、私医疗处所和民间偏方有兴趣。对住房要求特殊，如房间小而舒适，光线足，安静，起居方便。有的人因长期患病而心细多疑，对服务人员的服务态度比较挑剔。饮食讲究口味，客房用餐多。

服务方法：尽量为其安排位置僻静的单人房，服务周到细心，尽快摸清客人的生活规律。客房时时保持清洁状态，经常做小整理，使客人心情舒畅。开水及时供应，并提醒客人吃药。客人休息时不要打扰，保持楼道安静。多介绍食疗保健知识，推荐适合客人口味的饮食，或请餐厅为客人提供特殊饮食，也要为房内用餐提供方便。不要计较客人心情不好时的讲话失礼。

6. 长住型

在酒店入住超过一个月的客人，称长住客，如公司、商社或常驻机构长期包租客房作为办事机构，派员工长住办公。也有的是外国公司雇员携家属长期居住。这类客人最需要"家"的感觉，期望得到亲切、方便、舒适的服务。出于办公需要，长住客会在房间自行安装电脑、电传机、电冰箱等电器，甚至要求增加厨房等生活设施。另外因常有人来洽谈业务，对饮料服务要求较多。

服务方法：长住客工作紧张，服务员要给予理解关照。清理房间要尽量安排在客人非办公时，清扫时要特别注意客人的文件，开窗换气时不要被风吹散，不要翻看、挪动。茶具、饮料、擦手巾、记事便笺等用品要专门配备，按客人要求及时送上。对于长住客在房内安装办公设备和生活设施的要求尽量满足，但服务员在日常服务中要注意检查有无安全隐患，及时汇报给领导并提醒客人。有的酒店会记住长住客的生日，及时送上鲜花或果篮。经常征求客人意见，改进服务。客房经理要在节假日探望长住客。

案例

冷峻的日本客人笑了

木村先生在北京丽都假日酒店一住便是4个月。他30多岁，个儿很高，约有1.85米，头发总是梳得光亮，西装、皮鞋、领带几个月一直整洁如新、一尘不染。日本长住客人见到服务员一般都很热情，又是微笑，又是点头，可是木村先生来到丽都后，与服务员相对走过时总是爱理不理、视而不见。他的反常表现引起了负责这个块区的服务员小李的注意。他曾多次试图接近木村先生，但收效甚微。一天，在送木村先生的一位朋友时，小李意外获悉，木村先生是很爱说笑的，只是因为半年前在我国南方工作时，他的一块最心爱的手表丢失在某宾馆客房里，他怀疑是服务员偷走的，于是对酒店员工存有戒心，笑容也同时给"锁"住了。小李决心用自己的行动在木村先生心中重新塑造中国酒店员工的形象。首先，他注意到木村先生特别爱看体育节目，对于足球或拳击比赛，他总是看得津津有味。读报时，他通常先翻阅体育版。于是，小李在工作之余常跟他闲聊体育明星的事儿。为了丰富话题，小李阅读了不少书报，掌握日本著名柔道、相扑运动员的成功史和逸闻。果然，木村先生心中那扇紧闭了4个月的"铁门"终于打开了一条缝。在生活上，小李尽量给予木村先生特别的关心，例如木村先生身材高大，酒店里的浴袍太短，小李就到布巾部去换了两件特大号的，轮流供其使用。木村先生也注意到了这一变化，因此，心中的最后一道"防线"终于被攻破了。某个星期日上午，木村先生一反常态，蓬松着头，衣冠不整，匆忙奔出房间。小李见了忙主动问候。不料他并不理睬，低着头径直朝电梯赶去。小李去打扫房间时发现地毯上一大堆呕吐物，其发出一股难闻的气味。他二话不说便动手干了起来，花了很长时间才使房间恢复原状，然后又去仓库借来地毯清洗机，把地毯彻底洗了一下，还在各个角落喷洒香雾。在做夜床时，小李发现脏床单下有一个鼓鼓囊囊的皮夹，便立即报告领班，并在领班给客人留言后，郑重地将皮夹放在书桌上。翌日清晨，木村先生见到小李，第一次展现了发自心底的微笑，"寒冬终于过去了"。

【案例分析】

北京丽都假日酒店是由假日集团管理的，尽管地理位置处于劣势，规模又过于庞大，管理上有很多困难，但由于牢牢抓住了优质服务这个关键点，在2 400多名员工的共同努力下，经营状况始终处于我国数千家涉外酒店的最前列。中方总经理曾提出过"微笑一点、热情一点、主动一点、多做一点"的要求，还展开了"四个一点"竞赛，取得了理想的效果。本例中服务员小李在改变日本客人的偏见时，就是在"微笑""热情""主动""多做"四个方面下了功夫。优质服务含有感情交流的成分，小李在感情上缩短与木村先生的距离，采取以热心换冷心的战术，使木村先生的心终于升温。"最后防线"的突破似乎是"天赐良机"，带有偶然性，其实不然，这是小李优质服务的必然结果。

学习任务3　客房服务质量控制

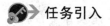 任务引入

"两瓶热水"

生活在现代社会的人们，尤其是一些西方客人对自身的各种权利非常重视，特别是个人的隐私权，因此，出入酒店的客人更希望有一种自由、宽松的入住环境。再加上有些酒店的值台服务员对客服务缺乏灵活性和艺术性，语言、表情、举止过于机械化、程序化，更使客人产生了不快，甚至感觉出入客房区域受到了监视。

一位来自日本名古屋的女商人，下榻在黑龙江省牡丹江市北山宾馆的415房间。这位日本女客的脾气十分古怪，不好侍候。她动辄瞪眼睛，口里还时常叽里咕噜地骂人。服务小姐在她房里打扫时倍加小心，唯恐招惹麻烦。这天早上七八点钟，女客人找到楼层服务员，气汹汹地责问当班的小罗，为什么今天只送来一瓶热水。按照酒店常规，每个客房都是送一瓶热水，服务员小罗不知道给这位客人送一瓶热水有什么过错。她正要发问，日本客人生气地责备道："昨天上午我给你们讲好的，我每天都要把这儿的茶杯、洗盆、浴缸用开水烫洗，一瓶水怎么够用？你们满口答应我每天送两瓶热水来，可是今天却只送了一瓶。你们说得倒挺爽快，办起事来却统统给忘了，这也算优质服务？"这番话像一盆冷水浇到小罗头上，她全然不知这位女士要两瓶热水的事情。当时她想告诉客人，她并不知道这件事。后来转念一想，肯定是昨天来顶班的小侯忘了交代，引起客人如此大的火气。可是，"错在小侯，不在我身上，为何要我去受这个气呢？"小罗伤心透了，恨不得找个地方痛哭一场，发泄发泄。然而，她还是强忍住委屈，微笑着告诉日本客人，她马上再去拿一瓶热水。保证明天早上一定送上两瓶，并诚恳地表示歉意。不一会儿，

小罗又拎了一瓶热水到415房。此时日本客人尚余怒未尽,嘴里还是嘀咕了好一阵子,而小罗的眼里已隐约可见闪烁的泪花。

任务分析

本例中的小罗为了酒店的声誉与形象受了委屈,这是难能可贵的,说明她具有高度的整体服务意识。确实,在客人眼里,如果对某个服务员满意,他们的头脑中会对酒店留下良好的整体形象。同样,如果个别服务员对客人失礼,也会给客人留下该店服务差的整体印象。从这个意义上讲,服务员是代表酒店在为客人提供服务。因此在与客人打交道时,每个岗位上的员工都应明确自己的角色地位,时刻站在酒店整体利益的立场上去处理每个细节,保证酒店的服务质量。

为了避免再次发生因交班忘记交代服务事项而出现的失误,楼层服务台应有填写交接工作日志的制度。工作日志既是记录客人活动情况、特殊需求和留言的备忘录,又是服务人员之间加强联系的有效方法。每个班次的服务人员均应按制度要求完成并交接本班工作日志。如果服务员小侯能将日本女客的特殊需求记录在工作日志上,小罗上班就能通过工作日志交接,知道需要她继续做的事情,客人的责备也就可以避免了。

相关知识

一、服务质量概念

(一)服务质量定义

所谓服务质量(Service Quality)是指酒店以设备或产品为依托的劳务适合和满足宾客物质及精神需求的程度。适合并满足的程度越高,服务质量就越好;反之,则服务质量越差。

(二)客房服务质量的构成

客房服务质量是由以下三方面内容构成的。

1. 客房设备、设施用品质量

客房设备、设施及用品包括客房家具、电器设备、卫生间设备、防火防盗设施、客房备用品和客房供应品。这些是提供客房服务的物质基础,其舒适、完好程度如何直接影响到整个客房服务的质量。

2. 客房环境质量

客房环境质量主要是指客房设施、设备的布局和装饰美化,客房的采光、照明、通风、温湿度的适宜程度等。良好的客房环境能使客人感到舒适惬意,产生美的享受。

3. 劳务质量

劳务质量是客房部一线服务人员对客人提供的服务本身的质量,包括服务态度、服务语言、服务的礼节礼貌、服务方法、服务技能技巧、服务效率等。

在这三方面中,设备、设施、用品和环境的质量是有形的,构成了客房的硬件设施;劳务质量是无形的,构成了客房的软件设施,却又是服务质量的最终表现形式。二者的有机结合,便构成了客房服务质量。

还客人一个安静的环境

省歌舞剧院搞舞美设计的傅先生出差到宜昌，曾入住一家星级酒店，让他感受颇深。

傅先生习惯将设计工作安排在夜晚进行，直到天明之后方才就寝。可是，天明后走廊里的电话铃声、服务员相互之间的叫嚷声（她们叫嚷的都是工作上的琐碎之事，比如"浴巾差几条""某某房退房了"等）此起彼落，不绝于耳，并夹杂着服务车被推动时轮子发出的"咯吱"声，这使他无法就寝。

还有，服务员在下午的时候，会去敲他的房间，并隔着房门大声询问是否需要打扫房间，要不就是打电话进来询问，他对此很是头疼，觉得真是不可理喻。

傅先生由此回忆起在台湾入住星级酒店时的情景。怎么同是星级服务，却有天壤之别呢？

傅先生曾随团到台湾演出，入住过台北的圆顶大酒店，亲身感受到台湾的星级服务。入住酒店后的第一感受就是安静舒适，当他们离开酒店后回来，房间已被收拾得干干净净。有时候刚离开酒店后不久中途回来取物品时，进入房间，就感觉到房间是已收拾了一半后被迫停下来的状态。他后来才知道，当他的前脚刚踏进酒店的大堂时，前台接待员便马上通知做房服务员，客人回来了！做房服务员立刻停下手中的活儿，从房间内退出来。所以，他住了一个星期也没有和做房服务员在房间内打过照面。酒店走廊24小时总是静悄悄的，听不见服务员高声喧哗之声。他也见过做房用的服务车小巧玲珑，服务员行走起来声音很小。即使他一天不出房间，服务员也不会打电话进来或是用敲门方式来询问是否需要打扫房间。

【案例分析】

台湾的酒店将酒店的服务诠释得非常好，客人在旅行和商务活动中，花钱住房，其实是租一个临时的"家"来休息，既舒适又干净，且不被人打扰，这再简单不过了，他们深知这个道理。

所以，酒店员工所面对的每一位客人，他的作息时间和生活喜好，酒店员工无以知晓（除非他们是酒店VIP客人），如何避免打扰客人呢？其实操作起来并不难。

那就是，在提高服务员整体素质的同时，从服务提示语入手，同时增加通信设备的投入，这样方可解决上述问题。

其一，在客人的桌子上摆放一个提示牌，上面写：当您入住这个房间，这就是您临时的家。为了给您一个安静、舒适的环境，我们尽量不去打扰您。因此，当您准备离开房间或需要打扫房间时，请您及时通知服务员或将需要打扫房间的提示牌挂在门上，这样便于更好地为您服务。

其二，走廊间设立的电话，服务员不要用来接听，以免铃声打扰客人，电话只是供给客人离开房间后使用的。

其三，给每位服务员配备一个BP机。现如今，BP机这样的通信设备已经被人们忽视，完全退出日常的生活圈了。但这些退下来的设备，酒店可以很便宜地引进来，每位服务员腰间别一个，调到震动状态，这样就不会有惊扰的声音了，当客人需要服务时，由客户服务中心传呼该楼层的服务员，而且直接在BP机上显示需要服务的内容和客人的房间号，这样既简单又快捷。

其四，配备对讲机。有的酒店已经给个别的服务员配备了对讲机，可是对讲机的声音是外置式的，因而，使用时的"咔嚓"声和对讲声也很嘈杂扰人。其实只要配备一个耳塞和话筒一体化的内置配件，就不会惊扰客人了。

二、客房服务质量标准设计的依据

（一）适应性

设备、设施的质量标准必须和酒店星级及档次相适应，设施越完善，设备就越豪华舒适。

（二）合理性

服务质量的标准必须和产品价值相吻合。客房服务质量的标准体现的是客房产品的价值含量的高低。客房产品关系到消费者和酒店双方的利益，制定标准应该准确合理。

（三）针对性

服务质量的标准必须以客人的需求为出发点。服务质量中人的劳务质量体现在服务态度、服务技巧、礼节礼貌等各方面，其质量高低主要取决于客人的心理感受，因此任何脱离客人需求的服务标准都是没有生命力的。

三、客房服务质量标准的建立

根据客房服务质量标准在设计时所要考虑的因素，将其分为十个方面的内容。

（一）服务工作（内容）标准

服务工作标准主要指酒店为保证客房服务质量水平对服务工作所提出的具体要求。服务工作标准不对服务效果做出明确的要求，只对服务工作本身提出具体要求。例如，客房床单应每日更换一次；大堂地面必须每天按时吸尘。

（二）服务程序标准

服务程序标准指将服务环节根据时间顺序进行有序排列，既要做到服务工作的有序性，又要保证服务内容的完整性。例如，客房接待服务有四个环节，即客人到店前的准备工作、客人到店时的迎接工作、客人住店期间的服务工作、客人离店时的结束检查工作，其中每个环节又进一步细分出很多具体的步骤和要求，如果这些环节中有一个步骤出现问题，都会使客房服务质量受到很大影响。因此，确定客房服务程序标准是保证服务质量的重要举措。

（三）服务效率标准

服务效率标准指在对客服务中建立服务的时效标准，以保证客人得到快捷、有效的服务。例如，客房服务中心接到客人要求服务的电话，3分钟内必须为客人提供服务；客人交付洗烫的衣物必须在24小时以内交还客人等。

（四）服务设施、用品标准

服务设施、用品标准指酒店对客人直接使用的各种设施和用品的质量与数量做出严格的规定。设施和用品是酒店服务产品的硬件部分，其使用标准制定的高低直接影响到客房产品的质量水平。如果客房中的一次性牙刷和牙膏质量低劣，客人就往往会在使用这些劣质用品时对酒店整体的质量水平产生怀疑和不满。

(五) 服务状态标准

服务状态标准指酒店为客人所创造的环境状态、设施使用保养水平提出的标准。例如，客房设施应保持完好无损，所有电器可以正常使用，卫生间 24 小时供应热水，地毯无灰尘和无霉变。

(六) 服务态度标准

服务态度标准指对服务员提供面对面的服务时所应表现出的态度和举止礼仪做出的规定。如服务员需实行站立服务，接待客人时应面带自然微笑，站立时不得前倾后靠、双手叉腰以及搔头挖耳，当着客人的面不得高声喧哗、吐痰、嚼口香糖等。

(七) 服务技能标准

服务技能标准指客房服务员所应具备的服务素质和应达到的服务等级水平以及语言能力，规定服务人员所应具有的服务经验和所应掌握的服务知识，规定特定岗位上的服务人员能够熟练运用的操作技能。如一名客房清扫员应能在 30 分钟左右完成一间标准客房的清扫工作。

(八) 服务语言标准

服务语言标准指酒店规定的待客服务中所必须使用的标准化语言。酒店在欢迎、欢送、问候、致谢、道歉等各种场合下要求员工使用规范语言。如规定服务中使用的敬语口诀："请"字当头，"谢谢"不断，见面时"您好"，离别时"再见"，得罪客人时"对不起"，客人谢谢时"没关系"等；同时酒店也应明确规定服务忌语，如规定在任何时候不能回答客人"不知道"。使用规范化语言可以提高服务质量，确保服务语言的准确性。

(九) 服务规格标准

服务规格标准指酒店对各类客人提供服务所应达到的礼遇标准。例如，规定对入住若干次的常客提供服务时必须称呼客人姓名；对入住豪华套房的客人提供印有客人烫金姓名的信纸、信封；对 VIP 客人的房间要放置鲜花、果篮等。

(十) 服务质量检查和事故处理标准

服务质量检查和事故处理标准是对前述服务标准的贯彻执行而制定的标准，也是酒店服务质量的必要构成部分。发生服务质量事故，酒店一方面要有对员工的处罚标准；另一方面也要有事故处理的程序和对客补偿、挽回影响的具体措施。

案例

气走了客人

某宾馆一位姓王的长住客人，最近突然从本宾馆迁到对面的一家酒店住宿。客房部经理知道后亲自去拜访客人，问其原委。这位客人说："客房服务员是'鹦鹉'，每次见到我只会鹦鹉学舌地说'您好，先生'，而对面酒店客房服务员是'百灵鸟'，我每次碰到服务员时，总能听到曲目不同的悦耳歌声，这使我心情舒畅。"

【案例分析】

客人是有血、有肉、有感情的人，在不同场合对不同类型的客人使用服务用语时不能犯"教条主义"的错误，简单地照搬"模式语言"会造成客人不快。"请慢走"本是一句礼貌用语，但已经不能适应现代高效率、快节奏的生活方式，可改为"请走好"。再如"一路顺风"的祝愿语，现在也已很少使用，道理一样，因为现在旅客乘坐飞机的机会多了，容易发生安全事故，若改用"祝您平安""祝您旅途愉快"则更好。

　　称呼客人的姓氏，对客人来讲是最美妙的音乐。"您好，先生！"对初来乍到的新客人来说，是一句很礼貌的问候语。但是，对长住客人来讲，却显得陌生和疏远，难怪长住客人王先生会说服务员是鹦鹉学舌，突然就搬到对面的酒店去住了。此例中服务员应把客人当作老朋友看待，首先要注意称呼客人为"王先生"，并根据客人的职务、喜好、性格等特点，说一些充分体现酒店关心客人、尊重客人且客人也爱听的话。如"王先生，今天满面春风，一定是遇到高兴的事情了""王先生，今天天气很好，祝您万事如意"等。另外，即使是同一句服务用语，针对不同年龄、身份的客人，也应采取不同语气：年长者——尊敬；年轻人——亲切；年幼者——慈爱等。在不同的场合和时间，扮演客人喜欢的不同的服务角色，才能达到恰到好处的效果。否则，鹦鹉学舌，千篇一律，只能使客人反感和不快。

四、客房服务质量控制的主要环节

　　要实现计划目标，必须实行有效的控制。所谓控制，就是监督各项活动，纠正各种重要偏差，以保证下属的行为和各项活动按照计划进行。服务质量的控制必须做到准确、及时、有效，具体可采用以下方式。

　　（一）事前控制

　　事前控制是质量管理的最高境界，起到防患于未然、未雨绸缪的作用，事前控制包括两方面的准备。

　　（1）精神准备。要求每个服务人员必须精神饱满、思想集中、着装整洁、规范上岗。必要时要事先了解客人的身份、生活习惯等，以便有针对性地提供服务。

　　（2）物质准备。物质准备包括前厅、客房、安全保卫等各方面的准备工作。保证宾客一进店，就能提供满意的服务。例如，客房部要检查房间的设备是否齐全完好，房间是否整洁，布置是否美观、舒适，用品配备是否安全等，以确保客房质量标准。

　　（二）过程控制

　　过程控制是现场管理的体现，起到随时发现问题、解决问题、纠正偏差的作用，使可能出现的问题消灭在萌芽之中，是客房服务全过程中的关键环节，直接影响到宾客的满意程度和酒店的声誉。接待服务过程的质量控制主要有以下三方面内容。

　　（1）严格执行接待服务规范，加强服务质量检查。特别是对接待服务的关键部门、岗位或薄弱环节要实行重点的有效控制。如接待重要来宾时，关键部门的经理24小时待命，不断巡视检查，及时发现问题并解决。

　　（2）充分利用质量信息反馈系统，反思质量管理中存在的问题。及时搜集接待服务过程中的各种质量信息，进行分析研究，找出质量问题产生的原因，采取改进措施，进一步提高服务质量。如发现服务质量标准存在问题，要认真进行研究，必要时加以修订。

　　（3）巡视检查。在不断的巡视中发现问题，解决问题，并将发现的问题及时进行分析总结，作为培训工作及指导工作的案例。

（三）事后控制

接待服务结束工作的质量控制，是客房质量控制全过程的最后一个环节，也是酒店服务质量问题暴露较为明显的阶段，这个阶段质量控制有时可以起到亡羊补牢的作用，也可能是锦上添花的效果。主要内容包括以下几方面：

（1）服务人员要主动、诚恳地征求意见，对服务质量不足之处要表示歉意。对一些未尽事宜或宾客提出的要求和投诉，要尽可能给予补救和答复。

（2）掌握宾客离店时间，认真核对宾客的账单，保证准确、及时地结账，防止漏账。

（3）宾客离店时，主动告别，并表示感谢，欢迎下次光临。

（4）宾客离店后正确处理宾客遗留、遗弃物品。做好新一轮的服务接待准备工作，以迎接下一批宾客的到来。

项目小结

客房接待服务是对客服务的重要内容，客房通常采用楼层服务台和客房服务中心两种对客模式，具体选用哪种，需要根据酒店的实际情况来进行考虑。优质服务是在常规的标准化服务的基础上，根据不同的客人类型提供有针对性的超常服务、个性化服务，满足客人提出的或未提出的、想到的或未想到的需求，所以要求服务人员要有高度的责任心，有强烈的服务意识，了解客人的需求特点，注重不同特点客人的服务细节，为优质的服务质量奠定基础。

客房服务质量由客房设备用品质量、客房环境质量、劳务质量这三方面组成，为了保证客房服务质量，酒店需要设计服务质量标准，对服务人员进行培训，同时对服务人员进行监督，保证能给客人提供更加优质的服务。

项目考核

1. 实务训练

VIP 客房检查如表 5-1 所示。

表 5-1　VIP 客房检查

名称	VIP 客房检查
时间	2 课时
要求	掌握客房检查的内容、标准，并发现问题
准备过程	①实训场地：建议在全真的实训环境中进行； ②设计被检查的客房，将问题埋设其中； ③模拟客人、大堂副经理、主管、领班等角色
方法	讲解、示范、小组情景模拟、实际操作

2. 思考题

（1）分析不同住客类型的客房服务需求有什么不同？

（2）客房部在设立对客服务项目时，需要考虑哪些方面的因素？

（3）客房服务的主要内容包括什么？

（4）有哪几种客房服务的模式？分别有什么优缺点？

（5）客房服务质量的构成要素有哪些？客房服务质量标准的内容是什么？

（6）客房服务质量控制的主要环节是什么？
（7）什么是客房的优质服务？
（8）什么是客房的个性化服务？如何提供个性化的服务？

3. 案例分析

用语言艺术巧妙弥补差错

上海某五星级饭店，服务员张萌萌为外宾提供擦鞋服务。外宾的这双鞋为高档油皮鞋，擦拭时不需要鞋油。只需用湿的软布轻轻擦拭即可。张萌萌由于对高档皮鞋的性能不熟悉，不懂擦法，就按常规用鞋刷、鞋油去擦，结果将皮鞋擦坏了。客房部李主管得知此事后，就让张萌萌在托盘上垫上红绸子，将客人的鞋摆在上面，萌萌双手捧着托盘，随李主管来到客人房间。

李主管代表张萌萌向客人道歉："对不起，先生，您的皮鞋太高级了，我们服务员没有见过这么好的皮鞋，所以不会擦，结果给您擦坏了。我们愿意赔偿您的损失，真对不起，耽误您穿用了，请原谅！"李主管一再道歉，同时不住地恭维对方。客人见服务员态度这么好，再看看他那双皮鞋，端正地摆在垫红绸的托盘上，服务员还用双手捧着，而且即使赔偿也是鞋价的少部分，就非常大度地原谅了服务员，没有再让服务员赔偿损失。

思考：

（1）擦鞋服务是高星级饭店服务中很重要的一部分，本案例告诉我们提供擦鞋服务，对服务员有哪些要求？

（2）一起擦鞋事故得以平息，李主管的处理方法有哪些值得借鉴的地方？

项目二　客房清扫服务

学习目标

一、知识目标

（1）掌握客房清洁卫生的内容及程序。
（2）掌握客房常规清洁卫生的管理方法及标准。
（3）了解公共区域清洁工作的特点及内容。
（4）掌握清洁卫生质量控制的方法。

二、技能目标

（1）能够独立完成客房日常清洁卫生程序并达到相应标准。
（2）熟练包床技能，会使用不同类型的清洁剂。
（3）初步掌握客房部清洁卫生的管理方法。

三、实训目标

（1）创设工作情景与问题，加深学生对客房部清洁卫生的感性认识。
（2）初步掌握客房清洁卫生技能与管理方法。

学习任务1　客房常规清洁卫生

任务引入

"请勿打扰"牌

早晨8:00，班组例会结束后，客房服务员开始了一天的工作。他们从工作间推出工作车，开始清扫客房卫生。

一名服务员看到608房间的门把手上挂着"请勿打扰"的牌子，就先去清扫其他的房间。608住的是一位日本女客人。

到了下午，服务员看到608房间的客人从房间走出来，关上门，向电梯走去，就推着工作车来到房间门口准备清扫。却看到门把手上还挂着"请勿打扰"的牌子，怎么回事呢？明明是眼看着客人出去的。服务员心想，可能是客人出去时忘了把"请勿打扰"牌子摘下来。因为平时客人出去忘记摘牌的情况时常发生，客人回来一看，房间的卫生还没整理，就问为什么没有打扫卫生，服务员就得马上去打扫。这次估计也是客人忘记把牌子摘下来了。服务员敲了敲门，确认房间里没有客人，就用工作钥匙把门打开，开始整理卫生。

过了一会儿，客人从外面回来，看到自己的房间被清扫过了，马上找到楼层领班发起了脾气。客人说："我的房间有人进来过，为什么？"领班说："对，是服务员进去为您清扫房间卫生。"客人手里拿着"请勿打扰"牌，举到领班面前："我不管服务员进来干什么，我先问你，这是什么？这是干什么用的？"领班说："对不起，服务员可能以为是您出去时忘记把牌子摘下来了。"客人说："你说的'以为'不是理由，我在房间门外挂上牌子的目的就是不让别人进去，我的衣服和用品都摆在床上没有收拾，我的私人用品哪能让你们动呢？我的房间你们想进就进，在你们面前都没有隐私了，如果是这样，住在你们这里连安全都保证不了。"领班不断地向客人道歉，客人才渐渐消气。

任务分析

本案例中的服务员没有按照工作标准操作。客人问得好："'请勿打扰'是干什么用的？"客人挂"请勿打扰"牌的目的就是要告诉服务员禁止进入房间。

作为酒店，对于房间挂"请勿打扰"牌的处理方法都有相应的规定。挂"请勿打扰"牌的房间，服务员绝对不能敲门和进入。如果到下午两点，房间仍挂着"请勿打扰"牌，而房间的卫生还没有打扫，服务员应向领班汇报，然后由领班往房间打电话。如果客人接听电话，就应询问客人何时可以清扫卫生。如果客人谢绝服务，领班要进行记录并向晚班服务员交班，晚上客人需要时再为客人清扫。如果电话无人接听，领班应前往敲门确认无人后进入房间，查看房内有无异常。如无异常，退出房间并进行记录。发现客人生病或其他事故，应立即汇报上级并采取相应措施。即使是有其他原因需要开门，也应请示相关领导。

相关知识

客房清洁是客房服务员每日的主要工作内容，而要使清洁工作高效、高质，则必须有客房日常清洁操作规范。客房服务员一定要按照客房清洁流程步骤切实执行，以达到酒店的标准，如此才能提供高品质的服务。

一、客房常规卫生的主要内容

客房常规卫生是客房服务员每天必须完成的例行卫生工作，通常包括以下几个方面的内容。

（一）房间物品整理

服务员要按酒店规定和统一要求，整理和铺设客人使用过的床铺，整理客人放乱的物品、用具以及整理客人使用过的酒店衣物（一般不整理客人放置的私人用品和衣物）。

（二）打扫除尘

打扫除尘包括地毯吸尘，擦拭门、窗、桌柜、灯罩、电视机等家具设备，倒掉烟灰缸中的烟灰及纸篓里的垃圾。

（三）更换及补充用品

服务员应按要求更换客房内的床单、枕套、面巾、浴巾、地巾等棉织品，并按要求铺床，补充文具用品、一次性消耗品等供应品。

（四）擦洗卫生间

擦洗卫生间包括擦洗脸台、水龙头、浴缸、恭桶等卫生洁具，擦洗四周瓷砖及地面，以及擦亮各种金属挂杆。

（五）检查设备

检查设备包括检查水龙头、抽水马桶等设备能否正常工作，检查灯具、电视机、音响设备、电话机、电吹风等电器是否正常，检查家具、用品等是否有损坏。

二、客房常规卫生的准备工作

（一）物质准备

1. 签到、签领客房钥匙

客房服务员在清扫房间之前，应听取领班的指令，按照酒店的整体要求整理好仪容仪表，准时到达指定地点签到。领取工作钥匙时，必须履行签字手续，填写"钥匙收发登记表"（见表5-2）。由于每个酒店自身硬件设施和对客服务的模式不同，服务员在领取钥匙的方式上也有所区别。但不管采取哪种方式，都必须在分发、领取和交回钥匙等环节实行严格的管理。

表5-2　钥匙收发登记表

钥匙号码	领取时间				领用人签名	发放人签名	归还时间				归还人签名	收件人签名
	月	日	时	分			月	日	时	分		

①楼层万能钥匙的领取。领班到客房服务中心统一签领所辖楼层的万能钥匙，然后分发给卫生班服务员签领，下班时交回客房服务中心并签收。

②楼层服务台管理钥匙。卫生班服务员在清扫房间前，在楼层服务台登记并领取所清扫房间的钥匙，做完卫生后再还给服务台并签收。领班及服务人员领取和递交钥匙时，必须亲自把钥匙交给宾客服务中心的值班员或楼层服务台的值台员，值班员或值台员必须马上在钥匙控制表上签名，然后将钥匙保存好。

2. 了解房态，决定清扫顺序

为提高客房利用率和服务质量，客房清洁整理应根据客房的不同状况，按一定的先后顺序进行。一般而言，淡季时清扫顺序为：挂"请速打扫"牌房间、VIP 房间、住客房、走客房、空房，而旺季时的清扫顺序可调整为空房、走客房、挂"请速打扫"牌房间、VIP 房间、住客房。

> **知识链接**
>
> **关于酒店清扫房态**
>
> 在酒店里，需要清洁整理的客房可以分成正常运转下的房态和特殊房态两种状况：
>
> 正常运转的房态包括：①住客房（Occupied，简写为 OCC），即客人正在住用的房间；②走客房（Check Out，简写为 CO），表示客人已结账并已离开客房；③空房（Vacant，简写为 V），昨日暂时无人租用房间。
>
> 特殊房态包括：①外宿房（Sleep Out，简写为 SO），表示该客房已被租用，但住客昨夜未归的客房（为了防止发生逃账等意外情况，客房部应将此种客房状况尽早通知总服务台）；②维修房（Out of Order，简写为 OOO），表示该客房因设施设备发生故障，暂不能出租；③请勿打扰房（DO Not Disturb，简写为 DND），表示该客房的客人因睡眠或其他原因而不愿服务人员打扰；④贵宾房（Very Important Person，简写为 VIP），表示该客房住的是酒店的重要客人；⑤长住房（Long Staying Guest，简写为 LSG），即长期南客人包租的房间；⑥请即打扫房（Make Up Room，简写为 MUR），表示该客房住客因会客或其他原因需要服务员立即打扫的房间；⑦轻便行李房（Light Baggage，简写为 L/B），表示住客行李很少的房间（为了防止逃账，客房部应及时通知总服务台）；⑧无行李房（No Baggage，简写为 N/B），表示该房间的住客无行李，应及时通知总服务台；⑨加床（Extra Bed 简写 E/B），表示该客房有加床。

3. 准备工作车、清洁工具

工作车是客房服务员整理、清扫房间的主要工具，准备是否妥当直接影响清扫的效率。一般可在每一班次结束前做好准备工作，但在每班工作前应做一次检查。准备工作的基本内容为：将车擦拭干净，将干净的垃圾袋和布草袋挂在车钩上，再把棉织品、水杯、烟灰缸、文具用品及其他各种客用消耗品（卫生卷纸、女士卫生袋、香皂、浴液、发液、浴帽、面巾纸、一次性拖鞋等）备好，整齐摆放；备齐各种清洁剂、干湿抹布、不同刷子、清洁手套等各种清洁工具；检查清扫工具、吸尘器和各部件是否严密，有无漏电现象，检查蓄尘袋的灰尘是否倒掉。

4. 检查着装

客房服务员在做好以上准备工作后，应检查自己的服装、工作牌、头发、饰物、鞋等，女服务员还要检查围裙是否整齐洁净。

(二) 心理准备

在各种清扫物质准备好之后，服务员应排除所有杂念，集中注意力，开始清扫工作。应尽可能多地掌握当天的入住情况，如该楼层有几位是新到的客人，何时入住；有几位是常客，他们的生活习惯是什么；有没有上一班交代的特殊事项；今天即将退房和入住的情况如何；该如何合理安排清扫的顺序和时间，所需使用的物品是否准备齐全等，做到既不干扰客人，又能保证前台用房，还可让客人满意。

待这一切都准备好之后，清扫住客房时，将房务车、吸尘器，停放在楼层走廊靠墙的一侧，不要将车放置在靠近房门的一侧，以免影响客人进出和行走；打扫走客房时，工作车一定要停在打开的客房门口，使床单等物品对着客房，这样不仅方便服务员拿取物品，还能防止客用品被他人顺手牵羊，而且成为醒目的"正在清扫"的标志。

三、客房清扫的基本方法

客房的清洁程度、满意度及效率取决于正确的服务程序。若服务员不能很好地掌握客房清扫的操作技术和技巧，必然会使客人产生各种不满，或是抱怨客房清洁不干净；或是抱怨日用品漏缺；或是抱怨物品的丢失等。要让客人感到物有所值，酒店提供的产品就必须令他们满意。可见，掌握客房清扫服务的技术与技巧对对客服务至关重要。

(一) 客房清扫的原则

1. 从上到下

在进行客房清洁的过程中应注意从上到下的基本原则，即先做上面的事情，一次向下进行。如抹尘时应从上至下进行。

2. 从里到外

此原则要求清洁人员在进行清洁的过程中，应从窗户的位置开始清洁，直至门口的位置，即从离门最远的位置开始清洁工作，先整理房间，再清洗洗手间。如地毯吸尘和擦拭卫生间地面时，应从里向外清扫。

3. 环形清理

在清洁房间时，应按顺时针或逆时针方向进行环形清扫，以求时效及避免遗漏。此原则要求清洁人员在工作过程中应避免重复的工作，又能更好更快地完成工作任务，做到干净、快速。

4. 先铺后抹

即在清扫客房时应先铺床，后抹家具物品上的灰尘，以免扬起的灰尘重新落在家具物品上，造成工作的重复。

5. 干、湿分开

在擦拭不同的家具、物品时，要注意分别使用干、湿两种抹布。如擦洗洗手台、家具等用湿布，而擦洗灯具等电器时要使用干布，避免电器短路。

在清洁客房的同时遵循客房的清扫原则，清扫工作就不会那么难了。

(二) 房间清洁卫生标准

(1) 眼看到的地方无污迹。

(2) 手摸到的地方无灰尘。

(3) 设备用品无病毒。
(4) 空气清新无异味。
(5) 房间卫生达"十无"。

知识链接

客房清洁质量标准《十无六净》

客房清洁"十无"

(1) 天花板及四壁要无灰尘、无蜘蛛网、无污渍。
(2) 地面干净无杂物。
(3) 床上用品及巾类无污渍、无破损、无毛发。
(4) 卫生间无异味、无毛发。
(5) 金属把手及镜面无水渍、无水垢、无污渍。
(6) 家具无灰尘、无污渍、无破损。
(7) 电器设备及灯具无灰尘、无破损。
(8) 杯具无污渍、无破损。
(9) 楼面无害虫(老鼠、蟑螂、蚊子、苍蝇、臭虫、蚂蚁)。
(10) 卫生无死角。

客房清洁"六净"

(1) 四壁净。
(2) 地面净。
(3) 家具净。
(4) 床上净。
(5) 卫生洁具净。
(6) 物品净。

(三) 确定能否清洁客房

自酒店将钥匙交给客人那一瞬间起,客房就完全属于客人,从服务员至总经理,进入客人的客房都需经客人的同意或遵守酒店规定,因此在确定是否进行清洁客房前,应遵守以下规定:一般应在客人不在房间时进行;若客人在房间时,必须征得客人同意后方可进行,以不干扰客人的活动为准;若打扫过程中客人返回客房,也需询问客人是否同意继续打扫,否则应迅速退出客房,并向客人致歉。

1. 进房前先思索

客房服务员的主要任务是让客人住得舒适、安宁,像家里一样方便。因此,服务员在进房前,要尽量替住客着想,揣摩客人的生活习惯,不要因清洁卫生工作或其他事情干扰了客人的休息和起居习惯。同时,还应想一想,是否还有其他事情要做。例如,客人在房间里用了早餐,去整理房间时,就应想到顺便带上托盘,及时收拾餐具。这样做,既方便了客人,又提高了工作效率。

2. 留意房间门铃服务器

凡门外把手上挂有"请勿打扰"(Don't Disturb)牌子或反锁标志的,以及门铃服务器显示"请勿打扰"指示灯时,不要敲门进房。如果到了下午2点钟,仍未见客人离开房间,房内也无声音，可先打电话到该客房，若仍无反应，说明客人可能生重病或发生其他事故，应立即报告主管。

知识链接

服务员进入客房的工作程序

（1）站在距房门40厘米距离处，不要靠门太近。

（2）用食指或中指敲门表面三下（或按门铃），不要用手拍门或用钥匙敲门，同时敲门应有节奏，以引起房内客人的注意。

（3）等待客人反应约5秒钟，同时眼睛望一下窥视镜，以利于客人观察。

（4）如果客人无反应，重复前面的程序。

（5）如果仍无反应，将钥匙插入门锁，用另一只手按住门锁手柄，不要猛烈推门。因为客人可能在睡觉，或许门上挂有安全链。

（6）开门后应清楚地通报"客房服务"并观察房内情况，如果发现客人正在睡觉，则应马上退出，轻轻将门关上。

（7）敲门后，房内客人有应声，则服务员应主动说："客房服务。"待客人允许后，方可进行客房的清扫。被客人叫进房间时，要把门半掩或完全打开；客人让座时，服务员也不能坐下，同时不要与客人谈与酒店无关的事情。

四、客房的日常清扫

（一）客房清扫的内容

客房日常清扫是指为保证客房基本的经营水准而进行的日常清洁整理工作，主要包括以下内容。

1. 各类客房的清洁整理

酒店各类客房通常每天均需进行例行的清扫整理，以保证客房清洁、整齐，为客人提供一个舒适的居住场所。

2. 房间用品的补充

客房服务员清扫整理客房时须按规定补充客人已消耗的物品，以满足客人对日常客用物品的需求。

3. 客房设备用品的检查

清扫整理客房时，客房服务员应检查客房设备用品，以保证客房设备用品的完好，提高客人对客房产品的满意程度。

4. 客房的杀菌消毒

杀菌消毒是酒店清洁卫生的重要内容，定期对客房进行杀菌消毒，保证房间符合卫生标准，防止传染病的发生和传播。

5. 晚间房间整理

通常，星级较高的酒店为顾客提供做夜床服务，其目的是体现酒店客房服务的规格，方便客人，为客人创造一个恬静、幽雅、舒适的休息环境。

（二）走客房的清扫程序

1. 卧室清扫程序

（1）按照酒店规定的进入客房的规范开门进房，将房门完全打开（可用门吸把门固定好），直到该客房清扫完毕。开门打扫卫生的意义有三点：第一，表示该客房正在清洁；第二，防止意外事故的发生；第三，有利于客房的通风换气。进入房间时的注意事项如表5-3所示。

表5-3 清扫房间注意事项表

步骤	动作规范	要求
①敲门	手指微弯曲，以中指第二关节部位轻敲门两次，每次三下，并报称"客房服务"（相隔2~3s）	勿用拳头或手掌来拍打门，要体现文明服务；敲门太急促，会令客人感到服务员冒失；报称的声调要适度，报称时不要垂下头或东张西望
②按铃	按铃，清晰地报称"客房服务"，并等待客人反应	切忌急促地连续按门铃，应有节奏及适当的间隔；报称要求同上
③反应	如听到客人有回应，服务员应说："我是客房服务员，请问我能现在进来为您清洁房间吗？"并等客人开门；如房内无反应，服务员方可用钥匙开门，并再次报称"客房服务"	姿势要自然，即使遇上客人也不失大方；切忌用力拉锁把手，以免造成损坏
④开锁	手持磁卡，对准匙孔平衡插至尽头，停留时间约1s，然后拔出，门锁显示绿灯，方可向下转动门锁把手，推开门后应将磁卡放回衣袋	开门后，磁卡须马上放回衣袋，以免丢失；在操作过程中，身体与门要保持30dm的距离
⑤开门	把门轻轻推开至门自动静止	切勿用力过猛，以免发出不必要的噪声
⑥挂牌	打开房门后，把"正在清洁"牌从大的圆口处挂到门锁把手上，轻轻摆放平稳，然后巡视一遍房间，以确定房间是否有人或有什么特殊情况	挂牌要轻、稳，以免碰坏门或发出不必要的噪声
⑦填表	转身到房门外布草车旁，在卫生班报表上填写开始做房的时间	及时填写表格，确保原始记录的准确性

（2）观察室内情况。主要是检查客人是否有遗留物品和房内设备用品有无丢失和损坏，以便及时报告客房服务中心或主管。

（3）拉窗帘、开窗、开空调。拉开窗帘时应检查有无脱钩和损坏情况。必要时应打开空调，加大通风量，保证室内空气的清新。同时检查空调开关是否正常。

（4）检查所有灯具。将客房里的灯具开关打开，检查灯具是否有毛病，检查后应随手将灯关上。一旦发现灯泡损坏，立即通知维修人员前来更换。

（5）检查小酒吧。客人如果饮用饮料，服务员应填写酒水单，并及时补齐差额。

（6）撤走房内用餐的餐车、餐具。

(7) 撤走用过的茶杯、烟灰缸，清理垃圾。

将烟灰缸里的烟灰倒入垃圾桶，注意察看是否有未熄灭的烟头，不能将烟头等脏物倒入马桶内致使马桶堵塞。在浴室内洗净，用布擦干、擦净。清理纸篓（垃圾桶）。纸篓一般有两种形式：一种是纸篓内套塑料垃圾袋，另一种是不套塑料袋。倒纸篓时，可先检查纸篓内有无有价值的东西，清理套有垃圾塑料袋的纸篓时，应直接把垃圾袋取出放入工作车的垃圾袋中，再放入新的垃圾袋并套好。在清理纸篓时，如发现有剃须刀片或碎玻璃片等锐利脏物，应及时单独处理。

(8) 撤走脏的布草。将棉被折叠整齐，放于壁橱内。把脏布草放进工作车的布草袋内。在撤床单时，要抖动几次，确认里面无衣物或其他物品。若发现床单、褥垫等有破损及受污染情况，立即报告领班。注意不要把布草扔在地毯或楼面走道上。卸下枕套，揭下毛毯，揭下床单，收取用过的床单和枕套。收完脏布草后带入相应数量的干净布草。

(9) 做床。按铺床的程序及要求操作如表5-4所示。

表5-4 撤床与做床操作

步骤	动作规范	要求
①撤床	①先在床尾处将床单全部拉出，然后撤毛毯，从床尾处向后把毛毯拉出，并放于圈椅上；②撤床单；③撤枕套：双手握住其尾部，开口处向下，提起，使枕套与枕芯分开，然后将枕芯放于圈椅上	床单要一张一张地撤，仔细检查是否夹带有客人的物品；脏床单要卷好放在布草袋里，不要放在地下；切忌将脏床单和干净的床单混放，以免沾染细菌
②带入干净床单、枕套	把所需的干净床单、枕套等物品带入房间	在带铺床所需要的干净布草时，注意不要夹带脏物品
③拉床	服务员自然地站在床头前的中间位置，双手把床拉开，使之距床头板50cm处，并检查和整理好床垫和保护垫	铺床前应注意检查床垫和保护垫，发现有弄脏的要及时更换并清洗；注意，每一个细小动作都会影响卫生质量
④将床复位	双手轻轻托起床尾，对正床头板的位置慢慢地把床推回原处，最后再查看一下	床头与床头板对称，注意床头要摆正在床头板的中间位置
⑤铺床单	①扫单，将叠好的床单打开，一只手抓单尾呈抛物线形将床单拉开，使其正面向上；②抛单，一只手抓单尾，以平衡力向床尾抛出；③甩单，根据床单的"三线"，以中线为中心线，左右手分别抓住平衡于中线的左右两线，把双手轻轻举起，向前向上甩单；④定位，在抛起床单下落时，下压定位，双手顺势把抓住的床单整齐拉至床垫底部，中折线居中，床单四边自然下垂	如发现床单有污迹或破损应及时更换。不要用力太猛，注意，要将单尾打开弄散。注意床单的正面向上，床面平整。床单在熨洗后，一般都折有三条直线，中间的为中线，需注意掌握好

续表

步骤	动作规范	要求
⑥包边包角	先包床头，将床头下垂部分的床单掖进床垫下面，包右角，左手将右侧下垂的床单拉起折角，右手将右角部分床单掖入床垫下面，然后左手将折角往下垂拉紧包成直角，右手将角下垂的床单掖入床垫下面，包左角与包右角相同，床尾左右角包法与包床头左右角一样	包边包角时方向一致、角度相等、紧密、不露巾角。包角要求内角45°，外角90°
⑦铺设棉被	①打开被套，检查质量。取被套把被套打开于床面，再叉开被套入口，面向上，底向下；②将被芯平铺在床上，分清被尾（有商标或系绳的为被尾），使被套里层的床头部分与被芯的床头部分固定，两手伸进被套里，紧握住被芯床头部分的两角，向内翻转，用力抖动，使被芯完全展开，被套四角饱满，将被套开口处封好；③调整棉被位置，使棉被床头部分与床垫床头部分齐平，将棉被床头部分翻折约25cm，棉被的中线位于床垫的中心线	注意打开时，单边在上，双边在下，棉被不能有皱折，两边长度一致，自然垂直，不能鼓起，被尾要离地毯20cm，被尾两个角翘起为标准
⑧装枕袋	抖开枕袋平放在床上，将枕芯对折，右手抓住枕芯前部，左手把枕袋口张开，用右手所拿枕芯压住枕袋口下边，把枕头套入枕袋，两手抓住袋口上下抖动，使枕芯全部装入到位，并封好口	套枕袋前要注意检查枕芯是否有污渍、破损，并及时更换
⑨放枕头	把枕头平放在床头中间，离床头边缘5cm，整理好四角	注意两张单人床枕袋的开口方向要反向于床头柜，双人床则开口相对
⑩结束	全部整理，使床面挺括美观	

（10）抹尘、检查设备。从房门开始，按环形路线依次把客房各家具、用品擦拭干净，不漏擦。在除尘中，注意需要补充的客用品数量，检查设备是否正常，注意擦拭墙脚线。

（11）补充房间用品。按酒店规定的数量和摆放规格添补及摆放客用品。

（12）清洁卫生间。按卫生间的清扫程序操作。

（13）吸尘按地毯表层的倾倒方向进行，由内向外，琴凳、沙发下、窗门后等部位均要吸到。同时拉好纱帘，关好玻璃窗，调整好家具摆件。

（14）离开客房之前自我检查和回顾一遍，看是否有漏项：家具摆放是否正确，床是否美观，窗帘是否拉到位等。如发现有遗漏，及时补漏或纠正。

（15）关掉空调和总电开关，然后将房门锁好。

（16）填写"楼层服务员做房日报表"，如表5-5所示。每间客房清洁完成后，要认真填写清扫的进出时间，布草、服务用品、文具用品的使用和补充情况以及需要维修的项目等。

表 5-5　楼层服务员做房日报表

房号 ROOM NO.	客房状态 ROOM'S STATUS	住客人数 GUEST COUNT	时间 TIME		酒水 DRINKS	维修与保养 REPAIR & MAINTENANCE	备注 REMARKS
			进 IN	出 OUT			

2. 卫生间清扫程序

（1）换气。打开卫生间的灯，打开换气扇，将清洁工具放进卫生间。

（2）放水冲马桶，倒入清洁剂。注意不要将清洁剂直接倒在釉面上，否则会损伤抽水马桶的釉面。

（3）撤走用过的布草。将"四巾"放入清洁车上的布草袋中。

（4）清理垃圾杂物。用垃圾桶收走垃圾杂物并倒入工作车的垃圾袋中。

（5）清洁面盆和云台。用海绵蘸上清洁剂将台面、面盆清洁干净，然后用清水冲净，用布擦干。用海绵蘸少许中性清洁剂擦除面盆不锈钢器件的表面，将电话副机、毛巾架等擦净。

（6）擦拭镜面。可在镜面上喷少许玻璃清洁剂，然后用干抹布擦亮。

（7）清洁浴缸。将浴缸旋塞关闭，放少量热水和清洁剂，用海绵从墙面到浴缸里外彻底清洁；开启浴缸活塞，放走污水；打开水龙头，放水冲净。此时可将浴帘放入浴缸加以清洁。最后把墙面、浴缸、浴帘用干布擦干。用海绵块蘸少许中性清洁剂擦拭金属器件，包括水龙头、浴帘杆、晾衣绳等，消除污垢、水斑，并随即用干抹布擦亮、擦干。清洁浴缸由上至下。

（8）清洁马桶。用马桶刷清洁马桶内部并用清水冲净。用专用抹布清洁水箱、座沿、盖子的内外侧及底座等，然后加上"已消毒"封条。擦拭卫生纸架。

（9）补充卫生间用品。按规定的位置摆放好"四巾"和香皂、牙具、浴帽、浴液、发液、梳子和卫生卷纸等用品。

（10）擦拭地面。从里到外边退边抹净地面，特别注意对地漏处的清洁，最后擦干地面。保证无污迹、头发、水迹。

（11）检查是否有漏项和不符合规范的地方，然后带走所有的清洁工具，将卫生间门半掩，关灯。

知识链接

西式做床方法

（1）将床拉离床头板。

①弯腰下蹲，双手将床架稍抬高，然后慢慢拉出。

②将床拉离床头板约50cm。

③注意将床垫拉正对齐。

(2) 垫单（第一张床单）。
①抖单：用手抓住床单的一头，右手将床单的另一头抛向床面，并提住床单的边缘顺势向右抖开床单。
②甩单：将抖开的床单抛向床头位置，将床尾方向的床单打开，使床单的正面朝上，中线居中。
③手心向下，抓住床单的一边，两手相距80~100cm。
④将床单提起，使空气进到床尾部位，并将床单鼓起。
⑤在离床面约70cm高度时，身体稍向前倾，用力拉下去。
⑥当空气将床单尾部推开的时候，利用时机顺势调整，将床单尾方向拉正，使床单准确地降落在床垫的正确位置上。
⑦垫单必须一次性到位，两边下垂长度需均匀。
(3) 铺衬单（第二张床单）。
①铺衬单与铺垫单的方法基本相同，铺好的衬单反面朝上，中缝与垫单对齐。
②甩单必须一次性到位，两边下垂长度需均匀。
(4) 铺毛毯。
①将毛毯甩开平铺在衬单上。
②使毛毯上端与床垫保持5cm的距离。
③毛毯商标朝上，并落在床尾位置，床两边下垂长度需均匀。
④毛毯同样一次性到位。
(5) 包角边。
①将长出床垫部分的衬单翻起盖住毛毯（单折）60cm或是30cm。
②从床头做起，依次将衬单、毛毯一起塞进床垫和床架之间，床尾两角包成90°。
③塞披包角动作幅度不能太大，勿将床垫移位。
④边角要紧而平，床面整齐、平坦、美观。
(6) 放床罩。
①在床尾位置将折叠好的床罩放在床上，注意对齐两角。
②将多余的床罩反折，叠压出清晰的枕线。
(7) 枕头。
①两手抓住袋口，边提边抖动，使枕芯全部进入枕袋里面。
②将超出枕芯部分的枕袋披进枕芯里，把袋口封好。
③枕套口与床头柜的方向相反。
④套好的枕头必须四角饱满、平整，且枕芯不外露。
⑤两个枕头放置在床居中的位置。
⑥下面的枕头应压住床罩的15cm，并进行枕线处理。
(8) 将床复位：弯腰将做好的床慢慢推进床头下，注意勿用力过猛。

(三) 住客房的清扫程序

住客房清洁的具体内容和程序大致与走客房的相同，但因客房仍然处于客人使用状态，在清扫时有许多要注意的地方。

1. 客人在房间

（1）进入客房前先按门铃或敲门，房内无人方可直接进入客房。若客人在房间，应礼貌问好，主动征求意见，得到允许后方可进房进行清扫。

（2）如果客人暂不同意清理客房，将客房号码和客人要求清扫的时间写在工作表上。

（3）清扫时将客人的文件、杂志、书报稍加整理，但不能弄错位置，更不准翻看。

（4）除放在纸篓里的东西外，即使是放在地上的物品，也只能替客人做简单的整理，千万不要自行处理。

（5）客人放在床上或搭在椅子上的衣服，如不整齐，可挂到衣柜里；睡衣、内衣也要挂好或叠好放在床上。女宾住的客房更需小心，不要轻易动其衣物。

（6）擦壁柜时，只搞大面卫生即可，注意不要将客人衣物搞乱、弄脏。

（7）擦拭行李架时，一般不挪动客人行李，只擦去浮尘即可。

（8）对女性用的化妆品，只需稍加整理，但不要挪动位置，即使用完的化妆品也不得将空瓶或包装盒扔掉。

（9）不要触摸客人的照相机、计算机、笔记本和钱包之类的物品，以免引起不必要的麻烦。

（10）客房如需更换热水，注意水温不低于90℃，新的水瓶注意擦拭干净。如使用电热水器，则应换新水，以免产生水垢。

（11）客房整理完毕，客人在客房时，要向客人表示谢意，然后退后一步，再转身离开客房，轻轻将房门关上。

2. 客人中途回房

在清扫工作中，遇到客人中途回房，要主动与客人打招呼，征求客人意见，以确定是否可以继续清扫。若未获允许，应立即离开房间，待客人外出后继续进行。若客人同意，应迅速把房间清扫干净，离开时应向客人表示谢意，然后退后一步，再转身离开客房，轻轻将房门关上。

3. 房间电话

为了表示对客人的尊重、避免一些不必要的误会和麻烦，在清扫客房时，即使电话铃响，也不应接听。

4. 损坏客人物品

在清扫住客房时，如果万一不小心损坏了客人的物品，服务员应及时报告主管，并主动向客人赔礼道歉。若是贵重物品，应由主管陪同前往，征求客人的意见。如果客人要求赔偿，应根据具体情况，由客房部出面予以赔偿。

> **知识链接**
>
> **住客房清扫注意事项**
>
> （1）客人的文件、书报不要随便合上，不要移动位置，更不准翻看。
>
> （2）不要触摸客人的手机、手提电脑、钱包、手表以及戒指等贵重物品，但搭在椅子上或乱堆在床上的衣服（包括睡衣、内衣、外套等）要替客人用衣架挂好，放进衣橱。
>
> （3）查看一下客人是否有待洗衣物。清扫住客房时，要查看一下客人是否有待洗衣物，如有，要仔细审核洗衣单上填写的内容和所交付的衣服，然后将这些衣物装进洗衣袋，放在房门口或清洁车上，等待集中起来送交洗衣房清洗。

（4）对于长住房，清扫时应注意客人物品的摆放习惯。

（5）离开房间时，关门动作要轻。

（四）其他房间的清扫程序

1. 空房清扫程序

空房是经过清洁整理，目前尚未出租的房间。为了保持空房的清洁，保证随时能入住新的客人，每天要对空房进行简单的清洁保养，称为简单整理。

（1）每天检查一次，看看有无异常情况。

（2）每天用干布擦去家具设备和物品表面的浮灰。

（3）每天将面盆、浴缸的冷热水及马桶的水放流片刻，然后将面盆、浴缸擦净。

（4）连续空闲的客房，每隔2~3天吸尘一次。

（5）检查毛巾是否干燥、柔软而有弹性，如不符合要求，则应记录，并进行更换。

（6）检查房间设备情况，特别注意天花板、墙角有无蜘蛛网，地面有无虫类等。

2. 请勿打扰房间的卫生清理规定

（1）挂有"请勿打扰"牌的房间下午2:00以前不要敲该房间的门，在工作单上记下房号及挂牌时间。

（2）工作或推车经过时，声音和操作要轻，以免影响客人休息。

（3）若在下午2:00以后，该房仍挂有"请勿打扰"牌，服务员要马上通知楼层领班、前台部长或经理，再向前台了解该房的账务情况。

（4）注意观察该房的动向。下午3:00钟后敲门询问客人是否要清理卫生。

3. 开夜床的操作程序

（1）敲门报称服务员，如有客人在，要征求客人意见，并询问是否需要收拾一下房间，如果需要，进入房间。

（2）开夜床，如有客人摆放较多物品在床上，可不开夜床，小件物品可移开。如果入住的是VIP客户，则一定要开夜床。

（3）将床头柜边的棉被角向内折成45°。如是双人床两人同住，将棉被两边对折成30°。

（4）保持床铺的美观，发现有污点的床单要更换。

（5）除一盏床头灯外，其余的灯应关上，套房的灯全部打开，睡房跟标准间一样。

（6）将客人用过的三缸清洗一遍，抹干，客人用过的三巾更换，倒干净垃圾，抹干地板。

（7）巡视一遍，看是否留下清洁用品用具，退出轻轻锁门关灯，记录进出时间。

4. 小整理服务

小整理服务是对住客房而言的，就是在住客外出后，客房服务员对其房间进行简单的整理。它可以体现酒店的优质服务，目的是让外出回房的客人有一种清洁舒适的感觉，对酒店留下良好的印象。各酒店应根据自己的经营方针和房价高低等，决定是否需要提供小整理服务。一般至少应对VIP房和高档房间进行这项服务。

小整理服务包括：更换卫生间用过的"四巾"、杯具等；刷洗客人用过的浴缸、面盆、马桶；清理垃圾杂物；按规范整理客人睡过的床，但不必更换床单；将家具摆放的位置复原，把衣柜门关好，拉好窗帘；VIP客房的香皂应予以更换，清点耗用的迷你吧酒水，并做好记录。

五、客房计划卫生

为了保证客房的清洁保养工作的质量,不仅要重视日常的清洁整理,还应重视客房的计划卫生。坚持日常卫生和计划卫生工作相结合,不仅省时、省力,还能有效地延长客房设备和用品的使用寿命。计划卫生的项目应该尽量设计全面,不可遗漏。针对不同的计划卫生项目,应按不同的周期进行清洁保养。计划卫生的周期有日、短期、季节和年度。

客房计划卫生是指对日常清扫中不能每天清扫整理的地方,以定期或周期性循环方式来完成的清洁保养工作,主要包括地面保养(地板打蜡、清洗地毯)、家具设备、设施保养(木制家具打蜡、翻转床垫、冰箱除霜、擦拭铜器具以及顶灯、烟雾报警器、空调出风口、门窗玻璃等)、除尘消毒(清洗浴帘、窗帘,地漏喷药、墙壁清洁)等内容。

(一)计划卫生的组织

客房的计划卫生通常有三种组织方式:

1. 要求客房清洁工每天大扫除一间客房

例如,要求客房清洁工在自己所负责的14间客房中,每天彻底大扫除1间客房,14天即可对其所负责的所有客房做一次计划卫生。

2. 规定每天对客房的某一部位或区域进行彻底的大扫除

除日常的清扫整理工作外,可规定客房清洁工每天对客房的某一部位进行彻底清洁。这样,经过若干天对不同部位和区域的彻底清扫,也可以完成全部房间的大扫除。周计划卫生安排表如表5-6所示。

表5-6 周计划卫生安排表

星期	一	二	三	四	五	六
项目	门窗玻璃	墙角	天花板	阳台	卫生间	其他

3. 季节性大扫除或年度大扫除

季节性大扫除,即集中在淡季对所有客房分楼层进行全面大扫除,一个楼层通常需要一个星期的打扫时间,必要时,可请前厅部对该楼层实行封房,并与工程部联系,请维修人员利用此时对设备进行定期的检查和维修保养。

在酒店的客房计划卫生实践中,以上三种计划卫生的组织方式可配合使用。表5-7是某酒店楼层计划卫生项目及清洁周期安排。

表5-7 某酒店楼层计划卫生项目及清洁周期安排

每天	3天	5天
清洁冰箱,打扫灯罩尘土;清洁地毯、墙纸上的污迹	地漏喷药,用玻璃清洁剂清洁阳台、房间和卫生间镜子;用鸡毛掸清洁壁画	清洁卫生间抽风机机罩;清洁吸尘机真空器保护罩;清洁卫生间的吸水箱;清洗地面
10天	15天	20天
清洁房马桶水;清洁走廊出风口;清洁卫生间抽风主机网	清洁热水器、洗杯机;冰箱除霜;清洁空调出风口、百页窗	清洁房间回风过滤网;用擦铜水擦铜家具、烟灰筒、房间指示牌(如无铜制设备制品,就用普通用具擦拭)

续表

25 天	30 天	季度
清洁制冰机；清洁阳台地板和阳台内侧喷塑面；墙纸吸尘、遮光帘吸尘	翻床垫；抹拭消防水龙带；清洁被套	干洗地毯、沙发、床头板；洗毛毯；吸尘机加油（保养班负责完成）
半年	一年	
清洁窗纱、灯罩、床罩●、保护垫●	清洁遮光布●；红木家具打蜡；湿洗地毯（后 2 项由保养班负责）	注：标注●的项目由财产主管具体负责，组织房务班完成，注意与楼层主管在实际工作中的协调

（二）计划卫生的管理

1. 计划卫生的安排

将客房的周期性清洁卫生计划表贴在楼层工作间的告示栏内或门背后。也可由楼层领班在服务员做房报告表上每天写上计划卫生的项目，督促服务员完成当天的计划卫生任务。

2. 计划卫生的检查

服务员每完成一个项目即填上完成的日期和本人的签名，领班等根据此表予以检查，以保证计划的落实和卫生质量。

3. 计划卫生的安全问题

客房的计划卫生中，有不少是需要高空作业的，如通风口、玻璃窗、天花板等。因此，一定要提醒员工注意安全，防止出现各种工伤事故。防止因清洁剂和清洁工具的选择和使用不当而损坏家具设备，具体操作步骤如表 5-8 所示。

表 5-8　客房计划卫生项目具体操作步骤表（参考）

序号	项目	操作步骤	注意事项
第一步	洗窗帘、浴帘，换被套、保护垫、内枕套，撤床罩	①将窗纱、浴帘、窗帘拆下，打开窗帘，收紧窗帘绳；②换新床垫，将床垫按数字顺序翻，用干湿抹布将床垫、床脚抹净；③将内枕套、床上布草撤出，将床罩、毛毯、棉被折好放于床上	①保管好窗钩、浴帘钩；②布草不能随便乱放，必须放在布草车上；③检查床脚螺丝拧得是否稳固
第二步	擦铜水，抹干净电线、电插座，清洁电话机、电视机，将冰箱插头断开	①将一垫毯放于阳台门前的地毯上，另一垫毯放于卫生间门前地毯上，将其他清洁工具放于卫生间门前垫毯上；②房间铜器先全部涂上擦铜水，用湿布将房内所有电线抹干净；③将所有涂上擦铜水的铜器全部擦亮；④用酒精擦拭电话机、电视机，最后用干布抹干净	①要用报纸铺在所有要擦的铜器下方的地毯上，千万不要将擦铜水倒洒在地毯上；②擦电线及电插座，一定要先将电源总开关关上；③注意安全；④电话机、电视机最后一定要用干布抹干

续表

序号	项目	操作步骤	注意事项
第三步	洗擦阳台，抹净阳台玻璃门框、门轨，阳台锁道上油	①用酸性洗洁剂擦洗阳台栏杆和墙壁的污渍； ②用碱性洗洁剂擦洗阳台地面及地界线，再用清水冲洗； ③用玻璃清洁剂抹阳台门内外，并用玻璃刮刮干净； ④用湿布将阳台门框、门轨抹干净； ⑤用抹布将地面及地漏抹干净； ⑥将阳台门锁及地轨上机油、抹净并将门关上	①操作者要戴胶手套； ②在阳台工作时要特别注意安全； ③酸性洗洁剂要以1:3的比例稀释，玻璃洗洁剂要以1:10的比例稀释； ④阳台地面、地界线、边界位界线、地漏要洗擦干净
第四步	清洁房间的墙角、天花板出风口、屏风挂画、灯罩、冰箱	①先将空调出风口、烟感器抹干净； ②用鸡毛掸扫天花板和死角蜘蛛网； ③用稀释的碱性洗洁剂和百洁布轻轻擦净屏风、挂画； ④用毛刷先擦扫台灯、地灯、床头灯灯罩，再用吸尘机吸净灯罩； ⑤先用万能洁剂和百洁布擦有污迹的墙纸，再用抹布或吸尘机吸净墙纸； ⑥用清水或地毯水洗净地毯小污点，用洗洁剂和百洁布擦洗净冰箱	①清洁屏风面时切勿用力过猛； ②完成上述各项后要将家具设备按标准复原，摆放整齐
第五步	铺床、套枕套	略（详见实训环节）	床铺及床罩要铺得平整、紧凑，中线对齐
第六步	房间家具设备抹净、打蜡一次	①按抹家具的顺序将房内家具打蜡一次； ②将家具按规格复原，摆放整齐	①注意几个死角位置如：门顶、门框、衣柜内、抽屉内、垃圾桶、床头柜底的角铁等； ②打家具蜡时要注意均匀，用量适度
第七步	清洁卫生间内的天花板、抽风机、日光灯槽板、小五金、马桶、三缸	①先用湿布将卫生间天花板抹干净； ②将卫生间的抽风机和日光灯槽板拆下来洗干净并装回； ③用擦铜水擦洗卫生间内所有的小五金； ④用毛球刷加洗洁剂冲洗马桶水箱； ⑤用适当酸性洗洁剂，将三缸内的黑渍、污渍用百洁布轻轻擦掉，最后用清水将三缸冲净	①工作中小心地滑； ②注意将固定小五金的螺钉旋紧

续表

序号	项目	操作步骤	注意事项
第八步	将卫生间的墙壁、镜面、云台面、地面洗刷干净	①先将卫生间四壁喷上碱性清洁剂，然后用百洁布擦匀所有墙壁，最后用水冲净； ②用同样的方法将云台面洗净； ③用清洁阳台玻璃的方法将卫生间镜面清洁干净； ④将卫生间门口及云台侧板上喷清洁剂，用百洁布擦后用水冲净； ⑤先用铲将卫生间地面的泥灰铲去，再用碱性洗洁剂洗擦地面，最后用水冲干净	①小心地滑； ②注意碱性洗洁剂的用量； ③卫生间边角位及地界线要用牙刷刷干净
第九步	将卫生间所有部位全部抹干，打家具蜡并吸尘	①用干布抹卫生间四周墙壁、门板，然后抹三缸，最后抹地面； ②用家具蜡将卫生间四周墙壁、三缸外侧、云台面打蜡； ③用干布再将卫生间金属擦净； ④吸尘时先吸房间边角、组合柜底，然后吸地面，最后吸卫生间及放好卫生间物品	①小心地滑； ②注意碱性洗洁剂的用量； ③卫生间边角位及地界线要用牙刷刷干净

学习任务2　公共区域清洁保养与质量控制

任务引入

厕所文明不容忽视

我国北方某城市一家三星级酒店，建筑外观还算不错，设备也算得上齐全。住在508房的客人，早晨起来发现房间内卫生间的地面上被马桶内漏出来的水弄湿了，他叫服务员来收拾，而自己下楼去大堂男用公共卫生间，一进去就闻见一股异味，便池也冲得不是很干净。他勉强使用以后，便找来一个大堂服务员，对厕所不卫生提出了意见。服务员却回答说："卫生间总是有臭味的，酒店人手少，公共场所怎么能照顾得来呢！"客人听了火冒三丈，再去找大堂经理，谁知经理也是一样的态度，还是那句话："卫生间总是有异味的，怎么能弄清爽呢？"客人听了以后更加生气，大声申诉道："你们这家酒店也算是星级酒店了，连客房内的卫生间都弄不好，更不要说公共卫生间了，真是岂有此理，我要向你的上级投诉，并且劝说熟人出差时不要住在你们这里！"

任务分析

大堂公共卫生间位于酒店大堂，属于酒店的公共活动区域，来往的客人非常多，难免容易存在异味，然而正是有异味才需要有专人经常打扫，管理者也应该经常监督检查。如果公共区域卫生存在问题，就会让客人对酒店房间的卫生情况产生担忧，会选择入住别的酒店，这对酒店的经营来说是不利的，所以应该重视公共区域的卫生清洁。

相关知识

酒店的公共区域,英文为 Public Area,简称 PA,故将公共区域称为 PA 区。凡是公众共有、共享的活动区域都可以称为公共区域。

酒店公共区域分为酒店外部和酒店内部两个区域,酒店外部包括广场、停车场、外墙、车道等。酒店内部又分为前台区域和后台区域。前厅区域是指专为客人活动而设计的场所,后台区域即为员工划出的工作和休息的地方。搞好公共区域的清洁保养,是客房部工作任务的重要组成部分,其工作质量的好坏,对酒店美誉度的创造具有极大意义。

一、公共区域清洁保养的特点

(一)影响力大

酒店的公共区域是人流过往频繁的地方,只要到酒店来,任何人都能接触酒店的公共区域。有人称大厅的卫生是酒店的门面,也有人说公共洗手间是酒店的名片,这都充分说明了公共区域清洁保养对酒店声誉的重大影响。因此,酒店必须高度重视公共区域的清洁卫生保养工作,并以此为酒店添光加彩,增强酒店对公众的吸引力。

(二)任务繁杂

酒店的公共区域范围大,场所多,活动频繁,情况多变,因此,清洁保养工作的任务也就非常繁杂,而且有些工作是难于计划和预见的。人数多少、活动安排、天气变化等多种情况都可能带来额外的任务。因此,要求公共区域服务员要具有较高的质量意识和工作自觉性,管理人员要加大巡视和督促,才能保证公共区域的卫生质量。

(三)技术含量较高

酒店公共区域的清洁保养工作与其他清洁保养工作相比,技术含量较高。因为工作时所使用的设备、工具、用品和所清洁保养的设施、设备、材料等种类繁多,服务员必须掌握比较全面的专业知识和熟练的操作技能,才能胜任这些工作。

(四)工作条件差

公共区域工作条件和工作环境比较艰苦,比如,负责车场和酒店周围卫生的服务员,无论是炎热的夏季,还是寒冷的冬天,都在室外工作,还要尽职尽责。因此,不少服务员思想不稳定,工作不安心。根据这种情况,管理人员既要严格管理,又要关心体贴,使他们热爱并做好公共区域的清洁保养工作。

二、公共区域清洁保养的业务范围

公共区域清洁卫生的业务范围,是根据酒店的规模、档次和其他实际情况而定的,一般主要包括:

(1)负责大厅、门前、花园、客用电梯及酒店周围的清洁卫生。
(2)负责餐厅、咖啡厅、宴会厅及舞厅等场所的清洁保养工作。
(3)负责酒店所有公共洗手间的清洁卫生。
(4)负责行政办公区域、员工通道、员工更衣室等员工使用区域的清洁卫生。
(5)负责酒店所有下水道、排水、排污等管道系统和垃圾房的清理疏通工作。

(6) 负责酒店卫生防疫工作，定期喷洒药物，杜绝"四害"。
(7) 负责酒店的绿化布置和苗木的保养繁殖工作。

三、公共区域清洁保养的主要内容

公共区域的清洁卫生内容是根据酒店的档次、规模和其他实际情况而定的。一般来说，客房部负责除厨房以外的所有公共区域的清洁保养。这可以节省一些人力且有利于统一控制整个酒店的清洁质量与标准。但也有些酒店为了缩短战线、保证前台质量，往往将其后台区域划归其他部门负责。

（一）门前环境清洁

（1）门前地面要不停地清洁，保持地面无烟头、杂物、纸屑，夜间或清早对大门庭院进行冲洗清扫。

（2）及时消除汽车带到门前的泥沙和污渍，每天2~3次清理门前花盆、花坛内烟头、纸屑等杂物，清理走道、船边的垃圾和废弃物。

（3）每天清扫门前防滑垫下的泥沙，每周用水枪冲洗地垫，晾干放好。

（4）夜间对门庭口标牌、墙面、门窗及台阶进行全面的擦拭，保持光洁明亮，沿街的门庭要适当增加擦拭次数。

（二）大厅的清洁保养

大厅的清洁保养需要日夜不停。大量的过往客人和短暂停留者不时地带来尘土、足迹、烟灰、烟蒂、糖果纸屑等，而每一位新来的客人又都在这里得到至关重要的第一印象。因此，这里是酒店的门面，通常负责大厅清洁的服务员的工作内容包括：

（1）倒烟灰、整理座位和除尘（抹尘和推尘）。如果厅内有水池，服务员还应用夹子清除池中的垃圾和杂物。

（2）在活动频繁的白天，服务员要能及时、隐蔽地不断重复着以上的工作。

（3）遇上雨雪天气，不仅要在门口放上存伞架，还应在大门内、外铺上踏垫和小地毯。

（4）服务员需要频繁地清除地面上的泥沙和水迹，并在必要时更换地上的踏垫或小地毯。否则，不仅有损大厅的整洁，还可能给整个酒店的地面清洁保养带来麻烦，甚至灾难。那些在营业高峰期间不便做的工作，往往都安排在客人活动较少的夜晚或清晨，如吸尘、洗地、抛光打磨、清洁烟灰缸、彻底清洁家具、墙面除迹、设备维修等。

（三）电梯的清洁保养

电梯与大厅一样，电梯也都不断有客人在使用。电梯里的地毯特别容易脏，四壁也会留下指印和磕碰的痕迹，这些在封闭的环境里特别惹人注目。因此，服务员应对电梯进行定时清洁，管理人员应对此多加注意。电梯的全面清洁是在夜间进行的。电梯地毯应多备几块，以便定期或临时清洁与更换。有些酒店还定做了精致的星期地毯。

（四）餐厅、娱乐场所和多功能厅的清洁保养

鉴于餐厅营业时间长短不一，客房部要妥善安排好各餐厅的清扫时间并主动争取餐厅员工的积极配合。当餐厅在营业时间内有清洁需要时，必须及时地予以处理，如汤汁食物等倾洒在地上等。否则，不仅有碍美观，而且可能造成硬地打滑或地毯上的污迹不易清除等情况。对此，客房部应积极配合，如配备工作用品和指导清洁方法等。

餐厅的清洁任务如下：
①清除餐椅上的食物碎屑及污迹；
②清洁桌椅腿、窗沿及通风口等；
③清洁咨询台、账台及电话机等；
④擦亮金属器件；
⑤地面吸尘或磨光；
⑥有计划地为家具、灯具等清洁打蜡；
⑦有计划地分批进行座椅和墙面的清洗。娱乐场所和多功能厅的清洁任务和要求基本上与餐厅相同，只是娱乐场所常安排在上午清扫，而多功能厅的清洁工作在活动前后进行。

（五）公共卫生间的清洁保养

客人对公共洗手间的清洁质量要求高，如果有异味或不整洁就会给酒店带来不利的影响，所以公共洗手间必须保持清洁卫生、设备完好，客用品齐全。

1. 清扫规范

（1）日间的一般清洁整理内容包括：擦去台面、水龙头上的水迹，擦亮镜子，清理垃圾；喷洒香水，保持空气清新无异味；补充客用品并摆放整齐，一般1~2小时进行一次。

（2）全面清洁整理一般在下午和后半夜进行，主要是清洁抽水马桶及便池，洗刷地面、墙壁，清除水箱、水垢。进行全面清洁整理时，必须在洗手间门外竖立一块牌子，说明关闭原因，并指出临近洗手间所在位置。

2. 注意事项

（1）服务员要注意自身保护，作业时带防护手套和口罩，预防细菌感染，防止清洁剂损坏皮肤。中间休息或作业完毕后，应使用药用肥皂洗手。

（2）清洁卫生间所用的器具应专用，使用后应定期消毒，与其他清扫器具分开保管。

（3）作业时应在现场竖立"正在清扫"告示牌，以便客人注意并予以配合。

（4）注意卫生间内的通风，按照规定开关通风扇或者窗扇。

（六）走廊、走道的清洁保养

（1）夜间定期进行全面大清扫，并打蜡。

（2）白天不停地循环依次清扫地面，将地面推擦干净后，将物件按照原位摆好。

（3）清倒烟灰垃圾桶，擦干并按原位摆放好。

（4）按预定顺序，依次擦拭门窗、窗台、墙壁饰物、镜面、开关盒、消火栓门、标牌、风口、踢脚板等。

（5）每日工作结束前，把楼面上垃圾集中后，带到指定地点。楼面不准有垃圾过夜。

四、公共区域清洁卫生的质量控制

（一）定岗划片，包干负责

公共区域卫生管辖范围广，工作繁杂琐碎，需要实行定岗划片、包干负责的办法，才能有利于管理和保证卫生质量。例如，可将服务员划分成若干个小组，如前厅及门前组、办公室及楼道组、花园组等，每组可根据实际需要将服务员定岗，使每一员工每天需要完成的主要工作相对固定，每人都有明确的责任范围，各负其责。定岗划片，要做到无遗漏、不交叉。

（二）制定计划卫生制度

为了保证卫生质量的稳定性，控制成本和合理地调配人力和物力，必须对公共区域的某些大的清洁保养工作，采用计划卫生管理的方法，制定计划卫生制度。如公共区域的墙面、高处玻璃、各种灯具、窗帘、地毯等，不能每天清扫，需要像客房计划卫生一样，制订一份详细的切实可行的卫生计划，循环清洁。清扫项目、间隔时间、人员安排等要在计划中落实，在正常情况下按计划执行。对交通密度大和卫生不易控制的公共场所卫生，必要时应统一调配人力，进行定期突击，以确保整个酒店的清新环境。

（三）加强巡视检查

公共区域管理人员要加强现场巡视，要让问题在可能发生或正在发生时得到解决，因为一旦清洁卫生遗漏、失误或欠缺成为事实，首先感知的往往是公众。所以公共区域各类清洁项目应有清楚的检查标准和检查制度，并制作相应的记录表格。管理人员要对清洁卫生状况进行密切监督，定期或不定期地检查和抽查，才能保证公共卫生的质量，才能维护公共区域的形象。

学习任务3　创建"绿色客房"活动

任务引入

绿色客房设计

在倡导为可持续化的今天，创建绿色酒店已经成为一种时尚，而客房的绿色化是其中重要的组成部分，绿色酒店设计是一种新的理念。在酒店设计时要求提供符合人体安全的、健康的设施、设备和产品。一天的劳累后与大自然相见，亲近自然，感受自然，放松身心，是个不错的选择。

壁纸：墙壁使用树木背景环保壁纸，绿色代表生态，给客人漫步大森林的感觉。床采用树干形的圆形床，床垫软硬适中。

地毯用深浅棕色搭配模拟土地的颜色。床上四件套用以绿色为主，白、褐色为辅的搭配。深浅色过渡要合宜。浅绿色的白点内衬，深绿色加深棕色的挡光层，白天拉开挡光层，体现出清新自然，晚上拉上挡光层，静谧舒缓。摆放一些有益于人体健康、颜色适宜的绿色盆栽，个别地方可放置一些会开花的盆栽用作点缀。

房间床头放上森林系的问候卡，表达酒店对客人的欢迎与关心。

树桩型茶几和凳子，深棕色的写字台，乳白色的台灯。

房间的打灯光全采用暖光色，打造温馨氛围。卫生间使用木质感的墙砖，与绿色结合，给客人一个轻松的环境。

洗手台以树叶为素材，坐便器也采用浅绿色的。

卫生间铺防滑的石头花纹地砖。

干、湿分区的玻璃上要有藤蔓的花纹，毛巾架上也要用藤蔓做装饰。

任务分析

随着大家对环保的重视以及消费观念的转变，绿色酒店和绿色客房已成为客人的首选，因此许多酒店已经开始加入创建绿色酒店的活动，经营绿色客房。很多酒店在客房的布置上,建筑装修材料的选用上都更加重视,以绿色、环保为主,目的在于引导客人进行绿色消费,倡导健康消费的理念。

相关知识

人类保护环境的意识始于20世纪70年代。1992年,联合国召开环境与发展大会,通过了《里约热内卢宣言》和《21世纪议程》,标志着世界进入了"保护环境、崇尚自然、促进可持续发展"的崭新阶段。随着20世纪90年代世界进入环保时代、绿色时代,酒店经营中的环境保护问题逐渐被广大从业人员和消费者关注。讲究环保的酒店被称为"绿色酒店(Green Hotel)",于是创建"绿色酒店",充分利用资源、减少资源消耗、减轻污染,一时成为酒店管理者高层次、高境界的追求目标。客房是酒店的主体,绿色客房将受到酒店经营者及顾客的普遍推崇和欢迎。

一、我国绿色酒店的含义

"绿色酒店"是体现环保、健康、安全理念,倡导绿色消费,保护生态和合理使用资源的酒店,其核心是为顾客提供舒适、安全、有利于人体健康要求的绿色客房和绿色餐饮。

"安全、健康、环保",这三个理念是构成中国绿色酒店的主体内容。

(一)安全

安全是绿色酒店的基本特征。在酒店中,影响安全的主要是消防安全、治安安全、食品安全、职业安全和消费安全这五个因素。

(二)健康

健康是指为消费者提供有益于健康的服务和享受,即绿色客房和绿色餐饮。因此,在建立绿色酒店的过程中,要将"以人为本"作为出发点;在评审绿色酒店时,应把是否提供健康的服务和产品作为重要的特征与因素进行考虑。

(三)环保

绿色酒店的环保主要包括三个方面。

(1)减少浪费、使资源利用率达到最大化。例如,让消费者适量点菜、注意节约,提供剩菜打包、剩余的酒寄存服务等。

(2)在酒店建设运行过程中,把对环境的影响和破坏降低到最小。如,绿色酒店可根据顾客的意见,不再添加没有用完的用品等,以避免一次性消耗用品过多而导致污染。

(3)将酒店的物资消耗和能源消耗降到最低点。例如,倡导随手关灯、随手关空调等绿色理念。

对达到或超过绿色酒店标准的酒店和餐馆,将准许使用绿色酒店的标志。目前,绿色酒店以银杏叶作为标志。

二、创建绿色酒店的意义

"绿色客房"是绿色酒店所提供的客房产品,它必须满足"绿色酒店"的一些基本要求,包括客房设备的运行对环境的影响最小,客房物资消耗降到最低,客房环境符合安全卫生的标准,提供给客人良好的自然空间。创建绿色客房具有以下意义。

（一）节约能源，降低成本

据专家测算，全国创建 1 万家绿色酒店，将节电 30 亿度，相当于目前三峡电站近一个月的发电量，167 万个城市家庭一年的用电量；节水 2 亿吨，相当于 20 个西湖的水量，185 万个城市家庭一年的用水量。客房是酒店创利大户，也是能源与物品的消耗大户。创建绿色客房，将为节约国家能源，降低酒店的成本开支做出巨大贡献。

（二）倡导绿色消费，树立良好形象

现在越来越多的顾客，特别是国外顾客开始关心环境问题。据调查，90%的美国人在消费时更愿意购买绿色产品，66%的美国人甚至愿意支付更高的价格购买绿色产品。在青少年消费群中，大多数的消费者更愿意购买绿色环保组织的企业产品。绿色客房倡导绿色消费，符合消费潮流的变革趋势，体现了企业具有较高的环境法制观念和环境道德观念，以及强烈的社会责任感，使顾客们感受到酒店在给他们提供优质服务的同时，也同样致力于保护环境和可持续发展。这将赢得消费者的尊敬与信赖，更将赢得政府的支持，大大提高酒店的公众形象和知名度，给酒店创造很多的无形资产和很多的商业机会。

（三）稳定有志员工，有利于环境保护

通过创建绿色客房，使员工清楚地意识到酒店经营除了商业化，还有社会责任和社会价值。这有利于提高员工工作的能动性和对酒店的信任，有利于员工队伍的稳定，有利于增强酒店员工的环保意识和责任感，从而促进全社会的环保运动。

酒店对环境造成的污染有燃料燃烧时对大气的污染、排污水的污染，以及客房消耗物品造成的固体废物污染等。创建绿色客房可以减少这些污染。

三、"绿色客房"活动的开展

（一）绿色客房"6R"原则

客房作为酒店最重要的产品之一，在绿色酒店的创建中占有非常重要的地位。绿色客房活动涉及的内容相当丰富，被国内、外专家高度提炼成为"6R"原则。

1. 减量化原则（Reducing）

（1）减少客用物品的不必要包装。如相对固定的进货渠道，建议生产厂商将非必要的包装减到最少。

（2）减少不必要的客用品的供应量。如拖鞋、梳子、牙刷、剃须刀等并非每天一换，根据客人要求决定是否提供。

（3）减少布件的洗涤次数。如床单、被套可以不是每天更换，而是做到不同客人使用各自清洁的床上卧具，以减少水、电消耗，减少排污量。

（4）降低洗澡用热水的温度（45℃），控制客房淋浴喷头、洗脸盆龙头每分钟的出水量，减少冲洗马桶的用水量等。例如，在每个马桶的水箱里都放进一个装满水的雪碧瓶，据介绍，这样每次冲水都比原来减少一雪碧瓶容积的水，但根据科学测试，冲刷效果是一样的。

（5）减少客房的整理次数。不加区分地一天多次整理客房，有时不仅不能体现"服务质量"，还会妨碍和影响客人的工作与休息，同时增加了服务成本，增加了资源的使用量。所以每天整理客房以一次为准，再视客人要求适当增加或减少整理客房次数是比较科学的。

开展减量化服务要时刻注意客人的要求和反馈，以客人的需求为重，以客人的满意为先，故客房通常配有绿色服务提示卡。

2. 废物利用原则（Reusing）

将废弃的床单改制成小床单、洗衣袋、枕套、抹布等，提高其利用率。

3. 再生利用原则（Recycling）

注意回收旧报纸、易拉罐和玻璃瓶等，并将有机物垃圾专门堆放在一起，送往回收站，以便再生利用。

4. 替代使用原则（Replacing）

将客房放置的洗衣袋从塑料制品改为纸制品，或用可以多次使用的竹篮或布袋等代替；用天然棉麻布件替代化学纤维含量较高的布件；用节能灯替代一般照明灯。

5. 添加使用原则（Refilling）

卫生间每天为客人配备肥皂、罐装浴液、洗发液等卫生清洁用品，以前凡客人用剩的都扔掉了，既浪费了资源，又污染了环境。绿色客房可将惯用的小罐子改成能添加的固定容器，以免浪费和污染。

6. 维修再用原则（Repairing）

加强客房设备、设施的维修保养，在酒店允许的折旧年限内，尽可能延长其使用寿命，某些设施、设备的配件应考虑其延伸使用。

在实施以上这些做法的同时，一定要记住一个重要的前提，即必须尊重客人的意愿，引导而不是强制，不影响设备、用品的使用效果，不降低服务质量。这些做法可以通过在客房或酒店公共区域放置告示牌或提示卡形式使客人知晓。

（二）酒店绿色活动实践

客房中的提示卡：

尊敬的宾客：

本酒店是世界环保计划的支持者。为响应"节约能源，保护环境"的倡导，我们希望尽可能减少床上卧具的洗涤次数，以节约水、电消耗和减少排污量。如果您认为您床上的卧具需要更换，请于早上将此卡置于枕头上。对此，我们酒店全体员工将十分感激您的举动！

绿色客房服务提示卡如图5-1、图5-2所示。

图5-1 绿色客房服务提示卡1

图5-2 绿色客房服务提示卡2

尊敬的宾客：

您或许已经亲身感受到我们生存的环境正变得越来越令人担忧：水域污染使您难以找到垂钓、游泳的湖泊；而温室效应使"瑞雪兆丰年"成为一句日益遥远的谚语……为了保护我们的生存环境，节约资源，我们响应政府的号召，开展"创建绿色酒店"活动，并且已经在酒店各区域推出一系列"绿色服务"和"绿色产品"。

在餐厅就餐时，请您适量点菜，并将剩余的菜食带回家，我们将为您提供打包或存酒服务。本酒店不提供以野生保护动物为原料的菜肴，餐厅将向您推荐绿色食品，它们将更有利于您的健康。

为了节约水资源，减少污染，通常我们将不再更换可重复使用的棉织品，客房内备有卡片和告示，您若需要更换可告知我们。我们还为您准备了无烟客房，供您选择。一次性消耗用品的过度使用会导致污染和浪费，因此请您尽量减少使用。在您用完之前，我们将不再添加，您需要时可以致电服务中心。

离开客房时请您关闭客房的电器和空调，以减少能源的消耗。鉴于废电池对土壤的严重污染，大堂设有废电池收集箱，请您将废电池放入此箱，我们将统一处理。

绿色消费不仅是一句口号、一个话题，它更是一种理念、一种品格、一种生活方式。环境保护不仅需要政府和专家的努力，更需要您的参与……

我们只有一个地球，正如我们只有一双眼睛。

让我们一起努力，共同创造一个充满绿色的美好明天。

项目小结

清洁卫生工作是客房部的一项主要任务，也是酒店各项服务工作的基础和前提。本章主要讲了客房常规清洁卫生的内容、清洁技能及清洁卫生质量控制；客房计划卫生、公共区域清洁卫生及其质量控制；酒店"绿色客房"活动的开展。

项目考核

1. 实务训练

（1）实训名称。

客房清扫程序。

（2）实训目标。

通过客房清洁卫生的训练，学生可以深刻地理解酒店客房部的清洁卫生业务，在完成岗位作业的活动中，掌握客房清洁卫生的操作标准与技能、清洁卫生的基本控制方法，促进岗位工作技能的提高。

（3）实训过程。

①将班级每5～6位学生分成一组，每组确定1人负责。

②准备若干间客房，布置清洁任务，明确要求与注意事项。

③每个小组在老师的指导下，明确任务，制订工作计划与实施方法，分配任务。

2. 思考与练习

（1）客房清洁卫生的主要内容是什么？

（2）什么是客房清洁卫生的"十无"标准？

（3）清洁住客房与退房有什么不同之处？应注意哪些问题？

（4）比较淡季与旺季客房清扫顺序的异同。

（5）公共区域清洁卫生有哪些特点？如何保持公共区域的清洁卫生质量？

（6）试调查本地绿色酒店创建活动开展的现状、取得的成绩，以及存在哪些问题，并就存在的问题提出建议。

3. 案例分析

客房卫生严把关

2016年6月13日晚上10:30，广州市某局的局长一行五人莅临某酒店，酒店工作人员到前台告诉总台接待服务员有VIP客人入住，并直接把客人领至客房。总台领班马上通知客房部有VIP客人入住8218、8219、8221、8223四间客房。由于客人未有预订，夜班楼层值班街道通知赶到VIP客房做全面检查时，客人已经入住客房。6月14日，VIP客人投诉房间不干净，说床下有垃圾。接到投诉后，酒店客房部高度重视，就客房卫生的督促和检查召开了专门会议来解决这一问题。

思考：客人投诉反映了什么问题？酒店应该如何避免类似的问题发生？

模块六

客房部管理

项目一　客房部人力资源管理

学习目标

一、知识目标

(1) 掌握客房服务员的基本素质要求。
(2) 了解客房部员工培训的类型与内容。
(3) 熟悉客房部员工工作评估的依据和内容。
(4) 熟悉客房部员工激励的方法。

二、技能目标

(1) 掌握客房服务准则。
(2) 熟悉解决突发性事件时应采取的措施。

三、实训目标

(1) 正确处理客房服务员在服务中常见的问题。
(2) 熟悉增强培训效果的方法。
(3) 掌握员工激励中应注意的问题。

学习任务1　客房员工的素质要求

任务引入

一天晚上，住在某酒店的一位美国老太太觉得房间内温度太低，有些冷，就叫来客房服务员，希望能给她加一条"Blanket"（毛毯）。

"OK，OK!"服务员连声说。

过了一会儿，这位服务员拿了一瓶法国白兰地（Brandy）进房来。客人一见，哭笑不得，只好说：

"OK，白兰地能解决我一时的温暖问题，可不能解决我一天的温暖问题啊！"

任务分析

提高服务质量首先要提高员工的素质，包括服务意识的培养、职业道德的教育、企业文化的熏陶、管理制度的灌输、专业知识以及技能技巧的培训等。客房部管理人员必须对员工进行多种形式的、长期的、系统的培训。

相关知识

一、客房服务员的基本素质

因为工作性质酒店客房在招聘和培训客房部员工时，应对其加以考查和培养，使其（一般指客房服务员）具备以下素质：

（一）具有较高的自觉性

客房服务员在岗时，应自觉按照酒店有关规定，不打私人电话；不与同伴闲扯；不可翻阅客人的书报、信件、文件等材料；不可借整理房间之名，随意乱翻客人的抽屉、衣橱；不可在客人的房间看电视、听广播；不可用客房的卫生间洗澡；不可拿取客人的食品品尝等。这些都是服务工作的基本常识，也是客房部工作中的纪律。

（二）责任心强、善与同事合作

客房部的服务工作与不少部门有所不同，更多的时候，它的工作强度大，而与客人直接打交道的机会少，也就是说出头露面的机会少。这就要求客房部员工要有踏踏实实和吃苦耐劳的精神，在每天要做的大量琐碎的工作中，能够具有良好的心理素质，不盲目攀比，以高度的责任感从事自己的工作。

不少酒店按照服务规程，要求清扫客房时应两人同行、结伴互助。这就需要客房部员工具有以我为主、善于与同事合作的能力。以各自的努力，营造一个和睦相处、分工明确、配合默契、心境愉快的小范围内部工作场景，提高效率，以利于本职工作的完成。

（三）要有充沛的精力和较强的动手能力

客房部服务工作的任务相对来说内容较为繁杂，体力消耗大，客人要求标准较高，因此，要求客房部员工反应敏捷，有充沛的精力和较强的动手能力是十分重要的。

客人对客房的要求是舒适、整洁、安全。而要做到舒适整洁，就要搞好清洁卫生。做好房间和卫生间的卫生，这是客人对客房最基本的要求，也是客人最在意的。客房要无虫害、无水迹、无锈蚀、无异味；地面、墙面要无灰尘、无碎屑；灯具和电器设备、镜面、地面、卫生设备等要光亮洁净；卫生设备要每天消毒；床单、枕套等卧具必须按规定时间及时更换；房间内装饰布置雅致和谐；酒店物品的放置要按规格整齐划一；中式铺床要看上去床单折痕居中，平整自然，毛毯、枕头、被单放置统一，被子四角整齐，外观无塌陷感，枕口朝内；西式铺床应床单、被单、毛毯三条中折线重合，床罩平整，四角整齐，包角严紧无皱褶。符合规范的房间，是礼貌服务的物质依托。忽视了这一宾客对房间的基本需求，其他的礼仪便无从谈起。而要保证客房能够达到舒适整洁的标准，就要求客房部员工要付出巨大的努力，在辛勤的劳动中提高工作效率。

二、客房服务员准则

除具备以上素质外，客房管理人员还要教育和提醒客房服务员在工作中注意以下事项：

（1）上下班必须按指定通道出入。

（2）注意服务的礼貌、礼节，遇客要微笑致意（要知道为客人提供礼貌的服务属于自己的本职工作，而非分外之事）。

（3）接服务台电话时要通报"这里是客房服务，可以帮助您吗"，与客人通话时，要注意选词、语气，如有事，应适当记录，并复述一遍。

（4）因工作需要进入客房时，必须先敲门，得到许可后方可进入。敲门时，还应通报自己是客房服务员，如果三次以后都仍没有回答，方可用钥匙轻轻打开房门。

（5）退出房间时，要站在门边向客人微笑点头致意，出房后轻轻把门关上。

（6）尊重客人的隐私权。

（7）要与客人保持应有的距离，不可过分随便。

（8）在客房内，即使客人让坐也能坐下。

（9）应保持楼层的绝对安静。不可在楼层或其他工作现场大声喧哗，哼歌曲。客人招呼时不要高声回答，如距离较远，可点头或打手势示意领会意思；如遇宾客开会、座谈、会见时须接听电话，应到客人身边轻声呼叫或请其出场，伸手指示电话所在处。

（10）在岗位工作时，不准吃口香糖，也不允许因工作劳累而靠墙休息。

三、客房服务员在服务中的常见问题

（一）礼貌、礼节方面的问题

1. 称呼礼节

称呼客人时不使用"先生""太太""女士""小姐"等敬语，而用"男的""女的""老头""老太太"等词语。

2. 接待礼节

（1）客人抵达时，不热情、主动地问候客人。

（2）遇到客人不主动问候或不向客人微笑、点头致意。

（3）接待客人时，不全神贯注，常用粗鲁和漠不关心的态度待客；不与客人保持目光接触，而将眼光注视着计算机屏幕或别的目标，甚至与其他服务员闲聊。

（4）和一位客人谈话太久，而忽略了其他需要服务的客人。

（5）歧视客人。对外国人热情接待，而对国内客人态度冷淡。

（二）言谈举止方面的问题

1. 站立时

（1）无精打采，倚靠门窗家具，或单腿站立。

（2）单手或双手插在衣兜或裤兜内。

（3）双臂抱于胸前或交叉于身后。

（4）脚在地上动来动去，大腿小腿晃来晃去。

（5）站立姿势难看，不规范，未能做到肩平、头正、两眼平视前方，也未能挺胸、收腹。

（6）向客人指示方向时，手势不够规范，用手指或笔杆指点。谈话时手势过多，幅度过大。

2. 行走时

（1）走得过慢或过快。

（2）摆臂过大，或双臂僵直。

（3）抱臂行走。

（4）低头或昂首行走。

（5）行走时不够轻稳，晃肩摇头，上体左右摇晃。

3. 说话时

（1）为客人提供服务或与客人交谈时，缺乏微笑。

（2）在客用区域内与同事扎堆聊天，说家乡话。

（3）与客人谈论自己的私事。

（4）与客人或同事争吵。

（5）随意打断客人的谈话，不等客人把话讲完就做应答。

（6）与客人谈话时左顾右盼，将头低下，或玩弄手指，或捏弄衣服。

（7）与同事议论客人的短处或讥笑客人不慎的事情（如跌倒、打碎物件等）。

（8）与客人谈话时，流露出厌烦、冷淡、愤怒、僵硬的表情。

知识链接

提高酒店员工服务意识的十种办法

员工的服务意识和服务质量难以提升，各方面的原因很多，但最根本的就是文化因素。在中国独特的历史文化背景下，国人有两大特性：一是喜欢人比人，拿自己的各方面与别人比较；二是谁都不服谁，同事之间互相瞧不起，甚至在心底里对老板也是不服的，至于外面的客户，自然也不会服气。同时，好多员工骨子里没有尊敬别人的习惯，但又都希望别人来尊敬自己，感觉服务别人就是在低三下四地求着别人，为了个人的饭碗、为了老板的利益，在牺牲自己的尊严。在这种人文特性的基础上，要求员工们再做好对客户的服务工作，难度可想而知。

不过，从市场发展趋势和长远规划来看，良好的服务是必需的，今后的竞争，不再是简单的产品、价格和品牌竞争，更多的是服务竞争，客户需要的不仅仅是产品，更是在购买使用产品过程中所享受到的服务。那么，在要求员工做好对客户的服务工作和建立品牌为基础之前，作为老板，需要提前做哪些工作呢？

1. 人员选择

在目前所有的行业中，酒店业的员工对服务的理解和执行较为深刻。酒店业靠服务吃饭，酒店的员工在学校（高级酒店招的员工基本上都是旅游院校的毕业生）、实习和工作期间，不断地被强调和灌输服务意识。服务对他们而言，已经融入个人的习惯中去了。除此之外，其他好多行业还没有把服务提升到如此高的地位。所以，可以考虑在酒店业招聘员工，作为企业的专业服务人员。虽然他们的专业技术还不够好，但是，技术可以学，服务意识可不是一朝一夕所能锻炼出来的。

2. 让员工亲身感受服务

说教是空洞的，亲身感受是最直观的，要想让员工对服务有更深刻的理解，还得安排员工到公司外部亲身感受一下什么是服务，服务不到位会带来什么样的感受。可安排员工前往一些服务水准较高的场所，例如高级酒店和高档消费品专卖店等，体会其服务水准；然后再到一些批发市场和低档招待所，感受一下低劣服务给人带来的感受，并将两者进行对比，刺激员工加深对服务重要性的认识。

3. 要想员工服务好客户，老板先得服务好员工

在要求员工做好对外部客户的服务工作之前，作为老板，先要做好对员工的服务工作，让员工感受到什么是服务，服务会给人心理上带来什么。老板要先建立公司内部的员工服务计划，针对员工的工作和生活，公司要提供哪些方面的服务设施，或者增加哪些方便员工的措施，例如，在办公室增加员工方便就餐的微波炉、夏天为员工提供冰块和冰水、下雨天可适当延迟上班时间、员工有急事可借用公司车辆等。总之，先要让员工感受到别人在服务于自己，再来要求他们做好对外的服务工作，这样接受度自然要高很多。

4. 让员工从不同角度看待客户

许多员工做不好服务工作，是出于人文因素带来的排斥心理，心里接受不了别人，尤其是接受不了那些看起来并不顺眼的客户，总觉得这些客户本身也不怎么样，自己凭什么要去服务他们。心理上有排斥，自然很难体现出优质的服务来。作为老板，就要设法对员工进行心理疏导，毕竟金无足赤，人无完人，每个人都有一定的优缺点，看人不能总盯着人家不顺眼的地方看，而是要综合地、客观地看待他人。必要时，还得灌输一些与人为善、善心善事之类的观念，避免员工完全凭借自己的主观意识来看待客户。

5. 尊重员工的情绪

服务也是要心情的，员工在心情糟糕时，实在难以做到笑脸迎接客户，这个时候再强求员工对客户保持高标准的服务水平，实在是有些强人所难了。所以，要允许员工在心情不好时，例如家里有事，或者是处于生理周期时，暂时回避一些需要直接面对客户的事情，给员工调整情绪的时间。

6. 关注员工身体

人是高度复杂的动物，意识在支配人，下意识也在支配人，生理因素在影响人，心理因素也在影响人，若是员工的心理和生理方面存在一定问题，则会直接导致其外在情绪和言谈举止的变化，也就很难实现对客户的优质服务。例如甲亢、更年期、忧郁症等生理和病理问题，会让人长期处于一个多疑、焦虑、烦躁、悲观的情绪状态。处于这种状态下，怎么可能做好服务工作？把这样的员工推到客户面前，让其做好对客户的服务工作，往往会适得其反。所以，很有必要对相关员工进行集中体检，及时发现员工在这些方面的问题隐患，以便进行调整。

7. 借助设备

对客户的服务工作不一定全部通过员工完成，有些设备器材也可以辅助员工做好服务工作。例如，自动感应门铃，客户来的时候，自动说"欢迎光临"，走的时候，能说"谢谢惠顾，欢迎下次再来"；公司电话的自动应答；在营业场所的安全提醒和温馨提示。

8. 宣传广告中慎谈服务

有些老板在要求员工做好服务工作后，随即在相关的宣传广告中声称能给客户提供如何

优质的服务，把服务水准拔高，使得客户抱着一个很高的期望值。结果客户到现场亲身感受，发现与广告上所声称的相去甚远，从而导致出负面印象。因此，在宣传广告上不要过于强调服务优势，提得过高，客户以此作为标准，反而觉得员工服务水平和态度不到位。

9. 请老师进来上课

老板只是要求，具体如何去做，老板本身也不专业，这种情况下就该请些专业的人来做培训。例如高级酒店的服务人员，著名洋快餐店的服务人员等，言传身教总比一纸规定要好得多。

10. 增设服务专项奖金

权利和义务是对等的，员工们往往认为："老板所发的工资，只是支付当前所做工作的（可能还不够），现在要我们增加对客户的服务意识和提升服务水准，这也是一种付出，可是回报在哪里？若是工资上没有体现，那么，凭什么再要求我额外付出呢？"所以，老板在要求提升服务工作水准的同时，也得颁布同步的专项薪酬措施。

学习任务2　客房员工的培训

任务引入

某酒店客房部新员工培训计划

第一周

（1）楼层服务员的仪容、仪表及礼仪、礼貌。

（2）新员工对工作岗位的了解：岗位职责；基本工作流程；楼层服务项目；应知应会及注意事项。

（3）楼层客房的分析（种类、数量及大小）。

（4）做床的规范要求和注意事项。

（5）房间客用品的配备及摆放标准。

（6）棉织品的配备及摆放标准。

（7）磁卡锁的使用。

（8）客房保险箱的使用。

（9）控制板的使用。

（10）电视的使用与调台。

（11）空调的使用。

（12）卫生间设备的使用。

（13）房间的报修范围及报修程序。

第二周

（1）学习 ISO 文件内容。

（2）楼层做房分三种：空房、走客房、住客房，如何去做。

（3）设备问题何时自检。

（4）卫生间的清扫及卫生标准。

（5）做房后合格的客房标准。

（6）客房内电器的安全使用及保养。

(7) 客房内家具物品的摆放及保养。
(8) 计划卫生的重要性及注意事项。
(9) 计划卫生的时间（根据酒店团队住店的规律，淡季时间段进行）。
(10) 计划卫生怎样达到考核标准。
(11) 漏项如何检查。
(12) 案例培训。

第三周

新员工进行实践操作。

第四周

进行培训考核，并进行总结表彰，准备分岗。

任务分析

上述是某酒店客房部新员工培训计划，通过这份培训计划可以了解到客房部新员工培训的主要内容。通过培训，新员工能够了解自己工作的职责、服务程序、服务标准以及从业人员应具备的条件和素质，并对酒店的情况有初步了解，进而掌握自己本职工作的技能、技巧，以便上岗后能尽快独立完成自己所担负的工作，为客人提供热情周到的服务。

相关知识

一、培训的意义与原则

（一）培训的意义

要想让员工的工作达到既定的规格水准，严格的培训是一种必需而有效的手段。培训的意义表现在以下几个方面：

(1) 实现社会效益和经济效益统一的途径。

酒店业的实践充分证明，成功企业都非常重视员工培训工作，在人才培训上的投资，能够取得倍增的效益。众多酒店已经深刻认识到市场竞争、服务竞争归根到底是人才的竞争，酒店提出培训就是管理、培训就是效益、培训就是财富。培训要有成效，酒店就要舍得投入。不要再错误地认为：培训是一种成本，作为成本，就应该尽量降低，能省则省。在商业竞争异常激烈的今天，培训应当被作为一种投资、一种福利、一种激励方法写在企业经营计划里。用培训凝聚人心、鼓舞士气，激励员工不断保持高涨的工作热情，情绪饱满地工作，从而潜移默化地为企业带来经济效益和社会效益。

(2) 在竞争中立于不败之地的关键。

一是提高服务质量，增强竞争能力。培训是提高员工素质的重要手段，接受过严格培训的员工，在提供服务过程中往往能够使宾客更加满意，为酒店树立良好的口碑，在大大提高回头率的同时，又会给酒店带来更多的潜在宾客。二是增加销售，降低损耗，提高经济效益。实践证明，通过培训可强化员工的服务意识，丰富其服务与管理知识，增强其推销能力，从而扩大酒店的销售，为酒店带来更多的收益。另外，通过培训还可使员工更好地掌握酒店的服务标准，从而降低损耗，减少事故的发生。三是增强凝聚力，吸引并留住人才。企业内部培训的水平、深度与广度不但是衡量该企业资质和发展潜能的重要指标，也是吸引员工长期为其服务、安心工作的主要因素。如果能够在自己服务的酒店中不断地接受各种培训，使自己学习到更丰富的知识、更全面的技能，拥有更丰厚的工作经历，使自己的工作潜能和职业生涯不断地得到拓展，员工对酒店的归属感会与日俱增，并乐于为酒店长期服务，将个人的职业发展目标与酒店的整体发展的蓝图融为一体。

（3）开发人的潜能，促进员工发展。

培训是组织和个人双重受益的行为，培训对个人的作用表现在：一是提高员工自信心，增强职业安全感。各个层次的员工，尤其是新员工，通过系统的培训后，对自己相对独立地做好本职工作和做出正确决策就有了信心，进而会增加职业的安全感，员工必须有了职业安全感之后，才可能产生对企业的向心力，才可能真正为宾客提供高质量的服务。二是提高自身价值，创造晋升机会。酒店业的发展急需更多有管理能力的人才，培训能够使员工出色地完成本职工作，同时，还有助于他们扩大知识面和扩展工作领域。员工学到的知识越多，能力越强，员工自身的价值就越大，这就为其晋升发展创造了更多的机会。三是开发员工潜能，让员工得到更好的发展。持续的培训能让员工的能力得到不断开发，为员工的全面发展提供更为有利的条件。

（4）促进服务标准化、规范化发展，提升酒店的国际竞争力。

从我国酒店目前的状况来看，国际竞争力总体上不强。酒店专业人士曾做过一次调查：合资酒店数量不到我国酒店总量的20％，但其利润却占到整个行业的80％。导致这一现象的原因是，合资酒店高水准的管理和服务为其带来了品牌效益、营销网络、企业文化等方面的优势，而这一切都是通过高素质的酒店人才来实现的。由此可见，如果人才问题不解决，中国本土酒店就不能跨出国门真正参与国际竞争，国内酒店业的发展就会受牵制。

在酒店硬件水平日趋接近的情况下，服务水平、员工素质等软件成为酒店业竞争的焦点，而培训正是酒店软件建设之本。通过培训，提高员工素质、工作效率、敬业精神和职业道德水准，并培养其持续学习的能力，促进服务标准化、规范化发展，才能实现酒店以人为本的整体优化目标，才能适应集约化经营的需要，才能使中国酒店在国际市场上立于不败之地。

（二）培训的原则

客房部的培训工作应坚持以下原则：

1. 长期性

酒店业员工的流动性比较大，再加上酒店业也是在不断发展，客人对酒店的要求也越来越高，科学技术在酒店的应用也层出不穷，因此，对员工的培训不是一朝一夕的事，必须长期坚持。

2. 系统性

培训工作的系统性表现在以下几个方面：

（1）培训组织的系统性。对员工的培训，不仅是人事培训部的事，也是各个部门的重要工作。系统思想就是根据酒店的管理目标，把酒店的统一培训和部门自行培训结合起来，形成一个相互联系、相互促进的培训网络。部门培训与酒店人事培训部培训的内容和侧重点有所不同，客房部应该加强与酒店培训部的沟通、合作与协调。

（2）培训参加者的全员性。客房部员工，下至服务员，上至部门经理都必须参加培训，避免出现服务员经过培训而部门经理却是个"门外汉"的情况，造成"外行管内行"的混乱局面。

(3) 培训内容的系统性。客房部每次培训活动应该是酒店及部门长、中、短期整体培训计划的一个组成部分,培训的内容应该与前一次及下次培训的内容相互衔接,避免培训工作的盲目性、随意性,以及培训内容上的相互冲突和不必要的重复。因此,客房管理人员应该建立培训档案,做好培训记录。

3. 层次性

虽然客房部所有员工都必须参加培训,但由于岗位不同、级别不同、工作内容和要求不同,因此,培训工作要分层次进行。比如,分别进行服务员培训、督导人员培训、经理培训等,以便取得良好的培训效果。

4. 实效性

培训工作是提高员工素质和服务质量的重要保障,酒店为此需要投入可观的人力、物力、财力,因此,培训工作不能走形式,必须注重效果,客房部管理者必须认真组织,严格训练,严格考核。对于考核不合格的员工不允许上岗,不达要求绝不放行。培训的内容要针对部门服务和管理中存在的问题和薄弱环节加以确定,达到"缺什么补什么"的目的。

5. 科学性

要按照制定的岗位责任书的内容,利用科学的方法、手段进行培训,不能图省事,采取"师傅带徒弟"的简单、陈旧的方式。

二、培训的内容与类型

(一) 培训的内容

客房部员工的培训通常包括以下内容:

(1) 酒店概述。
(2) 客房部的概述。
(3) 仪容、仪表及礼仪规范。
(4) 酒店员工的行为规范。
(5) 客房员工的岗位职责和工作流程。
(6) 清洁卫生的标准。
(7) 做床的标准及规范。
(8) 服务意识的培养。

(二) 培训的类型

1. 岗前培训

岗前培训包括对新员工的入职指导和岗位工作所需要的操作程序、服务规范以及基本的服务技能技巧的训练。客房部必须贯彻"先培训,后上岗"的原则。

2. 日常培训

日常培训即针对工作中发现的问题随时进行培训。它可以在不影响日常工作的情况下,穿插进行一些个别指导或训示,也可利用各种机会对一定范围内的员工进行提示和研讨。日常培训的目的在于逐步培养员工良好的工作习惯,提高其工作水准,使部门工作趋向规范化和协调化。客房部的日常培训是一项长期的、无休止的工作,班前班后的会议、部门例会和工作检查等都应与此联系起来。

3. 下岗培训

对于上岗后，在业务、技术、职业道德等方面不称职的员工，要撤下岗位进行培训，直至经严格考核合格后方能上岗。对于经二次下岗培训后，考核达不到要求的，则应考虑调离其岗位。

4. 专题培训

专题培训是对员工就某个专项课题进行的培训。随着工作要求的逐步提高，有必要对员工进行有计划的单项训练，以扩大员工的知识面，进一步提高员工的专业素质。

专题培训的方式和内容可以是灵活多样的，包括：

（1）业务竞赛。业务竞赛可以是知识性的，也可以是可操作性的。业务竞赛是激发员工自觉学习、训练和交流的好方法。

（2）专题讲座。可根据工作需要，选一个主题，由本部门员工或聘请其他专业人员来讲授或示范，如接听电话的技巧、处理客人投诉的方法、督导人员管理技巧等。

（3）系列教程。如举办初、中、高级英语学习班，来满足不同员工学习英语的需求，提高员工的外语水平。

5. 管理培训

管理培训又称为"晋升培训"或"发展培训"，是针对有潜力的服务员和管理人员在晋升高一级的管理职位之前所设计的培训项目。培训目的在于使其能够有机会了解其他部门或岗位的工作内容、性质、特点，掌握必要的管理技能、技巧，以适应未来管理工作的需要。因此，管理培训实际上是员工在晋升前的热身运动。

三、发现培训需求

前台与客房管理人员通过分析工作中普遍存在的问题并根据酒店或部门制定的工作目标来确定是否需要培训、何时实施培训和怎样进行培训。

在下列情况下通常需要培训：

（1）酒店开业时。

（2）新的设备、工作程序和管理制度投入使用时。

（3）当员工从事一项新工作时（无论是新员工，还是老员工）。

（4）当管理者想帮助员工在事业上取得发展时。

（5）工作效率降低时。

（6）工作中不断出现差错时。

（7）各岗位之间经常产生摩擦时。

（8）顾客投诉较多，或员工工作不符合酒店的质量和数量要求时（在这种情况下，可能需要培训，但也可能不需要培训，因为有些问题并不是因为缺乏培训引起的。比如，对某个员工的工作安排不当或设备出现故障等都可能导致员工工作不符合酒店的质量标准和数量要求）。

（9）酒店或部门制定的工作目标与现状之间有较大的差距时。

四、制订培训计划

确定培训需求以后，就要制订培训计划。一个完整的培训计划应该包括以下内容：

(一) 培训目标

培训目标即通过培训，受训者应该达到的要求。培训的目标要着眼于提高员工的实际工作能力。目标不能是笼统的，应该有具体、明确的要求，规定经过培训必须学会做哪些工作和达到什么要求。

(二) 培训时间

培训的时间应尽量安排在淡季进行，以不影响或少影响工作为原则。在培训计划中，应明确说明培训的开始日期、结束日期及每日培训的准确时间，以便部门或班组据此安排好工作。

(三) 培训地点

培训地点可以在店外，也可以在店内；可以在培训课室，也可以在受训者的实际工作岗位。但一定要在不受人或物干扰的场所进行。

(四) 培训内容

培训内容应根据前台及客房部工作的实际需要、酒店的要求和员工的自身特点、能力确定。

(五) 接受培训者及对受训者的要求

培训计划中要说明接受培训的对象及对受训者在受训期间的要求，以确保培训工作取得良好的效果。

(六) 培训者

根据培训的对象、培训的内容等实际情况，培训者可以由本部门或本酒店的优秀员工担任，也可聘请店外专业人士担任。

选择合适的人员来担任培训者，是保证培训效果和质量的关键环节之一。并非所有有能力、有技术专长的人都能担当此任。作为培训者，除了要具有自己熟知的、需要传授的知识和技能外，还应具有培训他人的特殊素质和才能，具有一定的教学方法和技巧，明确对受训者的要求，善于发现受训者存在的问题，并进行及时分析，循循善诱，有计划、有准备、循序渐进地进行指导。此外，作为酒店的培训者，除了具有专业知识和高超的工作技能以外，还必须对部门和酒店的工作有一股热情，是员工学习的榜样。

(七) 培训方式

培训的方式通常有以下几种：
(1) 部门（酒店）内部培训或委托培训。
(2) "请进来"或"送出去"培训。
(3) 岗位培训或脱产培训。
(4) 课堂讲授或操作示范。

(八) 培训所需要的设备、器材

根据培训的内容，培训工作可能需要幻灯机、摄像机、电视机、计算机、投影仪等电器电子设备和白板、笔等教学器材以及书、笔记本等教学资料。这些均需在培训计划中一一列明，以便做好培训的准备工作。

（九）培训组织

培训计划中要说明负责实施培训计划的机构和人员。

五、增强培训效果的方法

（一）建立正确的培训观念

大多数酒店只是在员工入职之初得到一些工作技能的培训，之后就基本没有培训的机会了，新员工的工作基本上都是师父带徒弟的模式，企业文化都是老员工私下传播的。酒店管理者应树立正确的培训观念，新员工入职后的第一个月，大部分时间是在培训中度过的。期间，培训部门应给新员工介绍管理集团的背景、远景等企业文化。酒店管理层包括总经理在内的各部门负责人出席欢迎仪式。同时让员工知道自己的工作职责和职业规划，具体到员工，使他们在上岗之初就知道自己应该做什么及怎么做、怎么站、怎么笑、怎么加薪升迁等，在培训的内容安排上除了技能方面，还应该包括生存的本领，让员工学会危机处理，学会管理好自己的生命和危机时刻保护好客人的生命。这样的做法让员工在经过培训后不但有了一份新工作，掌握了新的技能，还提高了对急救、投诉等工作的应变能力，拥有了新的职业目标和人生规划；同时能留住员工的"心"，对稳定员工队伍有了积极的作用。

（二）设计合理的培训内容

合理、有效的培训内容应同时满足：第一，酒店和员工的要求，即培训需求分析问题；第二，与员工的工作相关，即培训环境设计问题。要得到合理的分析结果，可采取以下几种方法：

（1）观察法。
（2）问卷调查法。
（3）面谈法。
（4）会议调查法。
（5）工作表现评价法。

培训环境的设计应该最大限度地营造培训过程中任务、材料、设备及其他学习环境特点与实际工作环境特点的相似性。根据培训迁移的同因素理论，培训的迁移效果取决于这种相似性。因此，培训部门在设计培训内容时，应采取一切方法，使得培训项目所设计出的环境不仅与实际工作环境保持物理上的相似（能代表实际工作岗位的物理结构），而且与实际工作环境保持心理上的相似（即能够代表实际工作中的一切基本行为过程），确保项目的环境设计能最大限度地促进培训迁移。

（三）选择优秀的培训师

许多酒店为了培训往往聘请一些院校的教师，而这些教师只是从理论上进行培训，他们缺乏对酒店的实际工作的认识。笔者认为酒店高层管理者和部门经理是培训师的理想候选人，他们具有良好的综合素质，有丰富的实践经验，对酒店的经营状况和企业文化有全面的了解。但作为培训师应喜欢培训工作，善于学习，要精通与培训工作相关联的工作知识，有授课的技巧和辅导能力，满足成人培训的需求和兴趣，使自己的知识与成功经验有效地传授给受训者。另外，培训者应有高尚的品德情操、广博的学识和丰富的见闻，以独特的人格魅力帮助受训者学习各种知识，培训师还应适应现代化的要求，能够学会并发现优质信息的来源，弥补自身知识的不足，将培训工作做得有效。

（四）建立科学的培训效果评估体系

培训课程结束，酒店应加强培训后继跟踪活动。受训员工回到各自工作岗位并不意味着培训工作的终结。要想达到好的培训效果，还应对培训结果进行评估，并实施一系列后继活动。对培训成果的评估主要是考查培训是否达到了预期效果，可通过对受训员工的跟踪考核来实现。可以以电话、书面表格或电子邮件等形式向其主管领导或同事进行调查，并参考其绩效的提高程度来判别培训效果。另外，持续不断的提醒、考核、监督和促进受训员工在工作中运用所学知识和技能的这一系列后继活动也将对提高培训迁移效果起到至关重要的作用。因此，评估的意义显得尤为重要。

学习任务3　客房员工的考核与评估工作

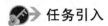

任务引入

客房部员工绩效考核方案

此考核各项目每月进行绩效工作制度方面的评分，工作业务考核每半年进行一次，根据员工考核成绩对员工进行绩效评级，保证客房部员工对客提供优质服务。考核对象为客房部员工，考核范围包括：

一、工作制度考核（30分）

1. 考勤（包括培训出勤）（10分）
2. 礼节礼貌、仪容仪表（10分）
3. 工作纪律（10分）

二、工作技能考核（50分）

1. 酒店产品知识考核（10分）
2. 铺床操作考核（10分）
3. 清洁房间卫生质量（15分）
4. 对客服务质量（15分）

三、直接上级和经理鉴定（20分）

评定方案：

（1）绩效方案系统分为：基本工资+岗位工资（员工每月考评）+全勤，员工每月评比基础分为100分，上奖下罚与实际工资待遇相联系，且评比分为：A级（90分以上）、B级（80分以上）、C级（80以下）。

（2）员工评分包括：工作制度得分+工作技能考核得分+直接上级和经理鉴定得分。

（3）考核内容主要针对员工平时工作表现，以及做房卫生质量，在保证卫生质量的前提下，努力提高员工的工作效率，保证对客高水平的服务。

（4）连续3个月总分第一名者评选为优秀服务员；反之连续三个月总分最后一名者部门将考虑予以辞退处理。

任务分析

上述内容介绍了员工考核的内容，对于员工的考核是一项复杂而细致的工作。在实施过程中，由于各种因素的影响，考核中会有偏差，这就影响了考核目的的实现，因此应该制定严格的考核标准，并确保其严格、准确的执行。

相关知识

为了提高服务质量和工作质量，必须实施并加强对员工的日常考核和定期评估工作。否则，将会出现有令不行，工作涣散，服务质量恶化的状况。

一、日常考核

客房部各级管理人员平时应做好对下属员工工作表现的观察与考核记录。这不仅是提高服务质量和工作质量的重要手段和途径，同时也是对员工进行客观、公正评估的基础。

考核应该逐级进行，涉及部门内包括管理人员在内的每一位员工。领班对服务员进行考核，主管对领班进行考核，而部门经理则对主管进行考核。如果服务员工作质量出现问题，领班没有发现，或没有处理，或没有在考评表中予以反映，就是领班的失职，主管发现后就要对领班进行扣分。而如果主管没有发现，或没有处理，则部门经理发现后，要对主管扣分和处理。其结果除了对当事人进行批评教育以外，还将在每月业绩奖中予以体现。当然，管理者任何时候都应明白，考核、评估只是手段而已，提高服务质量和工作质量才是最终目的。

考核的内容因考核对象的不同而不同，对服务员的考核包括员工的出勤情况、仪容仪表、服务态度、客人投诉情况、工作差错情况、违反店规店纪情况、与其他员工的合作程度、对管理人员的服从性以及工作的责任心与自觉性等。而对管理人员的考核则还应增加现场督导和管理情况、财产管理情况及考评工作执行情况等。

为了增强考核工作的客观性、公正性，考评员还应在考评表的背面写下扣分的理由和出现的问题，使被考评者心服口服，而且这也是日后对员工工作进行评估的客观依据。

二、工作评估

对员工的工作评估，就是按照一定的程序和方法，根据管理者预先确定的内容和标准，对员工的德、才表现和工作业绩进行考查和评价。员工的工作评估可以定期进行，也可以不定期进行。

（一）评估的作用

（1）为员工的晋升、降职、调职和离职提供依据。

（2）为员工的绩效考评提供依据。

（3）为员工和团队对组织的贡献考评提供依据。

（4）为员工薪酬决策的制定提供依据。

（5）使团队更好地进行决策。

（6）可以更加了解员工为团队的合作与交流程度。

（7）为员工的职业生涯规划提供参考依据。

（8）为工作计划、预算评估和人力资源规划提供信息。

（二）评估的依据和内容

对员工评估的依据是酒店《岗位责任制》或《工作说明书》中对该岗位员工的基本要求（包括工作职责、标准、任务等）以及员工对岗位职责的履行情况。

评估的内容包括被评估者的基本素质、工作业绩、工作态度等,主要有以下内容:

- 专业知识
- 语言能力
- 责任感
- 工作数量
- 服务态度
- 与上司的关系
- 个人品德
- 合作性
- 工作能力
- 理解能力
- 进取精神
- 工作的自觉性
- 工作质量
- 礼节礼貌
- 与同事的关系
- 考勤及守时
- 服从性
- 其他

对于上述内容,在考核时,可以根据其重要性的不同进行打分,以全面、客观地反映该员工的整体素质。

(三)评估的程序和方法

1. 填写评估表

对员工的评估通常为每年一次,评估的表格一般由酒店统一设计和印制(见表6-1)。为了为年度评估提供依据,使年度评估更为准确,同时也为进一步激励员工努力工作,客房部也可以对员工进行月度评估,月度评估的形式和内容以简单为宜。

表6-1 员工工作表现评估表

姓名　　员工编号　　部门　　班组
职位　　评估日期　自　年　月　日至　年　月　日

1	工作守时与考勤		员工是否守时及经常保持出勤 员工是否经常迟到或请病假、事假
	A		员工保持很好的考勤记录,在评估期限内绝无迟到或缺席
	B		员工能基本保持良好的考勤记录,在评估期内曾有少于三天的缺勤记录
	C		员工保持平平的考勤记录,在评估期内,偶有迟到并有超过四天的缺勤记录
	D		员工考勤记录甚差,在评估期内常迟到并有缺勤超过五天的记录
2	仪容仪表		员工是否修饰整洁
	A		对个人清洁卫生非常注重,并经常保持适当的修饰
	B		通常注意修饰整洁
	C		偶然有不整洁或不适当的修饰
	D		衣着不清洁及错误的修饰
3	工作知识		员工对本职工作的应有认识如何 员工是否了解自己工作的一切作用、要求与责任
	A		对本职工作各方面有充分认识,极少需要指导
	B		对本职工作多方面基本上有足够的认识,偶尔需要引导
	C		对本职工作某方面缺乏认识,经常需要引导,并需继续培训
	D		对本职工作多方面缺乏认识,经常需要引导,并需继续培训

续表

4	工作质量		员工是否处事精确及不易出差错 员工的工作是否有条不紊，容易使人接受
	A	工作做得很好，极少发生差错	
	B	工作良好，只稍有些错处，极少犯相同错误	
	C	工作表现平平，工作要经审核才能被接受	
	D	处事十分粗心大意，经常犯同样错误	
5	信赖程度		员工是否值得信赖并对委派工作谨慎尽责
	A	非常值得信赖，经常准时按要求完成指定工作，极少需要督导	
	B	大多数情况都可可以信赖，只是偶尔需要督导	
	C	在完成工作前经常查核	
	D	不可以信赖，需要经常密切监督	
6	进取态度		员工是否有创业精神及具有善于应变能力 即使没有提醒员工，员工能否主动负起自己的职责
	A	能主动应付工作，善于发挥能力及智慧去完成工作	
	B	基本能够主动地完成经常性的工作，偶然会有疏忽	
	C	工作中需要提醒才能完成本职任务	
	D	需要经常催促，不能主动完成工作任务	
7	礼貌与合作态度		员工对公司、同事及客人是否谦恭有礼 员工是否十分乐意与上司、同事及下属协调地工作
	A	非常注重礼貌待人接物，经常保持和颜悦色，乐于助人	
	B	基本能做到彬彬有礼，乐于与人合作	
	C	只对喜欢的人有礼貌，愿意分工合作	
	D	没有礼貌，不愿意分工合作	
8	管理能力 （如运用）		员工是否具有启发下属工作热情与工作目标的能力 员工是否具有指引、监督及对下属提供技术指导的能力
	A	能有效地激励与引导下属去完成工作	
	B	基本能保持良好的工作环境	
	C	需要改善个人的辅导作风，使下属更好地协调工作	
	D	不能监管下属使其完成工作	

续表

		适合晋升	降职	予以转正
总评分		表现满意	表现一般	延长试用期/不予录用
	A	是一位工作表现非常良好的员工,有一贯卓越的工作表现		
	B	是一位工作表现良好的员工,具有能力去完成预期的工作		
	C	是一位工作表现颇好的员工,在若干方面具有长处,但仍需改进以达到更佳的工作效果		
	D	是一位工作表现平平的员工,需要继续努力以求达到最佳工作表现		
	E	员工需要改进工作表现才能达到基本的工作要求		

为了使评估更加客观、准确,可以采用定性和定量相结合的方法。比如,可对上述评估表中的每个项目确定权重,对 A、D、C、D 不同档次,确定不同的分值,最后加总,就可得到该员工的整体评估分。再按照总评分的多少划分为不同的档次,作为月度或年度奖励的依据。

2. 评估面谈

评估表填写好以后,评估者(部门经理或主管)要与被评估者进行见面,就评分表上的各个项目及评分情况逐条向被评估的员工解释说明。被评估者可以在面谈时对他(她)的评估意见提出不同的看法,并与评估者进行深入的讨论。当不能取得一致意见时,可由人事部约见该员工,听取其意见,并做适当的处理。

另外,为了取得良好的面谈效果,评估者应当掌握一些面谈的方法与技巧:

(1)批评应注意对事不对人,切不可进行人身攻击。

(2)尽量不要涉及其他员工,尤其不要在面谈的员工面前批评其他员工,以免人为地制造矛盾,造成员工之间的不团结。

(3)面谈时要集中思想,注意聆听员工的谈话,以便建立起相互信任的沟通。若面谈时心不在焉,会使员工对评估者的诚意产生怀疑,继而失去信任。

(4)谈话的用词要合适,尤其是在对员工进行批评时,必须注意选用恰当的词汇。切忌在被评估者情绪激动时提出对抗性的指责,以免双方情绪对立而使面谈无法进行。

(5)评估应该实事求是,当被评估者对评估结果感到不满意时,应向其解释清楚。如属必要,可以修改评估结论并再进行讨论。

(6)面谈过程中,要强调员工的长处,即使是表现欠佳的员工,在结束面谈时也应该用积极的话语加以鼓励。但是,对于员工的不足之处,也应该严肃地向其指出。

(7)评估者应该极力创造轻松和谐的面谈气氛,以利于双方的自由沟通。

(四)评估注意事项

1. 评估必须客观、公正

评估者必须严肃认真、客观公正地对待评估工作,以日常考核和员工的工作表现为依据,绝不能主观臆断,凭印象或个人好恶进行。

2. 与被评估者面谈的地点要安静

与被评估者进行面谈时,选择的地点要安静,不受其他人或各种噪声干扰。

3. 鼓励对话

评估过程本身就是为酒店经营管理活动提供反馈信息的途径,也是上、下级之间的沟通渠道。单向性的评估容易引起职工的不满,最终使员工产生情绪,与评估的宗旨背道而驰。因此,与被评估者面谈时,应当鼓励被评估者提不同意见或看法,而不能压制。

4. 不能有报复思想

评估的目的是向被评估者实事求是地指出缺点,提出改进的方法和努力的方向,热情地肯定优点,提出发展要求和希望。切忌将评估当成整人的"秋后算账"。有些管理者平时对员工工作中出现的缺点和毛病,不及时指出,也不提出善意的批评,而是积累起来,在评估时"秋后算总账",这样做是极其错误的,难以实现评估的目的,无法对员工起激励作用。

学习任务4　客房部员工激励

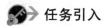 任务引入

小张真懒惰

某酒店新上任的客房部经理,发现了一个奇怪的现象,每位领班都不乐意接受服务员小张,经了解,大家对她的评价是比较懒惰,工作不积极努力,这时,客房经理并没有轻信大家的话,在心中对小张定位,而是劝服一位领班接受小张,而后注意启发他。不久,酒店接待一个十分重要的全国性的会议团队,在客人入住的第二天早上,客房经理便收到了全酒店第一封表扬信,不是别人,正是小张!

事情是这样的,昨晚10点左右一位客人匆匆忙忙地拿着一件外套找到楼层值班服务员小张,希望她能帮着把衣服送到洗衣房清洗,并再三强调这是明天参加会议要穿的衣服。可是那个时间,酒店的洗衣房早就下班了,而外面的洗衣店也不可能营业了,但小张还是毫不犹豫地答应了,随即,他便亲自把衣服洗干净,并很快交给了客人,告诉客人可以把衣服挂到通风处,第二天应该不会影响参加会议,客人很是感动,于是写下了这封表扬信,客房经理在晨会上对小张给予了充分的肯定与鼓励,从那以后,小张成了整个酒店最勤劳、最努力工作的员工,多次受到了表扬与奖励。

任务分析

众所周知,酒店行业是劳动密集型行业,也是人员流动率较高的行业之一,因此管理者应该有效地激励员工,使员工时刻都处于高度的兴奋的状态,从而更多地出现像小张这样为顾客服务的事例。现如今一些酒店管理者对员工激励的理解过于狭隘,认为激励员工的方式无外乎是物质奖励,不可否认的是物质奖励是一种有效的激励方式,但管理者更应该认识到:人不仅有追求物质利益的需要,也有追求和谐、友善、受人尊敬及自身能力在社会中体现的需要。酒店员工更有受尊重的需要,由于其所从事的行业为服务性行业,而传统的观念认为服务行业是"低人一等"的,所以他们更希望在工作中受到尊重。先别过早下结论,让我们试试对员工表示信任。这里的信任指的是对员工人品、能力的尊重和对其工作能力的认可,管理者和员工相互信任可以更好地促进工作,汤姆彼德曾说过:"工作技艺是十分重要的,但是增强信任却更有效。"

酒店管理者在平时的工作中应注意:

(1) 多与员工交流,增强相互的信任。不要轻信他人的评价对员工做出不正确的定位,要信任员工,也号召其他员工信任同事;敢于把重要的工作交给员工去做,充分相信员工的

工作能力，对员工工作中所取得的一点点进步给予及时的肯定，增强他们的自信心和荣誉感，除了相应的报酬和物质奖励外，要注意表扬、荣誉称号等精神鼓励的作用。

（2）注意平时的工作方法和态度。在工作中员工职位的不同只是代表他们工作内容的不同，每个员工都是平等的，没有高低贵贱之分，所以酒店管理者要格外注意自己的工作方法和态度，任何一次无意的粗暴的行为都可能严重挫伤员工的工作积极性，优秀的管理者一定是除了拥有突出的工作能力之外，更具有良好个人素质的人，懂得尊重员工的管理者也一定是被员工尊重的。

相关知识

客房有些员工具有较高的文化水平和外语水平，掌握了较好的服务技能和技巧，但在工作中就是不表现出来，工作缺乏积极性、主动性、服从性、合作性差，工作质量低，这就是缺少激励的表现。为了充分发挥员工的潜能，调动员工的积极性，客房管理人员必须学会激励员工，掌握有效激励员工的方法。

一、客房部员工激励的方法

做好客房部员工的激励，有利于充分发展员工的潜能，并调动员工的积极性，它既是提高客房服务质量的重要手段，也是客房部各级管理人员的重要职责。

（一）目标激励

目标激励就是通过确立工作目标来激励员工。正确而有吸引力的目标，能够激发员工奋发向上、勇往直前的斗志。

1. 目标应切合实际

目标激励作用＝目标价值×期望概率。目标价值是指目标本身的价值，期望概率即实现目标的可能性。从理论上讲，目标价值和期望概率越大，其激励作用就越强。但实际上这是不可能的。因为目标价值和期望概率是成反比的，目标定得越高，价值越大，则实现的可能性，即期望概率就越小。反之亦然。因此，目标的制定，不可盲目地求高、求大，而应考虑其实现的可能性，要使员工通过努力能够实现。只有这样，才能使目标激励真正发挥作用，实现目标激励作用的最大化。

2. 目标应该是多层次、多方面的

除了客房部的基本目标之外，还应包括其他许多目标，如管理目标、培训及进修目标、技术考核目标等。

3. 要将目标分为阶段性的具体目标

有了总目标，会使员工看到前进的方向，鼓励员工实现总目标的斗志。

4. 应将部门的目标转化为各班组以至员工个人的具体目标

部门目标不仅是要分解为阶段性的具体目标，还应转化为各班组以至员工个人的具体目标，使目标与责任联系起来，再加上检查、考核、奖惩等一系列手段，才能保证部门总目标的实现，使目标起到应有的激励作用。

（二）角色激励

角色激励即责任激励，就是让个人认识并担起应负的责任，激发其为所扮演角色献身的精神，满足其成就感。如果一个人认识不到自己应负的责任，就会放松对自己的要求，角色激励也就失去了作用。因此管理人员的责任就是要帮助员工认识并重视自己的责任。

在利用角色激励时，管理人员应注意以下两点。

（1）交给下属以能力相当或稍大于其能力的责任。

这样做会使他认为上级管理人员对自己的重视，从而体会到自己工作的意义，激发出自己的工作热情，推动他积极努力地完成自己的任务。

（2）给服务员一定的自主权。

必要时，要下放部分权力，员工在其职责范围内应有独立工作的权利，不一定都要听上级的指挥。只有这样，他们才会有责任心。相反，如果管理人员事事都不愿放手，使下属感到管理者对自己的能力不够信任，自己也没有一点独立工作的权利，就会影响其积极性。

（三）物质激励

物质激励即通过满足个人的物质利益需求，来调动个人完成组织任务、实现组织目标的积极性及主动性。马克思说过：人们的奋斗所争取的一切，都同他们的利益有关（包括工资、奖金、生活福利等）。

（四）竞争激励

人天生就具有一种竞争心理。竞争激励即荣誉激励，指的是得到他人承认和尊重以及荣誉感、成就感。

（五）信息激励

一个人如果不与外界接触，闭目塞听，必然自以为是，心安理得。如果迈开双脚到外面走一走、看一看，让头脑得到新的信息，应当会起到强大的激励作用。

案例：有一家酒店，管理者迫切希望改进服务和提高服务水平。所以，在店内积极推行服务的标准化、规范化和程序化。尽管管理者反复讲，亲自示范，然而还是收效甚微。后来管理者改变了教育方法，他带领一批基层服务人员去参观了几家高标准的酒店，回来后，这批员工成为推行标准化、规范化及程序化的积极带头人，使该酒店的服务质量有了大幅提高。

（六）奖惩激励

在管理工作中，奖励是一种"正强化"，是对员工的某种行为给予肯定，并使该行为能够得以巩固、保持。而惩罚则是一种"负强化"，是对某种行为的否定，从而使之减弱、消退，恰如其分地惩罚不仅可以消除消极因素，还能变消极因素为积极因素。

使用奖惩激励注意以下几点。

（1）及时性。一个员工表现好，取得良好成绩，或者提出了有效的建议，就应及时给予肯定；相反，一个员工如果表现不好，犯了错误，则应及时给予批评或惩罚，否则，时过境迁，激励作用会大打折扣。

（2）准确性。不论是员工的奖惩和批评，管理人员都要做到实事求是，恰如其分，力求准确。

（3）因人而异。要注意从不同员工的性格特点和心理特点出发，采取不同的方式方法。

（七）参与激励

参与激励就是在酒店管理中，给予员工发表意见的机会，尊重他们的意见及建议，实现良好的沟通。

（八）情感激励

在一个部门里，如果大家情投意合，互相关心，互相爱护，互相帮助，就会形成一个强有力的战斗集体，从而为客人提供良好的服务。因此，客房管理者必须重视"感情投资"。

（九）晋升与调职激励

人人都有上进心理，利用人们的上进心理，给予员工职位的晋升，无疑是一种极为有效的激励方法。

（十）示范激励

"没有良将就没有精兵。"客房管理人员必须以身作则，以自己的工作热情去影响和激励下属员工。

二、员工激励应注意的问题

在员工激励中，客房部各级管理人员要特别注意以下问题：

（一）要注意扬长避短

注意强化激励对象的优点、长处，弱化其缺点、短处，做到扬长避短，合理地安排用人，最大限度地调动激励对象的积极性。

（二）要注意开发激励

对员工内在的智慧和才能善于挖掘。开发、调动激励对象的积极性、创造力，注意挖掘、开发组织成员的内在智慧，这样才能调动他们的积极性。

（三）要注意使激励对象感受到工作的乐趣

注意尽可能使组织成员感受和领略到工作中的乐趣，减少和消除其恐惧，使组织内创造和谐、融洽、进取、向上的气氛，使组织成员感到干工作不是不得已而为之，为了生存而谋生，而是一种精神寄托和社会责任。

（四）要注意使激励对象建立安全感

注意帮助组织成员建立安全感，解除后顾之忧，获得最大限度解放生产力的效果。

（五）要注意培养和强化激励对象的自信心

注意在工作实践中不断地培养和强化组织成员的自信心。通过增强自信心的"动力投资"调动他们的积极性和创造力。

（六）要注意细节对激励对象的影响

注意通过一些细节因素激励和调动组织成员的积极性，而不是因为忽略了细节而挫伤他们的积极性。这些细节包括：自尊、自由、信心、民主、信赖、爱、成就感等。有时候，这些往往就体现在领导者一举手、一投足、一颦一笑和只言片语上。

（七）要注意激励对象行为的习惯和模式

注意不要以自己的习惯或模式强求组织成员，允许、容忍在共同理想基础上不同行为习惯、模式的存在和发展。作为领导者，应时刻注意到围绕公司目标可以采取的不同方式、方法的存在以及组织成员个性的多样性。

（八）要注意激励"度"的问题

注意掌握激励对象的能量权限，把握好激励的"度"的界限。超极限的激励不仅无益反而有害，这如同拉弹簧用力过度，以致超过它的弹性范围而不能恢复一样。只有适时适度地掌握好能量权限，防止"不及"和"过度"，才有助于保护激励的有效时限和防止超负荷的"磨损过度"。

（九）要注意避免"惩式训诫"

注意尽量避免"惩式训诫"。踢人一脚，虽然会使人移动位置，但这却不是使人移动位置的好办法。即使对于那些有缺点、有错误的下属，包括屡教屡犯的人，也不宜采用"惩式训诫"，因为它带来更多的是伤心和恐惧，并不是解决问题的上策。

（十）要注意少用"说教式规劝"

注意尽量少用"说教式规劝"。实践表明，"说教式规劝"是世界上使用率最高的方法，也是成功率最低的方法。尽量少用和适时地掌握运用的艺术，而对于那些已经用过却毫无效果的人来说，应及时改用其他的方法。

三、客房部员工的过失行为与纪律处分

（一）轻微过失：口头警告

（1）当班时，不保持仪表的整洁及制服整齐。
（2）当班期间聚堆聊天、打闹、高声喧哗或发出不必要的声响。
（3）工作时间听收音机、看报纸、吸烟。
（4）在员工食堂以外进餐（除特别岗位）。
（5）不使用酒店客用电梯（除特殊情况）。
（6）下班后，无故逗留在酒店内。
（7）工作散漫，粗心大意。
（8）当班时，办理私人事务，打私人电话。
（9）随地吐痰或乱丢杂物。
（10）对客人无礼（视严重程度可列为严重过失）。
（11）迟到或早退。
（12）未按规定佩戴员工证。
（13）上下班不打卡。
（14）违反规定携带私人物品上岗。
（15）偷带酒店物品出店。
（16）拒绝酒店授权的有关人员检查手袋等。
（17）在酒店范围内使用污言秽语。
（18）因疏忽或过失犯罪损坏酒店财物，程度较轻。
（19）违反酒店有关制服管理规定。
（20）挑拨打架斗殴事件情节较轻。
（21）提供假情报、假资料或隐瞒事实，情节较轻。
（22）擅自标贴、涂改酒店物品，并搬往别处。

（23）酒后当班，带有醉态。

（24）散布虚假或诽谤言论，影响酒店、客人或其他员工的声誉。

（25）擅取酒店物品自用。

（二）严重过失：书面警告

（1）旷工。

（2）擅自离岗。

（3）当班时打瞌睡。

（4）对上司不礼貌，违背或不服从主管或上司合理的工作安排或指令。

（5）因疏忽搞坏酒店或客人财物，罚款1～10倍。

（6）擅自使用专供客人使用的设备物品。

（7）对客人粗暴或不礼貌，与客人争辩。

（8）向客人索取小费或其他报酬。

（9）偷食酒店及客人的食物。

（10）委托他人或代人打钟卡。

（11）拾遗不报。

（12）在酒店赌博或变相赌博。

（三）极端过失：即时辞退或开除

（1）贪污、盗窃、索贿、受贿、行贿。

（2）侮辱、谩骂、恐吓、威胁他人，与客人吵架。

（3）兑换外汇。

（4）利用或参加黑社会组织。

（5）组织、参加或聚众闹事。

（6）使用毒品、麻醉剂或兴奋剂。

（7）蓄意损坏酒店及客人财物。

（8）玩忽职守，违反操作规程造成严重损失。

（9）经常违反酒店规定，屡教不改。

（10）连续旷工3天或一个月内累计旷工2次。

（11）触犯国家法律，造成刑事责任。

对于犯有轻微过失的员工，可给予口头警告。员工若第二次出现轻微过失，则应由部门主管或领班向过失员工签发过失单，并记录在案。

对于严重过失者，可由客房部经理向过失犯罪员工签发警告通知书，如再次出现严重过失，则向其发出最后警告。对于犯有严重过失的员工（二次以上的轻微过失，将被视作严重过失），可视情节轻重分别给予临时停职、降职、降薪、记过、留店察看、劝退或辞退处理。客房部员工的严重过失由部门经理签批后，报酒店人事部备案。

客房部员工如犯有极端过失，将被酒店立即辞退或开除。另外，如员工被最后警告后，再次出现严重过失，也将被视为极端过失。员工的辞退、除名，由酒店人事部签批后，报总经理批准。

项目小结

培训是提高客房部员工素质的根本途径，也是提高客房服务质量的主要方法之一。培训的意义在于：能够提高员工的个人素质；提高服务质量，减少出错率；提高工作效率；降低营业成本；提供安全保障；减少管理人员的工作量；改善人际关系，使酒店管理工作走向正规化。客房部员工培训的内容包括酒店及部门规章制度、服务意识、职业道德、仪表、仪容与礼貌、礼节、服务程序、规范与技能技巧、客房销售艺术、英语、安全知识、管理人员的管理技能等。

为了使培训工作取得成效，客房部培训工作应坚持长期性、系统性、层次性、实效性和科学性的原则，同时要做好培训的考核和评估工作。客房部管理人员还应特别重视并做好新员工的入职培训工作。为了提高服务质量和工作质量，客房部管理人员还必须实施并加强对员工的日常考核和定期评估工作。否则，将会出现有令不行、工作涣散、服务质量恶化的状况。

员工激励是提高客房工作数量和工作质量的重要手段。客房员工的激励与其他部门员工的激励有共性，也有其特殊性，客房管理人员应探索有效的客房员工的激励方法。

项目考核

1. 实务训练

设置情景，通过训练，让学生掌握客房服务员的基本素质要求，熟悉客房部员工激励的方法以及激励中应注意的问题。

2. 思考题

（1）对客房部员工进行培训的意义表现在哪些方面？
（2）简述对客房部员工进行培训的内容与类型。
（3）如何制订培训计划？
（4）客房部员工工作评估的依据和内容有哪些？
（5）试述客房部员工工作评估的程序和方法。
（6）如何对客房员工进行激励？

3. 案例分析

佳节刚过，南方某宾馆的迎宾楼进入小淡季，宾客稀少，客房管理员 A 紧锁着眉头，考虑着节后的工作安排。突然，她喜上眉梢，拿起电话与管理员 B 通话："目前客源较少，何不趁此机会安排员工休息？"B 答："刚休了七天，再连着休息，会不会太接近？若这几天休息了，以后的二十几天就没休息日了，这样员工会不会太辛苦？"A 说："没关系，反正现在客源少，闲着也是闲着。"两人商定后，就着手安排各楼层员工轮休。

刚到中旬，轮休的员工陆续到岗，紧接着客源激增，会议一个接着一个，整个楼又恢复了昔日的热闹，员工们忙得不亦乐乎。

员工在紧张的工作中夜以继日地度过了十几天，A 正为自己的"英明决策"感到沾沾自喜时，下午 4:00 服务员小陈突然胃痛；晚上交接班时，小李的母亲心绞痛住院；小黄在灌开水时腿不慎被烫伤。面对接二连三突然出现的问题，A 似乎有点乱了分寸。怎么办？A 以这个月的休息日已全部用完为由，家中有事、生病者，要休息就得请假。而请一天的病、事假，所扣的工资、奖金是一笔可观的数目，面对这样的情况，小黄还是请了病假，而小陈、小李只好克服各自的困难，仍然坚持上班。

第二天中午，管理员 B 接到客人的口头投诉，被投诉的是三楼的小李及四楼的小陈，原因是：丢三落四，所答非所问，面无笑容，对客不热情，服务出差错。A 交接班时，B 转达了客人对小李、小陈的投诉。管理员 A 听后，陷入深思。

思考：这是谁的错？管理员 A 的管理方式是否得当？为什么？

项目二　客房设备、用品使用与保养

学习目标

一、知识目标

（1）了解客房设备与选择。
（2）熟悉客房设备的使用与保养要求。
（3）掌握客房布件的日常管理。
（4）掌握客房用品的消耗定额计算方法。

二、技能目标

（1）能够识别不同类型的客房设施、用品。
（2）正确选择、使用和保养客房设施、用品。
（3）掌握客房用品的日常管理方法。
（4）掌握客房用品消耗定额的计算方法。

三、实训目标

（1）使学生理解客房设备、用品管理的意义。
（2）在完成作业过程中，增强酒店设备使用与管理意识，学会基础的客房物品管理方法。

学习任务 1　客房设备管理

 任务

酒店客房"六小件"是否该取消

所谓酒店"六小件"通常是指一次性牙具、梳子、拖鞋、洗发水、沐浴露、香皂。按照通常惯例，酒店服务人员在客人入住前需要将此类日用品摆放整齐，再次收拾房间时，根据客人的使用情况进行补充配备，做到每人一套。

业内人士透露："酒店一般根据客人的要求更换客房的一次性用品。只要客人不是用一次就扔掉的话，一般每套用品可用两三天。不过，很少客人愿意这样做。其实酒店提供的一次性用品是一客一用，不意味着只能用一次。"

酒店的一次性牙膏、香皂等"六小件"是浪费最严重的一次性物品。比如香皂，通常情况下每块香皂大约30克，客人入住一天一般只使用1/5左右，牙具、沐浴露等也是如此，有些客人往往把剩下的用品连同包装一起扔掉了。

据了解，目前一家酒店平均每天每个房间耗费的牙具、梳子等一次性用品，价值5～10元。全国有大中型酒店万余家，共有几百万个房间，按每间日消耗7.50元计算，全国每年的消费额将超过25亿元。

任务分析

客房设备用品不仅包括酒店一些硬件设备，还包括低值易耗品，这些是酒店经营成本的重要构成部分，怎样节约成本，也是酒店需要考虑的问题。现在一些酒店已经采取了相应措施来节省开支，比如广东省的星级酒店不再主动提供一次性日用品，江浙部分酒店也开始对"六小件"实行收费，而部分快捷酒店沐浴露、洗发水都采用大瓶装，挂在墙上，客人用多少取多少，在某种程度上避免了浪费。

相关知识

一、客房设备、用品的管理范围

通常客房用品的管理范围仅限于单纯的仓库管理。但激烈的市场竞争导致了服务产品之间的削价竞争，从而使得饭店利润急剧下降。因此，控制经营成本、开源节流，越来越多地受到管理者的重视。客房用品管理的业务范围也更为扩大和系统化。一般来说，客房设备、用品的管理大致包括：客房设备、用品的选择与采购、使用与保养、储存与保管。对于客房部说，其主要是做好用品的计划、使用控制和储存保管工作。

二、客房设备、用品管理的要求

为了便于管理，客房的基本设备、用品可分为两大类：一类是设备部分，属于企业的固定资产，如机器设备、家具设备等；另一类是用品部分，属于企业的低值易耗物料用品，如玻璃器皿、各种针、棉织品、清洁用品、一次性消耗品等。这些设备、用品的质量和配备的合理程度，装饰布置和管理的好坏，直接影响到客房商品的质量，是制定房价的重要依据。客房设备、用品的管理应达到4R的管理要求：

（一）适时（Right Time）

用的时候，能够及时供应，保证服务的延续性和及时性。

（二）适质（Right Quality）

提供使用的客房设备、用品的品质要符合标准，能够满足客人的需要。

（三）适量（Right Quantity）

计划采购的数量要适当控制，确定合适的采购数量和采购次数，在确保适时性的同时，做到不囤积，避免货物积压。

（四）适价（Right Price）

以最合理的价格取得所需的客房设备、用品。

三、客房设备、用品的管理方法

酒店客房设备、用品种类繁多,价值相差悬殊,想要做好管理工作,必须采用科学的管理方法。

(一) 核定需要量

酒店设备、用品的需要量是由业务部门根据经营状况和自身的特点提出计划,由酒店设备、用品主管部门进行综合平衡后确定的。做好客房设备、用品管理,首先必须科学合理地核定其需要量。

(二) 设备的分类、编号及登记

为了避免各类设备之间互相混淆,便于统一管理,客房部要对每一件设备进行分类、编号和登记。客房部管理人员对采购供应部门所采购的设备必须严格审查。经过分类、编号后,需要建立设备台账和卡片,记下品种、规格、型号、数量、价值、位置以及由哪个部门、班组负责等。

(三) 分级归口管理

分级就是根据酒店内部管理体制,实行设备主管部门、使用部门、班组三级管理,每一级都有专人负责设备管理,都要建立设备账卡。归口是将某类设备归其使用部门管理,如客房的电器设备归楼层班组管理。几个部门、多个班组共同使用的某类设备,归到一个部门或班组,以它为主,负责面上的管理,由使用的各个部门、各个班组负责点上的使用保管、维护保养。

分级归口管理,有利于调动员工管理设备的积极性,有利于建立和完善责任制,切实把各类设备管理好。

(四) 建立和完善岗位责任制

设备、用品的分级管理,必须有严格明确的岗位责任做保证。岗位责任制的核心是责、权、利三者的结合,既要明确各部门、班组、个人使用设备、用品的权利,又要明确他们用好、管理好各种设备、用品的责任。责任越明确,对设备、用品的使用和管理越有利,也就越能更好地发挥设备、用品的作用。

(五) 客房用品的消耗定额管理

客房用品价值虽然较低,但品种多,用量大,不易控制,容易造成浪费,影响客房的经济效益,实行客房用品的消耗定额管理,即在一定时期内,为保证客房经营活动正常进行,以必须消耗的客房用品的数量标准为基础,将客房用品消耗数量定额落实到每个楼层,进行计划管理,用好客房用品,达到增收节支的目的。

四、客房设备管理

(一) 客房设备的分类

客房设备主要包括家具、电器、洁具、安全装置及一些配套设施。

1. 家具

家具是人们日常生活中必不可少的主要生活用具。客房使用的家具主要有卧床、床头柜、写字台、软座椅、小圆桌、沙发、行李架、衣柜等。

2. 电器设备

客房内的主要电器设备有：

（1）照明灯具。客房内的照明灯具主要有门灯、顶灯、地灯、台灯、床头灯等。它们既是照明设备，又是房间的装饰品。

（2）电视机。电视机是客房的高级设备，可以丰富客人的生活。

（3）空调。空调是使房间保持适当温度，调换新鲜空气的设备。

（4）音响。音响是供客人收听有关节目或欣赏音乐的设备。

（5）电冰箱。为了保证客人饮料供应，在客房内放置小冰箱，在冰箱内放置酒品饮料，方便客人随意饮用。

（6）电话。房间内一般设两架电话机，一架放在床头柜上，另一架装在卫生间，方便客人接听电话。

3. 卫生设备

卫生间的设备主要有洗脸台、浴缸、坐厕、毛巾架、镜子、灯具、垃圾桶等。

4. 安全装置

为了确保宾客安全，客房内一般都装有烟雾感应器，门上装有窥视镜和安全链，门后张贴安全指示图，标明客人现在的位置及安全通道的方向。楼道装有电视监控器、自动灭火器。安全门上装有昼夜照明指示灯。

（二）客房设备选择

选择客房设备，应选购技术上先进、经济上合理、适合饭店档次的最优设备，有利于提高工作效率和服务质量，满足宾客需求。每个酒店要根据自身的特点，确定客房设备的选择标准，这是进行客房设备管理的基础。

1. 客房设备选择的标准

（1）适应性。适应性是指客房设备要适应客人需要，适应饭店等级，与客房的格调一致，造型美观，款式新颖。

（2）方便性。方便性是指客房设备使用方便灵活，简单易操作，同时易于维修保养，易于提高工作效率。

（3）节能性。节能性是指能源利用的性能。随着水、电能源的日益紧张，人们的节能意识也逐渐加强。酒店用电、用水量都比较大，节水、节电成了大家比较关心的问题。在选择设备时，应该选择节能设备。

（4）安全性。安全是酒店客人的基本要求。在选择客房设备时，要考虑是否具有安全可靠的特性和装有防止事故发生的各种装置，商家有无售后服务也是设备安全的重要保证。

（5）成套性。成套性是指各种设备的配套。成套性可以保持家具的一致性和外观的协调性。

（6）可发展性。为了满足新时代旅客对酒店服务的要求，酒店在选购设备时要综合考虑其经济性和发展性。

以上是选择客房设备要考虑的主要因素，对于这些因素要统筹兼顾，全面权衡利弊。

2. 客房主要设备的选择

（1）家具的选择。家具必须实用、美观。构架结实、耐用和易于保养。

客房用床要求：尺寸合适。床是酒店为客人提供休息和睡眠的主要设备，大多数的床包括弹簧、床垫和架三个部分。弹簧使床具有弹性并提供支撑；床垫覆盖弹簧并加以衬料；弹簧和床垫都安放在床架上。

(2) 卫生间设备的选择。

客房卫生间是客人盥洗的空间，面积一般为 $4\sim7m^2$，主要设备是浴缸、马桶和洗脸盆三大件。

浴缸有铸铁搪瓷、铁板搪瓷和人造大理石等多种类型，应选择表面耐冲击、易清洁和保温性良好的浴缸。浴缸按尺寸大小分为大、中、小三种，一般酒店多采用中型浴缸，高档酒店采用大型浴缸。浴缸底部要做一些防滑措施。

马桶、洗脸盆有瓷质、铸铁搪瓷、铁板搪瓷和人造大理石等多种类型，使用最多的是瓷质，具有美观且容易清洁的优点。

卫生间的三大件设备应在色泽、风格、材质、造型等方面相协调。

(3) 地毯的选择。

地毯主要有纯毛地毯、混纺地毯、化纤地毯和塑料地毯四种，不同种类的地毯有不同的特点。纯毛地毯好看、弹性强、耐用、便于清洁，但价格较高。混纺地毯具有纯毛地毯质感舒适的特点，价格又低于纯毛地毯的。化纤地毯的外表与触感均像羊毛地毯的，阻燃、耐磨，且价格低廉。塑料地毯则质地柔软、耐用、耐水，可用水冲洗。

(三) 客房设备的使用与保养

客房设备的使用，主要涉及员工与客人两方面。客房部要加强对职工的技术培训，提高其操作技术水平，懂得客房部设备的用途、性能、使用方法及保养方法。

1. 客房家具的使用与保养

(1) 床。为了避免床垫有局部凹陷，应定期翻动床垫，床垫每年翻动4次。在翻动时，用手动吸尘器附件清洁吸尘，这样可使床垫各处压力和磨损相同，保持平整完好，延长使用寿命。

(2) 木质家具。衣柜、写字台、床头柜、行李架等木质家具容易变形、易腐蚀、易燃等，所以家具在使用中应根据其特点，注意保养，防潮、防水、防热、防虫蛀。

使用时间较长的家具，必须定期打蜡上光，保养的办法是将油性家具蜡倒在家具表面或干布上擦拭一遍，形成一层保护层，15min 后再重复擦一次，可达到上光的效果。

2. 地毯的使用与保养

(1) 地毯清洗计划。在酒店里，交通密集的公共区域通常是地毯重污发生区，针对这种情况，客房部应制订周密的地毯清洁计划。比如，可以在平面图中用不同的颜色来表示人流量大的区域和易产生重污的区域。人流量大的区域至少每天需要清洗一次，而人流量相对小、不易弄脏的区域则可以每周或每月清洗一次。

(2) 吸尘。吸尘是保养地毯的首要程序。大多数酒店的客房部每天至少对地毯吸一次尘，同时也包括定期深度清洁、局部清洁、去污渍等。污渍必须在其深入地毯、变成顽渍前及时去除。

(3) 防虫蛀。纯毛地毯很容易遭虫蛀，因此使用时应在地毯底下放些药物以防虫蛀。

3. 客房主要电器的使用与保养

(1) 电视机。要将各频道节目调至最佳效果，使客人按键即可收看。服务员对电视机擦灰时，要用柔软的干布，移动时要轻搬轻放。电视机应放在通风良好的地方，避免阳光直射电视屏幕、电线插座、接头要安全可靠,电源线不能有裸露的地方,如有不安全的地方,要及时通知维修人员。

(2) 电冰箱。用于酒店客房的电冰箱一般以冷藏为主,容积较小,供制冰或冷冻少量的食品用。电冰箱要放在通风的地方,不要让太阳直射,冰箱的背部与墙面需间隔10cm以上,以保证散热。保持箱体内、外的清洁,以防异味产生。

4. 卫生间洁具的保养

坚持经常清洁卫生间洁具,要用专门的清洁剂来保洁,严禁用去污粉等粗糙的清洁剂以及硫酸等腐蚀性强的清洁剂去擦拭洁具。

(四) 客房设备的管理要求

1. 建立客房设备档案

建立客房设备档案,使客房部对本部门的设备情况有明确的了解,正确掌握设备的调进、调出,为设备的使用、保养、维修和更新改造工作提供相关的信息。

以下介绍客房设备档案的主要组成部分。

(1) 客房装饰情况表。该表要求将家具饰物、地毯织物、建筑装饰和卫生间材料等分类记录,并注明其规格特征、生产厂家及装修日期等。

(2) 楼层设计图。该图表明酒店客房的类型、数量、确切的分布和功能、设计等。

(3) 织物样品。墙纸、床罩、窗帘、地毯等各种装饰织物的样品都应作为档案资料。如果原来的织物被替代了,则应该保留一份替代样品。

(4) 照片资料。每种类型的客户都应保留如下照片资料:房间的设计图,床和床头柜的布置图,写字台和行李柜布置图,卫生间布置图,套房的起居室和餐室的布置图。

以上这些资料做好后,还要根据新的变化予以不断的补充和更新,否则将逐渐失去意义。

2. 客房历史档案

所有客房甚至公共区域,都应该设有历史档案,包括家具饰物、安装期或启用期、规格、历次维修记录等。

3. 客房设备的更新改造

为了保证酒店的规格、档次和格调一致,保持并扩大对市场影响力,多数酒店都要对客房进行计划中的更新改造,并对一些设备、用品实行强制性淘汰。这种更新计划常常包括一年一次的常规修整计划,如地毯、饰物的清洗,墙面清洁和粉饰,家具修整,窗帘床罩的洗涤等;客房使用达5年时的部分更新计划;客房使用10年左右的全面更新计划,要求对客房陈设、布置和格调等进行全面彻底的改变。

4. 客房设备的新趋势

客房作为酒店出售最重要的有形商品之一,其设备、设施是构成其使用价值的重要组成部分。科学技术的发展及宾客要求的日益提高促使酒店客房设备、配置出现了一些新的变化趋势,主要体现在人本化、家居化、智能化和安全性等几个方面。

(1) 人本化趋势。

作为现代化的酒店,"科技以人为本"的原则在客房设备的配置上应体现出来。以人为本就是要从宾客角度出发,使客人在使用客房时感到更加方便、舒适。比如,传统的床头控制板正在面临淘汰,取而代之的是以"一钮控制"的方式。又如,客房中的连体组合型家具不但使用起来不方便，而且使得酒店客房千店一面，分体式单件家具则可以使客房独具特色，且住宿时间稍长的宾客还可按自己的爱好、生活习惯布置家居。

（2）家居化趋势。

家居化趋势主要体现在以下几个方面。首先是客房空间加大，卫生间的面积加大。其次是通过客用物品的材料、色调等来增强家居感。比如，多用棉织品、手工织品和天然纤维编织品；放置电烫斗、烫衣板；卫生间浴缸与淋浴分开；使用电脑控制水温的带冲洗功能的恭桶。另外，度假区酒店更是注重提供家庭环境的氛围，客房能适应家庭度假、几代人度假、单身度假的需要，如儿童有自己的卧室，电视机与电子游戏机相连接等。

（3）智能化趋势。

可以说智能化趋势的出现将人本化的理念体现得最为淋漓尽致。因为在智能化的客房中，宾客可以体验如下美妙感受：客房内将为客人提供网上冲浪等 Internet 服务，客人所需的一切服务只要在客房中的电视或电脑中按键选择即可；客人更可以坐在屏幕前与商务伙伴或家人进行可视的面对面会议或交谈；宾客可以将窗户按自己的意愿转变为美丽的沙滩、辽阔的大海、绿色的草原；还可在虚拟的客房娱乐中心进行自己喜爱的娱乐活动；房间内的光线、声音和温度都可根据客人的个人喜好自动调节。

（4）安全性日益提高。

安全的重要性是不言而喻的，但这需要更加完善的安全设施加以保障。比如，在客房楼道中安装微型监控系统；客房门采用无匙门锁系统，以指纹或视网膜鉴定客人的身份；客房中安装红外感应装置，使服务员不用敲门，在工作间通过感应装置即可知客人是否在房间，却不会知道客人在房间中的行为，床头柜和卫生间中安装紧急呼叫按钮，以备在紧急情况下，酒店服务人员与安保人员能及时赶到。这些设施大大增强了客房的安全性，同时，又不会过多打扰客人，使客人能拥有更多的自由空间而又不必担心安全问题。

学习任务2　客房布件管理

任务引入

荞麦枕头

一年夏天，一位军队高级将领下榻福建沿海某城市的一家四星级酒店。酒店领导自然十分重视，公关销售部更是费心搜集这位 VIP 的消费资料。

当随行秘书提出酒店是否有荞麦枕头时，酒店客房部经理小王不免暗暗吃惊。据他所知山东人有睡荞麦枕头的习惯，而福建没有这种枕头。怎么办？小王急忙向总经理汇报此事。酒店总经理想起当地一家酒店用品公司，也许该公司见多识广，了解货源渠道，就急忙与该公司总经理联系。事也凑巧，该公司老总正在北方出差，就答应立即捎两个荞麦枕头回福建。当高级将领的床上摆放着荞麦枕头时，也许他还以为是办事周到的秘书特意为他带来的呢。

事后，几位管理人员试用了这种枕头，发现这种枕头虽然硬实而且沉甸甸的，但头部枕靠在上面确实服帖而且不轻易移位，感觉十分好。于是又少量地进了一批这种枕头，与软枕头搭配，先在几个楼层试用。征求了许多客人的意见，大家都反映好。于是酒店决定将继续购进一批投放到客房里。

任务分析

某高级将领爱睡荞麦枕头，是个性化需求。

个性化消费行为，看似个别人的生活习惯，其实往往包含有合理成分和可取之处。把这种少数人的喜好产品推而广之，可能会受到许多人的欢迎和接受，成为一种具有满足共性需要的时尚特色产品。

本案例中的这家酒店关注客人消费喜好的细节，在不起眼的一个枕头上用了很多心思，由满足个性化需要推演为提供一种特色客房产品，其用心经营的态度确实值得同行学习。

相关知识

一、客房布件的分类及质量要求

布件又称为布草、布巾或棉织品。在酒店的经营活动中，布件不仅是一种日常生活必需品供客人使用，还被用于装饰环境与烘托气氛。布件是酒店多次性消耗用品。

（一）布件的分类

按照用途来划分，酒店的常用布件可分为四大类。

（1）床上布件，包括床单、枕套、被套、褥垫、床裙等。

（2）卫生间布件，包括浴衣、大浴巾、小浴巾、面巾、地巾等。

（3）装饰布件，包括遮光窗帘、纱窗帘、沙发套等。

（4）餐桌布件，包括台布、餐巾等。

（二）客房布件的质量要求

1. 床上布件的质量要求

（1）纤维的长度。一般二级至四级棉的纤维长度是27~29mm，一级（高级）棉的纤维长度是29~31mm。

（2）纱支数。棉纱的支数有三种，用于床单、枕套等的织物有20支纱、21支纱和24支纱。24支纱要用一级棉纤维纺制，20、21支纱多为二级至四级棉纤维纺制。

（3）织物密度。密度高且经纬分布均匀的织物强度和舒适度佳，可用做床单、枕套的织物密度一般为288×244根/$10cm^2$，高级的可超过400×400根/$10cm^2$。

（4）断裂强度。织物的断裂强度与织物的密度等都有密切的关系，通常织物的密度越高，其断裂强度越好。

（5）纤维质地。常用的床单、枕套的质地主要有全棉和混纺两类。前客房使用的床上布件，特别是床单、枕套、被罩等大多是棉涤混纺织物，一般棉涤比例为50∶50或65∶35等。

（6）制作工艺。布件的制作工艺也直接影响布件的质量。

2. 卫生间布件质量

传统的卫生间布件都可统称为毛巾。酒店的档次越高，使用的毛巾越舒适、越讲究。

（1）毛圈数量和长度。毛圈多而且长，则柔软性好，吸水性佳。但毛圈太长又容易被钩坏，故一般毛圈长度在3mm左右。

（2）织物密度。毛巾组织是由地经纱、纬纱和毛经纱组成的。地经纱和纬纱交织成地布，毛经纱则与纬纱交织成毛圈，故纬线越密，毛圈抽丝可能性也越小。

（3）原纱强度。地经要有足够的强度以经受拉扯变形，故较好的毛巾地经用的是股线，这就提高了吸水和耐用性能。

（4）毛巾边。毛巾边应牢固平整，每根纬纱都必须能包住边部的经纱，否则，边部很容易磨损、起毛。

（5）缝制工艺。查看折边、缝线、针脚等的工艺。

3. 窗帘的质量要求

窗帘的功能是遮光、保护隐私、装饰美化、隔音隔热，还能弥补窗户本身的一些不足。客房的窗帘有薄窗帘和厚窗帘两种，多为织物制成。薄窗帘通称纱窗帘，作用是减缓阳光的照射强度、美化房间，白天既不影响室内的人观赏室外景色，又能保护室内隐私；厚窗帘则具有窗帘的较多功能，讲究的厚窗帘除有一层装饰布外，还有一层遮光背衬。

选择客房窗帘织物时要注意以下几点：
（1）纤维的质地。
（2）纤维的纺织方法会影响到织物的柔软性、坠感、牢度和美观度。
（3）阻燃性。
（4）色彩和图案。
（5）价格。
（6）制作工艺。

二、客房布件的规格

（一）床上布件的规格

客房的床上布件是与床及床上的其他用品配套使用的，其规格尺寸应与床的规格及其他相关用品的规格相适配。

1. 床单

床单的规格尺寸是根据床的规格尺寸和铺床的方法及要求确定的。通常按下列公式计算：

床单的长度 = 床垫的长度 + 2 × 床垫的厚度 + 2 × 20cm

床单的宽度 = 床垫的宽度 + 2 × 床垫的厚度 + 2 × 20cm

如果床垫的规格是120cm × 200cm，厚度为16cm，用于这种床的床单的规格就应该是：

长度 = 200cm + 2 × 16cm + 2 × 20cm = 272cm

宽度 = 120cm + 2 × 16cm + 2 × 20cm = 192cm

2. 枕套

枕套是与枕芯配套使用的，因此，枕套的规格尺寸要依据枕芯的规格尺寸来确定。一般要求枕套比枕芯宽2~5cm，长20~23cm。

3. 褥垫

褥垫是铺在床垫上起防护等作用的垫子，因此，褥垫的规格要与床垫的规格相适配，通常要求略小于床垫的长度与宽度，以四边不超出床垫滚边并紧贴滚边为宜。不能过大，也不能过小。

客房毛巾的规格

客房卫生间的毛巾的规格要与酒店的档次相适应。参照酒店星级评定标准的有关要求。

知识链接

设施、设备评分表如表6-2所示。

表6-2 设施、设备评分表（部分：客房布草）

序号	设施、设备评分表	要求	得分
①	床单、被套、枕套的纱支规格	不低于80×60支纱	6
		不低于60×40支纱	3
		不低于40×40支纱	1
②	床单、被套、枕套的含棉量	床单、被套、枕套的含棉量为100%	1
③	毛巾（含浴巾、面巾、地巾、方巾等）的纱支规格	32支纱（或螺旋16支），含棉量为100%	2
		不低于16支纱	1
④	毛巾（含浴巾、面巾、地巾、方巾等）规格（一个规格不达标扣0.5分，扣满2分以上，降低一档）	浴巾：不小于1 400mm×800mm，重量不低于750g；面巾：不小于750mm×350mm，重量不低于180g；地巾：不小于800mm×500mm，重量不低于450g；方巾：不小于320mm×320mm，重量不低于55g	6
		浴巾：不小于1 300mm×700mm，重量不低于500g；面巾：不小于600mm×300mm，重量不低于120g；地巾：不小于700mm×400mm，重量不低于320g；方巾：不小于300mm×300mm，重量不低于45g	3
		浴巾：不小于1 200mm×600mm，重量不低于400g；面巾：不小于550mm×300mm，重量不低于110g；地巾：不小于650mm×350mm，重量不低于280g	1

（二）窗帘的规格

窗帘可分为标准窗帘和落地窗帘两种。

1. 标准窗帘

标准窗帘的尺寸（单位：cm）为：

长度(高度) = 窗子的长度(高度) + 2×(15~20)

标准窗帘的上下两端均应超出窗户15~20cm。如果窗子的高度为150cm，那么窗帘的长度应为[150 +(30~40)]cm，即为180~190cm。窗帘宽度与窗帘轨道的长度相等。轨道长度等于窗子宽度两边各加15~20cm。如果窗户的宽度为250cm，那么窗帘的宽度应为[250 +(30~40)]cm，即为280~290cm。

2. 落地窗帘

是否做成落地窗帘，一般取决于窗户的大小与墙面的比例、窗户离地面的距离及整体装潢效果。如果窗户面积与墙面面积之比大于2/3，则宜做落地窗帘；如果窗台离地面的距离小于45cm，宜做落地窗帘；大于70cm，宜做标准窗帘；介于45~70cm，则视整体装潢效果和窗户面积与墙面面积的比例大小而定。

3. 窗帘用料

（1）用料面积计算（单位：cm）：

用料面积 = (2 × 丈量宽度 + 25) × 丈量高度

（2）用料长度计算（单位：cm）：

用料长度 = 用料面积 ÷ 布料宽度 × 高度

式中的2为折中倍数，通常最大不大于3，最小不小于1.5，具体折中倍数取决于布料的厚薄。厚料可选偏小数，薄料可选偏大数。25cm是用于接缝和重叠的。在购买布料时，要考虑接拼缝及凑花形图案的需要和缩水率，要留有余地。

三、客房布件的配备

客房布件的配备是客房布件管理工作中的一个重要问题。客房布件的配备需有合理的定额标准，要防止定额的不合理而影响客房布件的正常供应及造成无谓的浪费和损耗。

通常，客房布件主要包括在用布件和备用布件两部分。

（一）在用布件的配备

在确定在用布件的配备数量时，要综合考虑下列因素：

（1）必须能够满足客房出租率达100%时的使用和周转需要。

（2）必须能够满足客房一天24小时运营的使用和周转需要。

（3）必须能够适应洗衣房的工作制度对布件周转所造成的影响。

（4）必须适应酒店关于客用布件换洗的规定和要求。

（5）必须考虑布件调换补充周期及可能发生的周转差额和损耗流失等情况。

（6）能够保证刚洗烫过的布件有一段保养的时间。

（二）备用布件的配备

在确定备用布件的配备数量时，要综合考虑下列因素：

（1）布件的损耗率。

（2）计划更新补充的周期和数量。

（3）预计流失布件的补充情况。

（4）是否有更新布件品种及规格等计划。

（5）定制和购买新布件所需的时间。

（6）库存条件。

（7）资金占用的损益分析。

四、客房布件的管理和控制

（一）合理存放

（1）分类存放。

（2）定点定量。

（二）建立布件的收发制度

（1）先洗先出。
（2）保证质量。
（3）对等交换。
（4）超额领用。

（三）建立布件报废和再利用制度

1. 布件因下列情况可以报废

（1）布件破损或有无法清除的污迹。
（2）使用期限已到。
（3）统一调换新品种、新规格等。

2. 严格履行报废手续

布件报废须有严格的核对审批手续，一般由中心布件房主管核对并填写布件报废单，报洗衣房经理或客房部经理审批。

3. 布件报废的处理

（四）严禁布件的不正当使用

要严格禁止对布件的不正当使用，比如用布件做抹布，或私自使用客房毛巾。这样既造成了浪费，又使劳动纪律无法得到保证。

（五）定期盘点

盘点布件要认真、细致和全面。盘点前，要将盘点的日期和时间通知各有关方面和人员；盘点时要停止布件的流动，防止漏盘和重盘；盘点后须填写布件盘点统计分析表并存档。

（六）建立备用布件储量卡

客房、餐厅及其他部门每天需要提供大量的布件，而客人对布件的质量往往要求很高，布件的质量直接影响到酒店的服务质量和规格。同时，由于酒店布件使用量大，容易损耗，因此，搞好布件的管理，是客房管理工作的一个重要工作。

五、保养的条件

（1）尽量减少存库时间。
（2）新布件必须经洗涤后才能投放使用。
（3）备用布件要按先进先出的原则投入使用。
（4）洗涤后的布件要放置一段时间，以利于其散热、透气。
（5）要消除污染和损坏布件的隐患。

六、布件的储存

布件应在合适的环境按正确的方法储存。布件的储存环境和要求主要有下列几项：

（1）具有良好的温湿度条件。库房的温度以不超过20℃为佳，湿度不大于50%，最好在40%以下。
（2）通风透气，防止微生物繁衍。
（3）墙面材料须经过防渗漏、防霉蛀处理，地面材料以PVC地砖为佳。

（4）保持清洁。
（5）布件分类上架，并附有货卡。
（6）布件房不能存放其他物品，特别是化学物品和食品等。
（7）布件上应加防护罩，以防止积尘、变色。
（8）要有消防设备和器材。
（9）限制无关人员进出布件存放区域。
（10）定期进行安全检查。

学习任务3　客房用品管理

任务引入

某酒店床单单房年度消耗定额的计算

某酒店有客房400间，床单单房配备3条。预计客房平均出租率为75%。在更新周期内，床单年度损耗率为35%，求其年度消耗定额。

任务分析

根据多次性消耗品的消耗定额计算公式计算得：

床单的年度消耗定额 $= b \times x \times f \times r$
$= 3 \times 400 \times 75\% \times 35\%$
$= 315$（套）

相关知识

客房用品的日常管理是客房用品控制工作中最容易发生问题的环节，也是最重要的环节。

一、控制流失

（一）建立客用品领班责任制

各种物资用品的使用主要是在楼层进行的，因此，对客用品使用的好坏及定额标准的掌握，关键在领班。各楼层应配备专人负责楼层物资用品的领用、保管、发放、汇总以及分析的工作。

（二）控制日常客用品消耗量

客房用品的流失主要是员工造成的。比如有些员工在清洁整理房间时图省事，将一些客人未使用过的消耗品当垃圾扔掉，因此领班应做好员工的思想工作，通过现场指挥和督导，减少客用品的浪费和损坏。同时，还要为员工创造不需要使用客房用品的必要条件。

客房日用品的发放和使用。在控制客房用品的发放时应根据楼层小库房的配备定额明确一个周期和时间。这不仅方便中心库房的工作，也是促使楼层日常工作有条理以及减少漏洞的一项有效措施。在发放日期之前，楼层领班应将其所管辖楼段的库存情况了解清楚并填明领料单。凭领料单领取货物之后，即将此单留在中心库房以便作统计用。

二、每日统计

服务员按规定数量和品种为客房配备和添补用品，并在做房报告上做好登记。楼层领班通过服务员做房报告汇总服务员在每房、每客的客用品的耗用量。

三、定期分析

一般情况下，这种分析应每月做一次。其内容有：
（1）根据每日耗量汇总表制定出月度各楼层耗量汇总表。
（2）结合住客率及上月情况，制作每月客用品消耗分析对照表。
（3）结合年初预算情况，制作月度预算对照表。
（4）根据控制前后的对照，确定每间每天平均消耗额。

知识链接

客用品消费定额制定

1. 一次性消耗品的消耗定额制定

一次性消耗品消耗定额的制定方法，是以单房配备量为基础，确定每天需要量，然后根据预测的年平均出租率来制定年度消耗定额。

计算公式为：$A = b \times x \times f \times 365$

其中：A 表示每项日用品的年度消耗定额；b 为每间客房每天配备额；x 为酒店客房总数；f 为预测的年平均出租率。

例题：某酒店有客房300间，年平均出租率为80%，牙膏、圆珠笔的单间客房每天配备额各为2支、1支。求该酒店牙膏、圆珠笔的年度消耗定额。

根据上述公式计算得：

牙膏的年度消耗定额 $= b \times x \times f \times 365 = 2$ 支 $\times 300$ 间 $\times 80\% \times 365 = 17.52$（万支）

圆珠笔的年度消耗定额 $= b \times x \times f \times 365 = 1$ 支 $\times 300$ 间 $\times 80\% \times 365 = 8.76$（万支）

2. 多次性消耗品的消耗定额制定

多次性消耗品定额的制定基于多次消耗品的年度更新率，应根据酒店的星级或档次规格，确定单房配备数量，然后确定其损耗率，即可制定出消耗定额。

计算公式为：$A = B \times x \times f \times r$

其中：A 为每项日用品的年度消耗定额；B 为每间客房每天配备额；x 为饭店客房总数；f 为预测的年平均出租率；r 为用品的损耗率。

项目小结

客房设备、布件、用品的管理直接影响酒店的服务质量与效益，是客房工作的重要任务之一。完好的设备、设施是客房优质服务的物质保证，客房设备主要包括家具、电器设备、卫生间设备、安全装置以及一些配套设施，要做好客房设备的清洁保养及日常管理。客房布件又称为"布草"，在酒店经营中，不仅是日常生活必需品，供客人使用，也是酒店客房装饰布置的重要物品，对室内气氛、格调、环境起着很大的作用，所以要做好客房布件的配备及管理工作。客房用品也称日常客用品，也有人称它为客房低值易耗品，主要是供客人使用的生活资料。客用品涉及的品种多,使用的频率高、数量大,容易遗漏的环节也多。所以客房用品管理是客房管理工作中颇具潜力的一个方面。

项目考核

1. 思考题

(1) 客房日用品的分类和质量要求有哪些?

(2) 某酒店有客房200间,年平均出租率为85%,茶杯、茶叶的每间客房每天配备额为2只、4包。该酒店茶杯、茶叶的年度消耗定额应是多少?

2. 案例分析

据调查某家酒店一次性用品在使用过程中存在严重的浪费现象,以香皂为例,一块净重30g的香皂,客人每次只使用1/5左右,由于大量的团队客人及散客在饭店停留时间只有1天左右,剩余的4/5在清扫房间时只能换掉。通常情况下,打扫客房的时候都会发现,开了瓶的沐浴液、洗发液还剩大半,拆了封的香皂几乎没使用,每天都得扔掉一大堆,非常浪费。所以,我们决定推广环保,将牙刷、牙膏等六小件撤出部分房间,除非客人主动要求,否则不再提供六小件。

思考:

(1) 试分析酒店一次性用品在使用与管理过程中的利与弊。

(2) 酒店撤出六小件后,应如何加强客房日用品的管理,以满足宾客的生活之需?

项目三　客房部安全管理

学习目标

一、知识目标

(1) 了解客房安全管理的基本含义。

(2) 熟悉客房安全管理设施的配备。

(3) 掌握客房防火与防盗的工作概况。

二、能力目标

(1) 熟悉解决突发性事件应采取的措施。

(2) 掌握客房区域安全设备的正确使用方法。

(3) 掌握处理各种突发事故的正确方法。

三、实训目标

(1) 能正确识别客房区域各种安全设备。

(2) 能正确使用消防器材。

学习任务1　客房安全基础知识

任务引入

钥匙事件

四星级酒店的客房服务员小王上午清扫完客房后,没有将房卡上交给领班,而是随身携带保管。当她下午整理客房时才发现房卡不慎丢失了,因害怕领导批评,所以没有报告领班,而是约服务员小张、小李两个帮她一同寻找。找了一个多小时也没有找到,万般无奈之下才报告领班,由领班报告主管。主管一方面通知安全部加强该楼层的保卫工作,防止坏人捡到房卡后去客房偷窃;另一方面让小王与保安人员继续寻找房卡,然后让其他服务员用总卡打开小王管辖范围内的客房,进行整理,保证客房服务工作的正常进行。不久,小王在商品部找到了房卡,楼层工作恢复正常。事后,小王受到通报批评并被处以罚款。

任务分析

第一,房卡管理是酒店工作中一项非常重要的任务,房卡丢失不仅损害酒店的利益,更重要的是直接危及客人的人身和财产安全。因此,客房服务员必须从思想上高度重视,严格按照酒店规定的制度和程序,保管好客房房卡,防止丢失。第二,本案例中房卡丢失的原因是服务员小王未能按规定将房卡上交领班,而是将房卡随身携带到工作间以外的就餐、购物场所,造成丢失。事故发生后,小王应首先报告上级,及时处理,采取补救措施,以免对客人的人身、财产安全造成威胁。

相关知识

客房部不仅要以干净舒适的客房以及服务人员热情好客的态度、娴熟的服务技巧来满足客人的各种需求,使其乘兴而来,满意而归,而且要重视客人的最基本的需求——安全。酒店客人跟其他任何人一样,需要安全和保护,希望免遭人身及财产的损害。安全是入住客人最基本的需求,而有效的酒店安全管理是保证酒店安全环境的前提和基础。

一、客房安全管理的概念

客房安全管理是指客人在客房范围内人身、财产、正当权益不受侵害,也不存在可能导致侵害的因素。客人在住店期间对客房的安全期望很大,对于在旅途之中或身处异国他乡的客人来说,作为宾客家外的"家"——酒店客房,必须是一个安全的住所。因此,酒店有义务和责任为客人提供安全与保护。安全也是酒店各项服务活动的基础,只有在安全的环境内各种服务活动才能得以开展。但是,酒店也难免会发生人为或非人为的不可避免的意外事故,所以酒店应加强对服务人员安全意识的培养,增强服务人员的紧急应变能力,以降低灾害发生时人员的生命及财产损失。

二、客房安全事故发生的原因

客房安全事故的原因从直接原因和间接原因进行分析。

（一）直接原因

造成客房安全事故发生的直接原因主要有以下两个方面。

1. 人为的原因

人为的原因主要是指人们的不安全行为，包括指导与监督疏忽、肇事者不按规定要求行事、误用或错用各种器具、危险性物品使用错误及不安全行为等。

2. 设施的原因

设施方面的原因主要是指不良的环境设施所引起的，包括照明不良、维修不当、地面过滑，以及危险场所的防护设施安全系数不高等。

（二）间接原因

间接原因主要是各种机械装置的定期检查不当和保养不良。最高经营者责任心不强，导致安全管理制度和安全管理组织不完备、安全管理标准不明确等。例如，裂纹或破损的各种手柄；未及时清理使用过的刮脸刀片；裸露的电线；客用电梯的不安全操作；客房用餐时被玻璃杯损伤；非常通道使用不安全等。

三、客房安全管理的特点

客房安全管理的特点包括以下几点：

（一）依法性

在处理客房安全问题时，要依法办事，分清刑事与治安，国内人与国外人要有较强的法律知识。

（二）复杂性

影响客房安全的因素有很多，主要有人为因素、自然侵害因素和心理侵害因素等。酒店客流量大，人员复杂，是犯罪分子作案的目标和隐藏的地方。此外，客房的安全管理涉及治安、消防等，还关系到国家安全、社会综合治理等方面的内容，因此客房安全管理工作复杂，责任重大。

（三）广泛性

客房安全管理涉及各个部门、各个工作岗位和每位员工，需要各部门的通力合作和全体员工的共同努力。尤其是客房部员工的岗位职责与客房安全紧密相关。

（四）长期性

酒店高层建筑多，客房内生活用品多，用水、用火、用气量大，易燃、易爆危险品多，客房安全侵害因素不仅广泛存在而且长期存在，因此决定了客房安全工作的长期性，应遵循"以防为主，常备不懈"的原则，不断加强和提高各项安全水平和实效。

（五）突发性

发生在酒店客房内的各种事故、事件往往带有突发性，有的甚至在短时间内同时发生数起，因此酒店必须迅速、及时地做出反应和处理，否则就会酿成大祸，造成不应有的重大损失。

四、客房安全管理的任务

根据公安机关安全工作的有关规定，结合部门工作的基本特点，可以把客房部安全管理工作的主要任务归纳为以下几个方面。

（一）加强安全教育和安全培训工作

客房部要教育和培训员工增强客房安全意识，熟悉客房安全工作内容，掌握客房设备的使用方法，当好客房楼层的保安员。

（二）指定安全管理制度和安全防范措施

客房安全必须以严密的制度来保证，客房部要制定周密细致的安全制度，为了确保安全，客房部还要针对可能发生的安全问题，制定可能发生的安全问题，制定防火、防盗、停电、防爆等突发事件的安全防范措施，使员工遇事不慌，有章可循，有法可依。

（三）保证设施、设备的安全运行

客房服务员要在工作中注意巡视并检查楼面及客房的安全设置和其他设备、设施的安全性能，防火、防盗措施，要经常检查安全制度的执行情况，安全制度不仅写在纸上、贴在墙上，更要落实在行动上。

（四）保护客人和客房的财产安全

客房安全管理不仅是为了保证客人财产安全，也是为了保护客房财产安全。事实上存在着个别素质低的客人对客房设施、设备不爱护，或有意无意地使其损坏，给酒店造成或大或小的经济损失。对于这样的行为，服务员应把好关，通过查房及时发现问题，通知总台和管理人员处理。对于不良分子的恶意偷窃行为，更要配合保安部严厉打击。

五、客房安全设施配置

为保证住店客人生命财产安全，必须在公共区域和客房内加强各类安全设施的配置，同时客房内各种生活设施、设备也要安全可靠。

（一）电视监控系统

电视监控系统是由电视摄像镜头、电视监视器、电视屏幕操作机台、录像等部分组成。电视监控系统是酒店主要的安全装置，除了安装在酒店大厅及公共场所之外，通常作为客房部主要的安全装置。一般设置在以下几个地方：

1. 楼层过道

在楼层过道安装监控探头，一般采用中、长焦镜头。

2. 客用电梯

客用电梯空间小且又是封闭的，一旦出现紧急意外事件，受害人难以求援，安装探头便于对电梯内发生的可疑现象进行跟踪和取证。一般采用视野宽阔的广角镜头。

（二）自动报警系统

自动报警系统是由各种类型的报警器连接而成的安全网络系统，主要设置在酒店财务部、收银处、贵重物品寄存处以及商场消防通道等区域，用于防盗、防水、防爆报警。

（三）消防监控系统

酒店的消防监控系统一般由火灾系统、灭火系统、防水设施组成，常见的消防监控系统主要有以下几种。

1. 烟雾感应器

当室内浓烟达到8%遮光程度时，酒店内的火警控制室会收到该感应器所发出的信号。

2. 感温器

感温器又称"温度感热器",即室内温度上升到一定温度后,感温器即接受信息,并将信息送至酒店的火警控制室。

3. 差定探测器

当通过探测器的气流比装置处的温度高出 20℃ 的时候,该探测器即能在 30 秒内启动,将信息送至火警控制室。

4. 洒水头

火灾发生时,可借由洒水头探测器的感应而开启洒水头喷水,以防止火势蔓延,是一种扑灭初期火灾的固定灭火设备。

5. 火警指示灯

每一间客房门上方都有一个火警指示灯,如果客房内的侦烟器、感温器产生作用,该火警指示灯即会亮起红灯,以便于辨识。

6. 消防栓

消防栓内有消防出水口及灭火器等。一旦火灾形成,可以借此灭火设备立即扑灭火源,避免火势扩大成灾。

7. 火灾报知机

火灾报知机一般位于消防栓上方,当火警发生时,按下按钮以通知火警控制室,获得人力支援以共同协助扑灭火源。

8. 防火阻隔门

防火阻隔门即在走廊上等距离设置的阻隔门。一旦火警发生时,即自动弹开闭合,以免火灾延烧至其他区段,逃生时仍可推开通过。

9. 排烟机

一旦火灾发生时造成强烈浓烟,就会对人体造成呛伤、窒息,同时烟雾弥漫也会使人的方向感迷失,并产生恐惧感,而排烟机则适当启动,将浓烟排出,提供更多的时间,以利于逃生或等待救援。

10. 紧急逃生梯

出入口有两道安全梯为火灾逃生时的安全通道,平时严禁堆放物品阻塞通道或上锁,以免在紧急时无法发生作用。

11. 安全逃生图

客房门背后应该贴上安全逃生图,用以指示客人在发生火灾时安全撤离疏散。

12. 灭火器材

客房楼层通常配有消火栓及各种轻便灭火器。

(四)通信系统

通信系统主要有专用电话、传呼系统及对讲机。

1. 专用电话

一般客房专用电话应具备"一键通、大面板、留言灯、数据口"四大基本功能,专用电话必须随时保持正常通话状态,避免发生紧急事故时电话出现故障。

2. 传呼系统

传呼系统是专门用于酒店内部通信的系统,提供单呼、群呼、自动寻呼、局域网寻呼、数字呼、汉字呼、英文呼等功能，可为使用单位降低通信成本，提高服务质量，改善经营管理。

3. 对讲机

使用对讲机可以方便酒店内部管理，降低通信成本。客房部班组长必须每半小时或一个小时对本班组各岗位进行联络，以确保通信畅通和各项安全。班组交接班时，必须做好对讲机的移交、验收工作并签字确认。如未按交班制度要求，出现故障无法确认责任方时，由交接双方或全体队员共同承担相应的赔偿责任。发现使用故障必须及时上报。

（五）客房安保设施

1. 门锁

门锁是保障住客安全最基本也是最重要的设施，由于酒店规模、档次的诧异，各酒店所使用的门锁各异。

现在出现了很多采用新技术的新型锁，如电子密码锁等。

2. 窥镜

窥镜安装在房门上端，为广角镜头，便于住客观察房间的外部情况。

> **知识链接**
>
> 广角镜头是一种焦距短于标准镜头、视角大于标准镜头、焦距长于鱼眼镜头、视角小于鱼眼镜头的摄影物镜广角镜头。广角镜头的基本特点是镜头视角大，视野宽阔。从某一视点观察到的景物范围要比人眼在同一视点看到的大得多；景深长，可以表现出相当大的清晰范围；能调节画面的透视效果，善于夸张前景和表现景物的远近感，有利于增强画面的感染力。

3. 保险箱

保险箱是一种特殊的容器，根据其功能主要分为防火保险箱、防盗保险箱、防磁保险箱和防火防磁保险箱等，可供客人存放贵重财物。

六、客房部钥匙管理

恰当的钥匙管理程序对保护客人的隐私与安全十分重要。坚固和安全的门锁以及严格的钥匙控制是客人安全的一个重要保障。严格的钥匙控制系统能够减少客人和酒店内部偷盗行为的发生。钥匙的丢失、随意发放、私自复制或被偷盗等都会给酒店带来严重的安全问题及损失。酒店经营者必须认真对待这个问题。酒店管理机构应该设计一个结合本酒店实际情况，切实可行的客房钥匙发放、保管及控制程序，以保证客人人身及财产的安全。

（一）钥匙的管理

多数酒店的钥匙由客房办公室人员直接负责，在办公室内部，设有存放钥匙的钥匙箱或钥匙柜，不用时应加锁，钥匙箱或钥匙柜都应有编号，以明确其开启的楼层和房号。

（二）钥匙的发放

客房部员工如需使用钥匙，应到客房部办公室根据其工作的区域领取有关钥匙，客房部办公室应备有"钥匙发放交回登记本"，内容应包括领取钥匙的时间、钥匙的编号、领取日期、领取人及签名等内容，任何人不能在未签领的情况下取走钥匙。

（三）钥匙的使用

钥匙领取后，员工应对所领取的钥匙负责，任何人不得将钥匙转交给他人使用，钥匙应随身携带以免丢失，一旦发现钥匙有损坏的迹象应及时报告并补充新钥匙。

（四）钥匙的交回

任何人使用完钥匙后应尽快将其交回客房部，并在"钥匙发放交回登记本"上签字，标明交回时间，任何人不得将钥匙带出酒店。

（五）钥匙的交接班

办公室人员交接班时钥匙的交接是一项重要且必不可少的工作内容，交接时应认真核对钥匙箱或钥匙柜存放的钥匙，查看钥匙的编号是否相符，对于发放出去的钥匙在"钥匙发放交回登记本"中应明确记录，确保持钥匙人在上班。在下班高峰期一定要严格检查并收回钥匙，及时发现因急于下班而忘记还钥匙的员工，追回钥匙。

学习任务2　客房部主要安全问题及其防范

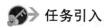任务引入

"起火的布草车"

一天清晨，在客房部的3502房间，服务人员小董正在清扫房间，忽然听到走廊里有人呼叫："布草车起火了！"随着喊声，小董迅速跑出房间，一看，原来正是自己推的那辆布草车冒起了白烟。小董吓坏了，赶紧向总台打电话，接着便和同事一起灭火。

事后，领导调查起火的原因，并做了起火分析。

首先，向小董询问是否在工作时间违章吸烟。

其次，小董是否检查了房间内的烟头，是否将未熄灭的烟头直接倒入了布草车。

最后，通过监控查询是否有宾客路过向布草车内扔了未熄灭的烟头。

调查结果是，小董没有在工作时间吸烟，自身原因排除；通过监控反映当时并没有宾客向布草车内扔烟头；真正原因是小董在布草车里倒入了从房间内撤出的未熄灭的烟头，属违章操作。事后，小董受到了酒店惩罚。

任务分析

此案例中的小董没有按规定操作，所以引起了火灾。这就告诉客房服务人员，要严格遵守规章制度，所有服务流程的环节都是总结了多年的服务经验和科学测算才制定出来的，是消除各种隐患，保障服务质量的关键，也是保证客房安全的关键。

相关知识

安全工作是酒店工作的重中之重，直接关系到客人、酒店及员工的人身与财产安全，如果出现问题，会给酒店带来极大的经济损失和声誉上的影响。因此，安全管理是酒店，特别是客房管理的主要内容之一。

发生在客房部的安全问题，主要有以下几种类型。

一、火灾

火灾是酒店的头号安全问题，是酒店最大的致命伤，其发生率虽然低，但是后果严重。客房是酒店的基础设施，而且通常位于酒店的高楼层，在此区域的人员多，而且许多客人对所居住的环境不熟悉，一旦发生火灾，扑救和人员疏散都比较困难，将危及客人和员工的生命安全，并会造成巨大的经济损失。酒店应具备一定的自救能力，万一发生火灾，应该能在消防队到达之前自行扑火，或能够控制火势，等待消防人员的支援。

（一）火灾发生的原因

客房发生火灾的原因主要有以下几种。

1. 吸烟不慎引起火灾

在酒店火灾中吸烟不慎引起火灾居首位，起火部位多位于客房。吸烟不慎引起火灾主要有以下五种情况。

（1）客人乱扔烟头、火柴棍等，引起地毯、沙发、废纸篓等起火。

（2）客人躺在沙发或床上吸烟，火星散落其上，引起火灾。这种原因引起的火灾在客房火灾中所占比例最大。

（3）客人将未熄灭的烟头或火柴棍放在沙发扶手上，因事后遗忘或掉落在沙发上引起火灾。

（4）客人将未熄灭的烟头或火柴棍扔入烟灰缸内离去，引起烟灰缸内可燃物着火。

（5）在禁止吸烟的地方违章吸烟，在有可燃气体或蒸汽的场所，违章点火吸烟，发生爆炸起火。

2. 电器引起的火灾

在酒店火灾中，由电器引起的火灾仅次于吸烟。

（1）电器线路引起的火灾。电器线路往往由于超载运行、短路等原因，产生电火花，局部过热，导致电线、电缆和周围可燃物起火。

（2）电器设备引起火灾。电器设备由于质量差、产生故障或使用不当引起火灾事故。

3. 其他原因引起火灾

（1）客人将易燃易爆品带进客房，引起火灾。

（2）员工不按照安全规范规程操作，如客房内明火作业，使用化学涂料、油漆等，未采取防火措施而造成火灾。

（3）防火安全系统不健全、消防设施不完备等。

（二）火灾的预防

1. 在酒店的设计、建设中，安装必要的防火设施与设备

为了防止火灾的发生，酒店在建设时就应选用适当的建筑材料，设计、安装必要的防火设施、设备，如自动喷水灭火装置及排烟设备等。需要强调的是，在紧要关头，设置在楼房外面的露天楼梯往往会起到重要的作用，酒店的封闭式楼梯在起火的情况下是起不了多大作用的，尤其是在酒店自己发电的强制排烟设备失效时，封闭式楼梯就更显得力不从心、无济于事。除了安全通道以外，大酒店还应在客房部安装急用电梯，并在客房内安装烟感报警器。因为客房中被褥等物起火时，开始多产生大量浓烟，旅客往往在熟睡中就中毒昏迷，这时，烟感报警器就会发挥作用。

针对电器起火这一现象，酒店在各种电路系统中应设保险装置，并安装防灾报警装置。

2. 加强员工培训，增强防火意识

酒店建成开业后，要对新上岗的员工进行安全培训，增强他们的防火意识，教会他们如何使用消防设施与设备，并使他们懂得在火灾发生的非常时刻，自己的职责是什么，同时，组织消防知识竞赛，必要时，还可在经营淡季组织消防演习。

当然，为了搞好这项工作，酒店经营者本身必须统一思想，提高认识，这样才能给防火工作以足够的重视。

3. 在日常经营中采取必要的预防措施

（1）新落成的大型酒店一律设立防灾中心，整日执行警戒任务。

（2）制定并贯彻执行消防安全制度、防火岗位责任制度。

（3）专职消防和群众性的消防组织相结合，对重点部位和隐患要定期检查评比。

（4）经常检查维修，防止因漏电而引起火灾。

（5）经常检查各种报警装置。

（6）定期检查消防设施，如消防用具、烟雾感应器等失效者要及时更换。

（7）针对客人躺在床上吸烟这一习惯，应在床头柜上放置"请勿在床上吸烟"的卡片，提醒客人务必将未熄的火柴或烟头扔进烟灰缸。

（8）对于因酗酒过度而醉的客人以及烟瘾大的客人所住房间要经常检查。

（9）注意观察客人所携带的行李物品，如发现有易燃、易爆等危险品，要立即向上级或总服务台报告。

（10）服务员打扫房间时，注意不要把未熄灭的烟头扔进纸篓。

（11）统计资料表明，酒店火灾多发生在夜间，因此，夜间值班员应切实负起责任，加强夜间巡逻。

（12）对维修人员因工带进的喷灯、焊接灯、汽油以及作业产生的火花等要充分注意，并要对工作人员加以提醒。

（13）发现客人在房内使用电热器时，要及时向总服务台报告。

（14）太平门不能加锁，如发现太平门、应急电梯等处堆有障碍物，应及时排除。

以上是关于火灾的预防。为了把火灾所造成的伤亡减少到最低限度，客房部还应利用时机，通过适当的方式向客人宣传安全常识，并向他们指出在非常情况下紧急疏散的路线等（一般酒店都有印制好的紧急疏散图，有的贴在客房门内侧，有的则放在写字台上的文件夹内）。

（三）火灾的通报

1. 酒店内部通报

发生火灾时，酒店有关部门（如防灾中心）应立即向消防部门报警，同时，要向客人发出通报，要求客人迅速撤离客房，但考虑到在这种情况下人们特殊的心理状态，因此通报应采用一定的艺术方法和步骤，以免因恐慌而造成更多的伤亡。一般来说，火灾发生时，最好能够按以下步骤进行通报。

（1）一次通报。通过安装在客房床头柜上的广播向客人通报紧急事态的发生及疏散的方法。这时，防灾中心最好采用预先录制好的磁带用不同的语言播放通报的内容，以免此时播音员以激动的语气向客人通报火灾而引起恐慌。考虑到很多客人并未打开床头音响，或因熟睡而无法听到广播，在通过广播进行通报的同时，应由酒店保卫人员及服务员逐个通知各客房。

为了使疏散工作顺利进行，通报应按步骤进行：首先向起火层报警；再向其上一、二层报警；然后通报上面其他楼层；最后通报起火层以下各层。

（2）二次通报。鸣警铃，进行全楼报警。

2. 报警

如火情严重，应立即打 119 报警。报警时要讲清以下事项：

（1）酒店的名称、地址。

（2）什么东西着火。

（3）哪一层楼着火。

（4）报警人的姓名和电话号码。

报警后应派人到门口或路口等候并引导消防车。

（四）火灾发生时客房员工的职责

火灾发生后，客房员工的职责是：

（1）向酒店防灾中心报警（如火势大，应同时向消防部门报警）。

（2）按次序向客人发出通报。

（3）提醒客人有关注意事项。

①要求客人保持镇定，防止"火未烧身，人已跳楼身亡"，或由于恐慌、拥挤而造成其他意外伤亡事故。

②提醒客人穿好衣服或睡袍，勿将身体直接暴露在火焰之中，以免烧伤。

③提醒客人随身携带房门钥匙，以便在无法从安全通道出去时返回房间，等待救援或采取其他措施。

④最好能将一件针织衫用水浸湿，蒙在头上，当作防毒面具使用。

⑤如整个通道已被浓烟弥漫，可提醒客人匍匐前进。在火灾中，浓烟比烈火往往更危险。浓烟较轻，所以一般先上升后下降，因而，爬行有可能逃生。

⑥提醒客人不要乘坐电梯，以免突然停电，电梯失控而被堵在其中。

（4）向客人指示安全通道，疏散客人，引导客人迅速撤离现场。

（5）协助消防人员进行灭火，力争将酒店财产损失降到最低限度。

（五）灭火的方法

1. 火灾的种类

依照国家标准，火灾分为四大类：

（1）普通物品火灾（A 类）。由木材、纸张、棉布、塑胶等固体所引起的火灾。

（2）易燃液体火灾（B 类）。由汽油、酒精等引起的火灾。

（3）可燃气体火灾（C 类）。由液化石油气、煤气、乙炔等引起的火灾。

（4）金属火灾（D 类）。由钾、钠、镁、锂等物质引起的火灾。

针对以上不同类型的火灾，应用不同类型的灭火方法和灭火器材进行灭火。客房部的火灾通常属于 A 类，即普通物品火灾。

2. 常用的灭火方法

常用的灭火方法有以下几种：

(1) 冷却法。即通过使用灭火剂吸收燃烧物的热量，使其温度降到燃点以下，达到灭火的目的，常用的这类灭火剂是水和二氧化碳。

(2) 窒息法。即通过阻止空气与可燃物接触，使燃烧因缺氧而熄灭，常用的这类灭火剂有泡沫和二氧化碳等，也可采用石棉布、浸水棉被来覆盖燃烧物。

(3) 化学法。即通过使灭火剂参与燃烧过程而起到灭火的作用，这类灭火剂有二氟二溴甲烷（1202）、一氟一氯一溴甲烷（1211）、三氟一溴甲烷（1301）及干粉等。

(4) 隔离法。即将火源附近的可燃物隔离或移开，以此中断燃烧。

灭火的方法很多，但具体采用哪种方法，要视当时的实际情况、条件而论。

3. 灭火器种类及使用方法

(1) 泡沫灭火器。

泡沫灭火器在灭火时，能喷射出大量二氧化碳及泡沫，黏附在可燃物上，使可燃物与空气隔绝，达到灭火的目的。其用途是：

①适用于扑救一般火灾，比如油制品、油脂等无法用水来施救的火灾。

②不能扑救水溶性可燃、易燃液体的火灾，如醇、酯、醚、酮等物质火灾。

③泡沫灭火器不可用于扑灭带电设备的火灾。

使用方法：

①在未到达火源的时候切记勿将其倾斜放置或移动。

②距离火源10m左右时，拔掉安全栓。

③拔掉安全栓之后将灭火器倒置，一只手紧握提环，另一只手扶住筒体的底圈。

④对准火源的根部进行喷射即可。

(2) 干粉灭火器。

干粉灭火器是利用压缩的二氧化碳吹出干粉（主要含有碳酸氢钠）来灭火。其用途是：

①可扑灭一般的火灾，还可扑灭油、气等燃烧引起的火灾。

②主要用于扑救石油、有机溶剂等易燃液体、可燃气体和电气设备的初期火灾。

使用方法：

①拔掉安全栓，上下摇晃几下。

②根据风向，站在上风位置。

③对准火苗的根部，一手握住压把，一手握住喷嘴进行灭火。

(3) 二氧化碳灭火器

二氧化碳灭火器的灭火原理是：在加压时将液态二氧化碳压缩在小钢瓶中，灭火时再将其喷出，有降温和隔绝空气的作用。其用途是：

①用来扑灭图书、档案、贵重设备、精密仪器、600V以下电气设备及油类的初起火灾。

②适用于扑救一般B类火灾，如油制品、油脂等火灾，也可适用于A类火灾。

③不能扑救B类火灾中的水溶性可燃、易燃液体的火灾，如醇、酯、醚、酮等物质火灾。

④不能扑救带电设备及C类和D类火灾。

使用方法：

①使用前不得使灭火器过分倾斜，更不可横拿或颠倒，以免两种药剂混合而提前喷出。

②拔掉安全栓，将筒体颠倒过来，一只手紧握提环，另一只手扶住筒体的底圈。

③将射流对准燃烧物，按下压把即可进行灭火。

④注意使用二氧化碳灭火器时不要握住喷射的铁杆，以免冻伤手。

(六) 火灾现场的急救

火灾现场的处理一般要遵循"一灭、二查、三防、四包、五送"的救护原则和步骤来进行。

"一灭"就是采取各种有效方法迅速灭火，使伤员不再受伤。脱去或剪去已着火的衣服，特别注意着火的棉衣、毛衣，有时明火虽熄，暗火仍燃。"二查"就是查看人员是否受伤，有时候诸如内脏损伤、一氧化碳中毒等很容易被忽略。"三防"就是防休克、防窒息。病人燥渴要喝水，不可饮水过多，以免发生胃扩张或脑水肿；呼吸道烧伤者，应注意口、鼻的卫生，及时清理呼吸道分泌物，保持呼吸道畅通。"四包"就是用干净的衣物将烧伤处包裹起来，防止再受感染。在现场，对创面不能处理的，尽量不弄破水泡，保护表皮。去除烧毁的衣服后，立即用清洁的衣服或被单等覆盖包裹创面。"五送"就是迅速将病人送离现场。首先要将重伤员送到有条件的医院，搬运动作要轻柔，行进要平稳。

要特别提出注意的是，在抢救火灾伤员时，人们往往都着眼于烧伤，其实还应重视气体中毒，因为火灾发生时，必然产生一些有毒气体和一氧化碳，使人中毒。

二、偷盗

偷盗现象在酒店里时有发生，尤其在管理不善的酒店更是如此，这种现象是令酒店管理者非常头疼的一个问题。失窃物小到一盒火柴、一包香烟，大到一颗戒指、上万元巨款。偷盗的对象既有住店客人，又有店方本身。一些酒店成箱的名酒、成套餐具、成包的卫生用品等经常不翼而飞。偷盗现象的发生或多或少会影响客人在酒店内的正常活动，直接或间接地影响酒店的声誉。因此，客房部应该采取有效措施，预防偷盗事件的发生。

为有效防止偷盗事件的发生，应针对不同的失窃原因采取相应的预防措施。

(一) 偷盗现象的分类

从窃贼的构成上来看，发生在酒店的偷盗现象一般有以下四种类型：

1. 外部偷盗

外部偷盗是指社会上的不法分子混进酒店进行盗窃，这些人往往装扮成顾客蒙骗店方，盗取住店客人及饭店的财物。为防止这种类型的盗窃行为发生，酒店只有靠加强管理，提高警惕性。

2. 内部偷盗

内部偷盗是指酒店职工利用工作之便盗取客人及饭店的财物。这种类型的偷盗在整个偷盗事件中占很大比例，像前面提到的酒品、餐具以及卫生用品的盗窃大都是酒店内部员工所为，由于他们对酒店内部的管理情况、活动规律以及地理位置都了如指掌，因此，作案也最容易。一般来说，酒店如发生失窃现象应先从内部入手进行侦破查找。

3. 内外勾结

这种类型的盗窃，一般是由酒店内部的员工向社会上的同伙提供情报及各种方便，由其同伙作案、销赃，这种作案方式手段高明，容易成功，给酒店造成的威胁较大。

4. 旅客自盗

这种方式是指相识或不相识的旅客同住一屋，其中一位旅客利用这种地利与人和的方便,伺机窃取另一位旅客(同伴)的财物,这种方法虽然少见,但也有发生。对于这类盗窃行为,酒店方面只能告诫旅客提高警惕,保管好自己的财物,或建议客人单独包房间住。

(二) 偷盗事件的防范

客房部盗窃事件的防范可从以下几方面入手:

1. 加强对员工的职业道德教育

针对内部偷盗现象,客房部首先应做好员工的思想工作,对员工进行业道德教育。其次,还应采取各种有效的办法、手段(如合理排班、加强员工出入的管制检查以及设置检举箱等)杜绝管理漏洞,严格管理制度,不给作案者以可乘之机。同时,一旦发现有人偷窃,应予以严厉打击,严肃处理,轻则留店察看,重则开除,直至诉诸法律。

为了使酒店具有良好的店风、店纪,酒店在对外招工时也要注意把那些流里流气、不三不四或有犯罪前科的应招者拒之门外。

2. 做好客房钥匙管理

酒店的钥匙通常有以下几种:

(1) 住客用钥匙。只能开启该号房门,供客人使用。

(2) 通用钥匙。供客房服务员打扫房间使用,可开启十几个房门。

(3) 楼层总钥匙。供楼层领班使用,可开启该楼层所有房间。

(4) 总钥匙。专供客房部及工程部经理使用。

(5) 紧急万能钥匙。供总经理使用,也称酒店总钥匙。

(6) 楼层储藏室钥匙。供楼层服务员使用。

(7) 公共区总钥匙。供公共区领班使用。

酒店的钥匙是关系到客人生命财产以及酒店本身安全的一个重要因素。钥匙管理是楼层安全管理的重要环节。一般应采取以下措施:

第一,做好钥匙的交接记录;第二,因公需用钥匙时必须随身携带,不得随处摆放;第三,禁止随便为陌生人开启房门,其他部门员工如需要进入房间工作(如行李员收取行李,餐饮服务员收集餐具,工程部员工维修房间设施、设备等),均须客房服务员开启房间。

3. 从来访客人和住店客人身上发现疑点

在日常工作中,应注意从来访客人和住店客人身上发现疑点。

(1) 从审查证件中注意。

①证件上照片与面貌不符;

②印章模糊不清或有涂改迹象;

③证件已过时失效。

(2) 从言谈中注意。

①交谈中神态不正常,吞吞吐吐,含糊其词;

②谈话内容、方式与身份不相符合;

③口音与籍贯不一致;

④说话自相矛盾,或说东道西,夸夸其谈。

(3) 从举止打扮中注意。

①进出频繁,神情异常,行动鬼祟;

②服装式样、质量与职业身份不符;

③用小恩小惠拉拢、腐蚀服务员；
④经常走窜其他客人的房间；
⑤打探店内其他客人的情况；
⑥携带麻醉剂、凶器等危险品。
（4）从日常生活中注意。
①住宿旅客客房内有凶器或麻醉剂之类的物品；
②只登记一人住宿的房间住了两个人；
③住宿中的旅客没有行李或行李极少；
④外来客人进、出过多的客房；
⑤在走廊或其他地方发现可疑的人或物（如行李）；
⑥与不相识的人乱拉关系；
⑦用钱挥霍；
⑧起居不正常；
⑨终日闭门不出，神态不自然；
⑩匆匆离店，原因不明。
遇有上述情况，服务员应向管理人员报告。但以上仅是可疑之点，客房服务及管理人员只能对有以上特征的人提高警惕，注意观察，而不能主观臆断，以此定罪，以免得罪、冤枉好人，而给坏人造成可乘之机，使酒店的工作处于被动状态。

4. 抓好"三个重点、三个控制、六个落实"

除在日常服务中对住店客人进行以上观察以外，客房保安管理和内部防范还要抓好"三个重点"（重点部位、重点时间、重点对象）、"三个控制"（楼面的控制、电梯的控制、通道的控制）、"六个落实"（开房验证，住宿登记，来访登记，跟房——客人退房离去或来访者走后要入房安全检查，掌握客情，行李保管）。此外，还要加强对门卫及大堂保卫工作的管理，保卫人员应密切注意大堂内客人的动态，发现可疑的人或事应主动上前盘问、处理，及时消除各种隐患。

酒店一旦发生不安全事件，作为客房员工，要在报告领导及保卫部门的同时，注意保护好现场，不准无关人员无故进入现场，更不许触动任何物件，这对调查分析、追踪破案极为重要。此外，发案后，在真相未明的情况下，不能向不相干的宾客等外人传播，如有宾客打听，应有礼貌地说："对不起，我不清楚。"

（三）偷盗事故的处理程序

虽然防盗工作一直在做，但仍无法完全杜绝失窃事故的发生。因此，一旦发现此类事情，对于酒店而言，应该正确处理。

（1）接到客人投诉在房间内有财物损失时，应该立即通知值班经理、保安科、客房部等相关人员及部门。

（2）封锁现场，保留各项证物，会同警卫人员、客房部人员立即到客人房内。

（3）将详细情形记录下来。

（4）协助调查人员从保安部调出监控系统的录像带，以便了解出入此客房的人员，便于进一步调查。

（5）过滤失窃前曾逗留或到过失窃现场的人员，并请客人帮忙再找一遍。

（6）不能让客人产生丢失任何物品酒店都应负赔偿责任的心态，应树立客人将贵重物品放置在保险箱内的正确观念，这才是首要预防盗窃的措施。

（7）遗失物品确定无法找到，而客人坚持报警处理时，立即通知警务室工作人员代为报警。

（8）待警方到达现场后，让警卫室工作人员协助客人及警方调查。

（9）将事情发生原因、经过、结果记录在值班经理交代本上。

（10）对于此类失窃事故，除相关人员外，一律不得公开宣布。

三、传染病

传染病会危害客人和员工的健康，它的产生和传播大多与酒店的卫生工作有关，主要是食品卫生和环境卫生，有些酒店食品卫生工作搞得很差，经常发生顾客食物中毒的现象，轻则患痢疾并传染给其他人，重则因此而丧生，给酒店的财产和声誉都带来不可估量的损失。有些酒店只重视客人餐厅卫生，而不重视员工食堂的卫生，岂不知员工因此而患病后，不但会影响日常的接待服务工作，而且会将病菌通过客房服务传染给客人，显然，这种态度是不可取的。

如果说食品卫生是餐饮部的责任的话，那么，环境卫生则主要是由客房部负责的。一般来说，客房部应该从以下几个方面着手搞好环境卫生，防止传染病的发生和传播。

①按预定的清扫频率，组织正常的清扫工作。如果酒店所在地气温较高，就应注意潮湿问题，应对潮湿的角落经常检查，并定期或不定期地喷洒杀虫剂。另外，要避免灰尘的堆积，角落、家具的底部时间一长就会成为灰尘集聚的场所，因而要组织系统有效的行动来清除灰尘。

②布草的清洁。无论是客人使用的布草还是员工使用的布草都应保持清洁卫生，无懈可击，对于那些可能感染上病菌的布草，应尽可能放在沸水里煮过之后再投入使用。

③卫生间设施的特别清扫。浴缸、淋浴器、便器以及洗脸池是客人身体直接接触的物体，病菌容易通过这些设施传染给随后租房的客人，因此搞卫生时应特别予以关注，尤其是那些患有传染病的客人使用过的客房，客人离店之后，要对其卫生间设施使用消毒剂，进行彻底的清扫。

④消灭害虫。我国很多旅游酒店老鼠成灾，酒店以及上级有关部门经常收到来自国际旅客在这方面的投诉。旅客气愤地说："我不能与老鼠同住一屋！"有的旅客甚至在回国后有意无意地写文章，投书新闻界，诉说自己在这方面的"经历"，对我国旅游饭店业的声誉造成不良的影响。

事实上，像蟑螂、蚊子、苍蝇以及老鼠、蚂蚁、蜘蛛、跳蚤等害虫，不但影响环境卫生，而且往往也是各种病毒的传播者，因此，稍一露头就要进行消灭，如在害虫容易出没的地方经常喷洒杀虫剂等。因此做好客房的卫生计划具有重要意义。

此外，为了防止传染病的蔓延，保障住店客人的安全与健康，酒店方面也有权拒绝患有传染病的顾客留宿。

案例

有一个长水痘的澳大利亚客人住在中国某酒店，酒店发现后让店医去初步诊治一下，店医劝他去医院，他死活不肯去。好话说了一箩筐，但他觉得这是他的事，就是不去。酒店很重视这事，不管怎么样都得让他去看病。客房部经理登门拜访了他三次，其还是不肯去。他说自己打电话问过澳大利亚的医生，这种症状会在几天后消失。但这怎么能让酒店放心？酒店情愿出钱让他去医院，但他就是不去。酒店说让医生来给他看，他也拒绝。后来想出个折中的办法——通知防疫站。防疫站很重视这件事，几乎全体出动，还来了一个刚从澳大利亚做访问学者回国的研究这方面疾病的医生。在动之以情、晓之以理后，他终于让这个医生给自己看了病。医生诊断后认为他没事，只是叫他别出去吹风，但他用过的寝具要严格消毒。

四、各类事故

客房部所发生的各类事故通常因客房设施、设备安装或使用不当而引起，如：

（1）浴室冷、热水供应不正常，烫伤客人。

（2）设施、设备年久失修或发生故障而引起的各种伤害事故，如天花板等建筑物掉落、倒塌，砸伤客人。

（3）地板太滑、楼梯地毯安置不当以及由于走廊、通道照明不良而使客人摔伤。

对于以上事故，酒店应给予足够的重视，要采取措施，确保浴室冷、热水供应正常，同时经常检查、维修酒店的设施、设备，消除隐患，如地板太滑可铺设地毯，照明不良可更换灯泡。如果地毯铺设不当，经常绊倒或摔伤客人，就应考虑对其重新安置、调整。

此外，客房部员工在工作时，还要严格按照操作程序和操作规程进行操作，防止出现各种工伤事故。

学习任务3　客房部其他安全事故的处理

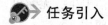 任务引入

一份寄出去的真情

2015年3月的一天，参加完部门的培训，服务员小骆回到楼层，同事就告诉她"有位张先生请你到1113房去找他"。

下班后，小骆敲开了1113房的门。开门的是一位40多岁的男子，小骆觉得他很面熟，却又不记得他是谁了。客人一见到小骆便说："你是骆小姐吧？谢谢你帮我把裤子寄到北京，你的服务真的很周到。这次，我本想住9楼，可惜没有房间了。"

这时小骆才想起，两个月前，洗衣房送回1113房客人送洗的裤子时，客人张先生一早已经退房了。服务员小骆知道他很珍爱这条裤子，因为在送洗之前他特意说过这是好朋友送的，还说要住几天呢！可只住了一天，张先生就走了，客人走得这么急，一定是有急事，要不为何连珍爱的裤子都忘记带走呢？客人来自北京，而且这是第一次来广州，下次还不知道什么时候再来，怎么办呢？

小骆决定按照住宿单上的地址，将裤子寄给张先生。在邮寄裤子时小骆还附加了一张卡片，祝他阖家幸福，工作顺利。于是就有了开头的那一幕。

张先生接着对小骆说："那天我因有急事走得很匆忙，回家才发现裤子不见了，我都不记得遗失在哪里了，心疼不已。没想到却收到这份意外的惊喜。这次我到广州出差，顺道来谢谢你。这是50元，请你务必收下，作为邮费的补偿。"小骆对张先生说："这是我应该做的，欢迎您再次光临华天大酒店。"

任务分析

安全，是住宿业的大前提，是酒店工作的重中之重，也是客人对酒店的最基本要求，做好客房的安全管理对于保护客人生命财产的安全及酒店财产的安全具有极其重要的意义，管理人员应该尽全力保证客人的生命财产安全，避免意外事件的发生。本案例中，客房服务员对客人遗留的物品进行恰当处理，避免客人的物品损失，保证了客人的财产安全。

相关知识

凡是能对客人造成伤害的任何不安全因素，都在严格防范之列。在酒店管理过程中，防止意外事故的发生是客房部安全管理中不可忽视的重要内容，客房部对此类情况更要妥善处理。

一、客房防爆工作

酒店客房的防爆工作是指为了客人人身财物安全，对需要保护的人员、特殊财物、特殊区域，如重要客人、秘密文件、特殊设施、保密会议等的防爆保卫工作，以及对于企图破坏酒店或客人安全的不法分子进行警戒、防备、探查、探查等的防备工作。因此，酒店要做好客房防爆管理工作，必须做到以下几点。

（1）要让酒店的所有管理人员和员工尤其是客房部员工意识到防爆工作的重要性并懂得防爆的知识。酒店内不得存放任何危险品。平时整理客房时要注意观察异常物品，在服务过程中要注意可疑的人。

（2）酒店要制定防爆方案，进行防爆演习，可以同防火工作联系。

（3）对于发生爆炸以后的现场，立即组织人员警戒，除医务人员、消防人员和公安人员以外，其他人员一律不得进入现场。已死亡者，应等待法医鉴定处理。现场目击者应该问清楚情况，并详细记下姓名、住址、单位等，以便事后询问。

（4）事故处理完后，写详细报告并存档。

知识链接

引起爆炸的3个必要条件是点燃源、氧气和可燃物。防止爆炸的产生必须从这3个必要条件来考虑，限制了其中的一个必要条件，就限制了爆炸的发生。

二、预防外来人员侵入和骚扰事件

客房部安全管理工作还要预防外来人员侵入和骚扰事件，此类事件既影响了酒店正常营业，威胁酒店、客人的名誉安全，也干扰、妨碍了客人在酒店中的正常活动与休息。因此，要做好预防工作，防患于未然。

（一）预防外来人员侵入

为防止住客在客房内遭受外来人员的侵扰，客房门上的安全装置是十分重要的，包括能双锁的门锁、安全链、无遮挡视角一般不低于160°的门镜，其他能进入客房入口处的门都应能上栓或上锁。

（二）预防骚扰事件

预防外来人员对住客的骚扰，尤其是娼妓骚扰（往往采用电话试问），是客房安全管理中一个很棘手的问题。不但影响酒店的声誉和正常营业，而且也干扰了客人在酒店的正常活动和

休息，威胁着客人的安全。根据国内外一些酒店的经验，可以采取较为灵活的方法加以控制。

（1）保安人员和服务人员不动声色地进行监视，一旦发现有娼妓嫌疑的人准备乘电梯上楼，保安人员应立即用对讲机或电话通知楼层服务员，告知其特征，注意对其的接待。

（2）当客人走出电梯时，客房服务员可让其办理访客登记手续，并以巧妙的方式提问试探，必要时可委婉地拒绝其来访。

（3）客房服务员应尽量记住住客和访客，特别是一些可疑者的特征，如发现异常情况及时向管理人员或保安部门报告。

（4）可在酒店总机房安装电话来电显示器，如发现有相同号码的电话经常打往酒店不同客房时，可采取预防措施。

（5）当客房部员工发现有客人带娼妓进房时，应报告酒店保安部。

三、突然停电的处理

停电事故是外部供电系统引起的，也可能是酒店内部设备发生故障引起的。停电通常会造成诸多不便。因此，酒店需有应急措施，如采用自备发电机，保证在停电时能立即自行启动供电。客房部在处理停电事故方面，应该制订周密计划，使员工能从容镇定地应对，具体内容如下。

（1）若预先得知停电消息，可用书面通知方式告知住店客人，以便客人早做准备。

（2）及时向客人说明此次停电事故，并说明正在采取紧急措施恢复供电，以免客人惊慌失措。

（3）即使停电时间较长，所有员工也应该平静地留守在各自的工作岗位上，不得惊慌。

（4）如在夜间停电，使用应急照明灯照亮公共场所，帮助滞留在走廊以及电梯中的客人转换到安全的地方。

（5）加强客房走廊的巡视，防止有人趁机行窃，并注意安全检查。

（6）防止客人点燃蜡烛而引起火灾。

（7）供电后检查各电器设备是否正常运行，其他设备有没有被损坏。

（8）向客人道歉并解释原因。

（9）做好工作记录。

四、客人遗留物品的处理

酒店里管理客人遗留物品的归口部门是客房部，由客房服务中心或办公室负责处理。要设立物品登记保管制度，详细记录失物或客人遗留物品情况，包括物品的名称、遗留地点及时间等。对遗留物品要注明房号、客人姓名、离店时间等。

（1）当客人结账离店时，客房服务员应迅速查房，如发现遗留物品，应立即通知客房中心或直接与前厅部联络；如果是客人的贵重物品，客房服务员可通过前厅部与客人联络；若是团队客人的贵重物品，可与团队联络员联系；若找不到失主，服务员应该立即将物品送至客房中心或指定地点。

（2）房内遗留的一般物品，由服务员在"服务员工作日报表"上遗留物品一栏内填写清楚。下班前，在"遗留物品控制单"上填写此物品的房号、名称、数量、质地、颜色、形状、成分、拾获日期及自己的姓名。"遗留物品控制单"一式三份，一份归拾获者，一份随物，一份留底，一般物品要与食品、货币分开填写。将遗留物品连同填好的表单送至客房中心或指定地点。

（3）早、晚班服务员收集的遗留物品交到客房中心或指定地点后，由当班的中心联络员或专人负责登记在"遗留物品登记本"上。

（4）钱及贵重物品经登记后，交主管进行再登记，然后交秘书保管。

（5）一般物品经整理后应与"遗留物品控制单"一起装入遗留物品袋，将袋口封好，在袋子的两面写上当日日期，存入遗留物品储存室。

（6）遗留物品储存室每周由专人整理一次，如有失主前来认领遗留物品，需要求来人说明失物的情况，并验明证件，由领取人在"遗留物品控制单"或"遗留物品登记本"上写明工作单位并签名后取回该物。领贵重物品时，须留有领取人的身份证的复印件，并通知大堂副经理到现场监督、签字，以备查核。若认领遗留物品的客人在前厅等候，由秘书或主管将物品送到前厅。经客人签认后的"遗留物品控制单"应贴附在该"遗留物品登记本"原页的背面备查。

（7）若有已离店的客人来函报失及询问，客房管理人员在查明情况后，应亲自给客人以书面答复。所有报失及调查回复资料应记录在"宾客投诉登记簿"上备查。具体可进行如下处理。

①如客人打电话来寻找遗留物品，须问清楚情况并积极帮助查询。若拾物与客人所述相符，要问清客人领取的时间，若客人不立即来取，应把该物品转入代取柜中，并在"中心记录本"或工作日报上逐日交班，直到客人取走为止。

②若客人的遗留物品经多方寻找仍无下落，应立即向部门经理汇报。酒店对此情况应重视并尽力调查清楚。

③所有的遗留物品处理结果或转移情况均需在"遗留物品登记本"上予以说明。

五、客人意外受伤的处理

客人在客房内遭受的伤害大多数与客房内的设备用品有关。一是设备用品本身有故障，二是客人使用不当。一旦出现客人负伤、生病等紧急情况，必须向管理人员报告，同时应立即采取救护行动。

（1）开房门发现客人倒在地上时，应注意客人是否在浴室倒下；是否因病（贫血或其他疾病）倒地；是否在室内倒地时碰到家具；身上是否附着异常东西（绳索、药瓶）等；倒地附近是否有大量血迹；应判断是否因病不能动弹；是否已死亡。

（2）在事故发生后，应立即安慰客人，稳定伤者的情绪，注意观察病情变化，在医生来到之后告知病情。

（3）服务人员在医护人员到来之前，也可以进行临时性应急处置。如果伤口处出血时，应用止血带进行止血；如果不能缠绕止血带，应用手按住出血口，待医生到达后即遵医嘱。

（4）如果轻度烫伤，先用大量干净水进行冲洗；对于中毒烫伤，不得用手触摸伤处或弄破水泡，应听从医生的处理。

（5）如果四肢骨折时，先止血后用夹板托住；如果肋骨骨折，应在原地放置不动，立即请医生处置。

（6）如果头部受了伤，在可能的情况下要小心进行止血，并立即请医生或送往医院。

（7）如果后背受了伤，尽量不要翻动身体，应立即请医生或送往医院。
（8）如果杂物飞进眼睛，应立即用洁净的水冲洗眼睛。

除此之外，为尽量减少客房内的意外事故的发生，在平时的工作中，客房服务员要增强责任心，细心观察，严格按照岗位职责和操作规程办事，管理人员查房时也要认真仔细，不要走过场，很多不安全因素就会被消灭在萌芽状态。

六、客人食物中毒的处理

食物中毒多是因为食品、饮料保洁不当所致，其中毒症状多见于急性肠胃炎，如恶心、呕吐、腹痛、腹泻等。为了保障所有来店客人人身安全，要采取以下措施。
（1）采购人员把好采购关，收货人员把好验货关，仓库人员把好仓库关，厨师把好制作关。
（2）客房服务人员发现客人食物中毒时，需马上报告总机讲明自己的身份、所在地点、食物中毒人员国籍、人数、中毒程度症状等。
（3）做好记录，并通知医务室、食品检验室、总经理、副总经理、保安部、餐饮部、公关部、行李房和车队等到达食物中毒现场。

七、客人死亡的处理

客人死亡是指客人在酒店内因病死亡、自杀、他杀或原因不明的死亡。

（一）正常死亡客人的处理规定

正常死亡客人的处理规定包括以下几个方面。
（1）正常死亡需公安机关对尸体做出检验才能定论。
（2）国内人员可根据死亡者留下的证件、电话号码等与其亲属联系，并根据中国法律进行处理。
（3）国外人员除以上方法与大使馆或领事馆取得联系外，还要尽可能地根据各国的民族风俗进行处理。

（二）非正常死亡客人的处理规定

非正常死亡客人的处理规定包括以下几个方面。
（1）立即报告公安机关。
（2）无论室外、室内的死亡现场，都必须保护尸体和现场的各种痕迹、物证不受破坏。
（3）遇悬挂着的尸体，检查是否还有体温，是否还有脉搏、呼吸，应首先考虑抢救，抢救时可先用剪刀剪断颈部的绳或带，将人体卸下时避免造成新的伤痕，并将绳或带保存好；若确认已经死亡，不要移动尸体，待公安人员到场后进行处理。
（4）如因急救人命、抢救财物、排除险情等必须进入现场或移动现场物品时，保安人员应尽量避免踩踏现场和触摸现场的物品，对罪犯留在现场的物品、工具等不要用有浓烈气味的物品遮盖，以免破坏嗅源。

（三）客人在店期间不幸死亡的处理程序

客人在店期间不幸死亡的处理程序包括以下几个步骤。
（1）若发现客人死亡后，应立即与医生、保安主任和客房主管一起进房。
（2）迅速通知死者的家属、工作单位、接待单位、同行人员。如果是境外人员，需及时通知投保的保险公司。

（3）通知酒店总经理及有关部门的经理，通知总台接待部封锁该房，注意房号保密，死者运出之前该层不安排客人入住。

（4）征得死者家属或单位同意后，报公安机关，并接受法医验尸。

（5）尽快将死者转移出酒店，转移时注意避开客人，可选择夜深人静之时通过员工通道移到后区出店。

（6）死者的遗留物品应及时整理、清点和记录，作为遗留物品妥善保存，待死者有继承权的亲属或委托人认领并做好领取的签收手续。

（7）前厅部经理应根据调查的结果写出该客人在店期间死亡及处理经过的报告，经总经理审阅通过，一份留酒店备案，其余的交给死者亲属及有关单位和人员。

（8）对死者的死因不做随意的猜测和解释，统一由酒店指定的权威人士解答。

（9）请卫生防疫部门对客房进行严格消毒，该客人用过的物品和卧具要焚毁处理。

项目小结

安全是客人在酒店住宿的前提条件，保障客人在酒店的人身、财物安全是客房管理的主要任务之一。客房部的安全问题主要是指因客房设施、设备的安装和使用而引起的各类工伤事故，各类传染病及其他安全事故等。客房员工要有安全意识，针对不同的安全问题，采取不同的防范措施。火灾是酒店最严重的安全问题，直接危及客人的生命和财产安全，因而也是客房管理人员最需要重视的。客房员工不仅要在平时做好火灾的防范工作，而且要在火灾的消防方面训练有素，一旦火灾发生，能够正确履行自己的职责，迅速灭火。

客房部要加强安全管理，必须让全体员工加强安全意识。不仅要教育员工洁身自好，还要防止店外犯罪分子入室盗窃和伺机作案，要教育员工做好客房钥匙的保管和管理工作，制定客房安全管理制度，并教育员工严格执行。对重点区域重点防范，对可疑人员严格盘查和重点关注，不给其可乘之机。

项目考核

1. 实务训练

对学生进行灭火、防火知识的教育，组织相关器械的操作，火灾等灾害逃生的自救演练。

2. 思考题

（1）客房部主要安全问题有哪些？如何防范？

（2）怎样做好客房钥匙的管理？

（3）当火灾事故发生时，客房员工应该如何处理？

3. 案例分析

一天下午，客房服务员发现在 1002 房间门旁有一位客人抱着一个西瓜，可似乎客人"不方便"开门。出于主动服务的意识，服务员便上前主动为客人开了门。等到晚上 1002 的客人回房后，发现自己保险柜里的 10 000 元没了……

思考：酒店如何防范此类事件的发生？

附录1

前厅服务员国家职业标准

1. 职业概况

1.1 职业名称

前厅服务员。

1.2 职业定义

为宾客提供咨询、迎送、入住登记、结账等服务的人员。

1.3 职业等级

本职业共设三个等级,分别为:初级(国家职业资格五级)、中级(国家职业资格四级)、高级(国家职业资格三级)。

1.4 职业环境

室内、室外、常温。

1.5 职业能力特征

具有良好的语言表达能力;能有效地进行交流,能获取、理解外界信息,进行分析、判断并快速做出反应;能准确地进行数学运算;有良好的动作协调性;能迅速、准确、灵活地运用身体的眼、手、足及其他部位完成各项服务操作。

1.6 基本文化程度

高中毕业(或同等学力)

1.7 培训要求

1.7.1 培训期限

全日制职业学校教育,根据其培养目标和教学计划确定。晋级培训期限:初级不少于

90 标准学时；高级不少于 110 标准学时。

1.7.2　培训教师

培训初级前厅服务员的教师应具有本职业中级以上职业资格证书；培训中级、高级前厅服务员的教师应具有本职业高级职业资格证书或本专业中级以上专业技术职务任职资格，同时具有 2 年以上的培训教学经验。

1.7.3　培训场地设备

教室、模拟服务台以及前厅常备用具和设备。

1.8　鉴定要求

1.8.1　适用对象

从事或准备从事本职业的人员。

1.8.2　申报条件

初级（具备以下条件之一者）：

（1）经本职业初级正规培训达规定标准学时数，并取得毕（结）业证书。

（2）在本职业连续见习工作 2 年以上。

中级（具备以下条件之一者）：

（1）取得本职业初级职业资格证书后，联系从事本职业工作 1 年以上，经本职业中级正规培训达规定标准学时数，并取得毕（结）业证书。

（2）取得本职业初级职业资格证书后，连续从事本职业工作 2 年以上。

（3）连续从事本职业工作 3 年以上。

（4）取得经劳动保障行政部门审核认定的、以中级技能为培养目标的中等以上职业学校本职业（专业）毕业证书。

高级（具备以下条件之一者）：

（1）取得本职业中级职业资格证书后，连续从事本职业工作 2 年以上，经本职业高级正规培训达规定标准学时数，并取得毕（结）业证书。

（2）取得本职业中级职业资格证书后，连续从事本职业工作 3 年以上。

（3）取得高级技工学校或经劳动保障行政部门审核认定的、以高级技能为培养目标的高级职业学校本职业（专业）毕业证书。

1.8.3　鉴定方式

分为理论知识考试和技能操作考核。理论知识考试采用闭卷考试方式，技能操作考核采用现场实际操作方式。理论知识考试和技能操作考核均实行百分制，成绩皆打 60 分以上者为合格。

1.8.4　考评人员与考生配比

理论知识考试考评人员与考生配比为 1∶15，每个标准教室不少于 2 名考评人员；技能操作考核考评员与考生配比为 1∶10，且不少于 3 名考评员。

1.8.5　鉴定时间

各等级理论知识考试时间：初级不超过 100min，中级、高级不超过 120min；各等级技能操作考核时间：初级不超过 30min，中级、高级不超过 40min。

1.8.6 鉴定场所设备

场所：
（1）标准教室。
（2）服务台或模拟服务台。

设备：
（1）总台。
（2）电脑终端及打印机、扫描仪。
（3）大、小行李车，行李寄存架。
（4）验钞机。
（5）账单架、客房状况显示架、预定状况显示架、住客资料显示架。
（6）邮资电子秤。
（7）钥匙架、钥匙卡。
（8）信用卡压卡机。
（9）电话机、传真机。
（10）雨伞架。
（11）轮椅。
（12）电子钥匙（Card Reader）。
（13）常用办公室及设备。
（14）宣传广告资料架。
（15）贵重物品保管箱

2. 基本要求

2.1 职业道德

2.1.1 职业道德基本知识

2.1.2 职业守则

（1）热情友好，宾客至上。
（2）真诚公道，信誉第一。
（3）文明礼貌，优质服务。
（4）以客为尊，一视同仁。
（5）团结协作，顾全大局。
（6）遵纪守法，廉洁奉公。
（7）钻研业务，提高技能。

2.2 基础知识

2.2.1 计量知识

（1）法定计量单位及其换算知识。
（2）行业用计价单位的使用知识。

(3) 常用计量器具的使用知识。

2.2.2 安全防范知识

(1) 消防常识。
(2) 卫生防疫常识。

2.2.3 电脑使用知识

2.2.4 前厅主要设备知识

(1) 钥匙架。
(2) 打时机。
(3) 电话机、传真机。
(4) 贵重物品保管箱。
(5) 客史档案柜。
(6) 电脑终端。
(7) 打印机。
(8) 电子钥匙机、钥匙卡。
(9) 邮资电子秤。
(10) 账单架。
(11) 客房状况显示架。
(12) 预订状况显示架。
(13) 住客资料查询架。
(14) 行李寄存架。
(15) 大、小行李车。
(16) 雨伞架。
(17) 轮椅。
(18) 信用卡压卡机。
(19) 验钞机。
(20) 计算器。
(21) 税务发票打印机。
(22) 扫描仪。
(23) 复印机。

2.2.5 相关法律、法规知识

(1)《中华人民共和国劳动法》的相关知识。
(2)《中华人民共和国合同法》的相关知识。
(3)《中华人民共和国消费者权益保护法》的相关知识。
(4)《中华人民共和国治安管理处罚条例》的相关知识。
(5)《中华人民共和国文物保护法》的相关知识。
(6)《中华人民共和国外汇管理暂行条例》的相关知识。
(7)《中华人民共和国旅馆业治安管理条例》的相关知识。
(8)《中华人民共和国外国人入境出境法》的相关知识。
(9)《中华人民共和国消防条例》的相关知识。

3. 工作要求

本标准对初级、中级、高级的技能要求依次递进，高级别包括低级别的要求。

3.1 初级

职业功能	工作内容	技能要求	相关知识
一、工前准备	（一）仪表、仪容	能按饭店要求，保持个人良好的仪表、仪容、仪态	仪表、仪容、仪态的规范
	（二）准备工作	①能按标准整理好工作环境；②能准备好工作所需的各种报表、表格、收据等；③能清洁、调试工作所需的办公用具和设备	①工作设施、设备的使用方法；②办公用具使用常识
二、客房预订	（一）接受和处理订房要求	①能通过电话、信函、电报、传真、当面洽谈及电脑终端的方式了解客人的订房要求；②能根据《房情预订总表》给出选择；③能判断某项预订房能否接受	①接待与电话礼仪；②处理信函预订的注意事项；③传真机的使用方法；④酒店房间的种类和特点；⑤酒店房价的种类和政策；⑥判断某项订房能否接受的因素；⑦我国少数民族的习惯、习俗；⑧英语基本接待用语
	（二）记录和储存预订资料	①能使用电脑终端输入或正确填写《预订单》《房情预订总表》；②能正确填写预订记录本；③能装订、存放客人的订房资料	①相关表格的填写要求；②预订资料的记录步骤；③订房资料的排列顺序；④订房资料的装订顺序
	（三）检查和控制预订过程	①能用口头或书面的方式确认宾客预订的内容；②能正确记录宾客提出预订的更改和取消内容；③能根据预订更改和取消的内容修改（或电脑输入）《房情预订总表》；④能填写客房预订变更或取消单	①客人预订的种类；②预订修改的注意事项；③酒店客房保留和取消规定
	（四）客人抵店前准备工作	①能核对次日抵店客人的预订内容；②能填写（或打印）《次日抵店客人名单》《团队/会议接待单》，并分送给相关部门	相关表（单）的填写、使用要求

续表

职业功能	工作内容	技能要求	相关知识
三、住宿登记	（一）为散客办理入住登记	①能识别客人有无预订；②能填写（输入、打印）《入住登记表》，查验证件并核实内容；③能根据不同客人的要求安排房间；④能确认房价和付款方式；⑤能完成入住登记手续；⑥能建立相关的表格资料	①各类散客办理入住登记的接待、登记方式及工作内容；②排房的顺序；③常用付款方式的信用及处理方式；④完成入住登记相关手续的内容；⑤各类相关表格的填写要求、内容，以及分送相关部门的规定；⑥酒店信用政策
	（二）为团队客人办理入住登记	①能做好团队抵店前的准备工作；②能做好团队抵店时的接待工作	①团队抵店前准备工作的内容和工作程序；②团队抵店时接待工作的内容和工作程序
	（三）显示和控制客房状况	能正确显示和控制各种客房状况	①显示和控制客房状况的目的；②需要显示和控制的客房状况的种类
四、问讯服务	（一）留言服务	①能处理访客留言；②能处理住客留言	①处理访客留言的服务程序；②处理住客留言的服务程序；③需委婉的留言和口信的内容
	（二）查询服务	①能提供查询住店客人的有关情况；②能提供询问尚未抵达店或已离开店客人的情况	①使用电话提供查询时的注意事项；②提供查询服务的原则；③提供查询尚未抵达店或已离店客人的情况的处理办法
	（三）邮件服务	①能做好进店邮件的接收、分类工作；②能做好客人邮件的分发工作；③能处理错投和"死信"；④能提供邮件、包裹的转寄和外寄服务	①客人邮件的处理程序；②错投和"死信"的处理办法；③邮寄服务操作程序
	（四）客人物品的转交服务	①能处理他人转交给住客的物品；②能处理住客转交给他人的物品	处理转交物品的操作要求

续表

职业功能	工作内容	技能要求	相关知识
五、行李服务	（一）店外应接服务	①能代表酒店到机场、车站、码头迎接客人；②能为客人安排去酒店的交通工具；③能帮助客人提行李；④能争取未预订客人入住本饭店；⑤能向酒店提供贵宾到达及交通方面的信息	店外迎客的要求
	（二）门厅迎、送服务	①能为步行、坐车到达的散客提供迎送服务；②能为团队客人提供迎送服务；③能做好其他日常服务	①步行到达的散客迎送服务的程序及要求；②坐车到达的散客迎送服务的程序及要求；③团队客人的迎送服务程序及要求；④其他日常服务的内容和要求
	（三）行李服务	①能为散客提供行李服务；②能为团队客人提供行李服务；③能提供饭店内寻人服务；④能及时、准确地递送邮件、报表；⑤能提供出租自行车服务；⑥能提供出租汽车的预订服务；⑦能提供雨具和订票服务；⑧能提供电梯服务	①散客行李服务程序及要求；②团体客人行李服务程序及要求；③寻人服务程序及要求；④递送服务的注意事项；⑤提供自行车出租服务时的注意事项；⑥提供出租汽车预约服务的要求；⑦订票服务的程序及要求；⑧提供雨具服务的程序及要求；⑨提供电梯服务的程序及要求

续表

职业功能	工作内容	技能要求	相关知识
六、离店结账	（一）处理客账、办理离店手续	①能为散客建立与核收客账；②能为团队客人建立与核收客账；③能做好客账的累计；④能为住客办理离店结账手续	①建立与核收散客客账的程序及要求；②建立与核收团体客人客账的程序与要求；③客账累计的办法；④办理离店结账手续的程序与要求；⑤使用现金、信用卡及转账支票的服务程序及要求
	（二）贵重物品的寄存、保管服务	能提供贵重物品的寄存、保管服务	①贵重物品的寄存、保管服务的程序及要求；②贵重物品保管箱的使用方法
七、公关与推销	（一）把握客人的特点	能采用形象记忆法记住客人的姓名、特征	形象记忆法
	（二）介绍产品	①能介绍酒店的服务设施、服务项目、营业点的营业时间；②能介绍酒店客房的种类、设施、位置	酒店的服务设施、服务项目及营业点的营业时间
	（三）洽谈价格	①能报出各种类型客房的房价；②能报出各服务项目的收费标准	①各服务项目的收费标准；②酒店客房商品的特点
	（四）展示产品	能将酒店宣传册、广告宣传资料及图片按要求陈列、摆放好	酒店相关资料陈列、摆放要求
	（五）促成交易	能准确无误地确认客人最终的选择	适时成交的技巧
八、沟通与协调	（一）部门内的沟通、协调	能准确填写（或输入、打印）本岗位的各类报表，并分送到本部门各相关岗位	沟通协调的重要性及方法
	（二）与客人的沟通、协调	能主动征求客人意见，并做好记录	处理客人投诉的重要性

3.2 中级

职业功能	工作内容	技能要求	相关知识
一、客房预订	（一）接受和处理订房要求	①能善于使用语言表达技巧与客人交流；②能根据《客情预订总表》给出选择，并帮助客人做出选择；③能妥善处理婉拒的订房要求	①婉拒订房的处理方法；②语言表达技巧常识；③客人购物心理常识
	（二）记录和储存预订资料	能选择适合本饭店运作的预订资料储存方式	两种不同的预订资料储存方式及其特点
	（三）检查和控制预订	①能核查、处理、纠正《房情预订总表》中的错误；②能及时处理"等候名单"上的客人的订房	①《预订单》的作用；②《房情预订总表》的作用
	（四）客人抵店前的准备工作	能提前一周填写（或打印）《一周客情预报表》《贵宾接待规格审批表》《派车通知单》《房价折扣申请表》《鲜花、水果篮通知单》，并分送给相关部门	①折扣房价的审批制度；②各类贵宾的接待规格及要求
	（五）报表制作	能正确填写或输入预订处的其他各类报表	相关的报表填写要求及统计计算公式
二、住宿登记	（一）显示和控制客房状况	①能处理客人的换房要求；②能查找和更正客房状况的差错	①服务工作程序；②查找和更正客房状况差错的方法
	（二）违约行为的处理	①能处理客人声称已办了订房手续，但饭店无法找到其订房资料的情况；②能处理客人抵店时（超过规定的保留时间）饭店为其保留的客房已出租给他人的情况	①为客人做转店处理的注意事项；②各类客人违约时的处理方法

续表

职业功能	工作内容	技能要求	相关知识
三、问讯服务	（一）客用钥匙的控制	①规范摆放、管理好客用钥匙；②能做好客用钥匙的分发和回收工作	①钥匙摆放的要求；②钥匙的注意事项；③保管、控制客用钥匙的重要性
	（二）提供旅游和交通信息	①能回答客人对交通信息的问讯；②能回答客人对饭店所在地景点方面的问讯；③能回答客人对饭店所在地主要康乐、购物、医疗等方面的问讯	①国内、国际民航、铁路、长短途汽车、轮船的最新时刻表和票价，市内公交车的主要路线；②交通部门关于购票，退票，行李大小、重量的详细规定；③酒店所在地各主要景点的简介、地址、开放时间；④时差计算方法；⑤酒店所在地著名土特产、商品及风味餐馆的简介；⑥常用紧急电话号码
四、行李服务	（一）店外应接服务	能为客人在沿途适当介绍景观及饭店简况	①沿途景观的简介内容；②酒店简况
	（二）行李服务	①能为客人提供行李寄存服务；②能处理破损、错送、丢失的行李	①提供行李寄存服务的程序及要求；②交通部门有关行李破损、丢失的处理规定；③行李破损、错送、丢失的处理方法；④酒店不负责赔偿的前提
五、离店结账	（一）处理客账，办理离店手续	能做好夜间审计工作	①夜间审计的目的和内容；②夜间审计的步骤
	（二）外币兑换	①能处理外币现钞的兑换；②能处理旅行支票的兑换；③能识别中国银行可兑现的外币现钞	①可兑换的外币、现钞的种类及兑换率；②外币兑换服务程序及要求；③旅行支票兑换服务程序及要求

续表

职业功能	工作内容	技能要求	相关知识
六、公关与推销	（一）把握客人的特点	能自然地与客人沟通，了解客人的愿望与要求	客我关系沟通技巧
	（二）介绍产品	①能描述酒店各种类型客房的优点； ②能引导顾客的购买兴趣	各种类型客房的优点
	（三）洽谈价格	能根据客人特点正确使用报价方法	①高码讨价法； ②利益引诱法； ③三明治式报价法
	（四）展示产品	①能主动将酒店宣传册、广告宣传资料和图片展示给客人； ②能带客人实地参观，展现酒店优势	①产品介绍知识； ②相关讲解知识及技巧
	（五）促进交易	①能采用正面的说法称赞对方的选择； ②能揣摩客人心理，适时抓住成交机会	客人购买行为常识
七、沟通与协调	（一）部门内的沟通、协调	能做到前厅部内部信息渠道的畅通	前厅部内部沟通、协调的内容
	（二）部门间的沟通、协调	①能与客房部做好沟通协调； ②能与餐厅部做好沟通协调； ③能与营销部做好沟通协调； ④能与总经理做好沟通协调； ⑤能与其他部门做好沟通协调	与客房部、餐饮部、营销部、总经理室及其他部门沟通协调的内容
	（三）与客人的沟通协调	能妥善处理常见的客人投诉	①处理客人投诉的原则； ②处理客人投诉的程序
	（四）英语服务	能使用常用岗位英语会话	常用岗位英语

3.3 高级

职业功能	工作内容	技能要求	相关知识
一、客房预订	（一）接受和处理订房要求	①能用英语通过电话或当面洽谈的方式了解和处理客人的订房要求； ②能接受和处理"超额预订"	①常用旅游接待英语； ②"超额预订"的目的及处理方式
	（二）记录和储存预订资料	①能设计制作《预订单》； ②能设计制作适用于不同种类酒店的《房情预订表》	①《预订单》的内容； ②各种《房情预订总表》的适用范围及内容、形式
	（三）检查和控制预订过程	①能设计制作《预订确认书》； ②能控制"超额预订"的数量； ③能调整预留房的数量； ④能处理有特殊要求的订房事宜	①《预订确认书》内容； ②预订未抵店、提前离店、延期离店、未预订直接抵店客人用房百分比的计算公式
	（四）客人抵店前准备工作	能审核《一周客情预报表》《贵宾接待规格审批表》《鲜花、水果篮通知单》和《团队、会议接待单》	①相关表、单的内容及应用知识； ②各类折扣房价的政策； ③客情通知可采用的方式
	（五）报表制作	能设计预订处使用的各类报表	预订处使用的各类报表的形式
二、住宿登记	（一）为散客办理入住登记	能处理散客入住登记中常见的疑难问题	①外事接待礼仪； ②住宿登记表的内容的形式； ③前厅服务心理学
	（二）违约行为处理	能处理客人已获得饭店书面确认或保证为其预订，但现在无法提供客房的情况	酒店违约时国际惯例的处理方法
	（三）显示和控制客房状况	①能分析未出租客房造成损失的原因； ②能提供营业潜力方面的建议	影响客房状况的原因及分析方法

续表

职业功能	工作内容	技能要求	相关知识
三、问讯服务	（一）查询服务	能为有保密要求的住客做好保密工作	提供住客保密服务的程序
	（二）客用钥匙的控制	①能了解客人钥匙的丢失原因，并做好住客钥匙丢失后的工作；②能选择适用于本酒店的客用钥匙分发模式	①住客钥匙丢失后的处理方法；②各种客用钥匙分发模式的特点及利弊；③新型客房钥匙系统；④酒店钥匙管理体系
四、行李服务	礼宾服务	①能随时为客人办理委托代办的服务；②善于倾听客人的意见，能应变和处理各种事件；③能与相关服务行业建立工作关系；④为VIP客人（贵宾）提供迎送服务；⑤能为残疾客人提供迎送服务	①各服务性行业的有关规章；②国际礼仪规范
五、公关与推销	（一）把握客人特点	能主动与客人沟通，判断客人的身份、地位	消除客人心理紧张的方法
	（二）介绍产品	①能描述给客人的便利条件；②能正确引导客人购买	顾客消费需求常识
	（三）洽谈价格	①能营造和谐的销售气氛；②能判断客体的支付能力，使客人接受较高价格的客房	影响客人购买行为的各种因素
	（四）展示产品	能陈列、布置酒店产品宣传册、广告宣传资料架、图片	室内装饰美学常识
	（五）促进交易	①能在客户犹豫时多提建议；②能掌握客人的购买决策过程，准确把握成交时机	客人购买决策过程常识

续表

职业功能	工作内容	技能要求	相关知识
六、沟通与协调	（一）部门内的沟通、协调	能制定前厅部内部需要沟通协调的内容及方式	
	（二）部门间的沟通、协调	能制定前厅部与酒店其他各部门需要沟通协调的内容及方式	
	（三）与客人沟通、协商	①能主动征求客人意见，并做好记录；②能正确处理客人的疑难投诉；③能定期对客人的投诉意见进行统计、分析、归类；④能针对客人反映的问题提出（采取）改进措施	①投诉的类型；②处理涉及客人个人利益和影响面巨大的投诉的方法；③国际上和主要客源地常用的投诉处理方法；④主要客源地的风土人情习俗
	（四）英语服务	①能用英语了解和处理客人的订房要求；②能用英语与客人沟通，办理散客入住；③能用英语提供查询服务；④能用英语提供旅游交通、康乐、购物、医疗等方面的信息；⑤能用英语办理客人离店结账手续	旅游接待英语
七、管理与培训	（一）制定工作职责	①能规定前厅部各岗位的工作职责；②能检查、评估下属员工的工作表现	①前厅部组织机构设计原则；②大、中、小型酒店前厅部的组织机构图；③前厅部各岗位的工作职责；④检查、评估员工工作表现的方法
	（二）业务指导	能够对前厅服务员进行业务指导培训	业务培训知识

4. 比重表

4.1 理论知识

项 目		初级/%	中级/%	高级/%
基本要求	职业道德	5	5	5
	基础知识	20	10	5
相关知识	工前准备	5	—	—
	客房预订	10	10	5
	住宿登记	10	10	5
	问讯服务	10	10	5
	行李服务	10	10	5
	离店结账	10	10	—
	公关与推销	10	15	20
	沟通与协调（英语）	10	20（5）	30（15）
	管理与培训	—	—	20
合 计		100	100	100

4.2 技能操作

项 目		初级/%	中级/%	高级/%
技能要求	工前准备	5	—	—
	客房预订	15	15	5
	住宿登记	15	15	5
	问讯服务	15	15	5
	行李服务	15	10	5
	离店结账	15	15	—
	公关与推销	10	15	25
	沟通与协调（英语）	10	15（5）	35（30）
	管理与培训	—	—	20
合 计		100	100	

附录2

客房服务员国家职业标准

1. 职业概况

1.1 职业名称

客房服务员。

1.2 职业定义

在饭店、宾馆、旅游客船等场所清洁和整理客房,并提供宾客迎送、住宿等服务的人员。

1.3 职业等级

本职业共设三个等级,分别为:初级(国家职业资格五级)、中级(国家职业资格四级)、高级(国家职业资格三级)。

1.4 职业环境

室内,常温。

1.5 职业能力特征

具有良好的语言表达能力;能获取、理解外界信息,进行分析判断并迅速做出反应;有一定的计算能力;有良好的动作协调性,能迅速、准确、灵活地完成各项服务操作。

1.6 基本文化程度

初中毕业。

1.7　培训要求

1.7.1　培训期限

全日制职业学校教育，根据其培养目标和教学计划确定。晋级培训期限，初级不少于70标准学时；中级不少于80标准学时；高级不少于100标准学时。

1.7.2　培训教师

培训初级客房服务员的教师应具有本职业中级以上职业资格证书；培训中、高级客房服务员的教师应具有本职业高级职业资格证书或本专业中级以上专业技术职务任职资格，同时具有2年以上的培训教学经验。

1.7.3　培训场地设备

教室、服务台（配备电脑）、标准客房（或模拟标准客房）以及相关教具及设备。

1.8　鉴定要求

1.8.1　适用对象

从事或准备从事本职业的人员。

1.8.2　申报条件

初级（具备以下条件之一者）：

（1）经本职业初级正规培训达规定标准学时数，并取得毕（结）业证书。

（2）在本职业连续见习工作2年以上。

中级（具备以下条件之一者）：

（1）取得本职业初级职业资格证书后，连续从事本职业工作2年以上，经本职业中级正规培训规定标准学时数，并取得毕（结）业证书。

（2）取得本职业初级职业资格证书后，连续从事本职业工作3年以上。

（3）连续从事本职业工作5年以上。

（4）取得经劳动保障行政部门审核认定的、以中级技能为培养目标的中等以上职业学校本职业（专业）毕业证书。

高级（具备以下条件之一者）：

（1）取得本职业中级职业资格证书后，连续从事本职业工作2年以上，经本职业高级正规培训达到规定标准学时数，并取得毕（结）业证书。

（2）取得本职业中级职业资格证书后，连续从事本职业工作3年以上。

（3）取得高级技工学校或经劳动保障行政部门审核认定的、以高级技能为培养目标的高级职业学校本职业（专业）毕业证书。

1.8.3　鉴定方式

分为理论知识考试和技能操作考核。理论知识考试采用闭卷考试方式，技能操作考核采用现场实际操作方式。理论知识考试和技能操作考核均实行百分制，成绩皆达60分以上者为合格。

1.8.4 考评人员与考生配比

理论知识考试考评人员与考生配比为1:15，每个标准教室不少于2名考评人员。技能操作考核考评员与考生配比为1:10，且不少于3名考评员。

1.8.5 鉴定时间

各等级理论知识考试时间：初级不超过100min，中、高级不超过去时120min；技能操作考核时间：初级不超过30min；中高级不超过40min。

1.8.6 鉴定场所设备

场所：

（1）标准教室。

（2）标准客房或模拟标准客房。

（3）会议室。

设备：

（1）笔记本。

（2）吸尘器。

（3）清洁消毒器具。

（4）楼层服务台。

（5）会议室用具。

2. 基本要求

2.1 职业道德

2.1.1 职业道德基本知识

2.1.2 职业守则

（1）热情友好，宾客至上。

（2）真诚公道，信誉第一。

（3）文明礼貌，优质服务。

（4）以客为尊，一视同仁。

（5）团结协作，顾全大局。

（6）遵纪守法，廉洁奉公。

（7）钻研业务，提高技能。

2.2 基础知识

2.2.1 计量知识

（1）法定计量单位及其换算知识。

（2）行业用计价单位的使用知识。

（3）清洁用化学剂：百分比配制；份数比配制。

2.2.2 清洁设备知识

（1）一般清洁器具的使用知识。

（2）清洁设备的使用知识。

①吸尘器。

②洗地毯机。

③吸水机。

④洗地机。

⑤高压喷水机。

⑥打蜡机。

（3）常用清洁剂的种类和使用知识。

①酸性清洁剂。

②中性清洁剂。

③碱性清洁剂。

④上光剂。

⑤溶剂。

2.2.3 客房知识

（1）客房种类。

①单人间。

②大床间。

③双人间。

④三人间。

⑤套间。

⑥特殊客房。

（2）床种类。

①基本类型。

②特殊类型。

（3）功能空间的设备使用和维护知识。

①睡眠空间设备。

②盥洗空间设备。

③起居空间设备。

④书写和梳妆空间设备。

⑤储存空间设备。

（4）客房用品知识。

①房间用品。

②卫生间用品。

（5）地面种类。

①硬质地面。

②地毯。

③胶地面（树脂地面）。

④其他地面。

（6）墙面材料知识。

①花岗岩、大理石。

②贴墙纸。

③软墙面。

④木质墙面。

⑤涂料墙面。

2.2.4 相关法律、法规知识

（1）《中华人民共和国劳动法》的相关知识。

（2）《中华人民共和国消费者权益保护法》的相关知识。

（3）《中华人民共和国治安管理处罚条例》的相关知识。

（4）《中华人民共和国旅馆业治安管理办法》的相关知识。

（5）《中华人民共和国旅游安全管理暂行办法》的相关知识。

（6）《中华人民共和国旅游涉外人员守则》的相关知识。

（7）《中华人民共和国消防条例》的相关知识。

（8）有关旅馆安全的地方法规。

3. 工作要求

本标准对初级、中级、高级的要求依次递进，高级别包括低级别的要求。

3.1 初级

职业功能	工作内容	技能要求	相关知识
一、迎客准备	（一）了解客情	①能掌握客人的基本情况； ②能了解客人的基本要求	①我国少数民族的习惯、民俗； ②主要客源国的概况； ③旅游心理常识
	（二）检查客房	①能检查客房的清洁情况； ②能检查客房的电器与设备的运转情况； ③能检查客房用品的配备及摆放要求	①客房清洁程序及标准； ②电器与设备操作知识； ③客房用品配备及摆放标准

续表

职业功能	工作内容	技能要求	相关知识
二、应接服务	（一）迎候宾客	①能做好个人仪表、仪容准备； ②能热情主动地接待宾客； ③能正确使用接待礼貌用语	①仪表、仪容常识； ②语言运用基本知识； ③英语基本接待用语； ④普通话基础
	（二）引领宾客	①能简单地做自我介绍； ②能征询客人是否需帮提行李	接待服务常识及相应的礼节礼貌
	（三）茶水服务	①能根据宾客的爱好习惯，提供相应饮料； ②能掌握茶叶、咖啡的泡、沏方法	①饮料服务规范； ②常用饮料常识
	（四）介绍情况	①能向宾客介绍饭店服务项目； ②能介绍客房设备的使用方法（会做示范）	①中、西餐风味特色； ②客房、娱乐等服务项目的内容； ③客房设备使用常识
三、对客服务	（一）清洁客房与卫生间	①能做好清洁客房的准备工作； ②能检查客房设备是否完好； ③能按标准整理床铺，并除尘； ④能清洁卫生间并进行消毒； ⑤能进行茶具消毒； ⑥能按要求进行地毯吸尘； ⑦能按标准补充客房用品； ⑧能正确使用清洁设备	①清洁工具、清洁剂的名称、作用和特性； ②电器及清洁设备的使用保养常识； ③家具保养常识； ④"做床"标准及操作程序； ⑤吸尘程序与地毯保养常识； ⑥卫生间的清洁、消毒要点； ⑦茶具消毒要点； ⑧一次性用品管理常识； ⑨用品摆放标准； ⑩卫生防疫常识
	（二）晚间整理	①能按要求进行开床整理； ②能按顺序清理垃圾； ③能按标准进行卫生间的清洁； ④能正确铺放防滑垫； ⑤能按要求拉上窗帘	①夜床的规格要求； ②夜间服务程序； ③卫生间小清洁标准

续表

职业功能	工作内容	技能要求	相关知识
三、对客服务	（三）楼层安全	①能检查并发现客房内各种不安全因素； ②能按规定做好钥匙管理； ③能做好访客的接待工作； ④能做好客人的保密工作； ⑤能正确地使用手动灭火器； ⑥当火灾发生时，能及时报警，并协助疏散客人； ⑦能按规定处理"DND"（请勿打扰）牌； ⑧能按规定处理宾客的失物	①客房安全规定； ②客房钥匙管理规章制度； ③楼层消防常识； ④访客接待须知； ⑤失物处理规定
	（四）提供饮料服务	①能适时补充饮料； ②能正确核对"饮料签单"； ③能配合餐饮部门做好房客用餐工作； ④能核对饮品有效期	①饮料补充规定； ②饮料结账方式； ③房客用餐服务规程
	（五）借用物品服务	①能向客人介绍租借物品的使用方法； ②能向客人介绍租借物品的管理规定	①饮料服务规范； ②常用饮料常识
	（六）介绍情况	①能向宾客介绍饭店服务项目； ②能介绍客房设备的使用方法（会做示范）	①出借物品的名称、用途、性能及出借程序； ②赔偿规定
四、送客服务	（一）宾客行前准备	①能及时掌握离店客人的情况； ②能明确并落实客人嘱咐的代办事项； ③能正确进行"叫醒服务"； ④能了解客人是否结账	①宾客行前准备工作的内容； ②代办事项须知
	（二）送别客人	①能协助行李员搬运行李； ②能用合适的敬语向客人告别； ③能礼貌地征询客人意见	服务告别用语
	（三）善后工作	①客人离店后能对房内物品及时进行检查与清点； ②能正确处理设备及物品被损事项； ③能按规定处理客人遗留物品； ④能及时将查房情况通告相关部门	①失物招领程序； ②饭店对宾客损坏客房用品的赔偿规定

3.2 中级

职业功能	工作内容	技能要求	相关知识
一、迎客准备	（一）了解客情	①能用计算机查询客房信息； ②能按宾客的等级安排接待规格	酒店计算机管理系统一般操作方法
	（二）检查客房	①能向客人正确介绍客房设备的各项性能； ②能布置各种类型的客房	①报修程序； ②客房类型及布置要求
二、应接服务	（一）迎候宾客	能用英语介绍客房服务的内容	①酒店常用接待用语； ②中外礼仪、习俗常识
	（二）介绍情况	①能向客人介绍客房所有设备的使用方法； ②能向客人介绍饭店各项服务以及特点	酒店各部门的服务设施与功能
三、对客服务	（一）清洁客房与卫生间	①能发现初级客房服务员在工作中存在的问题，并给予指导； ②能清洁贵宾房	贵宾房清洁要求
	（二）清洁楼层公共区域和进行计划卫生	①能实施大清洁； ②能正确使用清洁剂； ③能定期对清洁设备进行保养	①清洁设备的维护保养常识； ②各类清洁剂的成分性能
	（三）特殊情况处理	能掌握住店生病客人及醉酒客人的基本情况，并给予适当的照顾、帮助	①基本护理常识； ②皮革保养常识
	（四）代办客人洗衣及擦鞋服务	①能介绍洗衣服务项目、收费事项； ②能正确核对《洗衣单》； ③能根据客人需要提供擦鞋服务	①《洗衣单》填写； ②皮革保养常识
四、会议服务	会议布置与服务	①能根据宾客要求，布置、安排不同类型的会议室，安排服务人员； ②能准备所需文具、用品； ③能提供饮品服务； ④能使用视听设备	①会议室布置规范； ②会议礼仪常识； ③会议服务常识； ④视听设备使用知识

续表

职业功能	工作内容	技能要求	相关知识
五、客房用品管理	（一）楼层库房的管理	①能进行楼层库房物品的保管；②能正确掌握客房的储备量；③能正确使用登记表	①一次性用品的规格与数量配备；②一次性用品的使用制度；③有关表格填写
	（二）控制客房用品	①按客房等级发放一次性用品；②按酒店规定，计算客房每日、每月、每季客用品的使用量；③能进行盘店	盘点知识
	（三）布草管理	①能掌握楼层布草间的基本储存量；②能进行布草的盘点工作；③能根据使用情况，适时提出更换处理旧布草的意见；④能正确填写《报损单》	①布草质量的要素与规格；②楼层布草房管理基本要求；③楼层布草配备标准；④布草的收发制度

3.3 高级

职业功能	工作内容	技能要求	相关知识
一、迎客服务	制定服务方案	①能正确制订人员计划及物品准备计划；②能根据需要对各种用品的配置及摆放提出设计意见；③能协调客房服务员工作	①楼层（或公共区域）设备的使用、保养知识；②成本控制基础知识；③工作定额标准
二、对客服务	（一）清洁客房	①能控制并实施清洁、整理客房的程序与标准；②能正确实施检查客房清洁的程序与标准；③能设计各类客房的布置方案；④能制定客房清洁与检查的各种表格；⑤能掌握客房清洁设备的性能与使用方法	①饭店星级划分常识；②本饭店客房类型；③常见地面、墙面材料的性能与保养方法
	（二）接待贵宾	①能根据贵宾的级别制定接待方案；②能协调员工为贵宾服务；③能独立处理贵宾接待中存在的问题，并采取相应的解决方法	①对客服务的两种模式；②贵宾等级与服务共性的要求；③贵宾服务接待标准；④贵宾服务礼仪规范

续表

职业功能	工作内容	技能要求	相关知识
三、沟通与协调	（一）协调与其他部门的关系	①能正确协调与其他部门的关系； ②能妥善处理客人的疑难问题	①各部门的运转程序； ②部门间的协调原则
	（二）协调与宾客的关系		
四、客房管理	（一）客房用品管理	①能根据客房用品运转情况确定储存量； ②能及时提供客房用品申购要求； ③能检查客房用品的质量，保证客房标准	①客用品成本与计算方法； ②对一般客用品的品质要求和对星级饭店的客用品品质要求； ③动态控制能力
	（二）员工培训	①能承担专业理论培训； ②能承担专业技能培训	客房部员工业务培训知识

4. 比重表

4.1 理论知识

	项目	初级/%	中级/%	高级/%
基本要求	职业道德	5	5	5
	基础知识	20	20	20
相关知识	迎客准备	15	15	5
	应接服务	20	15	—
	对客服务	25	15	15
	送客服务	15	—	—
	会议服务	—	15	—
	沟通与协调	—	—	20
	客房用品管理	—	15	20
	客房管理	—	—	15
	合计	100	100	100

4.2 技能操作

	项目	初级/%	中级/%	高级/%
技能要求	迎客准备	20	15	15
	应接服务	25	15	—
	对客服务	30	25	20
	送客服务	25	—	—
	会议服务	—	20	—
	沟通与协调	—	—	15
	客房用品管理	—	25	20
	客房管理	—	—	30
合计		100	100	100

参考文献

[1] 孟庆杰，唐飞．前厅客房服务与管理［M］．大连：东北财经大学出版社，2002．
[2] 吴军卫，程道品．饭店前厅管理［M］．重庆：重庆大学出版社，2005．
[3] 于英丽．前厅客房服务技能实训教程［M］．大连：东北财经大学出版社，2006．
[4] 孔永生．前厅与客房细微服务［M］．北京：中国旅游出版社，2007．
[5] 方伟群．前厅实务与特色服务手册［M］．北京：中国旅游出版社，2007．
[6] 吴军卫．旅游酒店前厅与客房管理［M］．北京：北京大学出版社，2006．
[7] 陈乃法，吴梅．饭店前厅客房服务与管理［M］．北京：高等教育出版社，2003．
[8] 李晓东．旅游饭店前厅客房服务与管理［M］．郑州：郑州大学出版社，2006．
[9] 陈雪琼．旅游饭店客房服务实训教程［M］．福州：福建人民出版社，2006．
[10] 刘伟．前厅与客房管理（第二版）［M］．北京：高等教育出版社，2007．
[11] 沈忠红，魏洁文．现代饭店前厅客房服务与管理［M］．北京：人民邮电出版社，2006．
[12] 张延．酒店个性化服务与管理［M］．北京：旅游教育出版社，2008．
[13] 王大悟，刘耿大．酒店管理180个案例品析［M］．北京：中国旅游出版社，2007．
[14] 中国旅游资讯网 http：//www.chinaholiday.com．
[15] 张永华．前厅服务与管理［M］．西安：西北工业大学出版社，2011．
[16] 马涛，李少斌．客房服务与管理［M］．西安：西北工业大学出版社，2011．